古希腊罗马
公民社会与法治理念

Civil Society and the Idea of Rule of
Law in Ancient Greece and Rome

沈瑞英　杨彦璟／著

中国政法大学出版社

2017·北京

图书在版编目（CIP）数据

古希腊罗马公民社会与法治理念/沈瑞英，杨彦璟著. —北京：中国政法大学出版社，2017.11
ISBN 978-7-5620-7893-7

Ⅰ.①古…　Ⅱ.①沈…　②杨…　Ⅲ.①法制史－研究－古希腊②法制史－研究－古罗马
Ⅳ.①D954.59　②D904.1

中国版本图书馆CIP数据核字(2017)第277594号

出　版　者	中国政法大学出版社
地　　　址	北京市海淀区西土城路 25 号
邮寄地址	北京 100088 信箱 8034 分箱　邮编 100088
网　　　址	http://www.cuplpress.com（网络实名：中国政法大学出版社）
电　　　话	010-58908524(编辑部) 58908334(邮购部)
承　　　印	固安华明印业有限公司
开　　　本	720mm×960mm　1/16
印　　　张	23
字　　　数	364 千字
版　　　次	2017 年 11 月第 1 版
印　　　次	2017 年 11 月第 1 次印刷
定　　　价	69.00 元

Civil Society
and the Idea of Rule of Law in
Ancient Greece and Rome

目　录

序　言

西方社会学家斯塔曾在其英文版名著《个人与社会——公元前 800～公元前 500 年城邦的兴起》中指出："城邦是人类的老师。"而诺贝尔经济学奖获得者约翰·希克斯也曾认为："欧洲文明经历了一个城邦阶段，这一事实是欧洲历史与亚洲历史迥异的重要关键。"[1]的确，历史发展已经证明，当今西方文化的源头是古希腊罗马的城邦文化。而欧洲与亚洲即东西方"历史迥异的重要关键"，就在于欧洲古典城邦具有民主政治组织形式以及公民社会追循的正义、理性、自由、平等价值观与法治理念的重要社会意义。

一、城邦

一般而论，在人类历史上最早出现的文明社会被称为城市国家。这种奴隶制城市国家，又称为城邦。它总有一个以某一城市公社为中心，而与周围的农村或较小的城市公社互相结合的过程。"城邦"一词出自古希腊文（po-lis），其意含有：城市、国家、公民公社。这三种含义是互相联系、缺一不可的。按古希腊文的原意，其第一个要素是城市；如果没有城市，即使有国家，有公民公社，那也不能构成为城邦。同时，城邦又是政治实体，英文"政治"（politics）一词系由古希腊城邦（polis）演变而来。亚里士多德的名著《政治学》主要论述的就是有关城邦社会共同生活的一些基本问题，如城邦政体、宪法、公民等。因此"城邦"与政治文化又有着密不可分的天然渊源。

公元前 3 世纪的古希腊和古罗马城市多是典型城邦，或称古典城邦。其是原生的，即直接从氏族部落公社演化而来，自发形成的。城邦之所以从氏

---

〔1〕　［英］约翰·希克斯：《经济史理论》，厉以平译，商务印书馆 1999 年版，第 37 页。

族部落公社自发形成原因有二：一是由于人类与自然作斗争的需要。古希腊先贤柏拉图就对此进行过分析："人类起先是分散居住的，那时候还没有城市，结果人类被野兽暴殄了，过了一段时间，自我保护的愿望使人类聚合在一起，建立了城市。"二则是人们社会分工和协作的需要。人类社会不是个体的生活，由于需要许多东西，许多人作为伙伴和助手聚集住在一起，这个被建立的集体公共住宅区，就是城邦。

马克思指出："古典古代的历史是城市的历史。"[1]因此，从根本上说，希腊罗马古典城邦文明就是城市文明的滥觞。在西方，"文明"（Civilization）一词源于拉丁语的"civitas"，意思是"公民的"、"有组织的"，主要是就社会生活的规则和公民的道德而言。在古罗马，随着城市的发展，文明又与城市生活联系在一起，用以说明新的社会道德伦理关系。由于文明一词和公民（citizen）、城市（city）以及城邦国家（civitas）（拉丁语）有直接的联系，故城市不仅是公民从事城邦政治、经济、文化活动的地方，也是政治、经济、文化集中之地，它反映着一个城邦、一个地区、一个民族的文明程度。古希腊、罗马城邦就是城市、国家、公民社会的综合体。而其中的城市是城邦的核心，是公民宗教活动、政治活动和社会经济文化活动的公共空间。古典城邦包括周围的乡村，城市居民与乡村居民共同享有城市中的公共权利。他们可在城市广场讨论国家和城邦事务、参加各种公共活动和宗教节日，他们是享有平等权利的城邦公民。城市既然成为公民聚合的中心，为维护公民社会的利益，公共生活必须由法律规范来调节，才能达到公民社会和谐的理想与幸福。正如亚里士多德在《政治学》中所言："城邦宪法是一种'生活模式'，而不是一种法律结构。"同时正是由于古典希腊罗马城邦公民社会的发展，促使了处于当时历史背景下的法律关系向正义与理性方向发展。故法不仅反映了统治阶级的意志，而且也具有思想文化上的导向作用，并促使城邦公民形成法治理念与信仰。这对以后中世纪城市自治以及近代法治理念的进一步深化产生深刻影响。如中世纪的自治城市的公民群体、公民权的观念，陪审团制度，市政议事会和公民大会的设置，大多以希腊、罗马城邦为蓝本，并以法治规范来调节公民关系。有学者认为"古典罗马社会给后世留下了两大遗产：'城

---

〔1〕《马克思恩格斯全集》，第46卷，人民出版社1965年版，第480页。

市与罗马法'",〔1〕其对中世纪城市和法律的复兴作出了很大的贡献。因此，城邦、城市与公民社会等问题成为近年来历史学、社会学、政治学、经济学诸学术领域所研究的共同热点。诚如一些西方学者所论，城邦和城市是历史的钥匙，是社会的枢纽。

本书通过对欧洲古典城邦文明和法治文明的相互密切联系和辩证发展的阐论，以及对这一历史演进过程进行宗教哲学的、思想文化的、社会结构的以及政治、经济关系等多维视角审视与反思，对欧洲城市文明的起源与发展，尤其是城邦公民社会政治、经济和文化的发展与法治理念构建的内在关系进行研究探讨。从而不仅追寻了法治文明的文化源头，并且阐释法治理性精神的逻辑起点和历史起点，论证了西方城市文明与法治走向的相辅相成的密切关系。

二、公民与公民社会

无论从社会历史，还是从学术理论考量，公民都是与臣民、人民、国民等不同的概念。公民强调的是一种法律概念，反映的是一种法律身份和成员资格，以及个人与国家的权利义务关系。而臣民、人民、国民则是一种政治或地域归属性概念。如美国政治学家萨拜因指出："公民资格使一个人能够享有成员资格，即参与政治活动或参加公共事务的某种最低限度的权利。"〔2〕又如英国学者马歇尔认为："公民身份是一种地位（status），一种共同体所有成员都享有的地位，所有拥有这种地位的人，在这一地位所赋予的权利和义务上都是平等的。"〔3〕

从世界历史考察，公民概念是从古希腊和罗马城邦社会孕育而生的。苏格拉底、柏拉图、亚里士多德等哲学家、思想家的论述开其理论先河。而古罗马的政治思想家西塞罗（公元前 106 年～公元前 43 年）的公民思想内容丰

---

〔1〕　何顺果：《市场在西欧的兴起及其历史意义》，载《历史研究》1991 年第 3 期。

〔2〕　[美]乔治·霍兰·萨拜因：《政治学说史》（上），盛葵阳、崔妙因译，商务印书馆 1986 年版，第 24 页。

〔3〕　[英] T. H. 马歇尔等《公民身份与社会阶级》，江苏人民出版社 2007 年版，第 15 页。

富，涉猎广泛，"达到令人诧异而不能企及的程度"。[1] "公民"作为一个理想人格的称呼，罗马帝国的首位皇帝屋大维（公元前 63 年～公元 14 年）都自称为"第一公民"；而罗马帝国时代被称为"帝王哲学家"的罗马皇帝马可·奥勒留所著《沉思录》，也体现了他所处的时代背景下关于公民平等、博爱的思想学说。

随着社会的发展进步，对公民的理论诠释，从中世纪的政治家、思想家托马斯·阿奎那、但丁、马基雅维利、马丁·路德、让·博丹等的阐论，直至近现代已日臻成熟。其思想观念经历了一个有内在逻辑的发展演绎过程，成为理解西方民主政治发展的一把钥匙。如 18 世纪美国的托马斯·潘恩是最早阐述天赋权利与公民权利的思想家，他认为"在权利方面，人生来是而且始终是自由平等的。因此，公民的荣誉只能建立在公共事业的基础上。"[2] 法国的思想家孟德斯鸠认为："自由就是做法律所许可的一切事情的权利"；"如果一个公民能够做法律所禁止做的事情的话，那么他就不再有自由了，其他人同样有这个权利。"[3] 他还提出三权分立和制衡是公民政治自由的保证。他认为："司法权如果不和立法权和行政权分置，自由也就不复存在。司法权如果和立法权合并，公民的生命和自由就将由专断的权力处置，因为法官就是立法者"[4]，以及"公民的自由主要依赖于优良的刑法"[5] 等。法国的启蒙思想家卢梭认为社会契约的前提在于公民权的让渡，"作为主权权威的参与者，就叫公民；作为国家法律的服从者，就叫臣民"。[6] 此外，卢梭还提出了共和主义的公民理论。总而言之，自古希腊罗马以来的公民理论学说对推动社会历史发展具有重要的思想价值。

从古希腊至近现代的政治家、思想家和法学家对公民概念的阐释，我们可以看到，虽然在不同社会发展阶段和历史文化背景下，公民和国家的关系不断发生变化，公民的内涵也有差异，但公民的概念始终与权利和义务观念

〔1〕 秦树理等：《西方公民学说史》，人民出版社 2012 年版，第 141 页。

〔2〕 ［英］托马斯·潘恩：《潘恩选集》，马清槐译，商务印书馆 1981 年版，第 214 页。

〔3〕 ［法］孟德斯鸠：《论法的精神》，孙立坚、孙丕强、樊瑞庆译，陕西人民出版社 2001 年版，第 182 页。

〔4〕 ［法］孟德斯鸠：《论法的精神》，许明龙译，商务印书馆 2009 年版，第 167 页。

〔5〕 ［法］孟德斯鸠：《论法的精神》，许明龙译，商务印书馆 2009 年版，第 199 页。

〔6〕 ［法］卢梭：《社会契约论》，何兆武译，商务印书馆 2002 年版，第 14 页。

紧密联系，并呈增强趋势。这些有关公民的理论观念都可以追溯到古希腊罗马城邦社会有关公民的概念学说，都可以在那个时代的思想家、政治家的公民理论中找到其奠基石。而公民社会概念从辞源上最早可追溯至古希腊先哲亚里士多德（Aristotle，公元前 384 年～公元前 322 年）的名著《政治学》（Politics）。在书中，亚里士多德使用了 koinonia politike 的概念，其后，koinonia politike 在拉丁文中被译为 civilis societas。koinonia politike 在亚里士多德的语境中指涉的是城邦国家或政治共同体，其后，公民社会与政治社会、文明社会是同义的。[1] 然有一点需要指出的是，无论是亚里士多德，还是西塞罗，他们对公民社会的定义和解读都包含着法治原则与精神，以及表达法治所体现的正义、权利、公平、自由、理性、秩序等价值观。现代意义的公民社会的基本内涵是以市场经济为基础，以契约文化为中轴，以保障公民权利为宗旨的社会领域。其为：有私人经济活动领域，有非政府性、非营利性、相对独立性和自愿性社团组织，有自由、理性、开放和批判性的讨论为基本特征所构成的公共领域。总之，现代公民社会是与政治国家相对立的分析范畴。[2]

本书考察与研究的是"古典公民社会"或相对于现代公民社会意义的"前公民社会"。其以"身份制、先赋的等级性、伦理的社会整合方式和私人领域与公共领域的一体化为基本特征"。[3] 毋庸置疑，古典公民社会是现代公民社会的活水源头，在西方公民社会发展史中具有奠基石和里程碑意义。本书研究旨在对"传统"的公民社会的历史演绎过程进行梳理和反思，来探讨世界历史发展中公民社会与法治价值和原则的交互作用和相互关系。很显然，从西方思想史维度和价值性意蕴分析，自古希腊罗马时起，公民社会就是与专制权力相对立的范畴，没有公民社会理念中蕴涵的民主、正义、权利、平等、自由等"公民性"价值诉求，就没有法治理念和法律权威与信仰。因为法治不仅是一种制度形态、一种社会治理模式，更是一种

---

〔1〕 伍俊斌：《公民社会基础理论研究》，人民出版社 2010 年版，第 22 页。

〔2〕 参见夏维中：《市民社会：中国近期难圆的梦》，载《中国社会科学季刊》（香港）1993 年第 3 期；参见袁祖社：《社会发展的自主逻辑与个体主体的自由人格——中国特色"市民社会"问题的哲学研究》，载《哲学动态》2001 年第 9 期。

〔3〕 伍俊斌：《公民社会基础理论研究》，人民出版社 2010 年版，第 169 页。

社会生活方式和状态。故公民社会及其思想文化，对法治进程具有内在驱动和契合支撑的重要作用。

三、法治与法治理念

自古希腊罗马以来，法治（rule of law）主要是指"法律的统治"，其还蕴涵着一系列的价值理念。故法治又是一种价值观的体现，是一种视法律为社会最高权威的理念与文化。戴维·M. 沃克主编的《牛津法律大辞典》对法治的解释为："在任何法律制度中，法治的内容是：对立法权的限制，反对滥用行政权保护措施，获得法律的忠告、帮助和保护的大量的平等的机会，对个人和团体各种权利和自由的正当保护以及在法律面前人人平等……它不是强调政府要维护和执行法律及秩序，而是说政府本身要服从法律制度，而不能不顾法律或重新制定适应本身利益的法律。"[1]然而法治作为现代政治文明的一般形式，如美国学者塔玛纳哈在其著《论法治——历史、政治和理论》中认为："有多少人捍卫法治，几乎就有多少法治观。"诚如其言，如美国学者劳伦斯·M. 弗里德曼在《法治、现代化和司法制度》中认为："法治是一个令人不断追求但尚未达到的终极目标。"而另一位美国学者诺内特·塞尔兹尼克则在《转变中的法律与社会》中认为："最好是把法治理解为一种独特的机构体系而非一种抽象的理想。"的确，在不同的历史文化背景下，从不同的社会视角对法治解读都会产生不同的释义。故恩格斯认为："每一历史时代主要的经济生产方式和交换方式以及必然由此产生的社会结构，是该时代政治的和精神的历史所赖以确立的基础。"[2]因此，对于法治与法治理念我们可作以下的探讨研究：

自古而今，任何国家、任何社会之所以能够建立和维持，皆是因为建立在一定的法律制度基础之上，没有法律的国家是不存在的。然法律、法制（rule by law，用法律来统治）属于制度的范畴，而法治（rule of law，法律的

---

〔1〕［英］戴维·M. 沃克主编：《牛津法律大辞典》，邓正来等译，光明日报出版社1988年版，第790页。

〔2〕《马克思恩格斯选集》第1卷，人民出版社1995年版，第257页。

统治）则属于方法的领域，可理解为处理人类社会矛盾纷争的一种方法，强调的是"法的统治"，即通过法律规则对国家和社会事物的管理，是相对人治而言，故两者有所区别。因此，从某种意义而论，法治的理论思想与精神也是社会哲学和政治文化所研究和探讨的重要对象。所以法治理念的起源与构建，正是本书所要阐论的主题与核心。

有法学家指出："法治被看作一种培育自由、遏制权势的方法，看作人类作为负责任的道德主体或自由意志主体所从事的一种道德实践"；"任何社会里的法律皆有权威，法治所要求的法律权威是立于政府之上的权威；任何社会里的政府皆有权威，法治所要求的政府权威是置于法律之下的权威"。[1]法治的基本意义在于，法律是公共政治管理的最高准则，任何政府官员和公民都必须依法行事，在法律面前人人平等。法治的直接目标是规范公民的行为，管理社会事务，维护正常的社会生活秩序。但其最终目标在于保障公民的自由民主权利。因此法治既规范公民的行为，更规范政府的行为。因而法治不仅蕴涵着民主自治的社会伦理要求，而且推行法治还"内含着平等、正义、自由、善德等社会价值，推行法治也就是在促进社会的价值"。[2]由此可见，法治与公民社会在价值取向上是具有一致性的。

从古希腊、罗马历史来看，法治不仅是一种制度模式、社会组织结构或民主政治创设，而且也是一种源远流长的文化产物，是一种文化的深刻观念意识和思想资源。由于理念（idea）[3]体现的是一种历史文化过程的内在精神，因此，法治理念也就是法治文化、法治形态及其内在精神的历史过程和逻辑建构。由于社会历史起源的不同，东西方传统文化价值观有着本质上的差异，因此法治理念只能产生于西方传统文化中。其起源主要与西方传统文化中的民主论、性恶论、个体价值观、自然法思想以及公民社会文化有密切的联系。首先，在西方传统观念中，不相信人对自身的约束力。柏拉图就曾在《法律篇》中道："人类所以要有法律，是因为人的本性是贪婪和自私

---

〔1〕 夏勇：《法治是什么——渊源、规诫与价值》，载《中国社会科学》1999 年第 4 期。

〔2〕 张文显：《21 世纪西方法哲学思潮研究》，法律出版社 2000 年版，第 608 页。

〔3〕 希腊文中理念是两个词，即 eidos 和 idea，两者皆出自动词 eideo——观看，表明自然哲学的起源是从自然中发现规律、规则，并提炼、升华为理念。

的。"[1]人们由此推断出任何人都是靠不住的，统治者并非万能，权力天生具有腐败的倾向。只有借助于外力才能进行约束。于是在政治体系中表现为采取种种措施，防止当权者将不当的企图付诸实施。其次，重视和追求公民的权利与平等。这一点与东方社会有本质的不同。在中国，个体的存在依附于国家；而以古希腊为例，城邦、国家为公民而存在，城邦国家是公民的政治共同体。其中，公民权利是最重要的追求；权利是荣誉和尊严的象征，意味着人格的倍受尊重。由此，在社会政治文化中，重视公民权利的分配与保障。若要议决任何事，必须征得众人的同意，才能形成具有法律意义的决定。最后，自然法的观念深入人心，如古罗马人视法律为神圣、神明智慧的产物。他们认为，"法是上帝贯彻始终的意志。"上帝的理性依靠强制或者依靠约束支配一切事物。这正与东方社会传统文化不同。法在东方社会被视为一种治国手段，是统治百姓的工具；统治者依靠严刑峻法控制国人。故西方文化正是在所涵盖的多元复杂因素的作用下，逐渐建立起了一套法律体系来限制当权者的肆意狂为，保障公民对权利与平等的追求。故法治成为文化元素在社会生活中起着举足轻重、不可或缺的作用。

法治对于人类而言，既是一种美好的理想，又是一种现实文明秩序和社会状态。作为理想的法治，即指确立法律的最高权威，一切社会成员都必须坚持以理性的、非人格化的、公开而明确的、相对稳定的法律为依据，严格地依法办事、依法治国。任何人都必须自觉地接受法律的约束，而不允许有超越于法律之外的任何特权。从法治发展的逻辑而论，其是制度规范、体制结构、经济形态、行为文化等多维因素良性互动的结果，是一种价值选择和制度架构。但其中最重要的是法治与民主的互动关系，它反映出在制度权力的形成与分配、公民与社会权利的行使与保障等多元层面上的内在矛盾关系。从现代国家而论，民主与法治共同构成了其政治统治的合法性基础，两者缺一不可。故强调对人的价值尊重和权利的维护与保障是民主与法治的共同价值目标。从两者相互关系而论，民主为法治提供社会合法性支持，法治为民主有序运行提供法制规则保障；树立法律权威是民主的法治要求，制约权力与保障权利则是法治的民主要求。故两者有紧密联系、相辅相成，相互统一

---

〔1〕〔古希腊〕柏拉图：《法律篇》，张智仁等译，上海人民出版社2001年版，第136页。

的一面。然而从世界社会历史发展考量，民主也存在不足和局限，如"多数人暴政"、"多数人的专制主义"、极端民粹主义等，都反映了民主的一些负面作用。如哈耶克曾指出："多数的意见是难以完全有益或明智的，多数人的意见完全有可能导致多数暴政的出现。"〔1〕而美国独立革命时期的思想家杰弗逊也曾评论道："一百七十三个暴君必然与一个暴君一样具有压迫性……一个由民主选举产生的专制政府并不是我们奋斗所寻求的目标……集权民主制中的政府是由人民选举产生，对选民负责的，它控制除了与代议民主制有关的条件之外的所有方面，它既是实际的，也是一种逻辑上的可能性。"〔2〕故有学者认为："以民主和法治为线索的政治制度与政治观念互动直接透露了政治管理的双向筹划。正是在民主与法治的冲突与均衡中，西方政治文明在政治制度与政治意识双向互动中不断地向前发展。"〔3〕故关于民主与法治关系的理论与实践也正是迄今为止，在全球范围内推行民主制的国家以及社会科学学术理论界不断思考、研究与探索的论题。

作为现实的社会状况的法治，以历史辩证唯物主义的观点来分析，法治受到特定国家、特定民族的经济、政治、文化状况及其历史传统的影响和制约，表现出特定的状态。因此，法治从根本上来说，就是理想性与现实性的统一，纯粹的法治是不存在的。即使在 19 世纪法治原则的兴盛时期，法治原则"也只能在有限的生活领域中得到实现"〔4〕。故缺乏法治现实的理想是华而不实的，同时，没有理想的法治也不过是名不副实的人治之下的"法治"。

从历史上看，法治的道路有两条，一条是社会历史文化演进型的法治道路，另一条是政府推进型的法治道路。后者是前者基础上社会进步发展的结果，其特点是，政府组织是法治运动的领导者和主要推动者，法治主要是在政府的目标指导下设计形成的，是主要借助和利用政府所掌握的本土政治资源完成的，是人为设计和建构出来的；而前者的主要特点是，法治主要是在

〔1〕　[英] 哈耶克：《自由秩序原理》（上），邓正来译，三联书店 1997 年版，第 135 页。

〔2〕　[美] 杰佛逊：《杰佛逊文集》（上卷），刘祚昌、邓红风译，三联书店 1998 年版，第 114 页、第 263 页。

〔3〕　佟德志：《在民主与法治之间》，人民出版社 2006 年版，第 2 页。

〔4〕　[英] 罗杰·科特威尔：《法律社会学导论》，潘大松译，华夏出版社 1989 年版，第 186 页。

社会生活，即公民社会生活与文化发展中自然形成和演化出来的，是一种文明，一种社会文化自发形成的观念产物。本书学术视野中所探讨论述的法治道路，就是社会历史文化演进型的法治道路，即西方城邦文明是法治理念与精神的源流，西方古典文化是法治理念和精神启蒙的基础。

第一章　古希腊城邦社会建构

在希腊思想史上，城邦的出现是一个具有决定性的事件。

——［法］让－皮埃尔·韦尔南《希腊思想的起源》

古希腊人留给后世最珍贵的遗产就是对城邦的热爱之情，城邦激发了一切杰出的成就，并且是一切成就的中心和顶峰。

——［英］阿尔弗雷德·E. 齐默恩《希腊共和国：公元前
5 世纪雅典的政治和经济》

城邦制度既是希腊的传统，也是希腊政治思想的不可违背的潮流，是希腊政治科学的既存前提，离开了城邦制度就没有政治学。

——顾准《顾准文集》

恩格斯在谈论希腊这个"小民族"时曾评价道："他们的无所不包的才能与活动，给他们保证了全人类发展史上为其他任何民族所不能企求的地位。"[1]恩格斯还指出："在希腊哲学的多种多样的形式中，几乎可以发现以后所有观点的胚胎、萌芽。"[2]如果说是什么成就了希腊的荣耀，城邦公民社会与法律思想、法治理念的孕育与发展无疑是最好的诠释。而在那个特定社会历史文化背景中所倡导的自由、平等、民主、正义、理性及其理论思考都是其绚丽的光彩。

从城邦而论，研究者一般认为城邦肇始于三千多年前的地中海沿岸地区

---

[1]《马克思恩格斯选集》第 3 卷，人民出版社 1972 年版，第 468 页。
[2]《马克思恩格斯选集》第 4 卷，人民出版社 1995 年版，第 287 页。

和西亚地区。城邦是最早形式的国家，"城邦的诞生标志着人类社会大变革时期的到来。这是以血缘团体、氏族关系、宗教关系为基础的旧社会向着以地区团体、阶级关系、政治关系为基础的新社会开始转变的时刻。"[1]城邦作为人类历史从野蛮过渡到文明的转折期之文化载体，必然新旧因素交替，且成为其发展时期的特征。

在公元前，"希腊"是一个地理名称，而并非是一个统一的国家名称。古希腊地域范围超出今天的希腊本土，分布于环绕整个地中海的沿岸和岛屿、小亚细亚以及深入到黑海等地区。学界对古希腊历史有多种历史分期法，但一般认为公元前 20 世纪~公元前 12 世纪为爱琴文明或克里特、迈锡尼文明时代，即在克里特和南希腊地区出现早期奴隶制城邦，亦称青铜时代。公元前 11 世纪~公元前 9 世纪为荷马时代，时多利亚人南下，希腊各部落原始社会解体，铁器时代兴起。而公元前 8 世纪，古代希腊进入城邦时代，这意味着希腊人"找到了最佳的生活方式"[2]。以城邦兴起到最终确立的公元前 8 ~公元前 6 世纪，史称古风时期。城邦兴旺发达的公元前 5 ~公元前 4 世纪，被称为古典时期，时古希腊城邦发展达到极盛后趋于衰落。城邦时代的古典希腊包括本土、爱琴海诸岛屿与意大利南部及西西里岛、小亚细亚等地。古希腊并不是一个统一的国家，而是一个文化和地理概念。纵览古希腊历史，人们可以洞悉城邦的建立与发展，正是古希腊文明繁荣兴盛的根源。正如现代法国著名学者皮埃尔·韦尔南指出："城邦在公元前 8 ~公元前 7 世纪的出现本身，就标志着一个开端，一个真正的创举；它使社会生活和人际关系呈现出新的形态。"[3]毫无疑问，这一新的形态就是建立在公民社会基础上的城邦文化精神，而这一文化精神的核心则是以自由、平等、正义、公正和理性等民主政治与法治理念为基础的价值观念，所有这些内蕴幻化为古典希腊公民政治的逻辑起点。

一、古希腊城邦：公民政治共同体

英国学者阿尔弗雷德·E. 齐默恩曾论道："古典希腊人留给后世最珍贵

---

〔1〕 日知主编：《古代城邦史研究》，人民出版社 1983 年版，第 4 页。

〔2〕 [英] H. D. F. 基托：《希腊人》，上海世纪出版集团 2006 年版，第 5 页。

〔3〕 [法] 让-皮埃尔·韦尔南：《希腊思想的起源》，秦海鹰译，三联书店 1996 年版，第 37 页。

的遗产就是对城邦的热爱之情。城邦激发了一切杰出的成就，并且是一切成就的中心和顶峰。"[1]而亚里士多德（公元前384～公元前322年）在其不朽的名著《政治学》首段指出："城邦是所有共同体中最崇高的、最有权威的，并且包含了一切其他共同体的共同体。"他还认为："人类自然是趋向于城邦生活的政治动物。"[2]希腊之所以可在人类文明的史册中留下如此浓墨重彩的一笔，最根本的是源自其对"城邦"的孕育、滋养。作为后世社会构建政治组织之典范，古希腊城邦造就了伟大的希腊。

（一）城邦的结构与内蕴

城邦作为一种政体和制度、一种社会结构，是古希腊政治文化语境中的重要语素，如果"不能理解城邦对于希腊人意味着什么，就不能理解希腊的历史；而假如我们理解了，也就能理解为什么希腊人要发展它并如此顽固地试图维持它。"[3]希腊城邦社会于公元前8世纪始具雏形。城邦（polis）一词源于堡垒（城堡）或"卫城"（acropolis），"acro"意为高地，指在与乡村相对应的山头的设防居民点。作为一种政治体制，城邦是一个独立自主的政治实体，是以一个自治城市为中心，结合其周围地区而形成的国家形态。其所涵盖的地域范围从"城邦"一词的字面意义看，原指堡垒或卫城，以后把卫城、市区、乡郊统称为"波里"（polis）。城邦不仅指地理上的范围，还包含最重要的主体，即居住其中的居民。这些居民包括城市和周边村庄的人们。其显著特征在于数量和大小，"小国寡民"是对古希腊城邦政体形态最直观简洁的描述：就数量而言，约公元前360年柏拉图在撰写《斐多篇》时，古希腊地区存在的独立城邦已有1000多个，也有历史文献记载有200多个或500多个，可能因不同时期以及统计方式不同所致；从规模大小来看，不论是柏拉图在《理想国》中设定的理想城邦应拥有5000名公民，还是亚里士多德认为的"每个公民目力所及就能看见所有其他人"，都折射出古希腊城邦在面积和人口上都很小的信息。

---

〔1〕〔英〕阿尔弗雷德·E.齐默恩：《希腊共和国——公元前5世纪雅典的政治和经济》，龚萍等译，格致出版社、上海人民出版社2011年版，第54页。

〔2〕〔古希腊〕亚里士多德：《政治学》，吴寿彭译，商务印书馆1997年版，第9页。

〔3〕〔英〕H.D.F.基托：《希腊人》，上海世纪出版集团2006年版，第64页。

一方面，这不仅是地缘因素所决定，而且也是早期国家形式、结构和功能所反映的状况。因为早期城邦条件简陋、资源缺少、规模较小，但能够充分容纳全体公民参与公共事务，使公民对城邦具有忠诚感。这不仅是城邦最基本的民主政治要求，而且也是那种历史条件下合适的城邦规模。故古希腊雅典人的城邦规模观念就是公民的规模应该能够在普尼克斯山或陪审法庭，或在集市的空旷之地被容纳聚集以作出会议决定。

另一方面，在古希腊人的思想观念中，"小是美，任何东西都要适合于人的规模，城邦也像其他东西一样要适合于人的规模"。[1]因此，从古希腊城邦状况来看，一般城邦的面积在 50 ~ 100 平方公里之间，公民人数约千人，数万人就要算大邦了。如中希腊地区弗西斯约 1650 平方公里，有 22 个城邦，平均每个城邦约 70 多平方公里。古希腊最大的城邦有 2 个，一个是位于伯罗奔尼撒地区的斯巴达，面积约有 8700 平方公里，人口约 30 万（斯巴达人约 3 万，奴隶希洛人约 25 万，庇里阿西人和自由人约 1 ~ 2 万）；一个是位于阿提卡地区的雅典，领土约 2650 平方公里，人口约 30 万（除外邦人、奴隶，公民约 3 ~ 4 万）。此外，还有几个较大城邦，如麦加拉城邦面积有 500 平方公里，科林斯面积约 800 平方公里、有 5 万人，叙拉古有 3.5 万人，底比斯和阿果斯大约也是这样一个规模。

古希腊城邦还有一个重要特征就是自给自足。这也是城邦生存与发展的重要条件。亚里士多德认为："城邦是为了要维持自给生活而具有足够人数的一个公民集团。"亚氏曾专门列出城邦达到"自给自足"所必备的条件："粮食供应为第一要务。第二为工艺，因为人类的日常生活不能没有许多用具。第三为武备，为了镇压叛乱，维持境内秩序，同时为了抵御外来的侵略。一邦的诸分子必须各备武装。第四为财产（库藏），这应当是相当丰富的储存，以供平时和战争的需要。第五——就其品德而言，应该放在第一位——为诸神执役的职事，即所谓祭祀。列为第六而实为城邦最重大的要务，是裁决政事、听断私讼的职能（即议事和司法职能）。每一城邦所必不可缺的事务和业务就是这些。城邦不是人们偶然的集合。这个团体，我们曾经说明，必须在生活上

---

〔1〕［英］杰弗里·帕克：《城邦：从古希腊到当代》，石衡谭译，山东画报出版社 2007 年版，第 4 页。

达到自给自足，上述这些事务和业务要是丧失了任何一项，那就不能自给自足了。"[1]即此可见，亚氏的城邦自给自足概念，不仅是指经济物质方面，它还包括公民在政治、军事和宗教祭祀方面的权利等。

城邦的内涵不仅仅指卫城、市区及乡郊结合的一块土地及其居民，它具有多重含义。如古希腊语中，政治（politike）、政治制度（politeia）、公民（polites）等都是源于"城邦"（polis）这一词，基本含义均表示"属于城邦的"。如公民，其定义为"属于城邦的人"，或"组成城邦的人"；又如政治，即表示为"城邦的事务"；而宗教，古希腊文意为"有关神的事务"或"对神的关爱"，[2]也是意指城邦政治事务之一部分。

亚里士多德指出："'波里'（城邦）这一名称是具有多种命意的。"亚氏著作《政治学》中曰："城邦的一般含义就是为了要维持自给自足生活而具有足够人数的一个公民集团"；"城邦本来是一种社会组织，若干公民集合在一个政治团体以内，就成为一个城邦"。[3]亚里士多德还针对城邦的本质与内涵强调城邦虽是许多人的数量组合，但是城邦不同于军事联盟或民族（部落），尽管这些确实也是城邦存在的必要条件，然仅有这些条件尚不足构成一个城邦，"城邦的长成，处于人类'生活'的发展，而其实际存在却是为了'优良的生活'。"[4]而"城邦是若干生活良好的家庭或部落为了追求自足而且至善的生活，才行结合而构成的"。[5]从亚氏的这段论述，不仅可以看到西方"社会契约论"的萌芽，而且论述凸显人的精神重要性和作为公民集体的深远意义。

从这些论述中可以看出，在政治语境下，城邦包含的"民族气质、集体潜意识"、"民众聚合的迹象"等，无一不体现出古希腊政治结构之上附着的政治灵魂。城邦的出现，推动了公民社会的萌芽与生长。在经济空间中，为了满足自然经济的增长，城邦逐渐形成并聚合了小规模化的中心集市，当城市功能日趋成熟、社会分工、技术专门化、不同行业出现，工商贸易也必然

---

〔1〕［古希腊］亚里士多德：《政治学》，吴寿彭译，商务印书馆1965年版，第365页。

〔2〕Jean Pierre Vernant, *The Greek*, Chicago: University of Chicago Press, 1996, p. 256.

〔3〕［古希腊］亚里士多德：《政治学》，吴寿彭译，商务印书馆1965年版，第113~129页。

〔4〕［古希腊］亚里士多德：《政治学》，吴寿彭译，商务印书馆1997年版，第7页。

〔5〕［古希腊］亚里士多德：《政治学》，吴寿彭译，商务印书馆1997年版，第140页。

成为城邦社会经济发展的润滑剂和社会变革的催化剂。在军事功能上，建造工事堡垒抵御外敌入侵，城邦给予居民稳定、安全生活的基本保障与庇护。在文化精神中，作为典型的海洋民族，古希腊人"吸取异质文明的精华"锻造了无与伦比的海洋文化；古希腊城邦的发展带来"相对民主、自由的社会环境以及古希腊宗教宽松的特质"，[1]孕育了古希腊文明的大智慧——哲学，以及塑造了人类思想的丰碑——雅典"三巨匠"：苏格拉底、柏拉图、亚里士多德。故"希腊人将城邦视为积极的、起教育作用的东西，陶冶着公民的心灵和性格"。[2]的确，古希腊哲人贤者们关于公民、美德、正义、平等、自由等政治哲学的话语也都是以"城邦"为核心和载体而展开缜密论证和演绎发展的。城邦不仅有政治、经济、军事等方面的功能，更有其文化精神方面的功能，这使得城邦历史演义必然成为古希腊文明史舞台上重中之重、当仁不让的重头戏。

（二）城邦政体的类型体征

古希腊著名哲学家柏拉图曾指出："有多少种不同类型的政制就有多少种不同类型的人们性格。你不要以为政治制度是从木头里或石头里产生出来的，不是的。政治制度是从城邦公民的习惯里产生出来的。习惯的倾向决定其他一切的方向。"[3]而亚里士多德则认为："一个政治制度原来是全邦居民以分配政治权利的体系"；"在同类的人们组成的社会中，大家就应享有平等的权利；凡不合乎正义（违反平等原则）的政体一定难以久长"。[4]

世界历史上最早对政体进行分类分析的是古希腊思想家亚里士多德。他的名著《雅典政制》搜集了对古希腊 158 个城邦政体的研究。其著对政体的定义为："一个城邦的职能组织，由以确定最高统治机构和政权的安排，也由以订立城邦及其全体各分子所企求的目的。"[5]实际上，这就是他来区分政体的两个标准，即根据掌握国家最高权力的统治者人数和统治者所追求的目的是个人利益还是城邦整体的公共利益。他将政体划分为一个人、少数人和多

〔1〕 邓杉、赵蓉、徐志英：《解读古希腊》，云南大学出版社 2011 年版，第 112～116 页。
〔2〕 ［英］H. D. F. 基托：《希腊人》，上海世纪出版集团 2006 年版，第 68 页。
〔3〕 ［古希腊］柏拉图：《理想国》，郭斌和、张竹明译，商务印书馆 1986 年版，第 313～314 页。
〔4〕 ［古希腊］亚里士多德：《政治学》，吴寿彭译，商务印书馆 1997 年版，第 112 页、第 392 页。
〔5〕 ［古希腊］亚里士多德：《政治学》，吴寿彭译，商务印书馆 1997 年版，第 178 页。

数人进行统治的君主政体、贵族政体和共和政体。这三种政体是为公众利益服务的"正常"政体。他认为，若统治者只为自身利益服务，政体就会蜕变为三种"变态"政体：僭主政体、寡头政体（富人掌权）和平民政体（穷人掌权）。亚里士多德认为，一个城邦选择何种政体是由多种因素互相作用和变化所决定的，这其中他较关注经济关系和党派力量的对比。基于时代政治学发展水平，亚里士多德对政体的论述分析是具有重要历史意义的，尽管近代以来一些学者有不同看法，但一般还是在此基础研究上的阐发。

从对古希腊史的研究来考量，在荷马时代，其社会尚处于以血缘关系为联系纽带的氏族部落时期，主要社会结构组织形式为：一是民众大会，由作为战士的成年男子组成，决定氏族部落重要大事；二是"巴西列斯"，即氏族酋长，由民众大会选任，主管军事、祭祀和争讼等；三是长老会议，拟定民众大会议案，商讨氏族部落一般大事。当进入城邦发展时代，城邦政体的类型特征可有大致三大类别：一是出现于古风时代城邦兴起时期的僭主政治；二是被西方后世倍加推崇与溢美的古典时代民主政体——雅典模式；三是与雅典模式并行发展的另一种政治模式——斯巴达的贵族制。

1. 僭主政体

僭主（tyrannos），即指未经公民集体认可的合法程序、以不正当手段僭取国家权力者。由于他们非法获取本应由公民集体共享的权力，并实行独裁甚至将统治权世袭下去，故有"僭越"的意味。这也使得原本在古风时代希腊人眼中的中性词"僭主"（tyrannos）逐渐演绎出"暴君"的贬义。然僭主在城邦的历史巨幕中只是"客串"的角色，是城邦特殊历史条件下的非常态、阶段性的产物。据波萨罗伊等学者的观点，"希腊各城邦的贵族世家为了争夺荣誉和地位连年恶战，这是导致僭主制出现的最主要因素"。[1]僭主的权力往往是时势造就的，而一旦形势风云变幻，他们的历史使命便可能终结。

在公元前8～公元前7世纪城邦兴起过程中局部出现了暂时的混乱，僭主就在此时早期王权的衰落与刚刚上升的、尚不稳定的贵族权力相交替的夹缝中抓住了出现的政治契机。早期的僭主往往是一种政治革新的力量，他们带

---

〔1〕［英］萨拉·B. 波默罗伊等：《古希腊政治、社会和文化史》，傅洁莹等译，上海三联书店2010年版，第124页。

领和依靠刚觉醒但又缺乏参政意识的平民推翻贵族的统治、发展民生、催动社会繁荣与稳定，争取到了民心拥护。比如公元前 6 世纪崇尚"宽恕强于报复"的米提林僭主皮塔库斯和锻造出古希腊强大海军的佩里安德，他们便是著名的古希腊"七贤"中人。约公元前 650 年的科林斯僭主居柏塞卢以及西息温僭主奥萨哥拉都采取了对本城邦发展有利的措施。而雅典公元前 560 年～公元前 510 年的庇西特拉图僭主政治，其推行的一系列政策皆有利于农业和工商业以及文学艺术的高度发展，被学者称为"僭主政治时代是雅典黄金时代之一"。[1]

由于个人统治不容于希腊公民社会的民主政治原则与精神，有悖于希腊人的政治思维与观念，亚里士多德认为僭主政体是"最为恶劣的"。如亚氏指出："僭主的习惯就是永不录用具有自尊心和独立自由意志的人们。在他看来，这些品质专属于主上，如果他人也自恃其尊严而独立行事，这就触犯了他的尊严和自由；因此僭主都厌恶这些妨碍他的权威的人们。"[2]但客观加以评价，一方面，僭主的出现无疑是历史发展的过渡性选择，并不能成为古希腊政治的主流；另一方面，僭主政治是复杂的政治现象，个案之间差异较大，故须具体情况具体分析。如亚里士多德在《雅典政制》中评价庇西特拉图本人的统治"与其说是暴政，毋宁说是温和的、富有公民权利的平等精神"。故纵然僭主政权在后期因出现大权独揽、贪婪奢侈、冷酷暴戾的独裁者使僭主当政淡出历史的舞台，但其作为一种过渡的政体形式，在一定时期内对缓和阶级矛盾和解决城邦内讧问题，在促进城邦政治、经济、军事以及文化发展的措施方面还是书写了值得后人给予一定正面评价的篇章。

2. 民主政体

古希腊哲学家德谟克里特曾认为："在一种民主制中受穷也比在专制统治下享受富裕要好。"[3]

在希腊语中，民主（democracy）这一词语意为"人民的统治"。其源于demos，即"村庄"，意指居住村社的平民。故在古希腊，民主政治意为平民

---

〔1〕 陈同燮：《希腊罗马简史》，山东教育出版社 1982 年版，第 50 页。
〔2〕 ［古希腊］亚里士多德：《政治学》，吴寿彭译，商务印书馆 1997 年版，第 294～295 页。
〔3〕 参见朱德生、李真：《简明西方哲学史》，人民出版社 1979 年版，第 21 页。

政治，民主政体也即平民政体，而雅典城邦则是民主政体的典范。

　　雅典城邦的举世闻名不仅在于它在宗教、哲学、艺术、文学、历史领域的耀眼辉煌，而且在于两个半世纪中雅典孕育出政治家伯里克利、戏剧家阿里斯托芬、哲学家苏格拉底和柏拉图、亚里士多德等杰出的文化巨匠，还有最重要的是在爱琴海的怀抱里孕育出的民主政体所散发的巨大魅力令西方后世膜拜敬仰。雅典的民主政治不是"生而具有"、一蹴而就的，它也是经过了最初的君主政体，历经了寡头政治，以及中间还参夹着短暂的僭主政治后才逐渐建立起了民主政体。在雅典从部落向国家过渡的重要步伐中，被视为雅典国家奠基者的提修斯（Theseue）正是因为提出实行部落联盟而为人尊重，他建立议事会和行政机构，并将社会划分为贵族、农民、手工业者三个等级；尽管事实上贵族充任要职，农民和手工业者可在公民大会中拥有一席发言之地而没有官衔，这对于处在公元前 8 世纪的古风时代，无疑仍旧是历史性的巨大进步。在接下来的基伦（Gelon）暴动过后，雅典贵族慑于平民压力，颁布了第一部成文法——《德拉古法典》，即将原有的惯例、习惯法用文字形式加以记录，不再可以任意解释，使得贵族为己谋利、徇私枉法的行为受到限制与约束。随后，真正标志着雅典古典城邦确立的是公元前 594 年的梭伦（Solon）改革，其一，为"解负令"，消除了雅典人一切债务及由债务而生的奴役；其二，不再以贵族、农民、手工业者划分社会等级，代之以按土地收入确定公民身份阶层，这使得工商业者有了参与政权的机会；其三，设立四百人议会和陪审法庭的政权机构，此举打破了传统贵族的司法专权；其四，是颁布新法典，诸如禁止买卖婚姻、保护孤寡妇孺等，对于社会公平提供了基本保障。梭伦改革顺应时代发展，在一定程度上打压贵族特权、消除平民疾苦，尤其是使工商阶层在财富积累过程中希望分享政权的愿望获得了实现可能，雅典自此走上了民主政治发展和工商业逐渐繁荣的道路。接下来的历史新阶段才是雅典民主制国家形态形成的标志。公元前 509 年平民改革家克里斯提尼（Cheisthenes）进行了新的地区部落划分、按地区组成社会基本单位，沉重打击了雅典传统的选举体制和血缘团体，至此确立并巩固了雅典的民主政治。在后来的黄金时代——伯利克里时代，雅典的民主政治达到鼎盛时期，公民大会较有力地掌控立法、行政、司法三权，这一时期雅典城邦既没有职业的行政人员，也没有专业的法官或律师，这就是说，雅典城邦的所有事务都由公民轮值担任——轮番为治。这样的做法于今看来仍不可思议，但其中传达出的理念却是后世社会皆向往与追求的，"即人们把在生活的某个适当时候参与所有的城邦事务看作是一个个体对城邦和他自己应尽的责任。……就雅典人而言，通过商讨进行自我管理、自律、个人的责任感，参与城邦所有方面的生活，这些事情就像呼吸对于生命一样不可缺少。"[1]

3. 贵族政体

在雅典的民主政体逐步形成的进程中，古希腊的另一重要城邦——斯巴达，其由传统贵族把持的政体也在并行发展。但与开放、自由的雅典的方向相反，斯巴达表现出内敛的封闭僵化、强烈的平均主义、高度的服从与纪律。约建立于公元前9世纪左右的斯巴达城邦，位于伯罗奔尼撒半岛南部肥沃的拉哥尼亚平原，是古希腊城邦中少有的富饶农业区。但因其地理上三面被山岳围绕，仅一面临海，缺乏良港，故工商贸易极不发达，从而不同于雅典的政治体制、社会组织和文化模式。斯巴达国家起源于种族征服，在不断的军事征战中产生，这样造成了政权被拥有兵权的传统贵族把持紧握的局面，被称为"征服者的城邦"。据史载斯巴达城邦政治制度是立法者——来库古（Lycurgus）所建立。他对斯巴达进行了一系列改革：城邦设立两个国王，分别来自于联盟的亚该亚人和多利亚人部落。两国王权力、地位同等，职位世袭，彼此互相制约；平时共同治理城邦事务，战时由一王统军出征，另一王坐镇城邦负责支援。两国王和28个贵族共同组成议事会（或称元老院），贵族议员是由公民大会从年满60岁的贵族中选举产生，任职终身。城邦重要事项和公民大会议案由议事会讨论决定后，再交公民大会通过。

斯巴达议事会有权对公民大会宣布休会或解散。公民大会由年满30岁的男性公民参加，每年从贵族中选举监察官5人，他们有权裁决两个国王的意见分歧，其中2人专门负责监察国王在战争期间的行动，如发现有不轨或背叛行为，监察官有权审判国王。在必要时候，监察官有权召集和主持议事会和公民大会，并负责城邦财政和外交事务等。因此，斯巴达政体中起重要作用的是贵族政治。

斯巴达人基本分成三个阶级：一是斯巴达人，约有3万左右，他们自认

---

[1] ［英］H. D. F. 基托：《希腊人》，上海世纪出版集团2006年版，第158页。

都是"平等者",享有公民权。二是被征服、俘虏的人,称希洛人,约有 25 万人。他们是属于国家的奴隶,被分配到斯巴达人的份地或家庭进行劳役。三是有人身自由但无政治权利的庇里阿西人(也是被征服者),位于城邦边区防御敌人,主要从事手工业和商业,定期向斯巴达人交纳贡赋,战时可服军役杂务等。基于斯巴达的阶层结构状况,来库古建立的法律制度,主要是对斯巴达公民灌输强烈的城邦意识和集体观念。为统治占绝大多数的希洛人,斯巴达人的全部社会生活都置于军事组织的管理之中。为维持强大军事力量,斯巴达人男女老少从小到大就如生活在军营中,终身从事军事体育训练,被锻炼培养成绝对服从法律和命令的人,始终处于常备不懈的武装状态。故斯巴达经济发展迟滞,工商业不发达,流通货币使用笨重的铁制成,数目稍多即须畜车运送;为防止财富分化,来库古立法制定防止奢侈的法令以及禁止高利贷等。此外,由于斯巴达人只将精力关注军事生活,鄙视其他劳动职业,不仅社会生产发展缓慢,而且社会文化水平低下。历史上,斯巴达缺少著名的哲学家、诗人、雕塑家和画家等文化名人巨匠,这同其整个政体制度与社会生活状态是相匹配的。

综前所述,雅典和斯巴达是古希腊城邦政体两种类型(或称模式)的代表,而两者政治的差异与他们所处地理环境的背景条件有很大关系,故在许多方面被其后的史家学者们视为开放式海洋文化国家和封闭式内陆文化国家两种类型国家的原型。然而从政体组织结构分析,雅典民主政体和斯巴达贵族政体都是全体公民参与政治事务并进行城邦管理的政体;差异在于雅典将城邦重要事务的决策权赋予了公民大会,而斯巴达的贵族议事会则保留了否决公民大会决议的权力。实际上,从古希腊城邦历史发展考量,凡是城邦公民都有政治参与权和不同程度的决策权,即便僭主政体也未必会轻易违逆民意。正如亚氏在《政治学》中指出:"凡享有政治权利的公民的多数决议,无论在寡头、贵族或平民政体中,总是最后的裁断具有最高的权威。"[1] 在城邦,"公民是轮流地统治或被统治"。"城邦不论是哪种类型,它的最高治权一定寄托于公民团体。"[2] 因为城邦体制组织结构决定了其主体公民是捍卫城邦的核

〔1〕 [古希腊] 亚里士多德:《政治学》,吴寿彭译,商务印书馆1997年版,第199页。
〔2〕 [古希腊] 亚里士多德:《政治学》,吴寿彭译,商务印书馆1997年版,第129页。

心力量，这也就从一定程度上决定了公民意志是城邦治理的基础。故苏联著名历史学家塞尔格叶夫在其著《古希腊史》中曾评论道："斯巴达公民说来是民主制，但对附庸的民族来说就是寡头制的。"[1]雅典和斯巴达这两个城邦最大问题不在政体组织结构，而在于政治。这就是皆认为自己是"王道"，"二者都试图将自己政治生活中的模式强加于整个希腊世界，都想获得超越其他国家的统治地位，而它们在这方面的失败却成为城邦（polis）没有成为以后历史上国家形式的范例的主要原因"。[2]

（三）城邦：公民政治共同体

从现存古希腊的历史文献来看，我们可以看到古希腊人的思想和公民文化皆紧密围绕着一个重要命题：公民与城邦的关系，以及在城邦价值取向中如何做一个完善的公民。

亚里士多德在《政治学》中指出："城邦本来是一种社会组织，若干公民集合在一个政治团体以内，就成为一个城邦"；而"城邦不论何种类型，其最高权力属于公民集体，公民集体实际上就是城邦制度。"[3]城邦不仅表示堡垒更表示全体人民，在索福克勒斯所创作的戏剧《安提戈涅》中，海蒙说过这样一句："没有哪个城邦是一个人统治的。"可以说，城邦是公民共同生活得以展开的场所或空间，这是城邦观念里最为宝贵的部分，即"它是个共同体，其事务是所有人的事务"，在随后演化为"政体"的自然形式，这些都是城邦作为政治共同体的重要内核。故集体荣誉感是城邦和公民社会的核心价值。这正如亚里士多德所言："城邦的善却是所要获得和保持的更重要、更完满的善。因为，为一个人获得这种善诚然可喜，为一个城邦获得这种善则更高尚。"[4]同样，公民是城邦的主体，是城邦的基本要素。公民于希腊文的原意就是"属于城邦的人"；对于公民，城邦即信仰、城邦至高无上；公民、家庭、身体和灵魂都属于城邦；为了城邦利益，忠诚的公民可以随时献身。城

---

〔1〕 ［苏联］赛尔格叶夫：《古希腊史》，缪灵珠译，高等教育出版社1955年版，第59页。

〔2〕 ［英］杰弗里·帕克：《城邦：从古希腊到当代》，石衡谭译，山东画报出版社2007年版，第21～22页。

〔3〕 ［古希腊］亚里士多德：《政治学》，吴寿彭译，商务印书馆1997年版，第121～122页、第129页。

〔4〕 ［古希腊］亚里士多德：《尼各马可伦理学》，廖申白译，商务印书馆2003年版，第6页。

邦共同体的壮大是公民们自信、自强与幸福、骄傲的源泉。因而在古希腊城邦的公共利益和公民的个体利益是相一致的，公民的共同生活，即社会生活是与政治生活相融合的，其中最重要的活动都被赋予完全的公开性。法国学者韦尔南在《希腊思想的起源》中认为："这种公开化的要求使全部行为、程序和知识逐渐回到社会集团的手中，置于全体人的目光之下。"这种民主化和公开化的双重运动在思想方面产生了决定性的影响，从而为社会民主与法治文明的意识培养奠定了重要基础。

在古希腊"公民"这一概念，其实就是一个集体范畴。亚里士多德曾在《政治学》著作中就城邦的概念指出："城邦的含义就是维护自给自足生活而具有足够人数的一个公民集团。"与此同时，亚氏又强调城邦地位是至上的："城邦虽在发生程序上后于个人和家庭，但在本性上先于个人和家庭。就本性来说，全体必然先于部分。以身体为例，如全身毁伤，则手足也就不成其为手足，脱离了身体的手足同石制的手足无异，这些手足无从发挥其手足的实用，只在含糊的名义上大家仍旧称之为手足而已。我们确认自然生成的城邦先于个人，就因为（个人只是城邦的组成部分），每一个隔离的个人都不足以自给其生活，必须共同集合于城邦这个整体才能满足其需要。凡隔离而自外于城邦的人——或是为世俗所鄙视而无法获得人类社会组合的便利或因高傲自满而鄙弃世俗的组合的人——他如果不是一只野兽，那就是一位神祇。"[1] 显而易见，从亚氏政治学概念而论，城邦不仅是在公民集团形成后，为维护公民利益关系的政治实体，而且也表明了公民阶层在古希腊城邦政治治理结构中的平等政治关系。

城邦生活的实质，最主要的就是公民的公共政治生活，是"以公民权为核心的公民集体"。西文"politics"一词由古希腊文"城邦"（polis）演化而来，由此就能了解城邦与政治的密切联系。同样，古希腊文中表示城邦政治的词，如"政治"（politike）、"政治制度"（politikos）、"公民"（polites）等，都源于"城邦"一词，不仅展示城邦的政治性质与重要意义，而且表达了公民与城邦的相互辉映和相互依存关系。

在古希腊城邦中公共政治生活是十分重要的，如伯里克利在演说中指出："一个不关心政治的人，我们不说他是一个注意自己事务的人，而是他根本没有

---

〔1〕 ［古希腊］亚里士多德：《政治学》，吴寿彭译，商务印书馆1997年版，第8~9页。

事务。"同时由于公民与城邦是融为一体的，公民的本质取决于法律上的权利。故只有在法律的保障下享有平等政治权利的人才是公民。公民权对于古希腊、社会和公民城邦具有重要意义，以致古希腊各城邦严格限制公民资格，在公民权方面具有排他性。故只有公民才能拥有参与城邦公共政治活动和自由发表言论的基本权利。欧里庇得斯（公元前 485 年~公元前 408 年）曾说："所谓奴隶，就是一个不能发表自己思想观点的人。"[1]因此亚里士多德作出了总结："凡有权参加议事和审判职能的人，我们就可以说他是那一城邦的公民。"[2]

从某种意义而论，城邦本质上是自由公民的自治团体，是一个围绕着受法律保障的公民权概念建立起来的公民社会，城邦法律就是一种公民共同的生活模式。[3]而希腊城邦与整个公民团体的融合与平衡，以及所有公民都能分享城邦的政治、军事、经济、宗教等权利，公民集体是城邦的共同统治者，是希腊城邦区别于其他古典国家的重要特征。因此，古希腊城邦构建的公民共生共享的社会生活模式与东方专制国家的"普天之下，莫非王土；率土之滨，莫非王臣"之观念，形成鲜明的对比与反差。

二、"逻各斯"结晶：[4]城邦的公共空间

法国学者韦尔南曾指出："城邦在公元前 8 世纪~公元前 7 世纪的出现本

---

〔1〕 ［美］伊迪丝·汉密尔顿：《希腊方式：通向西方文明的源流》，徐齐平译，浙江人民出版社 1988 年版，第 25 页。

〔2〕 ［古希腊］亚里士多德：《政治学》，吴寿彭译，商务印书馆 1997 年版，第 113 页。

〔3〕 让－皮埃尔·韦尔南曾论道："那些组成城邦的公民不论他们的出身、地位和职务有多么不同，从某种意义上讲都是'同类人'。这种相同性是城邦统一的基础，因为对希腊来讲，只有'同类人'才能被'友爱'联系在一起结合为一个共同体。这样，在城邦的范围内，人与人的关系便表现为一种可逆的形式，取代了服从和统治的等级关系。所有参与国家事务的人都被定义为'平等人'。尽管在社会实际生活中，公民之间有很多相互对立的地方，但在政治上，他们都被认为自己是可以互换的个体，处在一个以平衡的法制，以平等为规范的体制中。"［法］让－皮埃尔·韦尔南：《希腊思想的起源》，秦海鹰译，北京三联书店 1998 年版，第 47 页。

〔4〕 "逻各斯"（Logos）本义在古希腊语中是"说"（Lego），其基本含义还包括言说、话语。作为哲学中的一个重要概念，据此还衍生出道理、理性、规律、逻辑、尺度、本质等多种含义。研究者们认为逻各斯与中国传统文化中"道"相对应。本节题目关键词采用"逻各斯"，是借鉴学者洪涛著作观点："神话和哲学，是逻各斯的两种不同方式"；"把城邦看作希腊'逻各斯'活动的结晶"；"本原通过逻各斯显身为城邦（空间）……逻各斯是使空间绽开并维持的力量"等。参见洪涛：《逻各斯与空间——古代希腊政治哲学研究》，上海人民出版社 1998 年版，第 13 页、第 79 页、第 313~314 页。

身，就标志着一个开端，一个真正的创举；它使社会生活和人际关系呈现出新的形态，后来的希腊人将充分体会到这种形态的独特性。"[1]韦尔南所说的"新的形态"，也就是指迥异于东方专制社会的希腊城邦制度和公民公共生活，体现了城邦政治的公开性和民主性，"社会生活中最重要的活动都被赋予了完全的公开性"。[2]而体现这种社会生活"完全的公开性"的载体，则是城邦物理空间的一部分，即公共生活的场所或称为城邦的公共空间（sphere of the polis），或是哈贝马斯等社会学家们表述社会结构特征的概念的"公共领域"（public sphere），而与其相对应的则是家庭领域（sphere of the oikos）或私人空间（individual sphere）。[3]

　　"古代城邦通过公共活动和公共建筑表明其是一个共同体（community）。"[4]相对于私人空间和家庭领域，[5]希腊城邦的公共生活空间是依托公共场所和建筑的格局而构成的。而这些建筑、场所——历史文化容器形成的空间，不仅是城邦制度和公民政治生活的反映，而且是城邦宗教信仰、伦理价值、道德秩序、思维方式、审美境界以及精神世界的寄寓所在。它既保存与凝聚了远古历史记忆，也为未来传递着文化信息。故柏拉图曾在《蒂迈欧篇》中指出：前秩序的原素在依照形式转变为现实的世界秩序的过程中，必须有一个中介，即"场所"、"容器"，这就是我们所说的"空间"。故空间概念是我们理解古希腊城邦的关键。[6]

　　（一）阿哥拉——"民主广场"

　　今天我们从希腊城邦遗存的古迹建筑和器物中，仍能辨析古典时代城邦的公共生活和精神气象。从城邦主要公共建筑的类别划分，大致可分三类：

---

〔1〕　［法］让－皮埃尔·韦尔南：《希腊思想的起源》，秦海鹰译，三联书店1996年版，第3页。

〔2〕　［法］让－皮埃尔·韦尔南：《希腊思想的起源》，秦海鹰译，三联书店1996年版，第38页。

〔3〕　黄洋：《希腊城邦的公共空间与政治文化》，载《历史研究》2001年第5期。

〔4〕　E. J. Owens, *The City in The Greek and Roman World*, New York：Routledge Press, 1991, p. 153.

〔5〕　相比公共空间高大宏伟的公共建筑，希腊城邦家庭领域的私人住房则简单狭小，多由太阳晒干或是由泥土烘焙制成的砖块垒成，用赤土瓦作屋顶，一般没有排水道。房间布局一般朝外居室为招待客人所用，内室为妇女儿童起居所用。希腊人较少关心私宅，主要因为，对于公民来说，其更注重关心公共生活；作为属于城邦的人，他们身心沉浸在公共生活中享受生活、追求幸福以及善与美；在公共生活教化熏陶中获得自我价值的实现。而住房仅是用来吃饭、睡觉，大部分时间都是在公共场所和户外度过。

〔6〕　洪涛：《逻各斯与空间——古代希腊政治哲学研究》，上海人民出版社1998年版，第17页。

一是城邦宗教性公共建筑，有神庙、祭坛等；二是城邦政治性建筑，如公民大会会场、陪审法庭、广场、议事厅等；三是城邦社会文化活动的公共建筑，有运动场馆、露天剧场、柱廊、公共食堂等。从现遗存的雅典城邦公共建筑布局来考察，城邦公共建筑多围绕公民聚集活动的中心公共广场阿哥拉（Agora）而建。

阿哥拉一词首先出现在荷马史诗中，在希腊语中是"集合、汇聚"的意思。这里不仅是城邦的中心商贸市场，同时也是人们政治文化活动和讨论自然、宗教、哲学、时事的聚集地。阿哥拉位于雅典卫城（Acropolis）西北，南临阿勒奥珀斯（Areopagus）、西接阿哥拉丘（Kolonus Agoraios），是城邦主干道雅典娜大道（Panathenaic Way）与三条道路交汇点。从公元前6世纪中叶起，阿哥拉周边公共建筑和设施开始陆续建造，最早的有东南泉房、十二神坛等。庇西特拉图在位时，建造了排水系统、喷泉和奥林匹亚神庙；公元前508年～公元前507年民主政体下，还催生了议事会厅（Bouleuterion）、界碑（Boundary stone）和王家柱廊（Royal Stoa）等建筑。希波战争后，雅典民主政治鼎盛，在阿哥拉周围建起了波伊奇列柱廊（Stoa Poikile）、圆殿（Tholos）、新议事会（New Bouleuterion）、宙斯柱廊（Stoa of Zeus Eleutherios）、南柱廊（South Stoa）、陪审法庭（Law Court）、母神殿（Metroon，又作公共档案馆）、狄奥尼索斯剧场（The Theater of Dionysus）以及普尼克斯（Pnyx）山丘上公民大会会场胜利女神庙（The Temple of Athena Nike）、伊瑞克特翁神庙（The Temple of Erechtheum）、宙斯神庙、阿波罗神庙、赫菲斯托斯神庙和铸币厂（Mint）、体育场馆等。

从雅典城邦以阿哥拉为中心的公共建筑布局来看，其充分反映了雅典城邦民主政治文化和制度架构、社会经济的空间形式，以及曾经在城邦历史上产生过重大影响的民主政治与思想的演进，都可以在这里找到历史解读。如维柯就认为哲学来自城邦公共空间，"玄学，逻辑学和伦理学各方面的原则都是从雅典广场上产生出来的"。[1]而在这些公共空间及各种形式建筑中点缀的雕塑、绘画等所刻画描绘的史诗神话、英雄人物事迹、战争场景等，不仅是表现历史文化的符号和信息，而且承载与传递着城邦重要价值观，是城邦人文精神的象征，是建构公民思想观念共识和认同的重要方式，是城邦制度的

---

〔1〕〔意〕维柯：《新科学》，朱光潜译，商务印书馆1997年版，第567页。

合法性的来源。法国学者维达尔－那逤特对城邦公共空间评价道："城邦创造了一种全新的社会空间，即以市政广场及其公共建筑为中心的公共空间。人们在此就涉及公共利益的问题进行争论。权力不再限于王宫，而是置于这一公共中心。"[1]

据文献史料记载，在雅典阿哥拉市政广场上建有"纪名英雄墙"（Eponymous Heroes）建筑，顶端立有 10 位雅典英雄青铜雕像，分别代表雅典的 10 个传统部落。建筑墙身是公布有关公民大会、法令等城邦公共事务的公告栏。雅典城邦各公共建筑的功能作用在本书以后章节中还要论述，即此要着重阐释一下最具雅典政治、经济和文化公共生活特征的柱廊的作用。

公元前 8 世纪后城邦兴起，"建筑师们就已认识到柱廊不仅是有用的、附加的建筑装饰，而且对扩展空间，如广场（agora）神龛、体育馆等，即在有限的空间支撑一个顶棚，提供一种装饰，并赋予特定意蕴，也是重要的附属建筑。"[2]我们从对现今考古发掘的雅典阿哥拉的阿拉洛司柱廊（Stoa of Attalos）研究来看，该柱廊是希腊化时期的典型柱廊，是长 120 米、宽 20 米的两层式建筑。每层的廊柱内侧均由 21 个商铺组成。一楼外观是 45 根多里斯式柱，内层为 22 根爱奥尼亚式柱；二楼外层是爱奥尼亚式柱，内层为帕伽马棕榈叶柱头式列柱。该柱廊作为希腊经典式建筑，其不仅庄重大方，具有开放性特征，而且显然是为城邦公民政治、经济和文化公共生活所设计构建的。建筑式样早期的柱廊一般性应是实用为主的简单建筑，通常建有饰有文字图画或雕塑背景墙，外层由开放的单排或双排列柱组成，上以顶棚将列柱以及背景墙相连。柱廊既可以用作避雨遮阳的走道，又往往具有政治（举行议事会、法庭、行政办公场所等）、商业、剧院、健身等综合型功能。文献记载，雅典市政广场西部的巴塞勒斯柱廊（The Stoa Basilike）是树立刻有公布的法律法令石碑或板的场所。此外，柱廊是公民们日常散步聊天、集会、议论城邦诸事、发表演讲辩论和吟诵诗歌、讨论哲学和伦理道德等的场地，是城邦民主生活中不可或缺的重要组成部分。雅典著名哲学家斯多噶因经常在柱廊

〔1〕 Pierre Vidal-Naquet, *The Black Hunter: Forms of Thought and Forms of Society in The Greek World*, Baltimore: The Johns Hopkins University Press, 1988, p. 257.

〔2〕 D. M. Lewis and John Boardman and J. K. Davis and M. Ostwald, *The Cambridge Ancient History*, Second Edition, 2006, Volume 5. p. 193～195.

讲学因而形成"斯多噶学派"（Stoicism）。同样，柱廊也是吸引苏格拉底、柏拉图、亚里士多德、色诺芬、芝诺等智者哲人等立足流连、高谈阔论之地，他们所展示的思想理念和精神价值所产生的历史回响至今犹在柱廊余音绕梁。英国学者齐默恩曾评论道："希腊人的市场和有顶走廊就好像俱乐部对北方城镇居民一样重要，而且利用率更高……俱乐部式的生活方式促进了友谊的发展。和一切处于类似气候状况的民众一样，希腊人爱好社交，喜欢群居，很高兴与人群共处……由于一直生活在浑然天成的集体环境中，希腊人无法适应远离友伴的生活……而一旦到了另一处，他们更关心的是找到合适的社会关系，而不是合适的经济条件。如果两者只能选其一，他们定不会放弃共同生活。"[1]

（二）宗教性公共建筑

在古希腊城邦中心都设有圣火祭坛（祭赫菲斯托斯神），每个城邦公共空间的核心必定是典型的宗教性建筑。19世纪法国历史学家古郎士在其著《古代城市：希腊罗马宗教、法律及制度研究》中较早提出宗教是西方古代城市关键性制度的理论观点。他认为："一旦家庭、胞族和部落同意联合并祭祀同一个神灵，便立即建城作为他们共同祭祀的神庙。因此，城市的创建总是一种宗教性行为。"[2]从古希腊历史考量，宗教是希腊人日常生活不可或缺的一部分，他们的所思所想，皆基于此。[3]古希腊人家中也都设有"圣火"和祭神之位；城邦中神庙四处都有。而街边上则神的形象之雕塑石刻林立，宗教生活就是希腊人生活方式的标志。且不论各种形式的宗教祭祀活动，凡任何集会活动，如城邦议事会和公民大会举行、陪审法庭开庭、官员任职宣誓、演出戏剧和运动会、各种节日和酒会以及移民、开战等，都有宗教仪式。正如文化人类学家迪尔凯姆所认为，宗教的核心不是教义，而是仪式；而宗教仪式化的功能就是一种价值的行为方式，如限制个人利益、为社会做出牺牲、

---

〔1〕 ［英］阿尔弗雷德·E. 齐默恩：《希腊共和国——公元前5世纪雅典的政治和经济》，龚萍等译，格致出版社、上海人民出版社2011年版，第44~45页。

〔2〕 ［法］菲斯泰尔·德·古郎士：《古代城市：希腊罗马宗教、法律及制度研究》，吴晓群译，上海人民出版社2012年版，第162页。

〔3〕 ［英］纳撒尼尔·哈里斯：《古希腊生活》，李广琴译，希望出版社2006年版，第173页。

顺从权威等。在他看来，宗教是集体情感与观念的沟通关系。[1] 城邦宗教和政治、经济、文化是紧密联系、融为一体的。

古希腊城邦宗教信仰有三个特征：一是宗教信仰来源于神话传说和故事，并没有经典，故清规戒律较少，诸神喜怒哀乐均有人性的特征和弱点。二是同东方文明的一些宗教相比，尚不存在有着特权的祭祀僧侣阶层，一般主持城邦重大宗教庆典仪式的执政官、负责祭祀的祭礼官、负责管理神庙财产的司库官以及神庙修缮官等都是公民大会以抽签方式选举产生；同样，神庙祭司也属城邦公职人员，他们都必须服从城邦政治和公民集体意志。这正如韦尔南所指出："在公共崇拜和城邦宗教层次上，宗教生活和社会及政治生活融为一体，它是整个城邦生活的一个方面。在祭司和行政官员之间几乎没有什么差异和对立，他们几乎是完全一致和可以互换的：祭司就是官员，所有官职都包含有宗教性质。城邦众神，从其宗教性质到民事功能，中间没有任何的断裂或不一致之处……公民崇拜目的在于社会整合，其功能是使人类秩序和自然秩序神圣化，使个人与这些秩序相协调。"[2] 三是神庙是开放性的，是公民集会场所，许多有关城邦和公民集体的重要决策都在此商议决策，神庙实际上也是公共权力崇拜的象征。

公元前 8 世纪后，随着希腊各城邦的建立，神庙建筑也逐渐在城邦兴起。这一方面是因为人们在精神上需要城邦有"守护神"（protecting deity）的庇护，神族传说历史给城邦披上神圣的光环，使人们从中获得心理和情感上的满足。另一方面，建立神庙的意义在于确定城邦对某块土地的合法性统治。故神庙不仅是一种宗教建筑，而且也是呼唤城邦精神本原的圣地，是城邦国家意识的体现。通过共同的宗教崇拜和深层的民族心理特征，使城邦公民获得一种共同体的共识和认同感。故充满宗教文化神秘魅力的古希腊神庙是城邦的标志和象征，是古希腊人心中的图腾。

公元前 7 世纪以后，希腊人作为公共建筑代表的神庙，可能受到埃及神庙建筑的影响，逐渐从木制机构建筑发展为以石头为主要建筑材料。经典的

---

〔1〕 参见夏建中：《文化人类学理论学派——文化研究的历史》，中国人民大学出版社 1997 年版，第 102~103 页。

〔2〕 ［法］让－皮埃尔·韦尔南：《希腊人的神话和思想》，杜小真译，三联书店 2001 年版，第 366~367 页。

神庙结构，主要是一个带有山形斜层顶、下由柱廊围合的矩形围墙结构，其内部核心是供奉神的主殿。神庙最具艺术性的精致部位是采用雕塑装饰的三角形框架结构山形屋顶，其中包含一条同样充满浮雕的横饰带。公元前6～公元前4世纪，希腊本土所建最著名的神庙主要有萨摩斯的赫拉神庙、奥林匹斯的宙斯神庙（宙斯神像高达13.86米）、德尔菲的阿波罗神庙等。其中作为雅典城邦公共空间宗教类建筑群卫城和帕特侬神庙（Temple of Parthenon）是古希腊城邦宗教类公共空间最负盛名的代表作。据文献记载，这是当时著名的建筑师伊克提诺斯和卡里克拉特等人的设计杰作。

雅典卫城是建在城邦中心一座高150多米山冈上的，现今可见的一组整体大气磅礴的建筑群；远眺卫城的帕特侬神庙使人感觉到一种"和谐、匀称、整齐、凝重、静穆"的古典之美，"真如一曲凝住了的音乐"。[1]卫城主要由胜利女神尼克（Nike）庙、厄瑞克忒翁（Erechtheon）神庙和祭祀雅典城邦守护神雅典娜的帕特侬神庙构成。它们主要建造于伯里克利当政时期。其中帕特侬神庙是卫城的主体建筑，其通体建材采用雅典本地朋特里库山具有奶油色或米色光泽的优质大理石，是希腊最大的多利亚式神庙。这座围廊式建筑，整体给人一种典雅庄重、气势恢宏的感觉。其设计者是伊克蒂诺和卡利克拉底，工程监工是希腊著名雕刻家菲狄亚斯（约公元前485年～公元前425年）。"帕特侬"（Parthenon）意谓少女或处女闺房，也即雅典娜作为一名少女所居住的地方。神庙四周即南北各有8根大理石圆柱、东西各有17根大理石圆柱围成一圈合抱大殿。石柱为多利亚式，粗大挺拔、线条简洁流畅直指苍穹。神庙坐落在三层阶梯基座上，东西长约70米，南北宽约31米，高19米，正立面合乎希腊人发现的1：0.618的黄金比率。大殿分为东、西两厅，也由南北向各6根石柱围绕。据历史文献记载，公元前438年7月的泛雅典娜节时，在大殿供奉的雅典娜神像有12米高，全副武装，头戴正中为狮身人面兽、两侧为狮身鹰首兽的头盔；身穿长及脚面的贴身长袍，胸前有象牙雕成的美杜莎怪面；左手持长矛和盘绕着一条蟒蛇的盾牌，右手掌托着高达2米的胜利女神，鞋边雕刻有战争场面；神像底座雕刻着潘多拉的诞生。整座雕像上还镶嵌着黄金宝石等。神庙的东西山墙、柱间壁、环绕全庙外壁的长达

---

〔1〕 宗白华：《美学散步》，上海人民出版社1981年版，第104页。

160 米饰带上，均精雕细刻展现着有关古希腊和雅典娜的神话传说故事与各种仪式、争战场面。浮雕作品追求人物宁静而高贵、表情肃穆而温雅的风格。其崇高的审美境界之升华与出神入化的艺术魅力、视觉感染力，给人一种难以磨灭的深刻印象。

整个浮雕饰带共有人物近 500 人、马 100 多匹。其中神庙建筑饰带中央部分浮雕是端坐着的 12 位奥林匹斯（Olympus）主神，有掌管天域、雷电的众神之主宙斯（Zeus）；掌管婚姻、生育的天后赫拉（Hera）；掌管海域、自由、欲望的海神波塞冬（Poseidon）；掌管冥域、财富、死亡的冥王哈得斯（Hades）；掌管武器制造等的工匠之神赫菲斯托斯（Hephaestus）；掌管智慧、公正、守护法律与秩序，以及理智与纯洁的智慧女神雅典娜（Athena）；掌管商业、市场、交通的众神信使赫尔墨斯（Hermes）；掌管农业的谷物女神德墨忒尔（Demeter）；掌管争战的战神阿瑞斯（Ares）；掌管光明、音乐、医药、畜牧以及预言的太阳神阿波罗（Apollo）；掌管保护青年人的狩猎与月亮女神阿尔忒弥斯（Artemis）；掌管爱、美、欲望的爱神阿佛洛狄忒（Aphrodite）；以及掌管农业丰收、葡萄酿酒和欢乐的酒神狄奥尼索斯（Dionysus），灶神赫斯提（Hestia），小爱神厄洛斯（Eros）等其他神祇。

雅典人于每年 7、8 月间举行庆祝雅典娜的节日，每四年则举行规模更加盛大的泛雅典娜节，并邀请盟友和其他城邦代表共同庆祝。节庆期间既有各种隆重的仪式祭祀，又有多姿多彩的游行等庆祝活动。神庙建筑上那一圈 160 米长的浮雕饰带就是描绘着泛雅典娜节的各种仪式活动的一个庆祝过程图。古希腊人之所以要花费巨大的人力财力将这一庆祝过程图雕凿在雅典娜神庙 160 米长的建筑浮雕饰带上，正如法国社会学家迪尔凯姆在《宗教生活的基本形式》中指出："集体生活之所以唤起了宗教思想并使它达到了某种程度，是因为它所带来的狂热状态改变了人们心理活动的条件。"[1]而对于帕特侬雕塑艺术将崇高与平易、庄重与典雅、和谐与完善、理想与审美融为一体的意境表现，法国艺术史家热尔曼·巴赞曾这样评论道："每一尊像都是巧妙平衡的整体中一个流畅的组成部分，躯体在空间的扭动体现了现实生活的全部舒

---

〔1〕〔法〕爱弥儿·迪尔凯姆：《宗教生活的基本形态》，渠东、汲喆译，上海人民出版社 1999 年版，第 562 页。

坦自在。同时，人物按照和谐节奏的原则相互联系。两堵山墙《雅典娜的诞生》、《雅典娜与波塞冬之争》和92个排挡间饰，包含着受到限制的布局——必须符合几何形的要求。另一方面，展现于柱廊墙顶的饰带则是有联系的形式之连续性图案，犹如音乐中主旋律的发展。"[1]而雅典城邦的精神思想也正是在意蕴深邃的艺术感染力的辉映与衬托下日益凸显其价值意义。

纵观古希腊城邦公共空间，我们可以看到其体现四个主要特征：一是古希腊神话与宗教是希腊城邦公共文化和艺术的精神本源。二是城邦建筑式样体现了公民文化特点，表达了不同的政治意蕴。如希腊民主城邦四面环柱式长方形神庙的四面基座皆低平，便于人们登临，而罗马神庙只能从庙前高台阶登入，"高高的门面带有强烈的垂直线赫然耸立，突出了对它前面空间的支配，就像威严的帝王雕像那样用其强有力的抬起手臂支配它面前的空间"。[2]三是古希腊艺术以人为主旨，追求神人合一的艺术境界；从神性中探究人性，从人性中审视神性、神人同形同体、神人同构，这也是古希腊文化的特征。四是每一个古希腊城邦公共空间宗教建筑的文化艺术构思与表现，都体现了城邦的个性特征、历史记忆、神话传说和文化精神。一位古希腊史研究者指出："希腊人是先将他们的梦想和希望寄托于神，然后又通过神话传说和崇拜活动去寻求神，从而找回那些梦想与希望。因此，希腊人的神灵观念正是希腊民族精神和理想的体现。从这个意义上看，对当时整个希腊民族的精神世界而言，宗教比那产生于并主要局限于知识阶层的哲学更为深入人心，同时也具有更为重大的影响。"[3]

尼采曾对希腊艺术有过一句精彩的评论："抒情的天才独能感觉到一个画景象征世界从神秘的玄同忘我之境中产生。"[4]而马克思亦曾对希腊艺术有高度评价："困难不在理解希腊艺术和史诗同一定社会发展形式结合在一起。困难的是，它们何以仍然能够给我们以艺术享受，而且就某方面说还是一种规

---

〔1〕〔法〕热尔曼·巴赞:《艺术史：史前到现代》，刘明毅译，上海人民美术出版社1998年版，第104~105页。

〔2〕〔美〕苏珊·伍德福德等:《剑桥艺术史》第1册，钱乘旦等译，中国青年出版社2007年版，第164页。

〔3〕吴晓群:《古代希腊仪式文化研究》，上海社会科学院出版社2000年版，第60页。

〔4〕〔德〕尼采:《悲剧的诞生》，缪灵珠译，载《西方文艺理论史精读文献》，中国人民大学出版社2003年版，第557页。

范和高不可及的范本。"〔1〕从雅典卫城及帕特侬神庙建筑中的结构布局、雕塑刻画等，我们可以看到古希腊人的宗教与神话思维如何依托审美艺术中栩栩如生的神话形象和象征性的仪式，借助一种深层的文化内涵表达方式，在其城邦文化与历史情境中实现其特定功能的。其艺术中的尺度、和谐、秩序、均衡等美学特征，正是城邦公民社会道德伦理和政治哲学中所追求和讲究的思想。〔2〕而雅典人也正是以神话与仪式表征来彰显城邦守护神雅典娜的某些特质，来构建自己的身份和城邦的制度文化、价值精神。正如著名的仪式研究学者特纳在论述与探究仪式的象征本质与文化动力时指出："'仪式'（ritual）一词更适用于与社会变迁相联系的宗教、行为的形式，而'典礼'（ceremony）一词则和与社会地位有关的宗教行为有着更紧密的联系，其间政治—法律制度具有更为重要的意义。"〔3〕实际上，从古希腊文化历史而论，宗教文化是塑造民族性格和审美能力的根源，而城邦公共空间正是蕴涵和传承城邦公民价值精神的载体所在。

三、城邦社会经济与财政

古希腊本土为多山地形、土地贫瘠，山脉不仅把希腊与欧洲大陆隔离开来，而且荒芜的山陵把土地分割成块，陆地交通困难重重。地理环境使希腊多分割成封闭的、小国寡民的城邦，自治独立意识强烈。正如有学者指出："希腊历史在很大程度上是由其山脉的特征决定的。"〔4〕但希腊岛屿众多、海岸线绵长、天然良港较多，爱琴海和爱奥尼亚诸岛多能相望，故使航海交通相对容易。希腊沃土虽少，但位于爱琴海地区因而气候温润适宜，农业主要种植大麦、小麦和各种蔬菜，无花果、葡萄和橄榄宜栽培，故产量较多。然

---

〔1〕《马克思恩格斯选集》第 2 卷（上），人民出版社 1995 年版，第 114 页。

〔2〕 英国学者狄金森认为柏拉图在《理想国》中曾造就了一个标准，"即审美与道德一样，作美的判断时亦可成为道德价值的判断"。[英] 狄金森：《希腊的生活观》，彭基相译，华东师范大学出版社 2005 年版，第 162 页。

〔3〕 Turner. Victor, *The Forest of Symbols*: *Aspects of Ndembu Ritual. Ithaca*, New York: Cornell University Press, 1967, p. 95.

〔4〕 [英] M. J. 卡里等：《希腊罗马世界的生活与思想》，郭子林等译，大象出版社 2012 年版，第 6 页。

矿产资源并不丰富，除大理石和优质陶土遍地都是，还有一些银矿外，铜和铁以及木材、亚麻等往往依靠进口。正因为粮食农产品不足和矿产资源匮乏，而所产葡萄酒、橄榄油和手工业品较丰富，希腊需要进出口物品交换，海上交通又能为此提供便利条件，这促使希腊尤其是沿海城邦的海外商业贸易繁荣。故亚里士多德曾说："中心城市的位置，照我们的理想应有海陆方面的通道……城市为全邦的一个军事中心……也应该是一个商业中心，运输便利，使粮食、建筑用木材以及境内所产可供各种工艺的原料全都易于集散。"[1]

（一）城邦工商业贸易

现据考古发现（如泥板文字等）证明，公元前 14 ~ 公元前 12 世纪希腊已同埃及、塞浦路斯、腓尼基、特洛伊以及西亚等地中海沿岸国家有着相当频繁的以货易货贸易。古希腊军人曾用青铜、铁、皮张、牛和奴隶换取莱姆诺斯葡萄酒。而荷马史诗中也常常提及航海贸易商人与各种商品贸易的事例，其故事中商业竞争是潜在现实。

公元前 8 世纪后，希腊历史舞台上涌现的大大小小的城邦，应该说既是地缘政治运作的成果，也是社会经济发展推动的结果。

曾获诺贝尔经济学奖的学者希克斯指出："如果我们把'典型'的城邦看成是一个贸易实体，那完全是正确的。城邦作为存在于西方历史上因而在整个世界历史上的一种组织形式乃是一种重要和具有特殊意义的组织形式。"[2]从古风时代起，古希腊的城邦就是围绕着城市这一中心构建的。据丹麦城邦史研究学者汉森根据研究指出："史料所见的城市无一不是以市镇（conurbation）为中心，反过来，几乎所有重要的市镇也都是城邦的中心。"[3]城市是随着劳动分工、城乡之间的对立开始出现的，其必然引起工商业劳动和农业劳动的分离，进一步的发展则是导致商业劳动和工业劳动的分离。而"城市工业本身一旦和农业分离，它的产品一开始就是商品，因而它的产品的出售

---

〔1〕 ［古希腊］亚里士多德：《政治学》，吴寿彭译，商务印书馆1997年版，第357页。

〔2〕 ［英］约翰·希克斯：《经济史理论》，厉以平译，商务印书馆1999年版，第37页。

〔3〕 Mogens Herman Hansen, "The Polis as a Citizen-state", in Hansen ed. , *The Ancient Greek Cite-State*, Symposium on the Occasion of the 250th Anniversary of The Royal Danish Academy of Sciences and Letters, Copenhagen University Press, 1993, pp. 7 ~ 29.

就需要有商业作为媒介，这是理所当然的"。[1]从古希腊的地理环境、物产状况以及航海条件等来看，为满足城邦公民社会生活需求的商业贸易的发展是必然趋势。如以雅典城邦为例，由于阿提卡地区土地贫瘠，粮食生产自给困难，进口粮食贸易就成为城邦对外贸易的大宗。据统计，公元前5世纪，雅典粮食丰收年不过45万麦斗，仅可满足城邦1/4人口（总人口约30万）的需求。故历史记载公元前5～公元前4世纪雅典的粮食进口主要来自周边谷物盛产区，如西西里、埃及、塞浦路斯、尤卑亚和南俄罗斯、黑海沿岸以及非洲北部昔兰尼等。其中雅典仅在黑海博斯普鲁斯国王吕库（Lecon，公元前389年～公元前349年）进口的粮食就有200多万麦斗。

雅典的主要贸易（包括转运贸易）港口是庇里尤斯港，两者之间的通道由"长城"联接。该港是当时爱琴海上著名的国际贸易商埠，有5组用于商货集散交易的柱廊设施，有3条海上通道至地中海各地，每年商港贸易总额高达2500～3000塔兰特。雅典从事海上贸易的商船在地中海地区是属于大型一类，载重量多达350～500吨。古典时代，雅典城邦除粮食进口外，各种货物商品的进口也不胜枚举。如从埃及进口油膏、象牙、纸草等；从迦太基进口纺织品等；从高卢、伊特鲁尼亚进口金属等；从意大利进口食盐等；从马其顿、色雷斯与黑海地区进口木材等；以及从爱琴海北部、滂都等地区进口奴隶和从东方进口珠宝、香料等。雅典海外贸易并非单向的需求进口，而是以积极出口货物来平衡与发展贸易。除本土产品橄榄油、葡萄酒、陶器和大理石是大宗出口商品外，也有经过加工制造的军器、金属器皿、纺织品、羊毛、木材、皮革和工艺品、白银等。商人海外贸易的足迹达北欧与波罗的海、西欧与英吉利海峡甚至亚洲腹地等处。现考古发掘的物证从巴黎出土的铜器到乌克兰的塞西亚人古墓中出土的盔甲、银币、象牙手工艺品等均来自于古希腊。为了保障海外贸易秩序，雅典专门设有特别法庭处理海事商务案件等。

除了海外进出口贸易，雅典城邦内的集市贸易也很发达，"凡是要卖东西的人，如带着刚编织成的布匹的奴隶们，雅典市塞拉麦考斯区、米利式区或斯堪波尼区来的手艺人，在破晓以前就离开了乡村的农民们，赶着猪仔的美加利安人，科帕斯湖的渔夫们，都从四面八方赶到这里来。通过林荫小道，

[1]《马克思恩格斯全集》第25卷，人民出版社1979年版，第371页。

他们到达各种货物的指定地点，各个地点用活动的栏杆分开。按照规定的时间，不同的市场，一个跟着一个开市了。蔬菜、水果、干酪、鱼、腊肠、家禽和野鸟、酒、木柴、陶器、铁器、旧货，都各有其市场。甚至还有卖书的地方"[1]，从这里可以看出雅典商贸集市的繁荣。在伯罗奔尼撒战争期间，聪明的逐利投机商人，甚至还同交战双方进行交易而大发其财。

就希腊本土商品贸易而言，货物运输主要依赖骡、驴、牛和轮车，但每一个城邦都有市集。这种市集一般分为常期性和临时性两种，如雅典城邦阿哥拉广场的市集就是汇集各种农副产品、手工业品和商品买卖的常期性的市集。临时性市集主要是依托于各城邦举行的竞技会和节日庆典活动。据统计，古典时期竞技运动会和节庆日活动已超过 300 个，分布在希腊 250 个地方。其中，具有泛希腊性质的节庆日和运动会有雅典每四年一次的泛雅典娜节（The Great Panathenaia），伊利斯每四年一次的奥林匹亚节（Olympia），提洛岛每四年一次的阿波罗神节（Apollo），科林斯的伊斯米亚节（Isthmian），尼米亚的宙斯节，德尔斐、尼密阿和科林斯地峡竞技大会以及佩提亚节等。每当各城邦有竞技会和节庆庆典活动时，各地商贩就会抓紧商机，汇聚于此进行商品买卖。希腊城邦为了维持市场秩序、监督和管理市场以及税收等，一般都设有市场管理机构和执法人员，如市场监督、度量衡监督、商业港口监督、粮食贸易专员等。雅典还设有五人委员会专门负责市场道路维护工作。

古风时期，希腊石雕、石工艺品以及金属镶嵌装饰的工艺品已达到很高水平，但手工业劳动分工尚不明显，如克里特除刀剑匠、金匠、石匠、陶工、马车制造之类外，其他专门化工匠少见。但进入古典时代的希腊工商业城邦步入繁荣时期，手工业的专门化，作坊和营造场等生产经营单位应运而生。虽然一般规模不大，但已有明确分工。如雅典的手工业就有 20 多种行业，各行业内部分工细致，有冶金业、制陶业、造船业、建筑业、纺织业、制鞋业等。以建筑业为例，有木工、铜工、铸工、石匠、金匠、浮雕匠、染匠、画匠、象牙匠、刺绣匠等分工。而制陶业则有烧瓦工、烧砖工、制模工、瓷灯制造工等。有史料记载，古希腊修辞学家伊索克拉底的父亲是开乐器制造厂

---

[1] G. Glotz, *Ancient Greece at Work: An Economic History of Greece*, London: Kegan Paul Trench, Trubner & Co. Ltd., 1926, p. 87.

的、悲剧家索福克勒斯的父亲是开铁匠铺的、政治家克利翁的父亲开硝皮厂。在雅典也有大型的工场，主要是军械制造业，但多使用奴隶劳作。如德谟斯提尼父亲的盔甲武器工场有 30 名奴隶，吕西亚斯父亲塞法卢斯的制盾工场有 120 名奴隶。据记载，雅典制造盾牌的最大一个工场就有 1200 名奴隶工作。此外，阿提卡南端海岸的劳里姆（Laurium）银矿大约有 2～3 万名奴隶在工作。

希腊各城邦的工商业主要是异邦人在经营。雅典工商业繁荣时期，经营者约 1 万人左右，这主要因为农民是享有土地权的公民和战士，是参与城邦政治的基石，城邦独立必须依赖自给自足，农业必然是基础。故古希腊的智者哲人在思想观念上多推崇农业。如色诺芬在《经济论》中言："最好的职业和最好的学问就是人们心中取得生活必需品的农业，从事这一职业也最为愉快，它能在最大程度上使身体健美，它能给心力留出最多的空闲时间去照看朋友和城里的事情。"[1] 所以，尽管"理论和实践皆证明，没有经营工商业的异邦人的公民城邦是不存在的"，[2] 但希腊城邦公民还多是以农业为本，或兼营工商业。

公元前 5 世纪时，希腊城邦一位技术不娴熟的手工业工人每天可挣 2～3 枚奥波尔（obol）；[3] 而在雅典的手工业者则可挣到 1 个德拉克玛银币（drachma），到公元前 4 世纪时则劳动收入有所增加，每天达到 2 个德拉克玛。当时的希腊人一般生活简朴、物价水平不高，穿着多以一块长方形布围体（以带束腰、肩部用别针别住），只有少数人穿鞋。据一些史料估算：买一块面包或一条盐鱼价 1 奥波尔铜币，买一加仑酒、一加仑橄榄油或 1 头小猪价 3 德拉克玛，买一夸脱花果或橄榄价 1/8 奥波尔，买一件羊毛外套价 5～20 德拉克玛，买一双鞋子价 6～8 德拉克玛，买一只山羊或绵羊价 10～15 德拉克玛，等等。由此可见，一个手工业者的劳动所得足以维持个人生计，其工作应有一定积极性。

---

〔1〕 ［古希腊］色诺芬：《经济论·雅典的收入》，张伯健、陆大年译，商务印书馆 1961 年版，第 21 页。

〔2〕 M. M. Austin and P. Vidal-Naquet, *Economic and Social History of Ancient Greece：An Introduction*, University of California Press, 1977, p. 101.

〔3〕 据史料综合估算，古希腊主要币值：1 塔兰特（talent）≈60～100 明那，1 明那（mina）≈5 斯塔铁尔，1 斯塔铁尔（stater）≈2～3 德拉克玛，1 德拉克玛（drachma）≈6 奥波尔，1 奥波尔（obol）≈12 查克（chalkoi）。L. Adkins and R. A. Adkins, *Handbook to life in Ancient Greece*, New York：Facts on File, Inc., 1997, p. 193.

（二）城邦金融货币

希克斯认为："货币的应用是希腊城邦制度留下的最早的经济遗产。"[1]
而菲利帕·梅里曼所著《银子：一部生活史》中认为：公元前 5 世纪初，希
腊人在劳里姆发现隐藏丰富、含银纯度很高的银矿，这不仅为雅典发展海军
提供了资金，银子还成为当时海外贸易活动中的流通货币。雅典城邦的发展
壮大，正是基于这两个因素。

古希腊城邦工商业的兴旺必然刺激钱币兑换和金融业的发展。在荷马时
代，主要是以物易物或是把金属切割成碎块的交易方式。至公元前 7 世纪，
小亚细亚的海外殖民城邦爱奥尼亚、吕底亚开始铸造钱币，币面用一种金与
银的天然合金——琥珀金为材料，币面有不同面额，并刻有人名。公元前 670
年埃吉那（Aegina）铸有海龟徽章的银币，是据考证欧洲最早的银币。琥珀
金币和埃吉那银币的铸造流传到希腊本土后，各城邦多以象征手法设计代表
铸币城邦名的图案，或与城邦传说、宗教仪式有关的图案。钱币的流通，为
商业贸易活动带来极大便利。公元前 6 世纪晚期，雅典城邦开始铸银币和铜
币，其图案与城邦传说有密切关联，如正面是雅典守护神雅典娜肖像，背面
则是雅典娜的圣鸟"枭"（或称猫头鹰）、城邦名字和橄榄枝。公元前 5 ~ 公
元前 4 世纪，雅典又铸造出青铜币。这一时期，希腊钱币铸造的浮雕图案更
注重细部工艺的精美，主要有各种各样的人像、神像、动物和徽记图形。动
物主要是公牛、鹰；徽图主要是象征王权的权杖、三叉戟、板斧以及王族的
族徽图案。提洛同盟时期，雅典利用盟主地位颁布法令，其铸造的钱币在同
盟所有城邦流通，使得此前比较混乱的希腊货币体系有了相对规范的流通区
域。同时，雅典银币也以 98.5% 的高纯度而赢得在各城邦的信誉。此后希腊
钱币不仅在希腊化城邦间流通，而且广泛通行至印度和西班牙之间的大片区
域。公元前 338 年马其顿征服希腊，仍采用阿提卡币制的衡量标准，大量铸
造金、银、铜币。腓利普二世时铸斯塔特金币，正面是阿波罗头像，反面则
是一辆双轮双驾战车，以纪念他在奥林匹亚运动会中马车竞逐项目夺冠的荣
耀；他所铸的德拉克玛银币正面是宙斯头像，反面则是一裸体骑士手持棕榈

---

〔1〕〔英〕约翰·希克斯：《经济史理论》，厉以平译，商务印书馆 1999 年版，第 63 页。

枝在遛马，以纪念他在奥林匹亚运动会中骑术项目夺冠之荣。亚历山大时，金币采用雅典卫城"战士雅典娜"的雕塑形象，另一面有胜利女神尼克（Nike）手持桂冠和一支笔的雕像；银币德拉克玛正面是赫拉克利斯头像（传说是马其顿人祖先），背面是坐在王位上的宙斯。亚历山大大帝铸造的钱币不仅显示他欲发扬泛希腊精神的意图，而且他认为在一个信息传递阻塞、各地文化结构迥异的世界里，只有法定统一流通的钱币才是凝聚其庞大王国的法宝。直至公元前31年，罗马帝国征服埃及——希腊钱币最后的流通地，古希腊钱币才翻过古典历史的一页。

据考证，在古希腊有1500种铸币。这不仅构成了当时金融体制和商品贸易的基础，而且铸币权已是当时政治统治的标志之一。为此，随着工商贸易发展和各式各样钱币的流通，希腊城邦作为职业经营者的钱币兑换商也应运而生。他们的钱庄除了进行钱币兑换，还向客户提供存贷款、清偿票据、海事保险、保管贵重物品、处理遗产和担保金等，在这里，金融业的雏形开始诞生。其发展趋向是，担保借贷成为典当业的基础，而钱币兑换经营则是银行的肇始。在这一时期古代金融业发展的背景下，出现一批专事此业的金融商，他们中有城邦公民，但更多的则是异邦自由民。例如雅典著名金融商帕西翁，公元前370年死时遗产达40塔兰特，生前掌握多家汇兑钱庄和制盾作坊。他曾捐给城邦1000个盾牌，并出资装备5艘三层桨战舰，因此而获得雅典公民资格。此外，同时代雅典著名的金融商还有安替斯提尼、阿撒斯拉图等人。

希腊城邦金融业的发达进一步促进了希腊与地中海沿岸地区的工商经济和贸易的繁荣。对此，英国史学家威廉斯认为："希腊之所以能在商业国家中占有地位，并不是基于它的工业，而是基于其交易方法的先进。他们是以货币经济代替自然经济的第一个民族。国家所有的企业事业都使用金属货币。用通货交赋税代替劳役。用货币工资作为劳动报酬。用货币交地租代替用物品。希腊人首先发明靠资本兴办大规模的农业、工业和殖民开垦。银行和保险机关已经开始出现。"[1]然而在对古典希腊城邦工商业和金融业繁荣发展不吝夸赞之词时，我们也可从历史文献中窥探到其导致社会分化以及矛盾与冲

---

〔1〕　〔英〕T. G. 威廉斯：《世界商业史》，陈耀昆译，中国商业出版社1989年版，第25页。

突的一面。如公元前 6 ~ 公元前 5 世纪，著名诗人阿克拉瑞翁用传统贵族社会的目光审视钱财，通过诗歌谴责白银破坏和谐生活：

> "为了它，没有了兄弟；
> 为了它，亲人不和睦；
> 为了它，杀伐，战争；
> 而且，最可怕的是——我们，
> 彼此相爱的人，也往往为了它而自相残杀。"

而悲剧家索福克勒斯同样以激烈言辞斥责货币带来的恶果："人间再没有像金钱这样坏的东西到处流通，这东西可以使城邦毁灭，使人被赶出家乡，把善良的人教坏，使他们走上邪路并做出可耻的事，甚至教人为非作歹，犯下种种罪行。"[1]

从古希腊城邦社会经济发展史考量，城邦的经济主体特征基本上属于混合型经济。基于地理环境和自然条件等，各个城邦的社会经济活动既有共性但又各有特点。尽管有像斯巴达城邦那样以土地财产和农业经济为基础的城邦；但像雅典模式，即工商经济相对兴旺发达的城邦也不在少数，并且为古典希腊民主政治的繁荣提供了基础条件。

（三）城邦的财政

古希腊城邦数百个，每个城邦财政都不一样，在此我们仍以雅典城邦财政来进行探讨。

雅典城邦财政支出在一些时期会有变动，但财政收入主要有三个方面：一是苏尼翁角附近的劳里姆银矿，二是比雷艾埃夫斯港的货物税（课征 1 ~ 2%），三是罚金及法庭费用收入等。此外，外邦侨民和妓女都要付人头税。如成年外侨男子每人 12 德拉克玛、女子 6 德拉克玛，并负担劳役。提洛联盟时期的一些盟邦缴款（主要用于联盟舰队），每年 460 ~ 600 塔兰特，到公元前 431 年这笔款项余额已高达 6000 塔兰特，而雅典城邦内部一年总收入大约是 400 塔兰特。这在公元前 5 世纪末大约可以支付 8000 名劳工一年的工资。

公元前 5 世纪雅典城邦的财政支出主要有：主办宗教庆典和神殿维护；

---

[1] 参见［英］纳撒尼尔·哈里斯：《古希腊生活》，李广琴译，希望出版社 2006 年版，第 82 页。

公共建筑和设施的修建；国防军事用途以及维修比雷埃夫斯港附近的海军基地；支付 500 人会议代表及行政官员和陪审员的津贴工资等。这些财政支出中最主要的是国防军事开支，雅典海军的经费至少大部分是用提洛联盟各邦缴纳的资金，否则仅凭本城邦财政收入会入不敷出的。

雅典城邦在财政经济上推行一种"公共设施"（leitourgia）的制度或惯例。这是要求富有的公民必须赞助城邦的一些公共事务，期限一年。这些要求富有公民出资赞助或支持的公共事务有两类：一是城邦主办的各种宗教仪式活动以及大型节庆活动，如在戏剧节上赞助一幕戏中合唱队的训练和装备费用等；二是公民凡担任海军三层桨战舰的舰长，必须赞助支付战船整整一年的维护费，但船只建造及桨手的费用则由城邦负责。自公元前 480 年以来，雅典舰队战舰一直保持在 200 艘以上，为此每年至少需要 200 名公民赞助者支持。

雅典公共事务负担较重，因此一些庆典活动也要求富有的外侨分摊经费，但对海军战舰赞助必须是本邦公民。城邦一般不要求一个公民一年内赞助两个项目以及连续两年提供赞助。若赞助战舰负担太重，公民可两人分担赞助费用，战舰指挥权也每人负责半年。这种赞助尽管实际上有任务摊派的意味，但为了显示公平原则，任何应承担分派任务的公民若认为有人比自己更富有，则可以直接提出来；而被提及的人，要么同意接手赞助任务，要么同意和提名者交换财产或向法庭控告提名者。但这样的事很少发生，因为雅典城邦公民认为提供赞助、为城邦公共事务出钱出力是件十分荣誉的事情，故竞相踊跃出资赞助公共事务的事例不胜枚举。这从一个侧面反映了公民对城邦公共事务的热情支持和责任感、使命感。

四、殖民城邦与城邦同盟

马克思曾对古希腊和罗马建立海外殖民地的原因精辟地阐论道："在古代国家，在希腊和罗马，采取周期性地建立殖民地形式的强迫移民是社会制度的一个固定环节。这两个国家的整个制度都是建立在人口的一定限度上的，超过这个限度，古代文明就有毁灭的危险……由于生产力不够发展，公民权要由一种不可违反的一定数量对比关系来决定。那时，唯一的出路就是强迫移民。"[1] 而顾准则认为海外殖民城市是城邦制度的发源之地，迈锡尼远征特洛伊之役显然是为了开辟移民小亚细亚西北部以及进入黑海的道路。[2]

（一）海外殖民城邦——新兴政治共同体

公元前 8 世纪～公元前 5 世纪前后，希腊人掀起了大规模的殖民浪潮。新的殖民地遍及地中海沿岸和岛屿、小亚细亚或黑海沿岸地区。然而当希腊人向地中海西边扩张时，受到了埃及人、迦太基人和伊特鲁里亚人形成的联盟的钳制和阻击。公元前 535 年科西嘉岛阿莱利亚的一场海战，该联盟击败希腊舰队，双方达成协议划分势力范围，希腊人退出对地中海西边的殖民活动。

古希腊母邦向海外移民有多种原因，最主要的原因一方面是财产私有制观念确立，导致海外殖民获取的东西可成为私有财产，这是对殖民者的一大刺激；另一方面是土地资源缺乏，希腊人希望在海外获得土地，以便获得公民身份在新城邦生活。在希腊本土，由于土地稀缺带来的矛盾与冲突已很严重，公元前 8 世纪后期争夺土地的战争已揭开序幕。当时为了争夺肥沃的利兰丁平原（Lelantos Riverplain），位于尤比厄岛的卡尔克斯城邦（Chalcis）和埃瑞特里亚城邦（Eretria）交战，且双方各从远方召集了同盟军。在同一时期，伯罗奔尼撒半岛的斯巴达同阿哥斯为一块土地的争夺战打了一百多年，直到公元前 547 年斯巴达打败阿哥斯，夺取了帕尔农山脉（parnoon）以东地区一大块有争议的边界土地为止。与此同时，在伯罗奔尼撒半岛还有科林斯争夺邻邦麦加拉和西库翁土地的战争。

殖民海外还有其他因素，诸如人口过剩、商业贸易、不安于现状的冒险精神以及灾疫等。但有一点是肯定的，即最早发起海外殖民的城邦，都是工商经济较发达的城邦，如科林斯、麦加拉、厄吉那、米利都、卡尔息斯等。据文献统计，先后参加殖民的城邦有 40 多个，共新建殖民城邦约 140 个。而工商业不发达的斯巴达在海外建立的唯一殖民城邦是在意大利半岛南部的塔林敦城邦，其动因可能是斯巴达男性公民长期在外攻打美塞尼亚，国内妇女生了一批私生子；斯巴达男人战胜归来后，不承认这批私生子。而这批人由于没有公民权和不能分得土地而密谋起义，密谋泄露被强迫送往塔林顿去

---

〔1〕《马克思恩格斯全集》第 8 卷，人民出版社 1961 年版，第 618～619 页。
〔2〕顾准：《希腊城邦制度》，中国社会科学出版社 1982 年版，第 43～44 页。

殖民。

海外殖民一般都是有组织进行的，如公民大会决议、[1]组建队伍，选定"创始"首领（oikistes），到圣地德尔斐神庙求得神谕等。然后殖民团体或武力夺取或达成协议，进入他们认为有利的地区。为了防御海盗劫掠和当地人反抗，殖民团体会修筑城垒，并将其周围土地平均分配给移民耕种。这些殖民城邦与母邦不存在宗主关系，也不共享公民身份。但子邦往往都克隆移植希腊母邦的政府机构、宗教、法律、历法和节庆日等。由于社会成员分化不大、政治和经济权利相对平等，故能共同参与新城邦的管理，形成一个新的政治共同体。据文献考古资料研究，从公元前800～公元前500年殖民城邦达140多个，较著名的有米利都、叙拉古等。

殖民城邦是自治的城邦，相对于希腊本土母邦，是自立门户，是一种新的政治实体。其与母邦的关系是一种相互尊重的平等的关系。修昔底德在《伯罗奔尼撒战争史》中说：如果一个殖民地受到良好待遇的话，它是尊重它的母邦的，只有它遭到虐待的时候，它才对母邦疏远；"派到国外去的移民不是留在母国的人的奴隶，而是他们的平辈"。如果平等关系得不到相互尊重，那么兵戎相见是迟早的事，史书也不乏其例。如公元前5世纪后期，母邦科林斯和它的殖民城邦科西拉的战争。

从古希腊历史来看，城邦之间交往一般没有常驻使团机构，而多是临时有重要事务派遣3～20人的使团进行沟通磋商谈判。使节由城邦公民大会遴选品行端正、有雄辩口才的政治人物。如公元前莱翁坦城邦派遣高尔吉亚出

---

　　〔1〕　现存考古发掘出土的昔兰尼碑文（公元前7世纪末），上有利比亚（Libya）昔兰尼（Cyrene）古城建城宣言，其中刻有锡拉人和昔兰尼殖民者誓言："公民大会特此决议。自从阿波罗神授意巴特斯王（Buttus）和锡拉人（Theraeans）在昔兰尼建立殖民地，锡拉人认定巴特斯王就是昔兰尼的创建人和'巴昔琉斯'。锡拉人应听其调遣，平等相待。每户家庭当有一儿前往。渡海移民者必须是成人，锡拉人中的自由民亦可前往。定居点安排妥当后，后来抵达利比亚的殖民者亦可获得公民权和职位。他也可以分得尚未分配的土地。倘若定居点未安排妥当，锡拉人未达目的而5年内风波不断，殖民者可重返锡拉岛。他们有权收回原先的财产并成为锡拉公民。凡有人抗拒城邦的命令拒绝前往昔兰尼，一律处决并没收全部财产。倘若有人收容或包庇该人，无论父亲包庇儿子或兄弟包庇兄弟，其刑罚和拒绝航海者一样。留在本地的锡拉人和前去殖民的锡拉人一样立下誓言。违反以上承诺、拒不履行承诺者受诅咒，无论其身在利比亚还是在此地。无论男女，无论老少，若有违抗，皆塑蜡型并焚之。违背誓言之人及其子嗣和财产将如蜡像一般熔化消失。恪守誓言之人，无论驾船前往利比亚，还是留在锡拉，神将保佑他和子嗣获得无尽财富和荣耀。"参见［英］萨拉·B.波默罗伊等：《古希腊政治、社会和文化史》，傅洁莹等译，上海三联书店2010年版，第101页。

使雅典，其中一个重要因素就是他的口才明显超过了他的同代人。使节一旦到达彼邦即前往公民大会发表长篇大论以阐述使命任务与目的；返国后，使节也应向公民大会发言汇报完成使命的情况。在古希腊城邦时代，各国使节一般都能获得尊重，但也存在风险和意外事件，尤其是在战争期间。如修昔底德、色诺芬的著作中就曾记载，公元前430年~公元前429年，雅典人抓获并处死了6名使者，其中3名斯巴达人是被派往波斯的；公元前396年~公元前395年，斯巴达指挥官法拉克斯抓获并处死了一名雅典前往波斯的使节，使团也可能被长期拘押。由于没有常住他邦的使节，有时很难获得想要的信息。如雅典人的西西里远征，因缺乏对当地是否有援助支持社会力量的信息，结果发动远征后才发现当地少有支持援助力量，造成军事被动局面。

尽管有各种述论评价，然对于古典时代希腊本土和海外殖民城邦共同组成的希腊化世界，英国学者托马斯·卡伦德仍论道："这简直不可思议，在历史的某个时刻，在欧洲郇窄的一隅，生活着近五百万陆地和海岛居民，他们所拥有的自然资源极其匮乏，却创造出了最原创、最绚丽的文化、商业、社会秩序和政治……名闻遐迩。"[1]

（二）殖民城邦特点

梁启超在《饮冰室合集》中曾在比较沿海与陆地地理环境对民族文化发展的不同影响时说："海也者，能发人进取之雄心者也。陆居者以怀土之故，面种种之系累生焉"；"试一观海，忽觉超然万累之表，而行为思想，皆得无限自由。彼航海者，其所求固在利也，然求利之始，却不可不先置利害于度外，以性命财产为孤注，冒万险而一掷之。故久于海上者，能使其精神日以勇猛，日以高尚，此古来濒海之民，所以比于陆居者活气较胜，进取较锐。"从历史而论，任何一种文化在演进发展过程中，都离不开地理环境的制约与影响。因此而论，地理环境是文化创造的自然基础，是文化发展的历史舞台。古希腊时期殖民城邦在面临不同的地理环境生存挑战中，逐渐形成以下三个特点：

第一，殖民城邦以契约关系为基础。跨海迁移活动往往会导致种族体系混合、血缘关系的松懈或原始社会制度的萎缩。这正如历史学家汤因比所指

---

〔1〕 Thomas Callander, *The Athenian Empire and the British*, London: Weidenfeld and Nicolson, 1961, p. 16.

出："根据古代宪法的仅存资料来看，根据法律和地区的组织原则而不根据习惯和血统的组织原则，最早是出现在希腊的这些海外殖民地上，到后来才由希腊的欧洲大陆部分仿效实行。在这样建立的海外城市国家里，新的政治组织'细胞'应该是船队，而不是血族。他们在海洋上'同舟共济'的合作关系，在他们登陆以后好不容易占据了一块土地，要对付大陆上的敌人的时候，他们一定还要和在船上一样把那种关系保持下来。这时在陆地和海上一样，同伙的感情会超过血族的感情，而选择一个可靠的领袖的办法也会代替习惯传统。"[1]很显然，海外殖民的过程在一定程度上打破了旧的传统关系，而其所孕育的平等、民主等观念，将成为希腊城邦社会变革的因素。

第二，"二次殖民"和"分裂繁殖"。希腊海外殖民城邦或为了扩张城邦利益、开辟新的商业贸易据点，或为更大的冒险精神等，继续进行"二次殖民"和"分裂殖民"，不仅产生了"子邦"，而且衍生出"孙邦"。据传统史料所称，米利都就建立了 70 多个殖民地。这种大规模移民繁殖现象，直到公元前 6 世纪在小亚细亚地区被亚述帝国等势力阻挡住，此后希腊人主要向西、向南殖民。

第三，殖民城邦各自为政。希腊海外殖民城邦于本土城邦精神同出一源，自给自足、独立自治高于一切。故城邦至上、"光荣孤立"以及对独立张扬的传统是绝不改变的价值原则。故缺乏城邦发展的战略思维和狭隘城邦本位主义决定了在众多的海外殖民城邦中形成不了一个政治中心国家，互相之间只有竞争冲突，难以联合团结去对付希腊民族共同的敌人。如公元前 7 世纪始米利都常受吕底亚王国的侵掠，直到公元前 5 世纪初米利都被波斯军队攻陷为止，不见史书记载其殖民城邦支援米利都抵抗侵略。

列宁曾指出："地理的环境的特性决定着生产力的发展，而生产力的发展又决定着经济关系的以及随着经济关系后面的所有其他社会关系的发展。"[2]而欧洲地理学派创始人孟德斯鸠在其著《论法的精神》中认为，地理气候环境对于不同民族文化性格与精神的形成有着决定作用。古希腊的海外殖民城邦的兴起，有利于地中海海上贸易的发展。一方面，小亚细亚地区靠近两河

---

〔1〕［英］阿诺德·约瑟夫·汤因比：《历史研究》（上），上海人民出版社 1959 年版，第 132 页。
〔2〕《列宁全集》第 38 卷，人民出版社 1986 年版，第 459 页。

流域先进文明（公元前 1000 年赫梯文明就已有冶铁技术），殖民城邦背后有
广阔腹地，各种物产原料丰富，交换范围有很大扩展，故丰厚的资源背景是
吸引移民到此地的原因；从另一方面而言，地中海沿岸或岛屿密布排列的殖
民城邦，实际上构成了希腊人的海上贸易商站网络，刺激了希腊人的城邦积
极向外寻找新的市场和原料，推动了城邦手工业和商业贸易的发展。公元前 6
世纪后，海外殖民城邦新的政治和经济文化因素，促进了古希腊文明的发展，
思想家和学者在小亚细亚诸城邦人才辈出，群星灿烂。如西方医学之父希波
克拉底是可斯人；最早的希腊哲学是伊奥利亚自然哲学、有泰勒斯为首的米
利都学派；此外著名的智者贤人和政治思想家德谟克利特、赫拉克利特、毕
达哥拉斯、阿拉克萨哥拉斯等都出生于这些城邦中。

（三）城邦同盟

古希腊地域尽管存在成百上千个独立自治的政治实体——城邦，但是希
罗多德在其《历史》著作中认为希腊人是拥有共同血统、共同习俗、共同语
言和共同宗教的同一个民族。这同现代学者认为，形成一共同民族必须具备
共同语言、共同地域、共同经济生活和共同心理素质这四个因素大致吻合。
然而"希腊人最为显著的特征就是他们的矛盾性：一个统一的民族，但又完
全分裂并且内战不断"。[1]

古希腊城邦关系比较复杂，为了土地资源或商业竞争等，相邻城邦不和、
"远交近攻"是一种普遍现象，因为他们认为邻邦力量增强就是对本邦安全和
利益构成了威胁。同时，基于对土地和安全利益以及经济利益的追求，"对邻
居的敌视是小国寡民的城邦强烈自我保护意识的一种表现。"[2]这正如马克思
所指出：以城邦为中心的"一个共同体所遭遇的困难，只能是由其他共同体
引起的，后者或是先已占领了土地，或是到这个共同体已经占领的土地上来
骚扰，因此战争就或是为了占领生存的客观条件，或是为了保护并永久保持
这种占领所要求的巨大的共同任务、巨大的共同工作"。[3]古风时代，城邦之

---

〔1〕［英］萨拉·B. 波默罗伊等：《古希腊政治、社会和文化史》，傅洁莹等译，上海三联书店
2010 年版，第 9 页。

〔2〕孙晶晶：《古希腊的社会文化与城邦同盟》，上海三联书店 2011 年版，第 150～151 页。

〔3〕《马克思恩格斯全集》第 46 卷（上），人民出版社 1979 年版，第 475 页。

间曾试图以外交和盟约来促进彼此的合作和利益协调，如"外城邦代表制"即城邦之间互派代表常驻，以处理城邦或公民事务等。此后，为了使得同邻邦之间实力均衡，城邦一般谋求与邻邦对立的势力结成防御性同盟。故古希腊人一般信奉"我的邻居的敌人是我的朋友"这一政治价值判断，并在古希腊风云变幻、人心激荡的历史舞台上不断地上演金戈铁马、英雄纷起的城邦同盟演义。

古希腊历史上城邦同盟形形色色，主要是军事性同盟、防御性同盟，大致可以分为三大类：

第一，泛希腊同盟。其典型代表是希波战争时期，波斯皇帝薛西斯亲率百万大军压境，数千艘战船云集在色雷斯海岸。希腊人已认识到波斯大军侵略是对所有城邦独立和自由的严重威胁。公元前480年秋，斯巴达、雅典在科林斯海峡召集希腊31个城邦开会商讨如何保卫希腊。会议在斯巴达主持下决定正式组建希腊同盟。这是希腊历史上，第一个可称为为了希腊共同利益而抵抗共同敌人侵略的泛希腊式同盟。

第二，区域性同盟。这往往是城邦为自身和地区性的政治、军事以及利益关系相互联盟的，具有代表性的如提洛同盟（Delos）也称雅典同盟，是波希战争期间，经米卡尔海角战役后，斯巴达等城邦退出反对波斯的战争，雅典和小亚细亚及希腊的一些城邦结盟继续反抗侵略。该同盟因财政宝库设在提洛岛故而得名。提洛同盟极盛时期，各种城邦达300个，人口总数约一千万。又如拉凯戴孟同盟（Lacedemon League）或称伯罗奔尼撒同盟。公元前550年~公元前500年间，伯罗奔尼撒半岛的斯巴达人（自称拉凯戴孟人）采取结盟政策扩张实力，陆续同阿卡狄亚等半岛城邦结盟，成立拉凯戴孟同盟，后科林斯、麦加拉、伊儿纳等城邦也陆续加入。这两个地区性城邦同盟规模较大，持续时间相对较长，与其有关的著名历史性事件较多。其他地区性同盟还有，彼奥提亚同盟、阿哥斯同盟、色萨利同盟、阿卡狄亚同盟、爱奥尼亚同盟、安菲提涅同盟等。

第三，较古老的联合体——近邻同盟。其往往是联合在一个圣地或圣殿周围的宗教同盟或近邻同盟，也是因共同的根源或利益聚合在一起的族群或城邦联合体。其同盟各城邦约定互不损毁各自的城市或切断盟邦的水源等。近邻同盟较著名者有聚集在泰尔墨皮勒斯的德墨忒尔圣殿周围的联盟和德尔斐阿波罗神庙周围的联盟。这两个联盟都由相互毗邻的十几个城邦组成，共同管理着圣殿。他们作为一个整体成为希腊世界历史舞台上的重要角色。

虽参加同盟的城邦都有义务为同盟提供物资、金钱、人力和船舶军队等，但古希腊城邦各自为政，独立、自主是城邦最根本的原则，唯有同一的宗教信仰方能体现共同体观念，故城邦同盟的组织关系是松散的，盟邦之间的关系相对平等，成员之间分分合合、或敌或友以及同盟性质变化等，说明了尽管结盟初衷是为了城邦的某些利益，但复杂利益和形势的不断变化势必也会引起同盟的动态变化。因此，虽然一方面同盟关系对城邦安全很重要，但另一方面也带来战略风险和不确定性。这不仅反映了古希腊地缘政治的复杂性，而且也体现小国寡民、各自为政的城邦对自身安全缺乏信心，依附或游离于强势城邦力量变化之中。

城邦结盟必须在各自城邦中竖起刻有同盟条约的石碑，以昭示公民社会。而如果关系破裂则要摧毁石碑条文。同盟关系中，往往是各城邦通过一起举行或庆祝联盟创立的共同祭祀宗教庆典、竞技会、戏剧音乐会等节庆，在欢庆、聚餐与祭奠中产生友谊。一般而论，一些较小的城邦同盟没有常设部门，互相之间的协商沟通由使节代表往返进行或举行间断性的会议；而一些较大城邦同盟的决策机构或议事机构是同盟代表大会或公民大会，如提洛同盟初期各城邦定期在提洛岛的阿波罗与阿尔忒弥斯神殿举行同盟会议，其职责是对同盟外交、军事等大事进行商讨和表决。同盟代表大会的代表由各盟邦选举，盟邦不论大小享有平等投票权，但也不能一概而论。如马其顿同盟代表大会，盟邦选票数量依据实力而定，如色萨利有 10 张选票、埃托利亚有 5 张选票、萨索斯只有 2 张选票。

一些同盟有自己的行政执行机构、司法与财政体系和选举出来的行政官员和军事长官。城邦同盟的各邦公民根据盟约或"异邦互惠公民权利协定"与商务协定，可以自由流动、自由经商工作等。客居他邦的公民除政治权利（如选举权）外，一般享有与他邦公民同样的权利和法律保护，甚至可在军队中服役。但只有本邦公民才享有完全的政治权利，这是古希腊城邦的根本原则。在古希腊城邦史中，凡一些城邦同盟发展强盛时，其盟主往往就会乘势利用地位为本城邦获取更大的利益和特权，这往往也是同盟衰落瓦解的开始。以雅典为盟主的提洛同盟和以斯巴达为盟主的伯罗奔尼撒同盟的历史结局就是例证。

第二章　古希腊城邦公民社会

人类最大的问题是要实现一个普遍法治的公民社会，大自然迫使人们要解决这个问题。

——［德］康德《在世界公民意图中一般历史理念》

良好的社会最终还是要靠他的公民的品质，早年训练又比其他一切更易改变公民的品质。

——［英］斯宾塞《教育论》

雅典人的理想可以总结为一个单独的短语，即关于一个自由国家中自由公民身份的设想。

——［美］乔治·霍兰·萨拜因《政治学说史》

一、公民理念与公民权要素

古希腊产生的有关公民的思想理念是人类社会发展至今仍不断咀嚼与反复回味的精神财富。古希腊城邦（国家）与公民社会是同一、同构与契合的。两者之间没有空间与张力，故公民社会"直接地具有政治性质"。[1]故古希腊公民思想理念不仅是城邦的政治哲学思考，而且是公民价值观和政治生活方式的反映，是公民政治内涵与本质的体现，是古希腊城邦民主政治权力构建和制度设计的主体性政治基础。因此，亚里士多德在《政治学》中明确指出："我们如果要阐明城邦是什么，还得先行研究'公民'的本质，因为城邦正是

---

[1]《马克思恩格斯全集》第 1 卷，人民出版社 1956 年版，第 441 页。

若干（许多）公民的组合。"[1]

（一）古希腊贤者的公民释义

有学者指出，在政治学中没有任何概念像公民身份一样承受不起"概念超载"（conceptual overload）的风险；也没有哪个词汇比"公民身份"这个概念在政治上更核心，在历史上更加多变，在理论上更具争议了。[2]

西方公民的名称、概念与内涵渊源于古希腊城邦社会发展的特定的历史文化背景。有研究者认为，荷马时代的氏族部落社会生活和原始民主的政治结构，对自由、民主精神的向往以及开放型的海洋文化等，孕育和培养了古希腊公民思想。[3]从古希腊的贤者哲人对公民身份、社会属性和价值取向方面的解读和论述，我们可以看到古希腊历史时期城邦公民的各种内涵与特征，是同公民权利的基本要素紧密联系的。

如苏格拉底（公元前469年～公元前399年）从整体主义价值观来构建公民理念。他认为，"守法就是正义"，"正义就是美德……勇敢是一种美德，节制、智慧、尊严，还有其他一切，也是美德"。[4]因而苏格拉底主张公民的正义应体现美德，公民应遵守城邦法律制度，"为共同的利益而通力合作"。[5]

苏格拉底的学生柏拉图（公元前427年～公元前347年）在其《理想国》中认为，城邦公民的理性认识"即是善的理念"，而正确的认识则来源于灵魂理性部分的德性：正义、智慧、勇敢和节制（公民四主德）。同时，他主张依据这几种德性，又将公民分为治国者、卫国者、生产者三个等级。"全体公民无例外地，每个人天赋适合做什么，就应该给他什么任务，以便大家各就各业"；"正义就是只做自己的事而不兼别人的事"。[6]他认为当商人、辅助者（军人）和卫国者各做自己的工作时，整个城邦就是正义的。柏拉图还在《理想国》中论述理想的公民本质应是："公民作为履行国家职责的自由人，应该

---

〔1〕 ［古希腊］亚里士多德：《政治学》，吴寿彭译，商务印书馆1965年版，第109页。

〔2〕 ［英］布莱恩·特纳：《公民身份与社会理论》，郭忠华等译，吉林出版集团有限责任公司2007年版，第5～7页。

〔3〕 秦树理等：《西方公民学说史》，人民出版社2012年版，第16～53页。

〔4〕 参见［古希腊］柏拉图：《柏拉图全集》第1卷，王晓朝译，人民出版社2002年版，第496页。

〔5〕 参见［古希腊］色诺芬：《回忆苏格拉底》，吴永泉译，商务印书馆1984年版，第164页。

〔6〕 ［古希腊］柏拉图：《理想国》，郭斌和、张竹明译，商务印书馆1986年版，第58～128页。

具备节制、勇敢、大度、高尚等美德。护卫者是最好的公民，他们经过严格选拔，通过音乐教育、体操训练而陶冶心灵和锻炼体魄，并由公产公妻公育的共产主义体制培育其为国服务的公共精神。"[1]他还强调个人的德性与城邦的德性是一致的，理想的城邦"一定是智慧的、勇敢的、节制的和正义的"[2]。而柏拉图的学生亚里士多德则是古希腊公民理念的集大成者。

首先，亚氏主张"人是一个政治动物"，并提出城邦公民的本质内涵应是"全称的公民是凡得参加司法事务和治权机构的人们"。[3]"公民的一般意义原来是指一切参加城邦政治生活轮番为统治和被统治的人们。"[4]这一定义全面反映了亚里士多德的政治学理论观点。[5]亚里士多德为何要强调"全称的公民"？这是因为当时希腊城邦中主要有三类居民：即公民（包括家属）、外来自由人和奴隶。故亚氏从政治学研究的角度认为公民的概念与资格必须同城邦政制与利益紧密联系。如他指出，正式的公民不是由于他的住所所在才成为当地公民，因为侨民和奴隶跟公民住所相同，但他们都不得称为公民。此外，仅有诉讼和请求法律保护这项权利的人也不算公民。因为在订有条约的城邦间，外侨也享有这项法权，虽然有些地方外侨还须一位法律保护人代为申请才享有这项法权。这些只有诉讼法权或不完全诉讼法权者，就如未及登籍年龄的儿童和已过服役年龄的老人那样，作为一个公民是不够充分资格的，他们就不是全称的公民，或者可称儿童是未长成的公民，老人是超龄的公民，但无论如何，须给他们加上一些保留字样。"我们所要说明的公民应该符合严格而全称的名义，没有需要补缀的缺憾——例如年龄的不足或超逾，又如曾

---

〔1〕〔古希腊〕柏拉图：《理想国》，郭斌和、张竹明译，商务印书馆1995年版，第193页。
〔2〕〔古希腊〕柏拉图：《理想国》，郭斌和、张竹明译，商务印书馆1986年版，第144页。
〔3〕〔古希腊〕亚里士多德：《政治学》，吴寿彭译，商务印书馆1965年版，第114页。
〔4〕〔古希腊〕亚里士多德：《政治学》，吴寿彭译，商务印书馆1965年版，第153～154页。
〔5〕亚氏认为："这个定义对于一切称为公民的人们，最广涵而切当地说明了他们的政治地位。公民身份是一个什么类别的事物，这类事物具有品种不同的底层——其中之一为头等品种，又一为二等，依次而为其他各等；对这类事物（公民）考察其底层方面的关系，并不能找到共通底层，或者只能有微薄的共同底层。公民身份的不同底层就是不同的政体，显然，各类政体不同于品种，其中有些为优于（较优），另一些为后于（较逊）；凡错误或变态的政体必然后于（逊于）无错误的政体——我们后面将说明所谓变态整体的实际意义。相应于不同的政体（底层），公民也就必然有别。这样，我们上述的公民定义，对于民主政体，最为合适；生活在其他政体中的公民虽然也可能同它相符，但不一定完全切合。"〔古希腊〕亚里士多德：《政治学》，吴寿彭译，商务印书馆1965年版，第115页。

经被削籍或驱逐出邦的人们；这些人的问题正相类似，虽都可能成为公民或者曾经是公民，然而他们的现状总不合公民条件。"[1] 从亚氏对公民概念的定义而论，在古希腊城邦时期公民的阶级地位和社会属性，与中世纪城市运动后出现的市民和公民的概念是有差异的。

其次，认为公民守法是正义原则的体现。亚里士多德强调，正义是以公共利益为基础的，而公正是以法律为依据而实现的；公民具有善德，城邦方能成为"善邦"，故"公民既各为他所属政治体系中的一员，他的品德就应该符合这个政治体系"。[2] 为此，他坚持认为："法律的实际意义却应该是促进全邦人民都能进入正义和善德的'永久制度'。"[3]

最后，中产阶级公民是最佳政治社会的基石。在亚里士多德设计的城邦政体中，最好的是共和政体。而在共和政体中，要缓和两极的对立与冲突，协调社会各阶级的矛盾关系，必须有一个处于两极之间的平衡力量，这就是中产阶级。他认为在一切城邦中，所有公民可分为三个阶级——极富、极贫和处于两者之间的中产阶级。大家公认节制和中庸常常是最好的品德，那么人生所应赋有的善德就完全应当以毋过、毋不及的中间境界为最佳。因为处于这一境界的人们最能顺从理性。趋向这一端或那一端的人民或过美、过强、过贵、过富或太丑、太弱、太贱、太穷，都不愿顺从理性的引导。第一类人们会恃富贵势力，逞强放肆，致犯重罪；第二类则无业可守，往往懒散无赖，易犯小罪，大多数祸患就起源于放肆与无赖。而只有第三类，"中产阶级的人们还有一个长处，他们很少有野心，在军事和文治机构中，要是有了野心的人，对于城邦常会酿成大害"。[4] 在亚氏的政治观念中，中产阶级是一个优秀的公民阶层，他认为："据我们看来，就一个城邦各种成分的自然配合来说，唯有以中产阶级为基础才能组成最好的政体。中产阶级（小康之家）比任何其他阶级都较为稳定。他们既不像穷人那样希图他人的财物，他们的资产也不像富人那样多得足以引起穷人的觊觎。既不对别人抱有任何阴谋，也不会自相

---

[1] ［古希腊］亚里士多德：《政治学》，吴寿彭译，商务印书馆 1965 年版，第 114 页。
[2] ［古希腊］亚里士多德：《政治学》，吴寿彭译，商务印书馆 1965 年版，第 124 页。
[3] ［古希腊］亚里士多德：《政治学》，吴寿彭译，商务印书馆 1965 年版，第 138 页。
[4] ［古希腊］亚里士多德：《政治学》，吴寿彭译，商务印书馆 1965 年版，第 205 页。

残害，他们过着无所忧惧的平安生活。"〔1〕亚氏还指出："这是很明显的，（对大多数的城邦而言，）最好是把政体保持在中间形式。唯有中间形式的政体可以免除党派之争；凡邦内中产阶级强大的，公民中间就少党派而无内讧。"〔2〕"一般公认为敌对势力的富户和平民两部分，倘使在一个城邦中势力均衡而完全没有或仅有为数很少的中产阶级处于其中，为之缓冲，革命也是可以爆发的。"〔3〕

亚里士多德的《政治学》在西方思想史上占有极其重要的地位，其不仅是用统治阶级的观点创立的政治学体系中的第一部著作，而且也是历史上第一部构建"中产阶级"理论的著作。他在政治伦理中的几个主要核心理念：理性、中庸、〔4〕友爱、正义、教育等，全部在中产阶级身上熠熠生辉。亚里士多德从城邦中等阶层公民的利益出发，主张用加强中等阶层的力量的办法来平衡富有者和贫民之间的矛盾和冲突斗争，以挽救奴隶制的城邦国家。然亚里士多德作为城邦中等阶层公民的代言人，所寄托、推崇并为之积极构建的中产阶级政权理论是同其老师柏拉图的政治取向所不同的。柏拉图代表公民中的富有阶层，认为以必要的社会分工来划分阶级，并以此来固定各阶级和阶层的地位和职事，进而巩固富有阶层的统治。亚里士多德则不但认为富有阶层"狂暴"、"暴戾"，并且也认为贫穷阶层"下贱"、"狡诈"，"这两者对于国家都是有害的"。他认为中等阶层公民乃是城邦国家中"最安稳的"阶层，他们追求的是"无过不及、庸言致祥、生息斯邦、乐此中行"，因此，"最好的政治社会是由中等阶级（阶层）的公民组成"。〔5〕所以，"中庸之道"是亚里士多德国家政体论的核心，他把中庸的原则运用于社会政治领域，视其为"适用于一切政体的公理"，"一条绝对不应该忽视的至理"，〔6〕"凡离中庸之道（亦即最好形式）逾远的品种也一定是恶劣的政体"。〔7〕由此可见，亚

---

〔1〕［古希腊］亚里士多德：《政治学》，吴寿彭译，商务印书馆1965年版，第206页。

〔2〕［古希腊］亚里士多德：《政治学》，吴寿彭译，商务印书馆1965年版，第207页。

〔3〕［古希腊］亚里士多德：《政治学》，吴寿彭译，商务印书馆1965年版，第247页。

〔4〕《论语·雍也》中孔子曰："中庸之为德也，其至矣乎，民鲜久矣。"这里的"中庸"指一种最高的德。《中庸》曰："执其两端，用其中于民"，亦即中庸之道。朱熹《四书集注·中庸》云："中庸者，不偏不倚，无过不及而平常之理。"朱熹的注释反映了孔子提出的"过犹不及"的中庸思想。

〔5〕［古希腊］亚里士多德：《政治学》，吴寿彭译，商务印书馆1965年版，第206页。

〔6〕［古希腊］亚里士多德：《政治学》，吴寿彭译，商务印书馆1965年版，第273页。

〔7〕［古希腊］亚里士多德：《政治学》，吴寿彭译，商务印书馆1965年版，第209页。

里士多德以中庸为特色的政体观，不仅是其所代表的公民阶层利益的体现，而且实际上也反映了其政治哲学的价值观念。

在这里有一点是值得关注的，就是亚氏有关公民中中产阶层的理论是同他"公民的闲暇"的观点相关联的。亚氏认为闲暇是公民能够参与政治的必要条件。农夫、工匠和商贩虽为公民，却"因为他们没有闲暇，而培育善德从事政治活动，却必须有充分的闲暇"。[1]"我们这个城邦的公民（为了要获得修养善德和从事政务的闲暇）必须家有财产，这个城邦只有他们（有产阶级）才能成为公民。"[2]亚氏进而甚至认为，提高道德修养和理性不可或缺的音乐演奏和欣赏能力也属于有闲暇者。如亚里士多德认为："音乐的价值就只在操持闲暇的理性活动。当初的音乐被列入教育课目，显然由于这个原因：这确实是自由人所以操修于安闲的一种本事。"[3]在相对长的一段时间内，雅典城邦执政官是由抽签或背诵诗歌竞赛的方式选任的。这从一方面可见，中上等级公民参与政治的机会往往得益于闲暇时的修养。为此，亚里士多德主张："个人和城邦应具备操持闲暇的品德"，"勇敢和坚忍为繁忙活动所需要的品德；智慧为闲暇活动所需要的品德；节制和正义则在战争与和平时代以及繁忙和闲暇中两皆需要，而尤重于和平与闲暇"。[4]显而易见，亚氏"公民的闲暇"的观点，其内在的深层意义在于有闲暇的中产阶级公民或上层阶层公民才是有能力、有才干参与城邦治理的理想阶层。

（二）城邦公民权基本要素

美国政治学家萨拜因认为："希腊人认为，他的公民资格不是拥有什么而是分享什么，这很像是处于一个家庭中的成员地位。这种情况对希腊的政治哲学产生了深远影响。这就意味着希腊人所设想的，问题不在于为一个人挣得他的权利，而是保证他处于他有资格所处的地位。"[5]由于城邦、国家与公民社会的叠合与互动，城邦生活必然包涵着宗教、经济、政治、军事、文化

---

〔1〕［古希腊］亚里士多德：《政治学》，吴寿彭译，商务印书馆1965年版，第367页。
〔2〕［古希腊］亚里士多德：《政治学》，吴寿彭译，商务印书馆1965年版，第368页。
〔3〕［古希腊］亚里士多德：《政治学》，吴寿彭译，商务印书馆1965年版，第417页。
〔4〕［古希腊］亚里士多德：《政治学》，吴寿彭译，商务印书馆1965年版，第392页、第393页。
〔5〕［美］乔治·霍兰·萨拜因：《政治学说史》（上），盛葵阳、崔妙因译，商务印书馆1986年版，第25页。

的多样性。因此，参与城邦公共生活的公民，他的公民权也包括了宗教祭祀权、财产所有权、政治参与权、军事捍卫权等多重方面。而公民权的重要性，使公民视之为尊严、荣誉与个人地位的象征。一个城邦公民不能没有政治权利，因为这不仅意味着耻辱与人格不受尊重，更意味着丧失了做人的基本权利。亚里士多德指出："人是城邦的政治动物，人只有紧紧依靠城邦，才能实现正义和幸福。"[1]公民若脱离城邦，就是脱离了城邦法律授予他的一切权利。如在雅典，法律对公民最重的刑罚就是剥夺其政治和公民权利，也就是剥夺对他的法律保护。而一个没有城邦法律保护的人，在希腊哲人看来，不是神就是兽。[2]

因此，若要保持公民权，希腊人就必须别无选择地积极参与城邦政治生活。而城邦与公民的深度融合，又使城邦政治生活表现为法是唯一的公共规则。在希腊城邦中，政治与法律密切相关，甚至可称为同义词。如柏拉图主要政治著作就题为《法律篇》；而亚里士多德的名著《政治学》中，法律则是其重要内容。因此依法立法、依法行政和依法司法是城邦一切政治文化活动的准则，其目的是全面维护公民的权益，保证"主权在民"、"轮番为治"与直接选举的公民社会政治生活。

古希腊城邦公民权利（及其与法治理念的关系）主要体现在以下四个方面。

1. 宗教祭祀权：城邦公民权的神圣象征

希罗多德在《历史》中曾明确将希腊的民族认同诠释为"全体希腊人在血缘和语言方面是有亲属关系的，我们的诸神的神殿和奉献牺牲的仪式是共通的。"统一的诸神体系使希腊人有强烈的民族认同感，而每个城邦尊奉的守护神又使他们享有独立自由的尊严与荣耀。这种别具一格的宗教信仰模式是深入理解希腊文明的关键因素。

城邦公民权中具有极其重要地位的是宗教祭祀权。这是因为，在古代社会，一切文化、思想和艺术渊源都可以追溯到宗教。故从社会意义而论，宗

---

〔1〕［美］伊迪丝·汉密尔顿：《希腊方式：通向西方文明的源流》，徐齐平译，浙江人民出版社 1988 年版，第 25 页。
〔2〕［古希腊］亚里士多德：《政治学》，吴寿彭译，商务印书馆 1965 年版，第 9 页。

教不仅构成家庭生活的原则，而且宗教仪式与文化是希腊公民社会的思想灵魂和精神支柱，公民社会生活充满着"仪式感"。甚至可以说，古希腊的城邦生活即一种宗教生活。因此，在古典希腊社会宗教是统摄一切的，不仅在精神思想层面、政治层面（公民大会、陪审法庭以及各种公共节庆都有相应的宗教祭祀仪式），而且渗透、浸润、融化到城邦社会生活（包括家庭生活）的方方面面。换言之，宗教文化就是神圣化的城邦社会生活本身，城邦社会生活都应该在神的旨意指导下进行才是正义的。

在古希腊，城邦中每个家庭都设置一个祭坛，家庭的生活就围绕圣火进行，如吃饭、祈祷、一起吟唱先祖传下来的颂歌，等等。古希腊文中，"家庭"的词意有"环绕圣火的人"、"靠近炉火之处"，表明一个家庭是由共同崇拜的圣火和祭祀共同祖先的人组合而成。而在每个城邦都有一个或几个自己的守护神，其职能是把公民们紧密团结为一体以形成名副其实的社群和共同体，并把整个城邦空间总体与城邦中心、郊区融合成一体，构成人与疆域的统一。而城邦公民则把公共权力视为城邦守护神的恩赐。有学者将这种宗教称为公民宗教。而韦尔南曾论道："如果对于古代和传统的希腊人有理由谈论'世俗宗教'，那是因为，宗教在古希腊，始终包含在社会之中。反过来讲，社会在所有等级上并在其各种形态中一部分一部分地被宗教渗透……不存在没有诸神的城邦，世俗诸神反过来需要城邦承认他们，接受他们并与城邦合一……从某种意义上讲，诸神必须成为公民才能完全成为神。"[1]

建立在宗教仪式和神话之上的希腊城邦，不仅视奥林匹亚神祇是公民城邦的保护者，而且认为自己就是神的后裔。故城邦中的公民在精神信仰上与神一体。只有能参与城邦共同祭祀仪式，才能具有城邦公民资格，才有分配土地权和政治参与权等。换言之，只有拥有同一神话思维方式与宗教文化基础的公民才是城邦真正的主人。故外邦人和奴隶是不能参加城邦的宗教仪式和祭祀活动的，否则被视为亵渎神灵的罪行。可以说，仪式与神话开启了古希腊的城邦世界，神话与仪式的象征意义建构了公民的精神信仰世界、思想体系和伦理道德范畴，以及将自己与神共同构建为自强自足的城邦社会。

---

〔1〕　［法］让－皮埃尔·韦尔南：《古希腊的神话与宗教》，杜小真译，商务印书馆 2015 年版，第 7 页、第 9～10 页。

宗教作为神圣化城邦社会生活本身，首先表现为城邦是一个宗教活动的场所。正是由于神庙的修建与宗教圣地的界定导致了城邦的形成。法国宗教史学家古朗士指出："最初的城并不是人的居所，而是诸神的居所，城之所以将人民召集于此，是因为这里有圣火、祭坛与神庙。"[1]由此可见，神庙不仅是作为人们精神核心的宗教建筑，而且也是城邦的神圣标志，以及凝聚和汇集公民于此的公共意识的象征。

其次，表现为城邦是宗教与社会政治和法制的融合体。法国学者古朗士曾指出："之所以是公民，是因为参与了城中的宗教且正是因为这种参与，使之拥有了所有的公民权和政治权……公民就是拥有城市宗教的人。"[2]希腊文中宗教 eusebeia，意为"有关神的事务"，或"对神的关爱"，是城邦公共事务中最重要的活动形式，被视为城邦的政治核心。古希腊人不仅认为法律来自于诸神，而且凡城邦大事无不请示神的旨意。如各城邦立法改革运动进行，都必须获得神的指导——神谕（oracle）。如克里特人将其法律归于宙斯的神旨；而斯巴达城邦政体制度就是由立法者来库古（Lycurgus）在德尔斐阿波罗神庙请示神谕，由女祭司"佩提亚向他宣托了一整套斯巴达人到今天还遵从着的法制……由于这样的改革，他们就成了一个享有良好法制的民族"[3]。又如古希腊各城邦海外殖民，首先必须获得神谕并遵循神的旨意进行。[4]再如，古希腊城邦每逢军事行动都必须求取神谕遵旨而行。如公元前480年希波战争中的萨拉米斯海战前，雅典派遣使节去德尔斐阿波罗神庙求取神谕，得到的旨意是："远见的宙斯终会给特里托该涅阿一座难攻不落的木墙，用来保卫你们和你们的子孙。"[5]按照希罗多德对神谕中"木墙"的解释就是指战船，故在雅典米斯特克利将军指挥下的希腊舰队，利用萨拉米海湾地形，充分发挥希腊战舰灵活机动的特点，一举击败波斯强大舰队，终获战争胜利。同样，宗教文化反映在公共政治生活中，由公民大会确定宗教日历、颁布神圣法律、

〔1〕〔法〕菲斯泰尔·德·古朗士：《希腊罗马古代社会研究》，李玄伯译，上海文艺出版社1990年版，第111页。

〔2〕〔法〕菲斯泰尔·德·古朗士：《古代城市：希腊罗马宗教、法律及制度研究》，吴晓群译，上海人民出版社2012年版，第222页。

〔3〕〔古希腊〕希罗多德：《历史》，王以铸译，商务印书馆2011年版，第31页。

〔4〕参见本书43页注释1现存考古发掘出土的昔兰尼碑文。

〔5〕〔古希腊〕希罗多德：《历史》，王以铸译，商务印书馆2011年版，第519页。

决定宗教节日组织安排等。对神的祭祀崇拜的一丝不苟，使城邦社会中宗教节日繁多，整个希腊城邦世界有 300 多个公共宗教节日，崇拜的神祇超过 400位。尤其以雅典为盛，一年有 144 天公共宗教祭祀节日。由于城邦政治与宗教的相依相存、融会贯通，公民必然只有参与城邦公民大会之前的祭祀，然后才有权在公民大会上投票以表达自我意志，并享有其他的法律权利。

再次，表现为宗教仪式对城邦公民社会的影响。仪式在城邦祭祀中作用重大。作为一种文化继承，公民社会运用仪式不是作为个体行为，而是一种社会性的群体行为。通过共同的仪式崇拜完成对公民的政治教化，使公民获得一种集体认同感和思想精神，以此加强公民团体关系，使城邦获得稳定的政治基础。仪式不仅外在地体现了公民社会的秩序和关系，同时表征了公民的意识观念和思想情感。因此，仪式象征对城邦生存确实至关重要。如担任任何官职的公民，必须通过这样的仪式操练：即首先登上神庙外的宗教祭祀台宣誓公正地依法从政，不以权谋私，方能就职。

最后，城邦的宗教神话、仪式崇拜衍化为城邦的政治与法律。古希腊各城邦为使公民的宗教崇拜行为有所依循，相应地定立了宗教律法。它们既是宗教活动中的祭礼规范，又是人们在城邦公共活动中的行为准则。因此在古希腊法律思想中，法律也被视为神的恩物，是神为人类所定的秩序。神话中就有专司法律与正义的女神，如宙斯的女儿狄克是正义与法制女神、狄克的姊妹欧诺弥亚为良好法制女神。而雅典的守护神雅典娜，既是智慧女神，又是法律与秩序的保护神。古希腊哲学家赫拉克利特（约公元前 530 年 ~ 公元前 470 年）曾对城邦法律与宗教神话间的关系作了阐述："一切人为的法律都由唯一的神律所滋养和支持，这种神律权衡一切，完备一切，超过一切。"[1]城邦著名哲学家苏格拉底（公元前 469 年 ~ 公元前 399 年）则道："法律与城邦皆来自神，是神定的原则。"[2]故正是城邦的宗教祭祀文化，赋予了法律精神思想内核，促使了法的构建，并使法成为城邦大厦牢固而又坚实的基石，成为规范公民活动的最高准则，法治理念也在其中萌发。

2. 土地所有权：公民政治权利的经济基础

城邦公民权不仅仅表现在拥有神圣的宗教祭祀权，还必须拥有土地所有

---

〔1〕［苏联］涅尔谢相茨：《古希腊政治学说》，蔡拓译，商务印书馆 1991 年版，第 54 页。

〔2〕参见［苏联］涅尔谢相茨：《古希腊政治学说》，蔡拓译，商务印书馆 1991 年版，第 115 页。

权。故古希腊城邦法律规定只有公民可以分得份地和置备地产，外邦自由人和奴隶是不允许拥有土地的。因此，从一定意义而言，拥有土地不单是公民身份的标志，更是取得公民权的前提。公元前 8～公元前 5 世纪前后希腊城邦向海外大规模移民的主要原因就是由于在原城邦获得土地的可能性越来越小，人们希望在海外建立殖民地以便获得土地和公民身份。

据雅典历史学家修昔底德（约公元前 460 年～约公元前 400 年）记载，从神话传说时代直到公元前 5 世纪末，雅典人一直保持着散居于乡村的生活方式，以农为主的生存模式成为城邦公民生活的表征。因此，城邦保持着以土地财产和农业为基础的自然经济的特性。土地成为城邦公民财富的主要形式，也成为他们收入的主要来源。而在雅典，公民权一开始即同土地联系在一起。梭伦（约公元前 638 年～约公元前 559 年）于公元前 594 年进行的改革，就是按照人们从土地上获得的实际收入把公民分为四个等级，不同的等级享有的政治权利各有不同。这表明了只有拥有土地权，才有政治参与权，才能参与城邦一切公共领域的活动。同时占有土地仅是城邦公民的特权，外邦人不管多么富有，他们是不能拥有属于城邦的一小块土地的。为了保障公民对土地的拥有，不使公民失去土地，城邦法律常干预土地的所有关系。如梭伦变法中有禁止个人无限制购买土地的法律。亚里士多德也曾在《政治学》中记述了禁止出买或抵押公民基本份地的法律等。一方面，这表明希腊人深谙"民之为道也，有恒产者有恒心，无恒产者无恒心"；另一方面，也表明土地所有权是公民权的核心。故一旦城邦公民权被剥夺，伴随的就是没收地产，使公民与非公民的真正经济区别以土地所有权的形式表现出来。

土地所有权与公民权相联系并在城邦生活中如此重要，是基于这样的理由，即保证城邦公民能在自给自足的城邦中积极参与城邦的公共领域的政治与社会文化活动；另外，只有公民才能拥有土地，意味着兵民结合的城邦公民具有一定的经济实力与武备力量，能够在城邦的备战或战争之时，对抗外来的威胁与打击。故正是拥有了土地，才使公民有了坚实的经济基础，并使公民获得政治权利，成为城邦公共政治的中坚力量，纳入城邦政治体系之中。

由于土地所有权对城邦公民的政治生活有着举足轻重的作用，故反映在观念上，城邦公民极其珍视对土地所有权的拥有。他们视土地如生命，以占有土地为荣耀。农业被视为公民的本业，是最体面的产业；商业与手工业则在城邦中只适宜于没有土地财产、没有公民权的人经营。如古希腊历史学家色诺芬（约公元前430年～约公元前355年）在《家庭经济》中认为："对绅士而言，没有比农业更为合适的职业，因为他从中获得生活所需。"[1]苏格拉底也持同样的观念。他认为："对于一个高尚的人来说，最好的职业和最好的学问，就是人们从中取得生活必需品的农业"；"因为，这种谋生方法可以锻炼出最好的公民和最忠实于社会的人"。[2]而农业在亚里士多德看来，则是顺乎自然、值得称道的取得财富的方式。因此，这一观念反过来又影响了现实的城邦政治生活。如在忒拜有规定："凡是曾经从商的人，必须有十年不到市场做买卖的行为，才能担任公职。"[3]由此可见，城邦公共生活是与公民土地所有权以及农业紧密联系在一起的。公民拥有土地的特权，使他享有了公民权，成为城邦公民集体的一分子。这样才能参加公民大会，才有资格参与城邦法规的制定，从而使城邦政治活动能在法律的规范下运行，促使法治理念得以建构。

3. 政治权：公民权利与政治生活的根本保障

亚里士多德在其著《政治学》中强调指出："公民是自己的主人。""城邦就是公民集体，也就是政治团体。"毫无疑问，城邦公民权的拥有，才意味着公民能够参与城邦的公共生活与社会文化活动。

在希腊城邦，一个成年男性只要拥有公民权，他就可以出席公民大会，参与城邦治理、制定法律、议论国事、拟订对外政策以及国家债务等事务。每个公民在城邦最高权力机关——公民大会上，都有平等的机会与权利发表意见和投票表决城邦的重大公共事务。亚里士多德就曾强调公民选举权、投票表决权的重要性。他指出："单独一人就容易因愤懑或其他任何相似的感情而失去平衡，终致损伤了他的判断力；但全体人民总不会同时发怒，同时错断。"[4]可以说正是拥有平等参与城邦治理活动的政治权，公民才成为一个真

---

[1] G. E. M de Ste. Croix, *The Class Struggle in the Ancient Creek World*, New York：Cornell University Press, 1989, p. 120.

[2] G. E. M de Ste. Croix, *The Class Struggle in the Ancient Creek World*, New York：Cornell University Press, 1989, p. 121.

[3] [古希腊] 亚里士多德：《政治学》，吴寿彭译，商务印书馆1997年版，第128页。

[4] [古希腊] 亚里士多德：《政治学》，吴寿彭译，商务印书馆1997年版，第164页。

正意义上的公民——人。而公民只有参与城邦政治以及有选择权，其道德和智慧以及人格和尊严才能得到正确评价。正如古希腊戏剧家索福克勒斯在其作品《安提戈涅》中这样写道："一个人若是没有执过政，立过法，没有经受过这种考验，我们就无法知道他的品德、魄力和智慧。"这也正如亚里士多德所指出："这里可以作这样的结论：（一）凡有权参加议事和审判职能的人，我们就可以说他是那一城邦的公民……"[1]

　　在雅典民主政治制度鼎盛的伯里克利（约前 495 年～公元前 429 年）时代，公职面向所有公民，公民可以通过抽签担任公职。他们可以担任五百人议事会议员、陪审法庭的陪审员等（除财会人员及军事指挥官以外）不须具有专门知识与才能的一切公职。这使公民在其一生中皆有参与政治的机会。如在城邦民主政治的巅峰时期，雅典全体 42000 男性公民中，参加政治工作及海、陆军事工作的人员约有 20000 人之多。据维拉莫维兹等学者的研究统计，雅典城邦经常有"吃公粮"任公职的公民约有 20000 人左右，包括陪审法官 6000 人，议事会 500 人，文职行政人员 1500 人，弓箭手 1600 人，骑兵 200 人，陆军、海军、城市警察约 7000 人，以及为国捐躯将士的孤儿约 3150 人等。[2]

　　美国政治思想家萨拜因认为："对雅典人来说，担任公职几乎是任何一个公民生活中的正常事情。"公民在城邦的辩论会场（Agora）畅所欲言，"参加讨论各种政治问题，讨论公共职务，不论是正式的或非正式的，这是他们的主要爱好和兴趣。"[3]为了保证公民能参与政治公共生活，城邦规定每个公民都需要经抽签担任司库、审计、市场监管、计量监管、港口监管、粮食监管等各类委员会或执委会成员等公职，任期一年，确保公民拥有平等的任职机会。一些城邦还为参与公民大会的公民发工资。如公元前 400 年雅典给每个参加公民大会的公民每日 3 个奥波尔，此后还逐渐提高到 1 个德拉克玛；而参加主席团大会的公民则为 1.5 个德拉克玛，这可弥补公民因参与政治活动

〔1〕　［古希腊］亚里士多德：《政治学》，吴寿彭译，商务印书馆 1997 年版，第 117 页。

〔2〕　［英］阿尔弗雷德·E. 齐默恩：《希腊共和国——公元前 5 世纪雅典的政治和经济》，龚萍等译，格致出版社、上海人民出版社 2011 年版，第 138～139 页。

〔3〕　［美］乔治·霍兰·萨拜因：《政治学说史》（上），盛葵阳、崔妙因译，商务印书馆 1986 年版，第 258～262 页。

而没有劳动工作所受的损失。而伯里克利时期，向公民分发公民大会津贴，更保证了贫困的第三、第四等级公民参与到城邦的公共管理活动中，保证了公民政治权利的充分运用。

正是由于政治权是城邦社会公民权的最重要组成部分，体现了城邦政治的精神要义，所以伯里克利的一段关于城邦制度的著名演说辞深入人心。他说："我们的政治制度不是从我们邻人的制度中模仿得来的。我们的制度是别人的模范，而不是我们模仿任何其他的人的。我们的制度之所以被称为民主政治，因为政权是在全体人民手中，而不是在少数人手中。解决私人争执的时候，所考虑的不是某一个特殊阶级的成员，而是他们拥有的真正才能。任何人，只要他能够对国家有所贡献，绝对不会因为贫穷而在政治上湮没无闻。正因为我们的政治生活是自由而公开的，我们彼此间的日常生活也是这样的。当我们隔壁邻人为所欲为的时候，我们不至于因此而生气；我们也不会因此而给他以颜色，以伤他的情感，尽管这种颜色对他没有实际的损害。在我们私人生活中，我们是自由的和宽恕的；但是在公家的事务中，我们遵守法律。这是因为，这种法律深使我们心悦诚服。对于那些我们放在当权地位的人，我们服从；我们服从法律本身，特别是那些保护被压迫者的法律，那些虽未写成文字，但是违反了就算是公认的耻辱的法律。"[1]由此可见，政治参与是如何深刻地渗透到公民的心灵与思想中，并可从中了解城邦制度下公民享有的广泛政治权力。

为使公民的政治权得到保证，使公民大会成为国家的最高权力机关，必然要把"法治"视为唯一的思想和现实力量。因为，若"最后的裁决力"不能"寄托于正式订定的法律"，那就会使公民在公民大会中提交会议表决的议案、检察官吏候选人资格、法庭的审判等都流于形式。所以，"雅典人不仅仅是口头上声称诸如公民参与、政府责任或法律原则之类的口号"，而是以"制度和程序赋予理论以现实的效力，使民主制的理想落到实处"。[2]因此，法治成为城邦公民政治生活的准则，以保证城邦公民参与政治事务。这不仅培养了公民城邦精神，而且使法治理念成为公民社会的最基本信仰。

---

〔1〕〔古希腊〕修昔底德：《罗奔尼撒战争史》，谢德风译，商务印书馆1985年版，第150页。

〔2〕〔美〕莱斯利·里普森：《政治学的重大问题》，刘晓等译，华夏出版社2001年版，第190页。

4. 军事权：捍卫城邦的神圣权利与义务

亚里士多德曾指出："适于城邦宪政（共和制度）的社会，当是那里自然地存在着胜任战争的民众（武士）"，城邦的"最高治权操于卫国的战士手中，这里必须是家有武备而又力能持盾的人才能称为公民而享有政治权利".[1]从这一表述分析，城邦公民权包括军事捍卫权。捍卫城邦不仅是城邦公民的责任义务，而且是公民作为城邦主人的一种权利和荣耀。这一方面体现了希腊城邦公民对权利与义务责任相辅相成、相互统一关系的自觉、深刻理解和认识；另一方面，强调权利与义务的一致性，也是城邦公民社会价值文化的精粹。由于城邦公民社会在军事上实行的是公民兵制或称公民军制。公民即战士，战士即公民；土地、公民、战士三者是合而为一的。一旦有战事，公民自备武器装备（外邦人、奴隶只是辅助人员，不直接参加战阵拼杀）上阵，故保卫城邦成为公民的神圣职责，为城邦牺牲、为城邦奉献生命是他的无上荣光。在斯巴达以及许多希腊城邦，母亲送子上战场，对他们的嘱咐就是：要么凯旋，要么躺在盾牌上回来。公元前7世纪前后的斯巴达诗人推罗泰奥斯曾对重装步兵赋诗曰：

> "勇敢的年轻人，去赢得战斗！
> 这是最高的价值，最好的奖赏，最美好的行为！
> 就地站稳，牢牢守住前方的阵列，
> 不去想可耻的逃窜。
> 把生命交出去，怀着无畏的心站直，
> 耳畔传来战友的鼓励，
> 百姓和城邦因你而荣耀！"[2]

而在希波战争中，骁勇彪悍的公民战士们血脉贲张地振臂高呼："为自由而战，……为了信仰，为了社坛的安全。"埃斯库罗斯在《希腊人》中也描述了希腊人在希波战争中勇往直前的高呼："冲啊，希腊人的儿子们！解放你们的祖国，解放你们的孩子、你们的妻子，解救神明宫殿，属于你们的父亲，

---

〔1〕 〔古希腊〕亚里士多德：《政治学》，吴寿彭译，商务印书馆1997年版，第134页。

〔2〕 Andrew M. Miller, *Greek Lyric: An Anthology in Translation*, Oxford: Oxford University Press, 1996, Vol. 12, pp. 15～19.

解放祖宗的墓碑！你们为全民战斗不息！"这些都表现了公民勇于为城邦牺牲的无畏献身精神。

而正是捍卫城邦，公民才享有城邦主人的权利并行使其平等政治权利。实际上，只有现役的战士——公民才能参与城邦政治生活，参加公民大会，被选任为行政人员以及法庭陪审员等职务。这些武装的公民战士参加公民大会，关注和讨论的就是有关和平与战争的问题。而执政官执行的也就是全体公民认可的政策方针，他绝不能违背公民的利益和意志。而正因这种平等的政治权利，激励了公民的爱国热忱与勇敢精神。希罗多德在《历史》中指出，希波战争中雅典人作战十分勇敢的原因是："权利的平等，不是在一个例子，而是在许多例子上证明是一件绝好的事情。因为雅典人在僭主统治下的时候，雅典人在战争中并不比他们的任何邻人高明，可是一旦他们摆脱了僭主的桎梏，他们就远远超越了他们的邻人。因而这一点便表明，当他们受着压迫的时候，就好像为主人工作的人们一样，他们是宁肯做个怯懦鬼的；但是当他们被解放的时候，每个人就都尽心竭力为自己做事情了。"[1]

城邦社会的军事捍卫权作为公民权的重要部分，是与城邦时代的社会环境密切相关的。城邦政治生活的重要内容之一，就是承担组织族群迁徙、征战以及与外邦、外族进行生死存亡竞争（如城邦被外族攻陷，公民及家人将沦为奴隶，土地财产会被洗劫一空）的职能。由此可见，城邦必定具备军事性质，以为其军事职能服务。这从梭伦立法改革中的最主要内容财产等级的划分中也可以感受到其军事意义。梭伦把全邦公民按财产多寡和参加征战作贡献分为四个等级。第一等级有资格担任最高军政要职，同时承担最大份额的军赋（如战舰等）；第二等级的家资足以装备一名重装骑兵并蓄养战马；第三等级战时能装备一名步战方阵的重甲兵；第四等级则为无力承担军备的平民，充任轻盾兵及舰队划桨手等。很明显，这一等级划分就是与城邦经常处于战争和备战状况有关的。据研究公元前5世纪雅典历史的专家卡芬雅克统计，在公元前431年（伯罗奔尼撒战争爆发），雅典城邦重装部队（由头三等公民组成）有25000~30000人，轻装部队（由第四等公民组成）有20000人，总计45000至50000人（这一估算包括雅典各处的拓殖者或被征领地的

[1] [古希腊]希罗多德：《历史》，王嘉隽译，商务印书馆1959年版，第545页。

海外居民，数量在 6000～10000 人之间）。[1]故要在城邦林立、外族觊觎的古希腊生存下去，公民只有具有相应的经济与武备实力才能适应竞争。在这样的外部环境下，城邦尚武思想占据了重要地位。"唯有军事性质的品德可以期望于多数的人们，武德特别显著于群众（城邦公民）"，"除了财富和自由之外，正义的品德与军人的习性（勇毅）是不可缺少的要素"。[2]

如闻名于古代世界的希腊方阵，其因须长期训练、队形密集稳健，整个阵形犹如布满长矛的墙，几乎无法从正面攻击其锋芒，其核心就依靠公民的纪律和强壮的体力，以及荣辱与共、肩并肩紧密团结捍卫城邦的意志。这往往是荣誉地位最高的公民战士站在方阵第一排，最低者则站在最后一排（第8排）。显而易见，公民的勇敢、荣誉、忠诚等品质和价值观，才是捍卫城邦的真正铜墙铁壁。城邦的公民兵制度，使军队和将帅平时不存在关联，因此这是民主政治运行的必要条件；而常备军、雇佣军和职业军人往往同将领关系密切，这在历史上往往易导致专制集权王国的出现。古希腊"僭主"为何不长久，就因为城邦的本质必须是以公民战士为基石的。希波战争为雅典城邦公民军事权利和政治权利以及民主政治与公民战士的紧密联系作了最佳脚注。

约翰·索利在其所著《雅典的民主》中论道："雅典人认为，马拉松和萨拉米战役是他们最光荣的时刻。而且，两次战役，一为陆战，一为海战，都有其重大意义：马拉松战役是由重甲步兵取得的胜利，其组成分子来自较富有的阶级；萨拉米战役则有赖舰队的船桨手，后者出身于较贫穷的阶层。雅典人将击败波斯的胜利，归功于民主政治。"[3]希波战争时期，可以说是推动了希腊雅典民主政治的发展。一方面，战争的爆发、外部的侵略迅速转移了雅典内部贵族与平民之间的矛盾；另一方面，海军的建设也使民主力量得以壮大。尤其是萨拉米海战的胜利，主要是城邦公民集体中人数最多的第四等级公民（平民）的胜利，因为希腊海军水手都来自平民。早在提米斯托克利在组建雅典舰队时，就已体现了他在军事战略上的深谋远虑，而且他即使在雅典占公民大多数的平民有了一份赖以生活的薪饷，又提升了其作为公民的

---

〔1〕 参见［英］阿尔弗雷德·E.齐默恩：《希腊共和国——公元前5世纪雅典的政治和经济》，龚萍等译，格致出版社、上海人民出版社2011年版，第138页。

〔2〕 ［古希腊］亚里士多德：《政治学》，吴寿彭译，商务印书馆1997年版，第150页。

〔3〕 ［英］约翰·索利：《雅典的民主》，王琼淑译，上海译文出版社1999年版，第4页。

政治地位。特别是决定希腊命运的萨拉米海战的辉煌胜利，这不仅使希腊海军获得了对爱琴海的控制权，成为对付强大波斯帝国的主要作战力量，降低了由富裕阶层组成的重装步兵陆战方阵的军事价值，而且随着海军力量的加强以及海军必须常备不懈的战略性质，国家与社会不得不重视平民的政治与经济权力。这促使希腊的民主政治也得到进一步发展，平民的社会地位不断提高。[1] "雅典的穷人和贩夫走卒都认为，他们应该比贵族和富人拥有更多权力。也因为这个理由，出任战舰划桨手的全是市井小民，而整个城邦的力量，就是以他们为基础的。"[2] 这连伪色诺芬分子也认识到："只有雅典的群众和贫民过得比出身高贵而又富有的人更好才是正义，因为正是他们组成舰队的主力并使国家强大起来"；"鉴于这种情况，只有将所有以投票或举手方式选举的官员向所有的公民开放，发言权属于任何愿意发言者才算正义"[3]。

由于城邦的安危系于保卫城邦的战士——城邦公民身上，因此只有同命运、共生死的公民战士才能分享城邦的政治权利、拥有土地、参与城邦宗教祭祀。而这一切又促使政治民主与法治成为城邦生活的主宰。因为只有在法律的统治下，才能保证公民战士在公共政治生活中拥有的权利不致丧失，才能确保公民战士对城邦的忠诚和奉献，才能确保公民战士成为城邦政治的主体。而另一方面，公民拥有军事权，可以保卫城邦不受侵犯，这也就保卫了公民的权益，保卫了城邦的法治与政治共同体。

古希腊社会公民身份和公民权的确立是城邦具有强大凝聚力的联系纽带，具有非常重要的社会意义。然对古希腊城邦公民权研究值得探讨的一个问题是其所谓的公民权并非现代公民作为独立个体的个人权利，其只是公民个人作为城邦的一分子参与城邦政治生活以及管理的权利，是城邦根据出生或财产状况分配给他的一种机会或资格。由于公民在城邦中享有的权利的重要性，一般而论城邦公民权是具有排他性的。外邦人即便是有钱自由人也不能成为

---

[1] 美国学者黑尔指出："民主政治的伟大尝试确保海军胜利的成果为所有雅典人所共享，改变了人们的生活，甚至最贫穷者的生活。普通人的时代已露出曙光。普通公民大众主宰伟大国家的命运，这在世上还是第一次。"[美] 约翰·R. 黑尔：《海上霸主——雅典海军的壮丽史诗及民主的诞生》，史晓洁译，广西师范大学出版社 2012 年版，第 105 页。

[2] [英] 约翰·索利：《雅典的民主》，王琼淑译，上海译文出版社 1999 年版，第 89 页。

[3] [英] F. R. B. 哥德尔芬：《希腊历史学家》，上海文化出版社译，上海文化出版社 1992 年版，第 634 页。

本城邦公民，甚至城邦妇女、儿童和老人也不是"完全意义"上的公民。公元前451年～公元前450年伯里克利通过一项法律规定，只有父母双方都是雅典城邦公民的人才能享有公民权。这一法令进一步排除了曾参加保卫城邦战争的外邦自由人可获得公民资格的可能性。

二、城邦立法改革：民主和法治构建与实践

黑格尔有一段名言，即历史是一条"永动的河流，随着它的奔腾，独特的个性不断被抛弃，并且总是在新的法律基础上形成新的个性结构"。从西方学者研究而论，城邦文明缔造了一个以民主和自由为核心的全新社会与政治体制，是理性得以取得主导地位的结果。[1]然从政治学视野而言，城邦国家政治史本身也是一部法律史，故"法是希腊城邦形成的标志与里程碑"。[2]民主政治与法律构成了城邦公民社会与思想文化生活的最重要方面，从而使法制获得了等同于城邦国家制度的概念和效力，法治理念升华为城邦公民社会的精髓和灵魂。如果说城邦（国家）是凌驾于社会之上的力量，那么，法律权威也就是凌驾于社会之上的力量。这就是西方法治理念与精神的历史文化渊源。

自古风时代后，古希腊城邦制度和公民社会是建立在一系列的改革立法及社会变革运动之上的。尽管各城邦的改革和立法并非相同，但异曲同工，都旨在确立与保障公民权利和城邦制度，改善经济状况，追求"优良"与"善"的生活等。而以改革来推动这场社会变迁运动的制度精华与核心，就是民主政治与法治精神。从世界古代史考量，通过改革立法确立起来的城邦制度也是一种历史创新。为此，有必要从法治的角度来审视希腊城邦时代几次著名的立法改革以及对法治建构的影响。

（一）提秀斯改革：公民的第一步

恩格斯说过，国家是靠"部分地改造氏族制度的机关，部分地用设置新机关来排挤掉它们，并且最后全部以真正的国家机关来取代它们而发展起

---

〔1〕　黄洋：《古典希腊理想化——作为一种文化现象的 Hellenism》，载《中国社会科学》2009年第2期。

〔2〕　张中秋：《中西法律文化比较研究》，南京大学出版社1999年版，第34页。

来"。[1]公元前 7 世纪左右，希腊雅典城邦工商业经济已有一定发展，土地财产也开始私有化，但城邦中的 4 大传统部落（每个部落包括 3 个胞族，每个胞族又包括 30 个氏族）仍恪守僵化的独立统治，相互矛盾重重。这一方面使社会分化渐趋严重；另一方面使雅典内部的贵族与平民、本族人与外族人的矛盾冲突也日益尖锐，"这个社会陷入了不可解决的自我矛盾，分裂为不可调和的对立面而又无力摆脱这些对立面"。[2]提秀斯改革就是在这一历史背景下进行的。他首先是在四个部落之上设立城邦统一的管理机关，即中央总议事会。这"就跨出了摧毁氏族制度的第一步，因为这是后来容许不属于全阿提卡任何部落并且始终都完全处于雅典氏族制度以外的人也成为公民的第一步"。[3]其次，提秀斯将雅典氏族所有成员，按个人财产多少和职业划分为三个等级：贵族（eupatriden）、农民（geomaren）和手工业者（demiurgen），其中贵族可担任公职。提秀斯改革的重要社会意义：一是在于使雅典城邦从部落分立状况中形成统一；二是以财产划分阶层，确立了一种新的城邦社会秩序；三是突破了以血缘关系为基础的氏族部落制度，设立了国家官职。提秀斯改革后，原氏族部落的军事领袖——巴塞勒斯为被选举的国家公职——执政官（archon）所代替。执政官起初为 1 名，后逐渐增至 9 人，任职终身也改为任职 10 年，最后又改为一年一任。首席执政官权力较大，第二执政官掌祭祀，第三执政官掌管军事，其后 6 名执政官主要掌管司法。执政官上任前必须到市政广场边的宙斯神坛前郑重发誓，要公正地遵循法律担任公职，并且不以职权收取礼物，若收了某种礼物便罚奉献一尊金像。执政官期满后（经对任期职责审查）可进入阿雷奥斯元老院——因设在战神阿雷奥斯（areos）圣山上而得名。元老院主要职权是推选和监督制约执政官，维护城邦法律、审批刑事谋杀案等。

（二）梭伦立法：迈开法治的步伐

公元前 6 世纪开始，许多希腊城邦先后发生了程度不同的政治改革和变法运动。其中，尤以雅典的梭伦变法影响深远。

---

〔1〕《马克思恩格斯选集》第 4 卷，人民出版社 1995 年版，第 107 页。
〔2〕《马克思恩格斯选集》第 4 卷，人民出版社 1995 年版，第 107 页。
〔3〕《马克思恩格斯选集》第 4 卷，人民出版社 1995 年版，第 107 页。

　　公元前 594 年，执政官梭伦（出身工商阶层）以土地财产状况划分居民，公民以财产的多寡分享政治权力并承担军事义务。共分为四个等级：第一等级是每年总收入（包括谷物、酒、油等）达 500 麦斗者（一麦斗合 52.3 公升）；第二等级是每年总收入达 300 麦斗的公民，又称为"骑士"；第三等级是每年总收入达 200 麦斗的公民，称为兵士或牛轭级——即能自备牛车者；第四等级是每年总收入在 200 麦斗以下者，称为雇工。第一、二等级的公民组成骑兵，第三等级组成重装步兵，第四等级组成轻步兵和舰队水手。公民有义务自备武装和给养为城邦参加战争。此外，第一等级可被选为军事长官和执政官；第二、三等级可担任一般官职；第四等级可以参加陪审法庭和公民大会。正如恩格斯指出："这样，在制度中便加入了一个全新的因素——私有财产。公民的权利和义务，是按照他们的地产的多寡来规定的，于是，随着有产阶级日愈获得势力，旧的血缘亲属团体也就日愈遭到排斥；氏族制度遭到了新的失败。"[1]

　　在土地改革中，梭伦以法律的形式——颁布"解负令"，规定了公民份地的最高限额并禁止公民债务人身抵押。这使重新获得土地的公民免除了再沦为奴隶的可能性，使公民在经济上获得保障的同时，可以平等地参与城邦的政治生活。正是具有法律保障的人身自由，使城邦制度有了稳定的基础，也使雅典的民主有了产生的土壤。

　　梭伦改革最重要的方面是设立了四百人大会和陪审法庭。前者类似公民大会的提案常设机构，由雅典 4 个部落各选 100 人组成；后者类似城邦最高司法机构，每个公民都可按规定轮番当选陪审员。同时，梭伦改革还包括改革度量衡制度，以便同经济发达的科林斯和尤卑亚等城邦通行的标准统一，便利商贸往来；鼓励海外熟练工匠移居雅典，促进工商贸易等。

　　由此，梭伦被雅典著名的修辞家伊索克拉特（公元前 436 年 ~ 公元前 338 年）评为"人民最好的朋友"、"民主宪政结构的奠基人"。从这一由衷的评价中，可以体味其对法治初步探索的可贵与不朽之认可。

　　梭伦改革，以法律的方式从三个方面定义了公民权，即人身自由、土地所有及政治权利。结果，不仅打破了贵族阶层对土地的控制，也调和了贵族

---

〔1〕《马克思恩格斯选集》第 4 卷，人民出版社 1995 年版，第 114 页。

与中下公民阶层之间的尖锐矛盾。同时，土地所有权与"机会均等"的政治参与权的结合，又废除了贵族在政治上的世袭特权，使中下公民阶层参与到城邦政治体系之中。

梭伦曾说过："我让法与权并存，势力与权利并存，就这样，我实行了自己的一切许诺应承。我制定法律，对平民和贵族一视同仁，规定了每个人的真实的正义的精神。"[1]梭伦曾将改革过程用诗来阐释：

> "我所给予人民的适可而止，
>
> 他们的荣誉不减损，也不加多；
>
> 即使是那些有权有势之人
>
> 也一样，我不使他们遭受不当的损失；
>
> 我拿着一只大盾，保护双方，
>
> 不让任何一方不公正地占居优势。"[2]

梭伦改革在废除贵族政治特权的同时，提高公民大会的地位，赋予它拥有决定国家重大事务的权力。如选举官职、决定战和都必须以公民大会的名义、以法律的名义来决断。亚里士多德在谈到城邦改革时说："立法是政治的一部分，立法者的艺术在于制定适合本国制度的法律，而不是强使国家制度适应法律"[3]，而使现存政体及其政治稳定的是法治，而不是人治。"因为制度也是法律。"[4]

梭伦立法给予公民一种法治的信念：法律作为公民的约定，必须共同遵守；唯其如此，法律才能成为城邦和公民共同生活的保障。梭伦认为城邦最需要的就是法治，没有法律是最大的灾难，法律和秩序是城邦最大的幸福。他要求公民为维护城邦法律秩序进行斗争，视法律为城邦中占有统治地位的制度。在此信念指导下，法治逐步成为公民社会的具体实践。如法律由公民大会通过或否决，必须经由雅典城邦 4 个部落各推选 100 人组成的"四百人会议"和每个阶层成员都可轮番担任陪审员的陪审法庭审核，方能生效。这

---

〔1〕 参见［苏］涅尔谢相茨：《古希腊政治学说史》，蔡拓译，商务印书馆 1991 年版，第 23 页。

〔2〕 ［古希腊］亚里士多德：《雅典政制》，冯金朋译，三联书店 1957 年版，第 15 页。

〔3〕 ［古希腊］亚里士多德：《政治学》，吴寿彭译，商务印书馆 1997 年版，第 169 页。

〔4〕 ［古希腊］亚里士多德：《政治学》，吴寿彭译，商务印书馆 1997 年版，第 163 页。

一时期，法治渐渐地深入人心，以致公布法律的格式必须是以"会议与民众决定"的字样开头。而且法律要张贴公布，供全城邦公民评论。陪审法庭成为雅典最高法院，其职能之一就是对执政人员任期届满时，审查其行政的责任功过，以确保城邦政治代表公民的意志与法的公正。此外，为使城邦公民积极投身城邦公共生活，梭伦还特别制定法律，规定任何人对国家公共事务不能袖手旁观，否则将丧失公民权利。

梭伦变法，作为初步的法治尝试，对雅典城邦制度的形成有着积极的作用。其对法治的强调，为法治理念的建构奠定了基础。当时，梭伦把他制定的法律公布在 16 块白色的木牌上，木牌树立在巴塞勒斯的柱廊里，并让所有的公民和官吏都向宙斯神发誓遵守这些法律。恩格斯曾把梭伦的改革称为"政治革命"，因为其打击了旧贵族和氏族制度，促进了雅典城邦制国家和经济的发展。此后，雅典"商业以及靠奴隶日益大规模发展起来的手工业和精巧手工艺，都成了流行的职业……旧时残酷剥削自己同胞的方法，已经弃而不用，如今主要是剥削奴隶和雅典以外的买主了"。[1]雅典城邦制度自梭伦以后进入发展成熟阶段。

（三）克里斯提尼、伯里克利对城邦制度的架构

在梭伦改革后，雅典城邦经历了一段由庇希特拉图和希庇阿的僭主统治时期。这一时期，雅典分为 4 个部落、12 个兄弟会和 360 个家族。同时，这一时期有三大贵族派系崛起：一是位于阿提卡西海岸，由阿克密尼德家族为首的"海岸派"；二是处于雅典和北部平原，由伯塔代家族领衔的"平原派"；三是在阿提卡东岸地区，由庇西特拉图家族领军的"山岳派"。雅典城邦一度陷入党派争斗的政治混乱局面。

公元前 509 年，雅典的克里斯提尼在其阿克密尼德家族支持下，同样以立法的形式进行政治制度改革。首先，他在梭伦改革的基础上，进一步突破血缘关系以地域部落来划分城邦居民。这就是在原传统的 4 个部落基础上，组成 10 个新选区，每个新选区包含雅典城的一区、沿海地域的一区以及内陆地域的一区，以此消弭党争政治。其次，以每个选区推选 50 名代表，组成

---

〔1〕《马克思恩格斯选集》第 4 卷，人民出版社 1972 年版，第 112 页。

500 人议事会代替 400 人议事会。议事会代表每年仲夏就职，任期为一年，不能连任（城邦中的其他公职也如此），但一生可出任两次；代表资格只限于梭伦改革时以财产划分的前三级公民才可担任。议事会任务繁重，几乎每天有会议。会议主席由抽签决定，但任期内免服兵役，并在城邦公共活动中有保留座位，头戴桃金娘枝制成的冠冕。五百人会议还选出十一人法院，其职责范围是审理抢劫案和拐窃奴隶案、监督监狱和执行刑事判决。这一改革使以氏族为基础的贵族势力受到了进一步削弱，公民大会成为名副其实的最高权力机构，法治的积极意义得到张扬。如城邦公民能通过公民大会的发言辩论与表决，使任何不适宜的法律被废除。一旦公民起诉属实，该法案作者可能被剥夺公民权。这对政府的监督十分有效，目的是保证政府在法律允许的范围内活动。

同时，克里斯提尼还建立"十将军委员会"，由 10 个选区各选 1 名将军组成，一年一任、战时负责统率军队。此时执政官仍由 9 名执政官组成，地位也很重要，其中有一名执政官监督管理社会治安，统辖警察。警察负责监管各种集会和公民的不端行为，保护名胜古迹和监视城市卫生状况，以及同市廛官和计量官配合管理市场，取缔赝品和检查度量衡。警察职务一般由外邦移民和奴隶担任。恩格斯曾指出："雅典人在创立他们国家的同时，也创立了警察，即由步行和骑马的弓箭手组成的真正的宪兵队……不过，这种宪兵队却是由奴隶组成的。这种警察职务，在自由的雅典人看来是非常卑贱的，以致他们宁愿叫武装的奴隶逮捕自己，而自己却不肯去干这种丢脸的事。"[1]

克里斯提尼改革中最具法治意义的内容是"陶片放逐法"（或称"贝壳放逐法"）。即每年一次，公民用贝壳或陶片当作票纸，在公民大会上弹劾他们所认为的危害城邦利益的分子，将其放逐国外十年，但私有财产并不没收。这一法律的创立，不仅使在贵族与平民矛盾斗争中的失败者免于被屠杀的命运，而且以立法的形式，使政派间的斗争始终在法治的轨道上进行。党派纷争的失败者仅领袖一人被放逐，其同党不受牵连，避免了大规模的城邦屠杀，由此促使公民城邦进一步确立"法律的主宰"地位。马克思曾对克里斯提尼的改革论述道："结果，一方面发生了新阶级即从事工商业的富人对旧的贵族

---

〔1〕《马克思恩格斯全集》第 21 卷，人民出版社 1964 年版，第 135 页。

权力的胜利竞争；另一方面，使旧的氏族制度的残余失去了它的最后地盘。现在氏族、胞族和部落的成员都遍布于全阿提卡并完全杂居在一起，因此，氏族、胞族和部落已不适宜于作为政治集团了；大量的雅典公民不属于任何氏族；他们是移民，他们虽然取得了公民权，但是并没有被编入任何旧的血缘团体；此外，还有不断增加的仅仅被保护的外来移民……这时，党派斗争在进行着；贵族想夺回他们以前的特权，并在短期内占了上风，直到克里斯提尼革命时（公元前 509 年）才最终被推翻，但氏族制度的最后残余也随之而灭亡了。"[1]

公元前 462 年，民主派阿菲埃尔特出任雅典执政官，其立法改革主要是实施一系列剥夺贵族权力的法案，这主要包括三方面：一是宣布公民大会决议不再受贵族会议的干预；二是取消贵族会议审判公职人员渎职罪的权力；三是建立对不法行为的申诉制度。阿菲埃尔特的立法改革旨在巩固民主政治不受贵族势力的干扰。而至伯里克利时代进行的立法改革，又进一步促使了法治的不断完善。后世的不少史学家和法学家都将这一城邦极盛时期的政制称为"法治"时期，并视雅典城邦为"法治国"。[2]

公元前 441 年，伯里克利进行立法改革，首先将元老院和各执政官拥有的司法权分别转交给五百人会议、陪审法庭和公民大会。元老院仅保留了对凶杀案的审判权（因为这涉及宗教传统），这使贵族和高官专断势力遭到了打击。为使城邦全体公民享有平等的参政机会，伯里克利废除了选举官职的财产资格限制。各级官职真正面向城邦公民，以抽签方式选举执政官、五百人会议议员与官吏，公民可轮流职掌政权。同时，陪审法庭也扩大到 6000 人，以 10 个选区公民以抽签方式各选 600 人组成，任期一年。这一抽签选举官员的制度，为每个公民提供了广泛而平等的参政机会；而轮流执政——"轮番为治"，从根本上否定了贵族在政治上的特权。与此同时，抽签获任的官员，只能依靠法律才能掌握他们的权力，并借助法律监察和处理一切违法失律的人事。一如官员在就任前对神的庄严宣誓："我将根据法律和公民大会及五百

〔1〕《马克思恩格斯选集》第 4 卷，人民出版社 1977 年版，第 112～113 页。

〔2〕参见张中秋：《中西法律文化比较研究》，南京大学出版社 1999 年版，第 299 页。

人会议的决定行事，不会违背法律与法令做谋取私利的一切事。"[1]城邦官职向所有公民开放，面对贫苦的公民无力参政的事例如何应对？为此，伯里克利立法为各类公职人员支付职务报酬。不仅对参加公民大会、陪审法庭以及五百人会议的成员发给少量的报酬金，而且对在陆军与海军服役者也发津贴，甚至连观剧活动也给参加者发放津贴。这对城邦法治的建构有重大影响，因为剧院在城邦公共生活中有着重要的作用，观剧津贴有极大的宗教与政治意义，可使贫困公民有积极参加城邦公共活动的机会。所以，观剧同样是城邦的政治内容之一。有了津贴，下层的公民有条件积极参与城邦政治文化活动，这也就增加、增强了公民的政治权利。对于雅典立法改革后的民主生活，就连对民主制度持敌视态度的伪色诺芬在《政体论》中的言论也可窥一斑。他写道："说到雅典的制度，我所以不能嘉许它之原因，是因为雅典人选择了这样的社会秩序，在这种秩序之下，平民生活得比贵族还好……雅典人在一切方面都偏重贫苦的平民甚于贵族。"[2]

伯里克利时期是雅典城邦的"黄金时代"，他曾在演说中自信地宣称："如果把一切联合起来考虑的话，我可断言，我们的城市是全希腊的学校……我们每个公民，在许多生活方面，能够独立自主；并且在表现独立自主的时候，能够特别地表现温文尔雅和多才多艺……不但现在，而且后世也会对我们表示赞叹。"[3]从社会历史考量，在那一时期，"雅典被视为城邦的典范；希腊世界弥漫着一种情绪，事无巨细，纷纷采用或者效仿雅典的做法。雅典的度量衡及其配套系统的迅速传播充分说明了这一点"[4]。如果时称雅典是古典希腊城邦世界的文化磁场，确不为过。

雅典经过多次立法、改革活动，城邦走向法治，至雅典民主政治趋臻顶峰时期。雅典人深知，民主政体的维持在于尊重公民认同的法律。而城邦形成的基本的法治理念就是"自由和尊重法律"。同时，这一理念包括：在一个"自由"的国家里，法律不是专制者个人的意志，而是公民集体意志的反映，

---

〔1〕 易杰雄：《欧洲文明的源头》，华夏出版社 2000 年版，第 121 页。

〔2〕 参见［苏联］塞尔叶格夫：《古希腊史》，缪灵珠译，高等教育出版社 1955 年版，第 249 页。

〔3〕 ［古希腊］修昔底德：《伯罗奔尼撒战争史》，谢德风译，商务印书馆 1960 年版，第 133 页。

〔4〕 ［英］阿尔弗雷德·E. 齐默恩：《希腊共和国——公元前 5 世纪雅典的政治和经济》，龚萍等译，格致出版社、上海人民出版社 2011 年版，第 155 页。

这应该成为人们的普遍信仰。公元前336年，雅典公民们为了防止政治家取悦马其顿国王而推翻民主政府，曾颁布了一项《反独裁法》："法律委员会决议如下：任何人杀害违背人民意志企图独裁或建立僭主政权，或者反对雅典人民或民主政权的人，均恕无罪。当雅典人民或民主被推翻后，任何最高法院的议事会委员不得进入最高法院、议事会或商讨事宜。一旦发生此类情况，则将剥夺他本人及其子孙的公民权并没收财产，财产的十分之一将用于祭祀女神。该法律条款应由议事会秘书刻于两块石碑上，其中一块应被竖立在最高法院的入口，另一块则置于议事会中，司库应从可支配额度中提取20德拉克玛用以支付刻写石碑的费用。"[1]这项法律的颁布充分反映了雅典民主运用法律武器对公民主权的坚决捍卫。

从雅典城邦立法改革中民主政体权力架构而论，有一点是值得关注的，这就是古典城邦的民主体制并不似近现代以来权力分立相互监督制衡。其权力机构在立法、行政、司法三权方面相互交织重叠方面较多。如公民大会、议事会、元老院、执政官都有一些有关立法、行政和司法方面的职责权力，将军和执政官在掌管陆海军和外交方面也都有职能。从当时雅典人的考虑来看，对这种权力职责的横向交织混合性，显然意在防止任何权力机关权势过重而力求互相制约与平衡。这使古雅典城邦民主政治与近代以来的资产阶级民主政治对权力架构所追求的分立制衡的价值原则产生深远影响的。

（四）"全民共治"：公民大会与陪审法庭

亚里士多德在对政体研究时认为："政体（宪法）为城邦一切政治组织的依据，其中尤其着重于政治所由决定的'最高治权'的组织。"[2]"……法律实际是，也应该是根据政体（宪法）来制定的……也由以订立城邦及其全体各分子所企求的目的。"[3]在古希腊城邦政体的制度中最重要的是公民大会和陪审法庭。这不论是贵族制政体的城邦，还是民主制政体的城邦，其城邦治理皆建立在这两大组织机构的基石上。在贵族政体，城邦议事会的权力可能会制约公民大会。但是在民主制城邦，这两大组织机构最能体现"主权在

---

〔1〕　上海博物馆：《博物馆与古希腊文明》，北京大学出版社2016年版，第86页。
〔2〕　［古希腊］亚里士多德：《政治学》，吴寿彭译，商务印书馆1965年版，第129页。
〔3〕　［古希腊］亚里士多德：《政治学》，吴寿彭译，商务印书馆1965年版，第178页。

民"、"轮番为治"、"直接民主" 等民主政治和法治理念的精神原则。即此，以古希腊雅典城邦的政治体制择要述论。

1. 公民大会

古希腊城邦的公民大会源于氏族部落民主制时期的氏族部落成员的民主大会。在荷马时代，在围攻特洛伊的战争中，阿伽门农统帅的 "营帐旁边有一块召开公民大会的空地"；当希腊联军派墨涅拉俄斯国王和俄底修斯与特洛伊谈判时，"特洛伊国王普里阿摩斯得知希腊联军的使者到达，立即召开公民大会，准备答应墨涅拉俄斯的要求"。[1] 故公民大会在古希腊的荷马时代以至其后的古风时代直至古典时代，一直是城邦政体决定重大事项的主要形式，是古典民主政治的发动机。

亚里士多德认为："一种政体如果要达到长治久安的目的，必须使全邦各部分（各阶级）的人民都能参加而怀抱着让它存在和延续的意愿。"[2] 在克里斯提尼和伯里克利改革时期，雅典城邦主要公共权力组织架构如下：

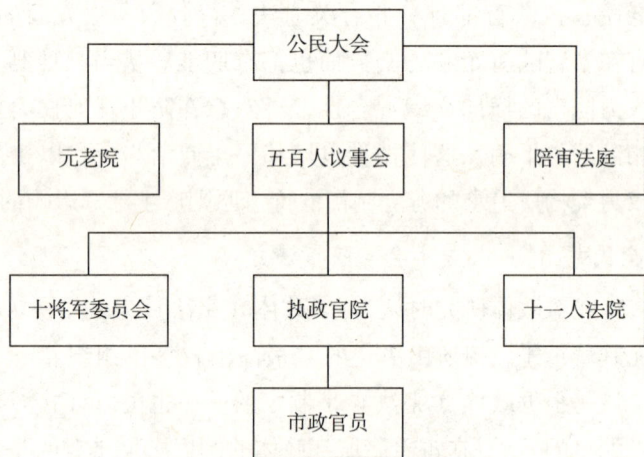

雅典城邦公共权力机构示意图

这一时期，公民大会是城邦最高权力机构和立法机构。大会由议事会召集于市政广场阿哥拉举行［古希腊语 "广场"（agora）一词原意即 "民众大

---

〔1〕〔俄〕库恩编：《希腊神话》，朱志顺译，上海译文出版社 2006 年版，第 215 页。
〔2〕〔古希腊〕亚里士多德：《政治学》，吴寿彭译，商务印书馆 1997 年版，第 89 页。

会"］，议事会负责提交审议议案和监督落实通过提案的执行。凡年满 18 岁的男性城邦公民皆有资格参加公民大会，并有权发言和表决选举。雅典城邦公民大会规定，除每年 4 次定期例会外，每隔 10 天还要召开一次。遇有特殊情况下召开公民大会，执政官就会以号声为信号召集城内公民；在广场上燃起一堆大火，以烟为信号召集城外乡村公民来开会。大会主要讨论立法、宗教事务、政治军事、官员任免、粮食供给等城邦重要大事。在市政广场上有一个"纪名英雄墙"建筑，墙身乃城邦的公告栏，张贴诸如公民大会会期和议案（提前 5 天公布）、法令草案以及城邦重要事务等，供城邦公民自由讨论，而后可在召开的公民大会上投票表决。除在市政广场召开公民大会，也有些时期在其他地方召开。如公元前 5 世纪时，大会在雅典卫城西边皮尼克斯小山平缓山坡的会场召开，可容纳 6000 多人，但无座位；公元前 4 世纪晚期，大会还曾在狄奥尼索斯剧场举行过。

作为公民大会常设机构的议事会（五百人议事会），每年抽签改选一次。起初由第三等级以上公民担任，然到伯里克利时期，全体公民均可当选，并给予一定津贴，为平民任职提供条件。议事会场所位于战神山，除了节日和非吉利日，议事会几乎每天一次例会，全年大约至少要工作 260 天，成员实行公餐制。雅典城邦规定，议事会成员凡在预定日子不到议事会者，将被罚款每天 1 德拉克玛。

议事会设立主席团（a group of presidents）或执行委员会（the prytaneis），由 10 选区各 50 名代表组成，每选区 50 名代表轮流担任 35 ~ 36 天（一年的1/10 天数）主席团成员。主席团公布议事会应办城邦事务的通告、开会地点和程序等。每天主席团 50 名成员抽签一人任主持人，一年内不得重任。有时议事会主席团在露天市场举行公民大会，选举军队司令官、骑兵司令等军官。所有官员卸任后，没有任何特殊待遇可享受。

雅典城邦有资格出席公民大会的公民约三万多人，然从阿提卡东岸、马拉松或苏尼翁角走到雅典均要在 2 天以上，频繁的会期很可能耽误生活、工作，因此参加大会的一般多是雅典城内外近郊的公民。会议时间一般在拂晓时以祈祷、杀猪献祭仪式开场，大多时中午可结束。一些公民来时都带有饮水袋、干面包、2 只洋葱、3 枚橄榄等。公民自由入座、有权要求发言，可指控城邦任何官员。从柏拉图所作《普罗塔哥拉》中，我们可以看到一些大会发言的情形："假若一个不被视为专家的人竟敢上台发言，不管他多么漂亮、富有还是具有贵族身份，人们都不会多听他讲话，反而嘲笑他、大声喧哗，直至此人要么在喧闹声中自动离开，要么由执政官命令弓箭手把他从讲坛上拉下来赶出门外……与此相反，如果涉及城邦普遍关心之事，人们看到建筑师、铁匠、皮革工、商人和水手毫无区别地站起来发言，不管他们富裕还是贫穷，是贵族还是普通人，没有人像刚才那样，责备他们既无事先研究，又未从师习艺就上台指手画脚。"[1]公民大会气氛一般比较吵嚷热闹，有的演讲者或政治家周围会形成一些帮派与"啦啦队"，但在大会表决前没有任何事情是被"内定"的。但根据公元前340年左右的埃斯奇涅斯讲稿，我们可以看到议事会和公民大会发言有规定："任何人在五百人会议或公民大会上发表演说时，必须针对当时讨论的议题，不可同时讨论两个独立的议题。同一场会议中，也不得就相同的问题两次发言。不可诽谤、谩骂，或打断他人发言。只有在讲台上才能发言，且不可攻击主持会议的官员。"[2]公民大会投票一般以举手方式进行，决议全都以记录公布。重大决议则镌刻在石上，并以这样的形式开头："五百人会议及人民决议……"

根据历史文献记载，雅典法律规定，凡不及时参加公民大会和议事会的官员和公民，属五百斗级罚款3个德拉克玛、骑士级罚2个、双牛级罚1个。当时一个德拉克玛可供五口之家一天的生活。公元前450年起雅典城邦雇佣了一支由300个西徐亚（来自俄罗斯南部）弓箭手组成的专门队伍，在特定的行政委员会指挥下，负责维护公民大会秩序。在公民大会召开之前，他们必须负责清理阿哥拉的街道，拖着漆着红色的绳子到处走动，将一些闲谈吹牛或行动拖沓的公民推进公民大会场。如果拒不进会场，将其衣服上染上红色，即被处以罚款。城邦平民参与公民大会，津贴是一个诱因。当然，要领津贴是需由持有公民名单的检查员验证并分发筹码，再凭筹码可领到津贴的。古希腊喜剧作家阿里斯托芬（约公元前450年~公元前385年）的作品《阿卡奈人》曾在开场描述参加公民大会的老农夫迪凯欧波里在柏尼克斯独坐等待公民大会开始的情形："你看看！公民大会全体会议天亮就要开始了，现在

---

〔1〕 ［古希腊］柏拉图：《柏拉图全集》第1卷，王晓朝译，人民出版社2002年版，第440页。

〔2〕 参见［英］约翰·索利：《雅典的民主》，王琼淑译，上海译文出版社2001年版，第34页。

柏尼克斯却连个鬼影子都没有。他们现在全在市场里闲聊，要不就忙着躲开红绳子（就是西徐亚弓箭队拖着的红色绳索。弓箭队负责在公民大会开会当天，或其他重大庆典时维持秩序）。连常务委员会都还没到。他们一定姗姗来迟，然后东推西扯，争先恐后，挤到前排去……可是我呢，我可是第一个来到这儿准备开会的，我不禁叹了口气，打了个呵欠，伸个懒腰，放个屁。接下来，我可不知道该干什么了。于是，我胡乱涂鸦了一阵子，拔几根毛，算算总共欠人家多少账，可是我一直想着我的田地，希望安安静静。我讨厌城里，我想念我的村子。"[1]

城邦中不同等级的公民，城里人和乡下人、文化人和粗俗无知者之间也是有隔阂的。如有知识者往往嘲笑乡下农夫："这种乡下人饮着酒迷迷糊糊地参加公民大会，满口秽语，喋喋不休。穿着大大的鞋子，大声嚷嚷……总是向路遇者问这问那：'皮革多少钱？咸鱼多少钱？'"[2] 相对乡村人，城市里的居民参加公民大会因就近便利，故参会人数更多，正如亚里士多德在《政治学》中指出："工匠、商贩和雇工这些市廛群众，各操贱业以糊口，他们的种种劳作都无可称尚。聚集而徘徊于市区和商场之间，这类人民不同于农家的散处村落，鸡犬相闻，很少相互往来，也不亟于社会政治的集合，而他们就乐于并便于参加公民大会。"[3] 这不仅反映城邦不同阶层参加公民大会的场景情绪，而且从另一种视角看到城邦民主运转的情形。同样，古希腊历史学家色诺芬（约公元前 428 年~公元前 354 年）的作品《老寡头独裁者》（或名《雅典的宪法》）也与阿里斯多芬的作品一样，反映当时公民大会的一些政治生态。他在作品中写道："首先我要这么说，肯定无疑的是，雅典的穷人和贩夫走卒都认为，他们应该比贵族和富人拥有更多权力。也因为这个理由，出任战舰划桨手的全都是市井小民，而整个城邦的力量，就是以他们为基础。"[4] 但色诺芬又认为平民参加大会更多关心的是针对富贵公民对文化活动和公共事务的赞助："贩夫走卒没有时间进行体能运动或作文化上的探讨。他们否决这一切，因

---

〔1〕　[英] 约翰·索利：《雅典的民主》，王琼淑译，上海译文出版社 2001 年版，第 85 页。

〔2〕　Frank J. Frost, *Greek Society*, Third Edition, Massachusetts: D. C. Heath and Company, 1971, pp. 101~102.

〔3〕　[古希腊] 亚里士多德：《政治学》，吴寿彭译，商务印书馆 1965 年版，第 320 页。

〔4〕　[英] 约翰·索利：《雅典的民主》，王琼淑译，上海译文出版社 2001 年版，第 89 页。

为他们知道，自己应付不过来。另一方面，他们也明白，只要是赞助合唱队或戏剧节活动的，或是参加体育竞赛，装备三层划桨战船的，出钱的总是有钱人，一般人就是尽情享受节庆和竞赛的乐趣，战船也是别人准备好的。"[1]

色诺芬在《老寡头独裁者》中不仅对城邦民主制运转有自己的认识，而且对这种运转的不足也提出了看法。如他认为公民大会和议事会工作内容多、任务重、工作效率不高；如关于工作任务方面："如果有人没能为负责的战船安装装备，或者在公共用地上盖房子，政府就必须调查原委。除此之外，每年政府都必须决定，由哪些人提供经费，在酒神节、Thargelia 节、泛雅典娜节、普罗米修斯节乃至于火神暨锻冶之神的节庆时，提供赞助合唱队的费用。再者，每年必须选出 400 名战船船长，还必须调查哪些人希望这么做（可能是 antidosis，即交换家产）。"除了以上这些，行政官员必须接受考核，万一没通过考核，还必须接受调查。[2] 而在有关工作效率方面，"我也听说了，有些人批评雅典人，有些时候，即使等上一整年，五百人会议或公民大会也不能解决问题。雅典确实有这种情况，原因就只有一个：因为业务量过于庞大，负责办事的人，没办法顺应每个人的要求。可是，他们怎么办得到呢？他们主办的庆典比希腊其他城市都来得多，何况庆典期间，他们根本不可能办理公事。再说，他们必须经手审理的民事和刑事案件、考核的官员（即执行 eu-thynai 程序），比希腊其他地方加起来还多呢。更要紧的是，五百人会议不时要作决策，决定有关战事、财政、立法的事宜，外加雅典本身以及盟邦源源不断的业务，还要负责纳贡，管理海军造船厂和神殿。所以，在公共事务这么繁重的情况下，没能办好每个人交代的事，这也就不足为奇了"[3]。

在公民大会上真正的关键人物应是社会政治精英，因为雅典民主制的重要设计就是对公众的说服；一旦失去公众的信任，政治家的权力也就终止了。因此，一方面，有作为的政治家是以雄辩演讲口才而主导话语权力者，并同时是以其议案对公民大会施加影响的重要人物；另一方面，一些政治人物，往往只是所谓的煽动家，并非领导公众而是顺着民意、让民众牵着鼻子走。

---

〔1〕 ［英］约翰·索利：《雅典的民主》，王琼淑译，上海译文出版社 2001 年版，第 90 页。
〔2〕 参见 ［英］约翰·索利：《雅典的民主》，王琼淑译，上海译文出版社 2001 年版，第 91 页。
〔3〕 参见 ［英］约翰·索利：《雅典的民主》，王琼淑译，上海译文出版社 2001 年版，第 90 ~ 91 页。

修昔底德就曾对伯里克利以及其继承者有过评论："因为他（伯里克利）有权势，这种权势来自他享有的威望和他的才智。此外，在金钱面前，他表现出异常鲜明的廉洁：因为他牢牢掌握着自由散漫的民众，他领导他们，而不是让他们牵着鼻子走；的确，由于他拥有的手段不靠非法渠道获取，所以他发言从不是为了取悦人，他能利用人们对他的敬重抑制他们的愤怒。总之，每当他看到他们不合时宜地表现出咄咄逼人的自信，他便用言语敲打他们使之产生恐惧感；如果他们表现出毫无理智的恐惧，他又会使他们恢复自信。在民主的名义下，实际上是第一公民在统治。相反，他的后继者们更为势均力敌，他们每个人都向往这个第一的位置：于是他们投人民之所好，并使国家大事的管理受人民的制约。"[1]

英国学者罗素在《权力论》中曾写道，民主政治虽然不能保证最好的，但却可以避免最坏的。雅典的民主共和制政体在古代世界无疑是进步的，然而这个制度并非完美无缺。因为这个民主制度是建立在奴隶制基础之上的。从世界历史发展考察，民主是一件"奢侈品"，它不仅需要花费大量成本（时间、空间、资金等）才能运转，而且其还须付出代价和风险方能逐渐成熟。然而推行民主只是避开了最坏的制度，民主要适应社会进步与发展，其不仅需要与时俱进地同国家与社会良性互动，而且还必须有不断创新的其他社会条件和制度设计与安排。

2. 陪审法庭

美国学者戈登在其名著《控制国家——西方宪政的历史》中指出："雅典政治的最重要特征不是其确定国家政策的方法，而是作为一种控制政府官员的权力行使手段的陪审法庭制度的运用。"[2]而萨拜因则在《政治学说史》中也对雅典城邦的陪审法庭评论道：这是"为了雅典人民行使控制权这一目的而设想出来的一种手段"；"是整个民主制度的拱顶石"。[3]

自梭伦改革中成立陪审法庭（heliaea）后，陪审法庭作为公民行使审判

---

〔1〕　Carlier P.，*Demosthene*，Paris：Fayard Press，1900，Vol. 2，p. 65.

〔2〕　[美] 斯科特·戈登：《控制国家——西方宪政的历史》，应奇等译，江苏人民出版社 2001 年，第 77 页。

〔3〕　[美] 乔治·霍兰·萨拜因：《政治学说史》（上），盛葵阳、崔妙因译，商务印书馆 1986 年版，第 29～30 页。

权和接受民主训练的场所，在历次政治改革中职权不断扩大，不仅代替了行政官员对案件的审理，而且也分享了贵族元老院的司法权力，成为雅典城邦民主政治的最高司法和监察机关，并兼有部分立法权。根据雅典城邦法律，凡年满 30 岁的公民都有资格担任陪审法庭的审判员或称陪审员，陪审法庭共有 6000 名陪审员，由雅典城邦十个选区各选出 600 名组成，任期一年，不得连选。这一人数规模几乎可使雅典城邦公民在一生中至少被选任一次。这一民主性，使陪审法庭被认为是发出正义之声之地。

古典雅典城邦许多重要地方都设有陪审法庭。一般法庭除公民大会及节庆日外，每天都开庭或每两天开庭一次，平均每年开庭 175 ~ 225 天左右；每次开庭，在法庭上对所有陪审员抽签选 1/10 的人参加陪审。这一抽签制度是为了保证法官的轮换，阻止干扰或贿赂的任何企图，力求审判公正。公元前 5 世纪，每位陪审法官都发有一张木制的"票证"；到公元前 4 世纪时改为铜制，这上面刻有陪审法官全名以及神鸟猫头鹰符号正式公印。每年新选任的陪审法官在就职仪式上都要参加宣誓（誓词可能来自于梭伦时期），内容如下："我将根据公民大会及五百人会议通过的法令规章投票。至于无法可循的案例，我将尽我所能作最佳判决，不偏不倚。我将仅就告发内容投票判决。我将公平无私，听取原、被告双方的证词。"[1]古典时期，不同的案件有不同规格的陪审团，陪审员的人数也不同，一般刑事案件视情形由 501 ~ 1501 人的陪审法庭审判；民事案件则由 201 人的陪审法庭审理。将军、执政官和一些官员可参加有关自己管理事务的具体案件审判，但不能充任法官或陪审员。当时案件大多数没有公诉人，公共案件有代表全体利益的公民起诉，私人案件由被侵害者起诉。一般有不少私人案件在送交法庭审理之前倾向于仲裁（这一制度创设于公元前 400 年左右）。

在庭审时，法官依据滴漏计时，原被告陈述时间相等。当时已有了职业的庭审"代言人"，主要是代写辩护稿讲演稿，但并不允许他为原被告代言；原被告必须亲自诉讼，而妇女、儿童或奴隶也不能出庭作证人。陪审团成员依据自己认定的事实或理由投票表决，或在瓮中投放铜饼或卵石来判定有罪

---

[1] 参见［英］约翰·索利：《雅典的民主》，王琼淑译，上海译文出版社 2001 年版，第 39 页。

或无罪。[1]但每位法官投谁的票是保密的，以示法官们不偏不倚。陪审庭对财产的神律和契约之履行极严。所有审判员必须宣誓"绝不投票赞成废止私人债务，或赞成分配属于雅典人之土地或房屋"；每年当首席执政官就职时，由传令官颁布告示："物主将永为其所有物之持有者与绝对主人。"[2]在公共案件中，城邦鼓励公民作为公诉人，若起诉胜者实行奖励；如果公诉人中途放弃或没有获得陪审员 20% 的票数，则将交 1000 德拉克玛罚金。但公共案件往往易被有雄辩口才的政治家所主导或利用。由于审理裁判是由一些非经专业技术和司法技能培训的公民执行，也必然会产生一系列社会问题。

　　然尽管陪审法庭采用了一系列的方法来避免法官受贿腐败，如公元前 307 年分派法官到法庭的制度已十分严密，甚至利用随机选取机器（Kleroterion）来派任（机器的部分零件至今犹存），但"潜规则"和"猫腻"依然存在。时剧作家阿里斯托芬的作品《黄蜂》即描述了陪审法官的众生相。其作品中的人物菲尔克里昂曾说道："还有比当陪审法官更幸运的事吗？还有谁比陪审法官更受到礼遇，更有权势的吗？即使老人家也比不上呀。我刚从清早的被窝里头爬出来，就看到这群身材魁梧，身高 6 英尺的大个人在法院面前等着我。我才一靠近，就有个人把手优雅地摆进我手里。那双手才刚偷过公家的钱呢。他们打躬作揖，挨着身子相互挤着，嘴里叽里咕噜……我一听到他们说拜托，就立刻走进去……当个陪审法官，阿谀谄媚的话听都听不完！有人哭诉他们有多穷，伤心悲惨的事一桩又一桩，直到他们知道我跟他们一样穷，才住口！……有人还带小孩来，手里牵着小男孩、小女孩……然后当父亲的，颤抖着身子，恳求我，好像我是神，要我看在小孩的份上，高抬贵手，放了他。"[3]

　　由于雅典城邦民主只是一种初始的民主制，因此存在着局限和不足。如陪审法庭的辩论仍与公民大会一样，目的是打动乃至征服听众和陪审员，一些有煽情鼓动之雄辩口才的演说者的辩护词，往往成为决定诉讼胜败的关键。

---

〔1〕　"投票是通过无记名方式进行的。每位民选审判官会得到两枚鹅卵石或铜饼，其中之一有个圆孔；传令官会宣布'有孔的鹅卵石是支持起诉人的表决，完整的鹅卵石是支持被告的'。投票时，民选审判官会把他想要被计算在内的选票扔进铜器皿，把另一枚扔进木器皿。"［英］萨拉·B. 波默罗伊等：《古希腊政治、社会和文化史》，傅洁莹等译，上海三联书店 2010 年版，第 389 页。

〔2〕　参见［美］维尔·杜兰：《世界文明史（希腊的生活）》，幼狮文化公司译，东方出版社 1999 年版，第 339 页。

〔3〕　参见［英］约翰·索利：《雅典的民主》，王琼淑译，上海译文出版社 2001 年版，第 86 页。

但雄辩演说并非推理缜密的法理逻辑，它只会将法律成为初始粗糙的民主试验田，法学成为政治的附庸。又如鼓励告密"诽谤"就是雅典民主的一个弊端。因为按照雅典民主制的设计，必须有一些公民为维护民主和法律对侵害者进行揭发，但不少人为了利益和金钱进行胡乱或别有用心的揭发。古希腊思想家苏格拉底一案，也是雅典民主与法律的一个悲剧。

美国学者摩尔认为："苏格拉底之死，是西方哲学史上的头等大事。"[1]公元前399年的一个春日，雅典陪审法庭以281票对220票的审判结果，对已70岁的希腊著名思想家、哲学家苏格拉底宣布判处死刑。苏格拉底曾作为重装步兵多次为城邦出征（参加过波提狄亚、代里昂、安菲波利斯等战役），担任过公民大会主席，一直是希腊民主制度的拥护者，自称是思想的助产士。他抨击社会堕落，指责政治腐败，他的理想显然未能得到城邦公民多数人的理解与支持。当时在法庭上的起诉者有3人：迈雷托士（蹩脚的剧作者）、赖恩（演讲者）和安匿托士（制革匠）。控诉苏格拉底的罪名有二：一是亵渎神和企图引进新神，二是蛊惑腐蚀青年。然绝佳雄辩口才的苏格拉底为坚持正义和自己的理想信念，他不仅不愿用煽情的演说低眉取悦于听众或设法打动那些易动感情的陪审法官，而且在判决后拒绝了道歉和请求法庭宽恕，也不采取赎买的方式向法庭交一笔钱换取生命以及学生、朋友为他精心准备的逃亡。他在法庭上向陪审法官说道："或者你们之中有（人）会恼羞成怒，回忆自己以往为了一场小官司，涕泪满面哀求审判官，还带了儿女和许多亲友来乞情；而我不做这种事，虽然明知自己到了极大危险的地步。也许有人怀此恼羞成怒之感，向我发泄，带怒气对我投一票。"[2]在法庭判决结果出来后，苏格拉底仍然蔑视原告，并嘲弄法庭："我所缺的不是辞令，缺的是厚颜无耻和不肯说你们最爱听的话。你们或许喜欢我哭哭啼啼，说许多可怜话，做许多可怜状，我所认为不值得我说我做，而在他人却是你们所惯闻、习见的。"[3]很显然，作为教育家的苏格拉底，希望用自己的死再完成一次教育活

---

〔1〕 ［美］保罗·埃尔默·摩尔：《柏拉图十讲》，苏隆编译，中国言实出版社2003年版，第56页。

〔2〕 ［古希腊］柏拉图：《游叙弗伦、苏格拉底的申辩、克力同》，严群译，商务印书馆1983年版，第72页。

〔3〕 ［古希腊］柏拉图：《游叙弗伦、苏格拉底的申辩、克力同》，严群译，商务印书馆1983年版，第77页。

动。然而就这样，雅典人通过城邦民主式的审判、通过民主程序，以思想罪杀死了他们中最伟大的哲人贤者；"确切地讲，整个西方文化都是苏格拉底和基督教的遗产"。[1]

雅典城邦由6000名公民组成的陪审法庭，不仅是城邦民主和公民共治的表征，而且也是捍卫城邦民主强有力的武器和坚固的堡垒。其充分体现城邦民主体制构建的机会均等、全民共治的政治参与精神。然而它作为公众舆论的工具，却没能使法律与政治保持合适的距离。无疑它确实很好地保卫了城邦特定时期的民主政治，但有时却在一定程度上削弱了法律的崇高地位，也迟滞了一种持久的法律学制度的建立。英国学者梅因曾在《古代法》中精辟地论道："一个社会对于某些特殊案件，为了要得到一个理想的完美的判决，就毫不迟疑地把阻碍着完美判决的成文法律规定变通一下，如果这个社会确有任何司法原则可以传诸后世，那它所能传下来的司法原则可能只仅仅是包括着当时正在流行的是非观念。这种法律学就不能具有为后世比较进步的概念所能适合的骨架。充其量，它只是在带有缺点的文明之下成长起来的一种哲学而已。"[2]

三、公民教育：培育美善兼备、文武双修公民

据传，创建雅典的第一任国王凯克罗普（Cecrops）上半身为人，下半身为蛇，他为人民制定婚葬等习俗和文字书写等制度。这一历史记忆的一瞥透出了古希腊人对教育的重视。实际上从古希腊历史考量，希腊民族的最初教育者应是古风时代那些行吟诗人或定期在城邦广场、神庙等公共场所吟唱古老史诗的诗人。在融合着独特的韵律、节奏和神话故事所唤起情愫的深层感召下，古老的记忆成为一种历史责任，民族文化的精神自然和谐、虔诚地传导、渗透于人的内心。这种文化形式，类似于中国先秦时期的礼乐诗教。故希腊人将吟诵诗歌作为文化教育传统，"在韵律整齐的诗歌里，充满了井然有序的宁静。因此，凡是听过这些诗歌的人，不知不觉中就柔化了性情，以至

---

〔1〕［法］让·布伦：《苏格拉底》，傅勇强译，商务印书馆1997年版，第116页。
〔2〕［英］亨利·萨姆奈·梅因：《古代法》，沈景一译，商务印书馆1981年版，第43~44页。

于摒弃了当时风靡一时的互相憎恨，从而和睦共处，一道追求高尚、崇高的情操"。[1]

古希腊对青少年的教育在城邦社会与公民生活中有着不可或缺的重要作用。尽管各城邦教育方法不尽相同，但目的却是一致的，都是为了培养与塑造良好的公民。[2]苏格拉底曾认为，城邦政治的核心问题就是必须培养公民过一种本质（美德与善）的生活。亚里士多德在《政治学》中认为，教育是政治正义的当务之急，城邦应该"通过教育使其统一起来并转变成为一个共同体"。"城邦不仅为生活而存在，实在应该为优良的生活而存在"，[3]而为实现这城邦政治的重要目标，就必须培养出具有德性（包含正义、勇敢、虔敬、节制、智慧）和公正的公民。故其教育的目的不仅在于掌握一定的文化知识是公民参与城邦民主政治运作和社会生活所必备的基本条件与技能，而且是要通过正确的教育方式培养出具有优秀道德素质和法纪操守以及体魄健美的捍卫城邦公共利益的公民战士。同时，从这里也展现出一种对人的尊严、价值、命运的维护、追求和关切的人文精神。

尽管像柏拉图、亚里士多德等智者贤人认为公民教育是终身的事业，提倡国家举办公共教育，[4]但古希腊城邦均没有构建公共教育体系。如雅典城邦设置有角力学校和公共体育馆，却没有公立学校或国立大学，教育一般由社会职业教师（或称私塾老师）设馆收费教学。作为一个社会最基本的结构，家庭教育的理念和方式是城邦公民社会的一个起点。

希腊语的教育（paidea）意谓"必须有儿童参与的艺术"。古希腊社会比

---

〔1〕［古希腊］普鲁塔克：《希腊罗马名人传》（上），席代岳译，商务印书馆1995年版，第90页。

〔2〕伯里克利曾指出："在我们的教育制度上，也有很大的差别。从孩提时代起，斯巴达人即受到最艰苦的训练，使之更为勇敢；在我们的生活中没有一切这些限制，但是我们和他们一样，可以随时勇敢地对付同样的危险……我们是自愿地以轻松的情绪来应付危险，而不是以艰苦的训练；我们的勇敢是从我们的生活方式中自然产生的，而不是国家法律强迫的；我认为这些是我们的优点。我们不花费时间来训练自己忍受那些尚未到来的痛苦；但是当我们真的遇着痛苦的时候，我们表现我们自己和那些经常受到严格训练的人一样勇敢，或认为这是我们的城邦值得崇拜的一点。"［古希腊］修昔底德：《伯罗奔尼撒战争史》，谢德风译，商务印书馆1978年版，第131页。

〔3〕［古希腊］亚里士多德：《政治学》，吴寿彭译，商务印书馆1997年版，第140页。

〔4〕亚里士多德曾指出："邦国如果忽视教育，其政制必将毁损，一个城邦应常常教导公民们使其能适应本邦的政治体系（及其生活方式）。""既然一个城邦就（所有的公民）全体而言，共同趋向于一个目的，那么，全体公民显然也应该遵循同一教育体系，而规划这种体系当然是公众的职责。"［古希腊］亚里士多德：《政治学》，吴寿彭译，商务印书馆1965年版，第406页。

较重视家庭教育，男孩一般 7 岁前由家庭负责教育，主要是唱歌、神话故事、玩球、掷骰子等游戏，以及行为礼貌习惯的培养等，一般由自由民或家庭奴隶担任此类工作。男孩在 7 岁后到文法学校和弦琴学校（皆为私立收费性质）学习（女孩只在家里受教育）。课程大致分为三类：一是写作，包括语文阅读、书写与算术；二是音乐，学习音乐知识和弹奏七弦琴；三是体育，主要是体能运动和体操训练，包括射箭、摔跤、游泳、掷铁饼、掷标枪、赛跑、跳远以及打猎、军训等。在中等教育阶段，教学内容注重智育，有文学诗歌、文法修辞、朗诵演讲等。少数富裕人家子弟在中等教育结业后可进入城邦主办的体育馆学习，除体育运动外，还有驾车和骑马活动；文化课程主要有文法、修辞学和哲学三门与演说术有关的学科，为未来成为公民后从事民主政治活动打下基础。此外，进入国家体育馆的学员还要参加公民集会和节庆活动，以便学习城邦社会公民生活的准则和接受传统文化道德教育。

在高等教育阶段，主要是通过著名学者办的哲学学校和修辞学校学习。如在雅典历史上著名的由哲学家柏拉图在英雄阿卡德谟斯神庙附近建立的阿克德米学园、亚里士多德在阿波罗狼神神庙附近建立的莱西昂学园、斯多噶在雅典集会广场的廊苑附近办的斯多噶学园、伊壁鸠鲁在雅典一个花园办的学园以及伊索克拉底创办的修辞学园等。这些学园皆是集教学、研究、著述、运动、健身等为一体的文化教育与交流空间。更难能可贵的是，一些学园，如柏拉图、亚里士多德创办的学园，还开设自然科学的课程，如生物学、物理学、数学、天文学等。希腊人探索与学习自然科学，是心灵追求自由的一种表现。柏拉图在《理想国》中曾指出，所谓的数学并不是用来计算的，天文学也不是用来注视那个肉眼所见的天空的。自由的学术不是用作他途的实用知识，而是为自身的纯粹理智活动。希腊人学习几何学，是学习如何按照心灵内在的逻辑，即后人称为理性的东西来思考和行事的，就是在学习如何保有一颗自由的心灵。因此，柏拉图学园门前写着"不懂几何学者不得入内"。因此，几何学对于希腊人而言，既非理科课程，也非文科课程，而是一门德育课。

古希腊雅典的学园教育的意义是深远的，如杰出的柏拉图学园一直延续了 900 年，直到公元 529 年被皈依基督教的罗马皇帝关闭为止。故在这些学校的精心教导与培养下，不仅产生了古希腊雅典历史上许多著名的政治家、哲学家、艺术家、剧作家、历史学家以及诗人等，而且使古希腊城邦社会文化思想与学术流派多彩纷呈、薪火传承。

古希腊公民教育是构建与夯实城邦国家认同感、公民价值共识和文化信仰的重要基石。教育的主要目的有三个方面：一是巩固民主政体不能没有公民教育的支撑。亚里士多德即指出："我们所曾讲到的保全政体诸方法中，最重大的一端还是按照政体（宪法）的精神实施公民教育。"[1]二是古希腊教育的目的是灌输信仰与社会化的融合，以促使传统的价值观经久不衰，永传于世。"传授给希腊青年人的，首要的是模仿公认的典范。"[2]三是"培育出身心健康、美善兼备、文武双修的城邦卫士或合格公民"。[3]正如柏拉图在其作《法礼篇》中强调："我们所说的教育，是指从童年开始培养人的德行，使其渴望成为完善的公民，从而懂得如何适当地治人与治于人。"

从古希腊雅典城邦社会对教育是培养完善的公民这一目标定位而论，其教育有以下三个方面特征：

1. 注重历史文化传统教育

从人类社会发展考量，神话与史诗不仅浸润、融契着一个民族的记忆、特性和气质，而且肩负、承载着历史责任、使命和文化精神。古希腊从启蒙阶段到学校教育时期，就从神话故事、荷马史诗（《奥德赛》和《伊利亚特》）以及赫西俄德史诗（《神谱》）中原始民主精神文化的政治、军事生活中吸吮、提炼公民价值观去灌输教育青少年，使他们从小就从对神话传说的信仰崇拜与英雄敬仰中耳濡目染、潜移默化一种城邦精神生活；并使自己的行为规范逐渐融合在潜心向往与追求的价值观念中。如在这些史诗神话中，往往以神作为心目中正义的化身，将维护"神圣的自然秩序"视为正义的行为和社会的道德秩序；从一个个历史英雄人物故事形象与英勇事迹中，彰显对正义、平等、自由、民主、忠诚、勇敢、荣誉、理性和权利等价值的追求。

以公民平等和权利价值取向为例，在《伊利亚特》的故事中，海神波塞冬就表现出一种不屈服于宙斯专制的平等精神。故事中叙述：宙斯派使者命

---

〔1〕〔古希腊〕亚里士多德：《政治学》，吴寿彭译，商务印书馆1997年版，第280页。

〔2〕〔英〕萨拉·B.波默罗伊等：《古希腊政治、社会和文化史》，傅洁莹等译，上海三联书店2010年版，第300页。

〔3〕王柯平：《希腊遗教——艺术教育与公民德行》，南京出版社2014年版，第7页。

令海神波塞冬退出一场战斗，波塞冬不满反抗道："伟大的震地神气上心头，这样回答说：天哪，他虽然贵显，说话也太狂妄，我和他一样强大，他竟然威胁强制我。我们是克洛诺斯和瑞娅所生的三兄弟，宙斯和我，第三个是掌管死者的哈得斯。一切分成三份，各得自己的一份，我从阄子拈得灰色的大海作为永久的居所，哈得斯统治昏冥世界，宙斯拈得太空和云气里的广阔天宇，大地和高耸的奥林波斯归大家共有。我绝不会按照他的意愿生活，他虽然强大，也应该安守自己的疆界，不要这样把我当做懦夫来恫吓。"〔1〕又如在神话故事中，英雄们个个都是视荣誉为生命，将勇敢善战视为美德和实现荣誉的标准来追求，这一直是古希腊城邦公民宁愿荣耀战死而不愿苟且偷生的荣誉观，并对欧洲社会的历史文化产生了深远影响。对此，英国学者富勒在其著《西洋世界军事史》中论道："英勇为最好的美德，实际上，英勇和美德就是用一个词来表示的。欧洲历史就是从这种英雄气概中所产生出来的，它的象征是矛与剑。"〔2〕

2. 重视强身健美的体育教育

古希腊各城邦教育均带有各族群的个性特点。如尚武的斯巴达人认为理想教育就是培养出勇敢、身体健美和灵活的捍卫城邦的战士。故在斯巴达，体育是社会化、制度化的，将斯巴达人训练成体格健壮、吃苦耐劳的公民战士，是城邦的主导事业。斯巴达人即使妇女也被鼓励进行体育活动，"让少女们锻炼身体：跑步、摔跤、扔铁饼、掷标枪，为了使她们将来的腹中婴儿在壮健的身躯里打下壮健的底子并更好地发育成熟，也是为了使她们自己健壮结实，怀胎足月，能够顺利地、轻易地对付分娩时的阵痛"。〔3〕而"雅典人认为，教育要兼顾个性与公民性两方面的要求，只有身心和谐发展的个人才能最好地履行公民的职责。"〔4〕故雅典人往往把体育艺术化、生活化，强调温文尔雅的风度。

---

〔1〕　[古希腊] 荷马：《伊利亚特》，罗念生、王焕生译，人民文学出版社1994年版，第341～342页。

〔2〕　[英] J. F. C. 富勒：《西洋世界军事史》，钮先钟译，北京战士出版社1981年版，第17页。

〔3〕　[古希腊] 普鲁塔克：《希腊罗马名人传》（上），席代岳译，商务印书馆1995年版，第103页。

〔4〕　[英] 纳撒尼尔·哈里斯：《古希腊生活》，李广琴译，希望出版社2006年版，第167页。

希腊人自古以来就以强壮矫健的体格为无上荣光。几乎每一个男性青少年乃至壮年公民长年累月坚持不懈地进行体育锻炼和参加竞技运动，更有人持之以恒，终生喜爱锻炼。古希腊每个城邦都建有公共的体育场所，如公元前700年雅典就建有体育场；梭伦任执政官时，雅典有三座大规模的体育场和许多小型体育场所。体育场四周建有回廊，陈列着神像和夺冠的著名运动员的雕像；四周还设有座位，供公民评头论足、观摩休息；附近有泉水用于运动后洗浴。这不仅在于强壮的公民是捍卫城邦的战士；而且从宗教信仰上，希腊各地举行的竞技运动会以及伊利斯举行的奥林匹亚运动会是青年人参加体育锻炼的一个强劲鼓舞。在各种竞技会上获得荣誉桂冠是他们热切追求的崇高愿望。而在裸体竞赛中，敏捷柔韧的神经肌肉和健壮完美的体格身躯的展示，不仅体现了人们对于获得神的力量与智慧的渴望，而且也充满着他们在持久艰苦锻炼后追求的一种美的享受和回报。在古希腊圣城德尔斐的阿波罗神殿所在地，其最高建筑是一所"环形看台的竞技场，希腊人就在那里对他们所最热衷的健康、毅力、美丽和青春举行崇拜"。[1]雅典城邦青年须在18岁时接受公民体育考试，通过者方能被正式授予公民资格。

房龙曾指出："希腊人是最早懂得欣赏人体美的人。"[2]希腊人精神追求"与神合一"的境界，并相信"神人同形同性"，锻炼体魄、健美身体是尊敬、崇拜自然力与神力的特殊方式。"在那个时代里，体育运动可以说是非凡的人对其神的来源的一种间接分享。"[3]古希腊诗人品达即曾言："神明都喜爱体育竞技。"时希腊人敬神最佳方式之一就是请众神观看竞技运动。这种深刻的宗教情绪体验，不仅反映在希腊人的哲学观念和艺术审美中——即为美的灵魂寓于美的身体之中，相信精神之美只有反射在健美与和谐的形体之上才能存在——而且在道德判断上也认为"善"与"美"是一个相同的东西。

古希腊雅典人还十分重视体育和音乐艺术教育相结合。如柏拉图认为，身体的训练即灵魂的训练；体育与音乐作用相同，即为谐和的产生。同时智者们，

---

〔1〕〔美〕维尔·杜兰：《世界文明史（希腊的生活）》，幼狮文化公司译，东方出版社1999年版，第137页。

〔2〕〔美〕房龙：《人类的艺术》，衣成信译，中国文联出版公司1989年版，第102页。

〔3〕〔德〕卡尔·雅斯贝斯：《时代的精神状况》，王德峰译，上海译文出版社1997年版，第60页。

如伊索克拉底，也认为体育与哲学相互补充，两者是同样重要的一种教育手段。他们认为体育训练身体、增强健康，而音乐艺术和哲学则修养身心、培养善德；前者着重锻炼勇敢的品质，后者则是陶冶心灵的智慧。两者和谐发展于一身，才能使年轻人获得高尚而完美的品格。由此可见，雅典人不仅为巩固城邦制度，于教育宗旨促进了公民在德、智、体、美多方面的和谐发展，体现了寓人类文化精神于体魄的积极思想，而那些英姿勃发、神采奕奕，浸润、渗透着宗教、神话精神及教育理念的具有完美体格的人体雕塑，至今存留于世，仍闪耀着无穷的魅力，激发着后人的想象力，催生着新的艺术灵感。

3. 公民教育注重修辞学

在古希腊城邦政治民主生活中，赢得人心的是辩论、演说、诉讼，而并非权力和暴力；故掌握话语权，也就取得了政治上的优势。因而在古希腊社会，"话语成为重要的政治工具，成为国家的一切权力的关键，成为指挥和统治他人的方式。"[1]为此，修辞学不仅在古希腊政治文化中充当重要角色，而且在教育中也占有不可或缺的重要地位。

修辞作为语言运用的实践、作为一种言说的艺术，其繁荣发展，是离不开相应社会环境的文化、思想与制度等多元层面的互动和支撑的。古希腊从古风时期即代代相传的口述史学或吟诵艺术的文化传统即为修辞学奠定社会历史文化的坚实基础。而古希腊雅典人的自由思想和城邦实行直接民主制的繁荣，不仅使公民的演说才能与口头表达技巧成为参与民主政治并获得成功的重要前提，而且为修辞学（或称修辞术）的繁荣提供了发展的政治空间和社会舞台。在公民大会和公民法庭上，每个公民都有发言权，而社会精英们则运用修辞策略提出自己的立场与观点，以说服民众而赢得支持和诉讼。[2]亚里士多德在其著《修辞学》中指出，在公共场所，"演说者的性格可以说是最有效的说服手段"；"演说者可以利用听众的心理来产生说服的效力"。[3]有学者指出："本质上，雅典的法律就是一种修辞。即没有律师、法官，也没有公

---

〔1〕〔法〕让－皮埃尔·韦尔南：《希腊思想的起源》，秦海鹰译，三联书店1996年版，第37页。

〔2〕波默罗伊等学者指出："（古希腊雅典的）民主植根于演讲与说理的技能之中——植根于仔细剖析和推翻政敌们的论据的能力之中。其目的是要在公民大会和法庭上说话具有说服力。"〔英〕萨拉·B. 波默罗伊等：《古希腊政治、社会和文化史》，傅洁莹等译，上海三联书店2010年版，第301页。

〔3〕〔古希腊〕亚里士多德：《修辞学》，罗念生译，上海人民出版社2006年版，第23~24页。

诉人，仅是两个诉讼人面对几百个陪审员发表演说。在没有权威的法律专家的情况下，法律在雅典存在的唯一历史意义就是诉讼演说。在雅典人的法庭上，诉讼人言辞的可靠性并不在于对演说者预先存在的信任，在很大程度上，却是通过诉讼演说本身建立起来的。"[1] 无怪乎，当时著名演说家德谟斯提尼（公元前384年~公元322年）说："民主政治是一种发表演说的体制。"他为了使自己成为政治演说家，不仅刻苦学习用简洁的语言表达深刻的思想的能力，并且为了练嗓音而口含石子、迎着波涛和大风大声朗诵吟诗。他的每篇演说词都是经过精雕细琢的，并认为惟如此方是尊重民众、是民主派的朋友。

在古希腊语言中，"诡辩"是"智慧"一词的衍生。因此，在这种被柏拉图将城邦政治精英或修辞者看作"驯兽员"、一般民众被视为"猛兽"的政治文化生态背景下，[2] 雅典的青少年至少在中等教育阶段的主要课程内容就是文法与修辞。前者包括文学、诗歌，后者则主要是作文、朗诵和演讲辩论。由于修辞学和演讲辩论的重要意义，不仅使人们在广场、市场等公共场所进行自由论辩演讲成为公共生活中的时髦之事，而且一批教修辞学为主业的"智者"[3] 和哲人学派应运而生，城邦社会的学术活动也发达起来。如哲学家、智者派代表人物普罗塔哥拉（公元前490或480年~公元前420或410年）在雅典从事教师工作四十余年，提出"人是万物的尺度"的观点，认为一切平等的自然法则是人类公共生活的基础等。与此同时，修辞学校也成为吸引青年竞相求学之地，其受欢迎程度是哲学学院所难以比肩的。[4] 如伊索克拉底（公元前436年~公元前338年）所创办的修辞学园倡导一个演说家

---

〔1〕 Omar Swartz, *The Rise of Rhetoric and Its Intersections with Contemporary Thought*, Colorado：Westview Press, 1998, p. 34.

〔2〕 柏拉图在其作《高尔吉亚》中叙述，雄辩理论家高尔吉亚说道："我的意思是通过演讲在法庭说服法官，在参政院说服参议员，在民众大会及其他由公民参加的会议说服人民。有了这种能力，你就会把医生变成你的奴隶，把体育教师变成你的奴隶，至于闻名遐迩的财政官，人们会发现他出的钱不是为他自己而是为别人，为你这个善于辞令并说服众人的人。"参见［法］克琳娜·库蕾：《古希腊的交流》，刘丽丹译，广西师范大学出版社2005年版，第72页。

〔3〕 "智者"（Sophists）一词与希腊语 Sophos 和 Sophia 相关，意为聪明、智慧，智者就是有智慧的人。"智者学说首先是一种文化哲学，它在内容上不同于以前的自然哲学。它的对象是作为个人的人和作为一个社会生物的人，连同人的语言、宗教、艺术、诗歌、伦理和政治方面所创造的文化。"［德］E. 策勒尔：《古希腊哲学史纲》，翁绍军译，山东人民出版社1992年版，第82页。

〔4〕 ［古希腊］柏拉图：《理想国》，郭斌、张竹明译，商务印书馆1986年版，第242~243页。

必须是知识渊博者，认为修辞学是一门结构复杂、技巧多样的艺术。他除教授修辞学，还教授法律和文史哲等学科课程。该学园开办了 50 年，3～4 年的课程收费有 1000 德拉克玛。伊索克拉底最著名的演说词是《全希腊盛会献词》，据说用功十年始成。他的演说词和重采炼句的文风影响深远，不仅是在希腊化社会，而且是几百年后欧洲人学习演说和辩论的范文。公元前 4 世纪形成的希腊修辞学派，其修辞理论对罗马和文艺复兴时期的作家都产生深远影响。

古希腊雅典城邦凡年满 18 岁的男青年，必须在各部族选任的仲裁官指导下接受为期两年的公民与作战训练。他们均穿制服，组织成参与民主政治的团体，模拟城邦公民大会等组织机构的程序和形式，选任官员、表决议案和制订自治法律等；他们的道德品行必须符合公民规范，并受到监督考察。在 19 岁时，他们将被派往边区担任卫戍任务，并在两年内还被赋予维持社会治安的责任。此后，作为公民在 40 年内还必须随时待命，以备形势需要，被城邦召唤。

考察古希腊的教育特征，即从启蒙教育阶段起便将城邦文化精神和优秀公民道德品质植根于青少年的心中。而在雅典城邦，当年轻人年满 18 岁时必须在父亲所属的村社名册中登记，在成为公民的仪式上，每一个人都必须在雅典创立者之妻（Agraulos）神殿的祭坛上进行庄严宣誓。而雅典城邦对青少年的教育真谛也可从誓词中获得诠释："我绝不污辱神圣的武器，我不在战斗中抛弃伙伴，我将独自或与众捍卫一切圣物和圣约，我绝不削弱，反之要增强祖国的力量和光荣，我将理性地服从现存的政府和已设立及将设立的法律，如果有人企图破坏或不服从法律，我绝不容许，而必须独自或与众斗争此人，我当尊崇祖国的神坛。耿耿此心，天神为鉴！"[1]

四、城邦公共节庆：公民集体价值观念的形塑

古希腊城邦社会生态是公民文化形成的摇篮，城邦的公共节庆是公民生活的基本要素。从社会文化发展史考察，仪式化的宗教文化是希腊城邦时期的公共文化，是为满足城邦社会的共同需要而形成的文化形态。故透过这些

---

〔1〕 参见［苏联］塞尔格叶夫：《古希腊史》，缪灵珠译，商务印书馆 1965 年版，第 274 页。

仪式的象征和隐喻即可见宗教文化对于城邦社会日常生活深深的制约与影响。同时，城邦社会共同体成员，借助于仪式性的公共文化完成其身份认同，执着于共有的观念、价值、信仰和行为方式。事实上，从古希腊城邦史考察，正如韦尔南曾指出，古希腊存在的所有行为、所有时刻，无论是个人还是集体的，"都具有一个宗教的维度"。

英国学者夏普在《比较宗教学史》中指出："在原始时代，宗教不是一套附有实际应用方法的信仰体系，而是一套固定的传统行为，每一个社会成员都把它作为理所当然的事情来遵从。"[1]公民集体是古希腊城邦的一个重要特征，同时宗教祭祀团体也是城邦的重要特征。这主要是因为，自荷马时代以来的古希腊城邦发展中，虽然血缘关系逐渐松弛，但其仍是财产继承的依据和社会联系的纽带，而根深蒂固的传统宗教祭祀又正是建立在氏族血缘组织之上的，共同的宗教祭祀把城邦、部落、氏族以及家庭紧密联系在一起。一方面，只有公民才能参加本城邦的宗教祭祀仪式；[2]另一方面，频繁的祭祀活动使公民产生对共同体的认同和归属感。故在宗教祭祀活动中，古希腊城邦产生了不胜枚举的宗教庆典节日，在全境 250 个地方分别祭祀 400 多个神祇。如据文献统计，雅典城邦有 144 个宗教节日，每个公民每年至少有 120 天在名目繁多的宗教节日中度过。因此，城邦宗教节日就是公民公共生活的基本要素；而城邦公共文化的核心与精神，就是宗教崇拜和信仰。正如美国学者西蒙认为，雅典城邦的所有节日都来源于对神或英雄的祭祀，并以宗教的意识来庆祝。[3]而英国学者芬尼则指出："希腊的虔诚，希腊的宗教，……都体现在仪式、节日、竞技、神谕和祭祀活动中。总之，它是关于神祇活动的具体实例，而不是抽象的信条。"[4]然而这其中还有一个关键要素，就是这

---

〔1〕 〔英〕埃里克·丁·夏普：《比较宗教学史》，吕大吉等译，上海人民出版社 1988 年版，第 104～105 页。

〔2〕 雅典城邦限制公民权的一个重要原因是出于对宗教意识的考虑，其认为外人混入城邦和家庭部落的祭祀仪式中会亵渎神。故雅典有一条法律：一人如犯强奸罪，对其的惩罚是罚金钱；如一人犯的是诱奸罪，那么必处死刑。因为一个少女自愿被诱奸并怀孕，那么她会隐瞒事实，这会使血缘亲属集团的神圣祭祀活动中塞入非成员，从而产生不吉利。故从这一法律能探究雅典人的宗教心理。参见 W. K. Lacey, *The Family in Classical Greece*, Ithaca：Cornell University Press, 1968, p. 165；Roger Jest, *Women in Athenial Law and Life*, London and New York：Cornell University Press, 1989, p. 68.

〔3〕 Erika Simon, *Festivals of Attica*, Wisconsin：Press of University of Wisconsin System, 1983, p. 3.

〔4〕 M. I. Finly, *The Legacy of Greece：A New Appraisal*, Oxford：Oxford University Press, 1981, p. 4.

些形形色色的公共活动占据了公民们的生活，他们热衷于此、乐此不疲，不仅体现了个人的价值只有在集体生活中方能实现，而且促成了城邦的团结，展示了城邦价值观，并培育了公正、平等、竞争的精神。这正如萨拜因所评价，在古希腊城邦公民价值取向中，"最高的幸福在于参与城邦本身的生活和活动，而家庭以及朋友和财产，只有作为这种最高幸福的组成部分才能充分发挥作用而使人享有乐趣。"[1]

1. 公共宗教节庆

古希腊哲学家柏拉图曾在其著《法律篇》认为，城邦立法确定的节庆日应该是 365 个。按其理想设计："每天都有一个节日，以便至少每天都有一个行政长官代表城邦公民向某个神或半神献祭。"

每个民族都有自己的传统宗教节庆日，这些节庆日集纳与呈现着民族形式多样的文化现象，传播着各民族特殊的文化信息和历史记忆。古希腊城邦的公共宗教节庆是面向全体公民的公共活动，而积极参与也是作为公民的一种权利。如"在雅典，狄奥尼索斯的冬季庆典、奥斯克福利亚节、乡村酒神节、戏剧节、花节和城市酒节等都是完全具有公民特性的正式仪式"。[2]雅典城邦年历自夏季为始，共有 12 个月，几乎每个月一大半的天数有节庆日，并且多与宗教祭祀相关。伯里克利曾在著名的葬礼演讲中道："整个一年之中，有各种定期赛会和祭祀……每天怡娱心目，使我们忘记了我们的忧虑。"[3]如在雅典城邦，每月首日为"新月节"（new moon day, noumenia），次日为善神阿格忒斯·岱蒙（Agathos Daimon）圣日，第三天为雅典娜守护神圣日，第四天是赫拉克利斯（Heracles）、赫尔墨斯（Hermes）和阿芙洛狄忒（Aphrodite）三神祇的诞生日，等等。而雅典城邦主要的节庆有祭祀城邦守护神的泛雅典娜节（Panathenaia）、祭祀酒神狄奥尼索斯（Dionysus）和祭祀地母厄琉息斯秘仪（Eleusinian Mysteries），等等，其中最重要的泛雅典娜节是为纪念雅

---

〔1〕［美］乔治·霍兰·萨拜因：《政治学说史》（上），盛葵阳、崔妙因译，商务印书馆 1986 年版，第 32 页。

〔2〕［法］让－皮埃尔·韦尔南：《古希腊的神话与宗教》，杜小真译，商务印书馆 2015 年版，第 72 页。

〔3〕［古希腊］修昔底德：《伯罗奔尼撒战争史》，谢德风译，商务印书馆 1960 年版，第 130～131 页。

典娜诞生而举行的，也是庆祝新年及丰收的节日，于阿提卡历每年元月的 23 ~ 30 日间举行，四年一大庆。大庆这一天，太阳刚升起人们就倾城而出举行圣火传递仪式，接着是场面盛大壮观、多姿多彩、载歌载舞的游行，随后是宰杀上百头牛、羊作牺牲的隆重祭祀活动。祭祀完毕，则是人们欢乐分享献祭牛羊肉的热闹公宴。这种献祭仪式实际表达了人与神的沟通；通过献祭，尘世之人获得了神灵的允诺，达到了与神沟通的目的。[1]整个节日期间，还有竞技、赛马、音乐、诗歌比赛等。至公元前 5 世纪，泛雅典娜节逐渐发展成泛希腊的节日，各地城邦多派有代表前来参加。从城邦各种公共节庆社会活动来看，显然城邦公民围绕家庭血缘关系的活动已渐削弱，公民活动中心已从家庭范畴转移至社会，社会公共关系的重要性已凸显。

古希腊城邦的公共节庆活动，都是由城邦官员（如执政官）和被选举的祭司来主持或管理的。其中负责祭神而主持祭祀仪式的官员都是从公民中抽签选出，任期一年。此外，还要抽签选出竞技裁判官等。

古希腊城邦宗教节庆主要是通过祭祀仪式和活动来沟通人神之间的联系，而祭祀仪式和活动则是一种包括祭祀场所、祭器、贡品、祭祀方法等的礼仪符号形式，其在宗教信仰崇拜作用下被赋予了特定的象征意义，反映了主体内在的观念意识和心理状态。同时，祭祀仪式作为一种象征性的联系媒介，人们通过向想象中的神祇祈祷和奉献而期望获得神祇的赐福和消灾。[2]各城邦众多的节日庆典或许祭拜的神祇不同，但是其运行程序和祭祀仪式大致相同，都有大规模的公民游行队伍、隆重的祈祷与献祭仪式、公宴，以及各种竞技、音乐舞蹈、诗歌朗诵戏剧等，其价值取向主要体现如下：

第一，节庆日是一个由各种仪式与文化符号及其系统组成的符号集合体，在某种意义上是民族文化历史的"活化石"和"储存器"。这一符号集合体所显示的象征或隐喻所体现的功能意义不仅有着民族部落的历史的储存、传

---

〔1〕 ［德］恩斯特·卡西尔：《神话思维》，黄龙保等译，中国社会科学出版社 1992 年版，第 246 页。

〔2〕 在以下古希腊人的一些祈祷语中可略见一斑：如"如果我将公牛和山羊的脂肪焚烧以祭神灵，也请你们答应我的请求"；又如"雅典娜啊，泰勒斯诺斯在卫城供奉你的偶像，你可以在那里得到献祭，那么也就请你保佑他的生命和财产"。Robert Parker, *The Oxford History of the Classical World*, Oxford: Oxford University Press, 1982, p. 264.

统的延绵、群体的凝聚和寻根的认同，而且展现了伦理的传袭、认知的承递、审美的表现和潜能的释放。人们不仅在节庆、敬畏和欢娱中互相建立起传达和交流关系，而且进一步增强了共同关注、文化共识和集体认同。

第二，节庆日的举办越是隆重盛大、场面壮观，越是展示与炫耀城邦的财富和实力，扩大城邦在古希腊世界的地位、威信和影响力，而且反映了城邦强烈的竞争意识，增强了城邦公民的自豪感和优越感。

第三，从社会意义而论，这也是城邦民主制运作的重要环节。在节庆日，全城邦公民，不分等级贫富，暂时抛弃往日矛盾嫌隙，共同为城邦节日欢庆。这种情绪与力量有利于巩固城邦公民政治共同体。总而言之，城邦宗教节庆日那些"仪式行经的目的并非重复它所象征的日常行动，而是将它置于更高的视域，以便赋予意义"。[1]

综而论之，古希腊城邦宗教社会生活化在使公民拥有共同的神话心理与宗教思维的同时，一种政治秩序、社会价值取向被认同，一种集体生活模式、一种城邦共同体思想观念体系逐渐形成。

2. 体育竞技赛会

现代奥林匹克运动会之父顾拜旦曾认为，古希腊的体育竞技会具有特殊的社会价值，其同艺术、品德高尚的公民是支撑古希腊文明的三大支柱。在古希腊城邦，神庙、体育场和剧场是一种公共空间的典型格局，是城邦公共文化功能和形式上三位一体的展现。故体育场是城邦公共空间的标志性建筑。雅典城邦在梭伦执政时，就有三座大规模的公共体育场以及一些小型的体育场所。

文化是公共空间构建的结构性要素，正如哈贝马斯论希腊城邦公共生活时所言："城邦领域"（sphere of the polis）同"家庭领域"（sphere of the oikos）严格区分开来，"以市政广场为中心，但并不一定意味着它（公共生活）只是在这一特定场所进行。公共领域由讨论和共同行动组成，前者包括参与议事和法庭陪审，后者包括参战和体育竞赛"。[2]从世界历史发展考量，希腊人可称为天性热爱体育运动的民族。在希腊一处山岩上刻着这样一段话："如

---

〔1〕 ［美］杜普瑞：《人的宗教向度》，台北幼狮文化事业公司1986年版，第163页。

〔2〕 Jurgen Habermas, *The Structural Transformation of the Public Sphere: An Inquiry into a Category of Bourgeois Society*, Massachusetts: The MIT Press, 1989, p. 3.

果你想强壮，跑步吧！如果你想聪明，跑步吧！"而伯里克利曾在演说中说道："整个一年之中，有各种定期赛会和祭祀……每天怡娱心目，使我们忘记了我们的忧虑。"[1]

体育运动会是古希腊社会生活的一个基本组成部分。整个古希腊范围除了每一、二年或四年举行一次的名目繁多、举不胜举的竞技会外，主要有四大节庆竞技会：始于公元前776年在奥林匹亚举行的敬奉奥林匹亚宙斯神的奥林匹亚竞技会（Olympic Games），创于公元前582年在德尔斐举行的敬奉阿波罗神的皮提翁竞技会（Pythian Games），创设于公元前581年在科林斯地峡举行的敬奉波塞冬神的伊斯米安竞技会（Isthmian Games）和创建于公元前573年在阿果利斯举行的敬奉阿果利斯（Argolis）的尼密阿圣地祭拜大力神赫拉克里斯的尼密阿竞技会（Nemean Games）。在四大竞技会举办的运动会场上均建有众神的庙宇，并有祭司祷告与歌唱做背景。即此可见，古希腊的竞技会不是单纯的体育运动，而是属于一种宗教文化活动。

城邦公共文化最重要的形态特征是具有仪式性，是沐浴着神灵的光芒的。从人体艺术史研究而论，希腊人是最懂得通过体育竞技欣赏和追求人体美的人。但是这种追求健美体格的渴望，是对神力的一种崇拜。正如法国艺术史家丹纳所说："群众和艺术家，除了对于受过锻炼的肉体的完美，感觉特别深刻之外，还有一种特殊的宗教情绪，一种现在已经泯灭无存的世界观，一种设想、尊敬、崇拜自然力与神力的特殊方式。"[2]因此，古希腊所有的体育竞技会都是以祭祀神祇的名义举办的，其开场必是神圣庄严的祭神仪式。

古希腊的竞技体育的意义不仅在于宗教文化意义上的敬神悦神与取媚邀宠于神，而且在于一种从崇拜英雄的荷马时代就有的竞争精神，其蕴涵的价值观念有荣誉、勇敢、卓越、友情，等等。实际上，这种竞争精神不仅在体育方面，而且在古希腊的戏剧、诗歌、音乐、手艺以及生活的方方面面都有所呈现。韦尔南认为，甚至可以说这些"竞争都是神圣化了的仪式"。

在荷马时代，竞技运动无处不在，不仅是英雄所为，而且也是士兵及众

---

〔1〕［古希腊］修昔底德：《伯罗奔尼撒战争史》，谢德风译，商务印书馆1960年版，第130~131页。

〔2〕［法］丹纳：《艺术哲学》，傅雷译，人民文学出版社1963年版，第320页。

人的日常娱乐与消遣。如荷马在《奥德赛》中论述了费埃克斯王为奥德赛举行宴会竞技的场景，有拳击、投石、赛跑等项目。又如《伊利亚特》记载，阿喀琉斯罢战后，他的士兵在海岸边"抛掷铁饼、投掷长矛、拉弓射箭"等。《伊利亚特》还记载，在帕特罗克洛斯的葬礼后，即举办盛大的竞技运动。这既纪念死者，也愉悦生者，使人们从悲伤情感中获得释放。这场竞技会有八个项目，如赛跑、掷铁饼、射箭、投标枪、摔跤、持械搏斗等，这与后来的泛希腊竞技会的竞赛项目竟相同。然而在荷马语境中注重的并非是速度、力量、争强好胜的竞技比赛，而是其背后所体现的精神价值。例如《伊利亚特》中两次重复的格言，即格劳克斯和阿喀琉斯出征特洛伊前父辈对他们的谆谆教导："永远做最好的，超越别人"（罗念生、王焕生的《伊利亚特》译本作"要永远成为世上最勇敢最杰出的人"、"作战永远勇敢、超越其他将士"）。从荷马史诗的英雄故事中可以看到，在当时的竞争性社会，其主导性的价值观念正是为荣誉而勇敢善战这种竞争性的卓越，这实际是荷马时代军事贵族和英雄的一种品质与伦理态度。这种精神与价值观念一直传承到古风时期以及古典城邦时期的希腊人心目中以及社会生活层面，并赋予希腊人个体化的倾向。布克哈特在《希腊人与希腊文明》中曾写道："希腊人所有的高级生活，不论是身体上还是精神上，都拥有赛会的特征"；"在宴饮上宾客们的交流和轮流唱歌中，在哲学探讨和法律程序中，直到公鸡和鹌鹑打斗……都可以看到它"。尼采曾认为"竞争"是古希腊人的基本生活方式，他将希腊人生活中崇尚竞赛、争当第一的价值观视为希腊民族的"权力意志"。1872 年，时任巴塞尔大学古典文学教授的尼采在《荷马的竞赛》一文中认为：希腊人崇尚竞赛，"每一位才俊务必要在竞争中展露自己，这是希腊大众教化的要求"；"每一个伟大的希腊人都在传递着竞赛的火炬，而每一种伟大的德性都会将一种新的伟大引燃"；"每一种天赋都必须要通过斗争来展现它自己"。故从荷马时代即形成的竞赛精神，其作为民族心理记忆不仅为后来的奥林匹亚竞技会所继承，而且它也是古典城邦公民价值观的来源之一。

古希腊城邦公民不仅有强烈的公民责任感，而且也有强烈的荣誉感。在城邦公民生命价值追求中，责任和荣誉是高于一切的。从社会文化意义而论，强烈的荣誉感是古希腊人民族性格的一个特征。古希腊奥林匹亚竞技会的口号是"或得桂冠，或舍生命"。[1]这与现代奥运会"重在参与"的精神是完全不同的。在古希腊的历史文化中，荣誉是功绩的标志、是自尊的坐标、是一种光荣的权利。无论是神还是英雄，都是为了自己的荣誉而战斗的，其实质也就是为了权利而斗争，为建立功绩而斗争。因为在荷马时代，人们对荣誉的理解是根据正义的原则并符合既有惯例，按本人的功绩给予个人的权利。荷马史诗《伊利亚特》中就认为，在一个团体和社会里，一个人失去了"荣誉"，就成为没有权利和没有亲人的"外邦人"。希腊雅典大学医学院博士赛莫斯·古里奥尼斯（Themos Goulionis）在其作"Athleticism：A Strange Love"（《体育精神：一种陌生的爱欲》）中认为，古希腊的奥林匹克精神在现代社会已是陌生的，渴望胜过他人是一种人皆有之的自然本性，希腊人全都天生拥有热爱荣誉的灵魂。从社会历史而论，对荣誉的热爱在任何社会中都是个体能动性得到激发的前提。古希腊人的竞技赛会的作用就在于呼唤出每个人灵魂中对超越、杰出和胜利的内心需求。古希腊奥林匹亚竞技会获胜者的鼓励仅仅是头戴从不同地方采撷的一束野橄榄枝编制的圆环（如男子马拉松桂冠用克里巴瑞的橄榄枝，女子马拉松桂冠用卡沃西欧的橄榄枝），而在德尔斐的竞技会是月桂枝、奈迈阿竞技会是芹属枝、科林斯竞技会则是云杉枝等，没有其他任何东西，这正是希腊人对荣誉、卓越、勇敢、胜利等精神价值渴求的一种最佳诠释。这是后来占领古希腊的罗马人乃至当今现代人所无法理解的。

古希腊泛希腊化的四大竞技赛会中，最著名的是奥林匹亚竞技运动会（每四年召开一次）。该竞技运动会始于公元前776年（古希腊有确切纪年的开始）夏季8月份的奥林匹亚地区。据记载，是由伯罗奔尼撒半岛上三个最强盛的城邦——伊利斯、比萨和斯巴达倡议发起的（又传说是古希腊大力神赫拉克里斯为祭祀奥林匹斯山上的主神宙斯和妻子赫拉而创办的）。竞技会的主题是祭祀神祇，通常在8月第一个满月召开为期五天的赛会，其中四天是宗教活动，仅一天是体育竞技。除各项竞技外，还有音乐、文艺等竞赛。参加奥林匹亚竞技会有许多规定，参赛者资格有专门人员审核，如奴隶不许参加，必须会说希腊语，没有杀人的犯罪记录，女性不能参加或当观众（年轻少女可参加一些地方性赛会），只有谷物女神德墨忒尔的女祭司例外。

---

[1] 参见陈恒：《失落的文明：古希腊》，华东师范大学出版社2001年版，第86页。

传说每逢奥林匹亚竞技会召开须提前一个月宣布各城邦实行暂时的和平，即"神的休战日"（后扩大至三个月）；赛会期间，各城邦间签订的条约被刻在铜柱上矗立于奥林匹亚；刻在在此期间，各城邦都要修缮通向竞技会举办地奥林匹亚的道路上。这样的情况有可能发生在奥林匹亚竞技会的早中期。希波战争后，希腊人战胜了共同的敌人波斯，泛希腊精神一度成为城邦之间重获和平的纽带。公元前476年，一些城邦也曾试图建立一个以奥林匹亚竞技会为依托的"仲裁中心"，以便使用非武力的方式来裁断城邦之间的矛盾冲突。然公元前431年的伯罗奔尼撒战争毁灭了希腊人推动和平的努力。此后几百年之久的古奥林匹亚竞技会都是在希腊内战中度过的，从来没有为此停止过战争。据史记载，在伯罗奔尼撒战争期间，斯巴达人用战船送参加竞技会的代表到奥林匹亚却并没有停止战争。第90届竞技会（公元前420年）时，斯巴达重装步兵进入离赛会不远的列普累安，主持赛会的伊利斯令斯巴达交纳罚金2000明那，斯巴达因拒交被禁止参加赛会。故从历史事实考量，正如修昔底德的《伯罗奔尼撒战争史》记载，奥林匹亚竞技会比赛期间的"休战"主要是各城邦必须保证参加比赛的运动员安全通过。所以，所谓"神的休战日"或"神圣休战期"的历史真相并非是停止战争，而只是保证即使在战争期间，竞技会也能进行。"休战说"只是反映了古希腊人以体育竞技与政治相联系、并促进政治的美好愿望。

据史料记载，竞技会裁判由主办城邦伊利斯选任道德品行高尚的公民担任，最多时达12人。首届奥林匹亚竞技会为悦神和与神共舞，仅有一项200码（约182.88米）短跑比赛，而首位优胜者是来自艾里斯的一名厨师科洛波斯（Koroibos）。此后竞技会项目不断增加，会期也由一天渐增至五天，宗教活动和比赛时间约各占一半。

公元前720年，进入第15届古希腊城邦奥林匹亚竞技会比赛项目的长跑是和当时的战争相联系的，运动员在场内地来回跑24圈，约4700米，这是一项适合步兵训练的项目。而公元前708年，进入第18届奥林匹亚竞技会的五项全能项目有：斯塔迪昂赛跑（185米）、标枪、铁饼、跳远、摔跤。可以看出，这五个项目与城邦公民战士所需要的战斗能力十分相似。公元前520年，第65届奥林匹亚竞技会出现重装步兵赛跑项目，运动员装备矛、剑、盾、头盔、胸甲、胫甲，全副武装的战士跑8斯塔迪昂（约1500米），完全模拟当时的城邦之战。此外，竞技会后还设赛马、赛车比赛。由4匹马拉的战车，要 12 次绕经起点的标杆；比赛场上众马奔腾、车轮滚滚、尘土飞扬、群情激奋，观众如雷的欢呼声将竞技赛推向最高潮。由此可见，荷马作为希腊人的导师，希腊竞技会不过是继承了荷马史诗中的竞赛精神，把竞赛场所从战场搬到了赛场。作为城邦的代表，在竞技场上再次战胜对手，也是荷马语境中"永争第一"精神的辉煌闪耀。从另一方面而论，奥林匹亚竞技会只设个人项目，而不设集体项目，也正是古希腊个人英雄主义大行其道的用武之地。

奥林匹亚竞技场是一座十分壮观的建筑，可容纳约 2 万名观众。在赛会时期内，艺术家、哲学家、政治家、诗人、贵族和小商贩、手工艺者等不同阶层的人都聚集在奥林匹亚，看别人，也被别人看；做生意，也进行演讲和交流思想。古希腊哲学家埃皮克提图（Epictetus）尽管注意到奥林匹亚竞技会的"嘈杂、喧闹、推推搡搡和拥挤不堪"，但他更感受到："想到那些壮观的场面，你很高兴忍受这一切。"

在赛前，各城邦被选中的竞技者（必须是希腊公民，并从未受过宗教和政治上的惩罚）一般要进行 10 个月的训练。前 9 个月在本邦训练，最后一月必须到伊利斯的体育馆向裁判报到，在裁判的指导下进行严格的训练与考察，以决定是否有参赛资格。合格者的名字被写在一块柏木板上，竖立在奥林匹亚最显眼的地方。此后如果有人要退出，必被课以很重的罚金，且永远在亲友熟人面前无法抬头。如公元 25 年第 201 届运动会，亚历山大里亚的塞拉披翁被批准参加混斗赛，到达奥林匹亚后，他听说对手技艺超群，身体强健，担心有生命危险而临阵脱逃，从而被判罚重金。在竞技赛会期间，任何违反规定的罚款都将被用以铸造"宙斯"铜像。据史记载，整个古代奥林匹亚竞技会所缴纳的罚金一共打造了 16 尊宙斯神像，神像均竖立在通往竞技场的大道两旁。神像上要刻上每次罚款之原因，并强调竞技会对神的虔诚和公平竞争的精神。

像奥林匹亚竞技会上的其他运动员一样，跑步选手也是裸体比赛。这项传统的起源存在争论，但最著名的一种观点涉及来自雅典附近迈加拉的一个青年奥里西波斯。直到公元前 720 年第 15 届奥林匹亚竞技会，赛会的礼节都要求选手裹缠腰带；但那一年，奥里西波斯跑得劲道十足，缠腰掉落。当他第一个冲过终点，这被视为神谕，从此任何形式的衣服都被禁止。但是运动员看上去并不像完全赤裸，而是进行了涂油等装饰。到了罗马时代，首先给运动员的身体涂油，再撒上灰土或粉末。据文献记载，用赤陶土帮助打开毛孔，用柏油给感到冷的运动员取暖，用黄土使皮肤柔软，黄土还会增加光泽，涂在健美的身体上赏心悦目，使运动员看起来就像移动的雕塑。

奥林匹亚竞技会中的马拉松长跑（40 公里 200 米）项目源自于公元前490 年希波战争中的马拉松战役。当关系整个希腊和雅典城邦命运的战役进行时，所有雅典人都怀着紧张不安的心情聚集在城邦广场上等待着消息。当希腊军队战胜波斯人后，米泰雅德将军为了将胜利喜讯尽快传回雅典，便派快跑家斐力庇第斯跑回送信。当历尽艰辛、满身血迹的斐力庇第斯筋疲力尽冲进广场，竭尽全力高喊"欢乐吧，我们胜利了"后，便倒地牺牲了。为了纪念他，后来的人们将马拉松至雅典这段距离作为一个长跑项目。

据文献记载，早期奥林匹亚竞技会涌现的冠军中有厨师、牧羊人、鱼贩、牵牛耕田的男孩等。而奥林匹亚竞技会获胜者或冠军，将被戴上一项由一少年用金刀到圣橄榄园砍取的橄榄枝编成的冠（象征吉祥、幸福与和平）。比赛结束后，在宙斯神庙举行隆重的授奖仪式，庄严地宣布冠军所属城邦和出生地名、父亲姓名和本人姓名。授奖后要举行盛大的游行，人们欣喜若狂地向冠军们欢呼，用鲜花抛洒在他们身上；接下来又是举行盛大的共享公宴，款待运动员们。此后，竞技会冠军的名字被载入史册；他的事迹被著名诗人编成史诗咏唱；他的形象被绘制或雕琢在大理石、青铜和陶器上；他有权在所有城邦的公共食堂内享用一辈子餐食；他在所有的剧场观戏都享有前排的位置；他有资格同国王或执政官、将军并列，在战场的方阵最前列为城邦而战斗；他常常会被视为神的后裔或继承人。当冠军们返回家乡时，各城邦必将把他们当作出征凯旋的英雄来欢迎，甚至还要把城墙打开一个缺口，让冠军像征服者那般荣耀地进城。这连古罗马思想家西塞罗（约公元前 106 年～公元前 43 年）都曾赞叹道："在古希腊人看来，奥林匹亚运动会上的获胜者的声誉几乎超过罗马的凯旋将军。"[1]总之，奥林匹亚竞技会在凸显"永争第一"、荣誉至上、尊严高于一切的古希腊历史文化背景中，只有冠军，只有胜者，没有亚军、季军或第二、第三名的地位；非胜即败，非赢即输。故希腊人在竞技场为了获得荣誉会血脉贲张地喊出"或得桂冠，或舍生命"之口号。

---

〔1〕〔德〕利奇德：《希腊风化史》，杜之、常鸣译，辽宁教育出版社 2000 年版，第 112 页。

古希腊的一位无名氏曾用其既英勇又悲壮的诗作歌颂竞赛者奋发进取的拼搏精神：

> "满怀希望的赛跑者，
> 只有一息尚存嘴唇边。
> 显而易见；
> 两肋深深向内塌陷。
> 青铜像奋勇向前，
> 一心为夺取花冠；
> 墓碑不能把他阻拦。
> 快似一阵风的竞技者，
> 他是出自米隆之手的奇迹，
> 令人惊叹。"[1]

据说古希腊哲学家、数学家毕达哥拉斯（公元前6世纪）得过竞技会拳击奖，哲学家、文学家欧里庇得斯（公元前480年～公元前406年）也在厄琉西斯赛会上得过竞技奖。古希腊著名诗人品达曾创作《奥林匹亚颂》，这是令人荡气回肠、充满激情地歌颂奥林匹亚竞技会和冠军的诗篇：

> "他突然赢得一些高贵的奖励，
> 在青春丰饶的岁月里，
> 希望将他高高擎起；
> 勇气插上了羽翼，
> 在他心中有比财富更美好的东西……
> 如果你渴望去欢庆伟大的比赛，
> 不要去寻找别的神明，
> 就像在白天，
> 天空中没有哪颗恒星会比太阳更温暖、
> 更明亮一样，
> 同样，

---

〔1〕 转引自刘明翰：《人类精神文明发展史》第1卷，中国青年出版社2003年版，第286页。

也没有比奥运会更加伟大的竞赛了：

那里的欢呼声在冠军们的橄榄枝旁回响，

激荡着诗人的心潮。

当他们走过来时，

请他们高颂宙斯之名，

走入辉煌的殿堂……"

据一些史书有限记载，公元前 492 年，在古希腊唯一让妇女接受体育训练的城邦斯巴达主导下，在奥林匹亚举行了以祭祀赫拉女神的女子竞技会。当时王后基波达弥亚在国王珀罗普斯的支持下，顶着各种传统习俗的压力和偏见，以祭祀宙斯之妻、最伟大的女神赫拉的名义，合法举办了"赫拉伊亚竞技会"。竞技会赛跑比赛全程 500 希腊尺（约 165 公尺），女子运动员必须赤足穿着束腰上衣跑步。第一届赫拉伊亚竞技会的赛跑选手是从 16 个城邦中挑选出的 16 名少女，取得冠军的是一个身材健美的伊西斯姑娘。授奖仪式上，王后给她戴上光耀荣誉的橄榄冠，还在向赫拉祭祀的小母牛身上割下一块肉作奖赏。从此，赫拉伊亚竞技会每四年举行一次，项目逐渐增多，有掷铁饼、投标枪、摔跤、赛车等；时间与奥林匹亚竞技会交错举行，赛期约在 6 月底至 7 月初，全希腊妇女都可参加；男子不允许参加竞技，但允许观看。该竞技会直到公元前 146 年希腊被罗马征服后方结束。

从公元前 444 年第 84 届奥林匹亚竞技会开始，艺术表演的竞赛出现在赛会上，如戏剧、朗诵、舞蹈、绘画、音乐和雕刻等。撰写《历史》的著名历史学家希罗多德就在赛会上朗诵了他的诗文，并获得了优秀奖。大受古希腊城邦公民欢迎的艺术表演给奥林匹亚竞技会又大增光彩。

从荷马时代承袭而来的古希腊竞技会也有暴力成分。战车比赛的选手可能以残酷的方式死在竞争的路上；搏斗项目缺少规则，拳击比赛中唯一的限制就是禁止挖眼睛，其他做什么都不犯规；摔跤比赛也如此，一个多次取胜的选手叫波利亚科夫，他的制胜技巧就是迅速折断对手的手指，使其无法比赛。因此，从某种视角来看，竞技会也往往会成为一种暴力的狂欢；为了获得荣耀，谁能屹立不倒，谁就成了英雄。故对于古希腊人而言，奥林匹亚竞技会无疑是军事战场之外，展现个人追求卓越、荣誉的最佳场所。史学家汤因比认为这正是希腊文明独特的"人类崇拜"的集中体现。从古希腊历史研究而论，奥林匹亚竞技会到公元前 5 世纪已经确确实实成为希腊语世界的中心，其精神也是古希腊人民族精神中的一个重要特征。

首先，奥林匹亚竞赛的参赛权可视作希腊文明的身份认同甚至成为希腊人和城邦政治身份的标志。如马其顿人就因为曾在希波战争中向希腊提供过重要情报而受奖赏被获准参加。竞技会期间，各城邦的艺术家、哲学家、诗人以及工匠、商人等各种人聚集在一起活动，使竞技会成为全希腊思想、文化、经济交流的大集会。

其次，奥林匹亚竞技会的竞赛，在古希腊人的价值观中不仅是肉体与精神的完美结合，而且也是在鼓励城邦通过比赛竞技获得荣耀。尽管这体现的是城邦之间政治界限的某种强化而非消解，但正如史学家布克哈特在《希腊人与希腊文明》中所言："在比赛中获得胜利是一种不带有任何敌意的高贵胜利，就好像一种古老方式的复活，人能以这种和平的方式战胜另一个人。"这样，城邦也就是以一种不带"敌意"的方式战胜了对手。

最后，奥林匹亚竞技会推崇"永争第一"、荣誉至上以及个人英雄主义张扬的精神，孕育与塑造了希腊人的民族性格和价值取向。这不仅使平等、公正竞争的观念（这是比赛中绝对必须的）作为道德规范得到希腊人遵循，而且其泛希腊化精神及蕴涵意义也始终是希腊人的美好向往。如伊索格拉底曾这样论道："我们的泛希腊集会的创办者应当受到称赞，因为他们给我们传下这样一种习俗，使我们停战议和，化除现有的仇恨，聚集在同一个地方；使我们在共同祈祷、共同献祭的时候，想起彼此间的血族关系，感到在未来的时间里，我们会更加亲善……"[1]

总而言之，竞争、荣誉、冠军、英雄……是古希腊人崇敬向往、吟咏传诵不息的史诗，是浸润、流淌、融化于血液中的民族文化基因。体育竞技不仅是古希腊人强调人的尊严、肯定人的欲望、张扬人的个性的平台，而且这也是古希腊人培育、提炼、升华城邦公民价值观的重要载体。

3. 戏剧节庆

恩斯特·卡西尔曾指出："神话是原始宗教生活中的史诗因素，礼仪则是它的戏剧成分。我们必须首先研究礼仪，才能理解神话。那些诸神和英雄的

---

〔1〕《泛希腊集会辞》，载《罗念生全集》第 6 卷，上海人民出版社 2004 年版，第 234 页。

神话故事本身并不向我们揭示宗教秘密，因为它们无非是对礼仪的解释而已。它们力图解释这些礼仪中所展现的、所直接可见可做的事情。神话给宗教生活的活动方面增添了某些'理论'的观点。"[1]历史上许多文学家、剧作家、诗人、哲学家、心理学家如莎士比亚、莫里哀、席勒、欧仁·奥尼尔、萧伯纳、黑格尔、尼采以及弗洛伊德等，都将戏剧这种艺术形式视为古典希腊文化的最高成就。

公元前6世纪古希腊人发明了戏剧，时僭主庇西特拉图在雅典城邦创立了最盛大的祭祀酒神狄奥尼索斯的节庆（又称大酒神节）。酒神节是崇拜生殖与繁荣的节日。在希腊神话中，作为宙斯与女神的儿子——掌管农业丰收、葡萄酿酒与欢乐的酒神狄奥尼索斯所代表的宗教精神是与阿波罗不同的，狂欢、陶醉、迷狂是其特性。如"在酒神的祭仪中还留着许多远古残留的痕迹，譬如，在清脆的长笛和低沉的羯鼓声中的饮会的狂舞，酩酊大醉，杀牲的献祭，生肉的饱餐"。[2]尼采曾将象征理性的阿波罗日神精神与象征生命冲动的狄奥尼索斯的酒神精神视作希腊文化精神之两极。据说雅典是在得到了德尔斐神谕后，接受祭祀酒神狄奥尼索斯为城邦的正统仪式的。亚里士多德就曾在他的《诗学》一书中阐述到，无论悲剧还是喜剧都是由对酒神的赞美诗或者说是从酒神颂中衍生而来的。而在古希腊各城邦巡游演出的职业剧团，也称自己为"酒神的艺人"。因此，在古希腊，无论是运动会，还是戏剧，都是宗教的附属产物，其始终都具有双重性质。

戏剧在希腊语中意为"做成了的事情"。在希腊文中，"戏剧"（Drama）和"仪式"（Romenon）十分相似。希腊人将戏剧分为两大类，即悲剧和喜剧。古希腊为世界戏剧文化贡献了三座无法翻越的大山，即雅典最伟大的三位悲剧作家：被希腊人尊为"悲剧之父"的埃斯库罗斯（Aeschylus，公元前525年～公元前456年，一生创作90部悲剧）、被奉为"戏剧艺术的荷马"的索福克勒斯（Sophocles，公元前496年～公元前406年，一生约创作130部悲剧）、被称为"舞台上的哲学家"的欧里庇得斯（Euripides，公元前485年～公元前406年，一生约创作92部戏剧）。有人统计，约公元前530年～

---

〔1〕　［美］恩斯特·卡西尔：《国家的神话》，张国忠译，浙江人民出版社1988年版，第30页。
〔2〕　［苏联］塞尔叶格夫：《古希腊史》，缪灵珠译，高等教育出版社1955年版，第316页。

公元前 400 年间，希腊表演的悲剧作品有 1000 多部。流传至今的 33 部悲剧作品都是雅典人创作的，而其中 26 部是上述三大悲剧作家所创作的。

在希腊语中，悲剧（tragoidia）似意为"山羊之歌"，可能源自将山羊敬献给狄奥尼索斯酒神时演奏的歌曲（山羊也是酒神的象征）。悲剧是城邦公民们最受欢迎的娱乐活动。其多以神话传说为剧情内容，并融入现实，题材具有宿命论色彩。在情节构造上往往是公民们所关心的问题，包括公民对城邦的热爱与价值观宣传以及对暴力、恐惧或两性之间的激烈冲突等。悲剧的基础情节不仅是表现"处在内心冲突中的英雄"，而且也敢大胆提出许多令人深刻反思的社会问题。如欧里庇得斯就对希腊人津津乐道的特洛伊战争提出反思，他在撰写《特洛伊妇女》悲剧中，借海神波塞冬之语谴责雅典人："你们这凡间的人真愚蠢，你们毁了别人的都城，神的庙宇和死者安眠的坟墓；你们种下了荒凉，日后收获的也就是毁灭啊！"[1]古希腊著名的悲剧有《波斯人》、《普罗米修斯》、《俄瑞斯提亚》（为三部曲，包括《阿伽门农》《奠酒人》《复仇女神》）、《乞援人》、《俄狄浦斯王在科洛诺斯》、《伊翁》、《陶里卡人中的伊菲革尼亚》、《安提戈涅》、《美狄亚》、《酒神的伴侣》等。

希腊语中，喜剧（komoidia）一词意为"狂欢游行之歌"，或"狂欢歌舞剧"。起源于祭祀酒神节公宴后游行队伍的狂欢说笑与歌舞。喜剧题材大多取材于社会现实进而对城邦生活反思，也常借神话英雄故事以古讽今，带有浓厚的政治色彩。因喜剧常用诙谐幽默、戏谑讥讽和幻想的形式评论事实、臧否褒贬与讽刺人物，以揭露社会不良现象，故深受公民们喜爱。由于喜剧更自由放荡、粗俗不羁，显得更贴近公众生活而轻松世俗。公元前 5 世纪左右，雅典城邦产生了三大喜剧作家：克刺提诺斯（Cratinus，约公元前 450 年～公元前 423 年）、欧波里斯（Eupolis，约公元前 429 年～公元前 412 年）和阿里斯多芬（Aristophanes，约公元前 446 年～公元前 385 年，一生创作了 44 部喜剧）。古希腊著名的喜剧有《阿卡奈人》《骑士》《云》《鸟》《马蜂》《和平》《吕西斯忒拉忒》《妇女公民大会》等。

柏拉图曾认为节庆来自神圣的渊源。缪斯是上天赐给人类的"节庆的伴

---

〔1〕 欧里庇得斯：《特洛伊妇女》，第 95～97 页。参见吴晓群：《希腊思想与文化》，上海社会科学院出版社 2012 年版，第 239 页。

侣"（festival companions），"一个没有歌唱、音乐和舞蹈的节庆，一个没有有形可见庆祝形式的节日，一个没有任何艺术气氛点缀的节庆，都是无法想象的。"[1]古希腊戏剧起源于对酒神祭祀仪式中的歌舞，每年3月下旬春收时分举行的祭祀酒神节庆里，同其他节庆一样，公众们抬着酒神雕像多姿多彩、载歌载舞，如痴如狂的游行和献祭仪式以及共享的公宴仍是戏剧节庆的重要程序。其演出过程中也有一系列仪式化的规定和行为。正如戏剧史研究者维利斯·哈特尔所论，戏剧起源于远古时期人类最初的村社宗教仪式。整个人类历史发展中都可找到身穿兽皮的祭司和神的崇拜者们，在祭神活动中表演的歌舞涉及神的降生、死亡以及再生的传说。直到今天，在一些未开化的民族中还可看到类似仪式。[2]学者胡志毅在其著《神话与仪式：戏剧的原型阐释》中认为，宗教仪式必须进行一种转化才能产生戏剧，也就是宗教仪式转化成生命仪式和世俗仪式。他通过图示来表达：[3]

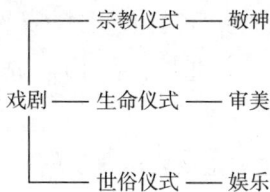

```
            ┌── 宗教仪式 ── 敬神
            │
戏剧 ──────┼── 生命仪式 ── 审美
            │
            └── 世俗仪式 ── 娱乐
```

　　古希腊人正是通过戏剧与仪式的转化关系，以及人与神灵的交流和沟通达到精神情感层面的敬神、审美和娱乐享受的效果。换言之，也就是通过戏剧仪式，使表演者和参与者在互动中获得精神上的诞生与成长。正如研究者指出："祭祀仪式对戏剧的起源所提供的最重要的东西并不是构成戏剧形式上的东西……而是它教给创造的'角色'，一个和自己不同的人，并进入到角色的内心世界中去，用角色的言词代替自己的言词，用角色的行动代替自己的行动，而这一些都是在祭祀仪式中所要解决的心理要素。"[4]实际上，仪式意义也坚定了古希腊人追求信仰生活、生命价值的信心和意志。

---

〔1〕　[德] 约瑟夫·皮柏：《节庆、休闲与文化》，黄藿译，三联书店1991年版，第57页。

〔2〕　[英] 维利斯·哈特诺尔：《简明世界戏剧史》，李松林译，中国戏剧出版社1986年版，第1～2页。

〔3〕　胡志毅：《神话与仪式：戏剧的原型阐释》，学林出版社2001年版，第12～13页。

〔4〕　朱狄：《原始文化研究》，三联书店1988年版，第517页。

古希腊戏剧节庆在第一天的献祭仪式和游行（甚至监狱中的犯人也被暂释出来参加游行狂欢）后，连续 5 天主要进行戏剧演艺比赛。其中亦歌亦舞的合唱队一直是古希腊戏剧中的要素。酒神节庆随着欢庆的戏剧演艺形式从雅典流传到希腊各城邦，形成各城邦名目繁多的戏剧节庆。仅雅典每年最重要的戏剧节庆就有三个，即勒奈亚节（The Lenaia）、城市酒神节（The City Dionysia，又称大酒神节，每年 3 月份举行）和乡村酒神节（The Rural Dionysia）。实际上，凡城邦有公共节庆，公民喜闻乐见的戏剧演出也是不可或缺的。为此，古希腊著名的戏剧家阿里斯多芬曾感叹道："我们向神奉献了多少生命，我们建立了多少神殿、塑像……举行了多少次神圣游行！在一年内每个时期我们都可以看到节日和饰以花圈的牺牲。"[1]

雅典祭祀酒神节庆的主持人是城邦的王者执政官，并在 10 个选区抽签选举常年祭司，每选区 1 人，职责是参与组织祭祀工作，并管理所有的"四周年"节等（指四年举行一次的节日）。负责祭神和主持祭祀仪式的官员均是从公民中抽签选出的，任期一年。此外，在 10 个选区还抽签选出竞赛裁判 10 人（每选区 1 人）。

英国学者勒维认为："通过竞技表达悲欢的情绪和对神祇的崇拜这种希腊民族的风俗习惯是根深蒂固的。"[2]戏剧竞赛的评判是公正和严格的，获胜者也都是非财富性、象征性的奖励，如常春藤花环，尊严与荣誉才是至高无上的。评选的严格可从这里管窥一斑。如著名戏剧作家欧里庇得斯在他漫长的创作生涯中，一生也只得过 4 次第一名；而被很多希腊人认为是绝佳的悲剧、索福克勒斯的《俄狄浦斯王》（公元前 429 年）却只获得了第二名。

王者执政官决定应该上演哪些剧作家的剧目。一般他会负责选出 3 名悲剧作家和 5 名喜剧作家，以及指派演员参赛，并为每个剧作家配备一支合唱队，伴奏的是被称作"奥洛斯管"（auloi）——即一种带空振簧的双簧管——以及七弦竖琴等乐器。合唱队（有时人数多达 1165 人）的主要费用是由合唱队队长负担，这是城邦中富裕公民似乎皆热衷之事，因这是显示身份地位、极其

---

〔1〕 ［美］维尔·杜兰：《世界文明史（希腊的生活）》，幼狮文化公司译，东方出版社 1999 年版，第 258 页。

〔2〕 ［英］凯瑟琳·勒维：《古希腊喜剧艺术》，傅正明译，北京大学出版社 1988 年版，第 40 页。

体面与荣耀的事情；而整个节庆的演出费用通常是分别由那些有政治意图、沽名钓誉的富裕公民赞助。一般整个节庆5～6天演出期间，每天都会上演由一个剧作家创作的3部悲剧和1部羊人剧，第四天后至少要上演5部喜剧。尽管戏剧演出繁琐冗长，但整个节日期间，城邦公民都沉浸于其中乐此不疲、评论不休。节庆时，戏剧一般从太阳刚升起一直演到晚上。观众必须带足面包、洋葱、橄榄、无花果等食物和饮料。当他们不喜欢台上的演出时，便毫不拘束地大声吃喝起来。

戏剧演出是要有评比竞赛的，因此所有演员为了赢得观众的好感而进行竞争。演员均为戴着用软木、石膏或绷紧的织物制成的假面具的男性，这一方面可使扮演女性角色的演员进行隐蔽，另一方面可一个人扮演多种角色而不易暴露。此外，戴上面具可借已逝人物的话音来增加喜剧的神秘色彩，同时也使剧情有了特殊张力。演员戏服不同于日常生活中的服饰，都是长袖和垂到脚踝的戏服。演员的表演技艺与功夫主要体现在声音上：一是可逼真模仿不同性别、不同年纪角色的声调和情感；二是能使最高和远处观众席上的人听到他的声音。而台上演员之间始终使用韵文对白来表演。因此，舞台上色彩光鲜、风格独特的戏服，造型多样的姿态，机智精彩的对话以及各种舞台背景装饰等，都是戏剧表演中想要获得观众喝彩叫好所不可或缺的要素。

古典时期，古希腊城邦多建有剧场，最为著名者则在雅典。雅典狄奥尼索斯酒神大剧场，最初是由祭坛发展而来。早期剧场是木质构件建成的，直到公元前497年新建的酒神剧场其规模宏大，令人赞叹。剧场在山坳里，倚山坡之势而建，是位于半圆形合抱中的开放式露天建筑，备有梯形的石制座位，可坐17000名观众，剧场设置使观众能从近百米的高度以及多个角度看清演员的表演。剧场中间是装饰得富丽堂皇的酒神祭坛，也为合唱队或乐队所用之地。演员则在其后的平台上表演，再其后则是柱廊式的置景区，供演员更衣和贮藏道具等物品之用。这种设计形式的音响效果极佳，也是古希腊各城邦效法的模式样板。

城邦早期看戏剧要购入场券，价格2个奥波尔。雅典剧场最高级的戏票是象牙材质，上面刻有购票者座号和姓名。在伯里克利的繁盛时期，雅典城邦还对平民发放观剧津贴，以保证趋之若鹜的公民都能观看演出，参加城邦的公共活动。此时，雅典全城经常有大约半数人口前往剧场观戏，剧场也常常拥挤不堪。有人统计，在公元前 480 年～公元前 380 年的百年间，雅典共上演了 2000 多部戏剧，这还不算每年 3 月大酒神节的戏剧节目。

古希腊戏剧虽源于取悦邀宠于神的祭献仪式，但是作为观众的公民从中得到的却不仅是宗教崇拜和愉悦、娱乐，而还有更重要的心智道德和价值观之教育、净化。如城市狄奥尼索斯节庆开幕式上，有一个成排的金条和放在瓮中的白银展示的表演，这是雅典人统计并展示他们从同盟国收取的贡赋，以显示城邦的荣耀与实力。同时，那些在为雅典城邦征战中牺牲的烈士的家庭，凡达到服役年龄的儿子被邀请坐在剧院前排凸显荣誉的位置，政府将一套新盔甲赠送给他们，并让他们全身披挂荣耀地参加游行。[1]此外，在节庆闭幕式上会召开公民大会特别大会，对整个节庆活动过程进行审查，并评价执政官的组织管理能力以及提出意见。因此，城邦公民"正是从剧场中看到了自己的形象，并且遵循德尔斐的箴言：[认识你自己（know thyself）！]喜剧往往让人们在痛苦的笑声中受到磨炼。同时，在危急时刻，从英雄和神灵的高大形象中认识到自己潜在的形象，有助于超越世俗的平庸。自我意识、自我实现，甚至自我超越，成为公民人格的新特征——或者，至少是少数觉醒者的特征"。[2]

莫里斯等学者认为，古希腊"哲学家们试图了解自然，并弄清论争何以能产生真理；戏剧家把目光放在理性、秩序崩溃的极端情况下，他们以此探索跟哲学家一样的问题。悲剧家展现了陷入绝境中的强大个体所创造的奇迹，喜剧家则设想了对真实世界之荒诞的回应所产生的后果，与此同时，它对当时的政治问题作了讨论。和仪式一样，戏剧有助于团结的感情在民主社会中创生。尽管如此，戏剧仍与仪式不同，它是对人类之情况进行反思的一种有力工具"。[3]从社会意义而论，无论是宗教节庆、体育节庆，还是戏剧节庆，我们不仅可以看到有组织的集体活动（包括公民大会、陪审法庭等）是古希

---

〔1〕 城邦对战争中阵亡将士的子女全力照顾，"他们的儿女们将由公费维持，直到他们达到成年时为止。这是国家给予死者和他们的儿女们的花冠和奖品，作为他们经得住考验的酬谢"。参见［古希腊］修昔底德：《伯罗奔尼撒战争史》，谢德风译，商务印书馆 1960 年版，第 137 页。

〔2〕 Lewis Mumford, *The City in History*, New York: Harcourt, Brace & World, 1961, p. 166.

〔3〕 ［美］伊恩·莫里斯、巴里·鲍威尔：《希腊人：历史、文化和社会》，陈恒等译，格致出版社、上海人民出版社 2014 年版，第 428 页。

腊城邦社会公共生活中的一个重要组成部分（它一年中占据了公民们白天的多数时间），不断持续地加强了公民对城邦集体的认同感和归属感，而且还可以认识到这些有组织的公民集体活动与民主制城邦的实践是一种共生关系，这是东方专制帝国社会所根本不可想象的。尤其是古希腊城邦节庆，不仅是为满足城邦社会的共同需要而形成的文化形态，含有公共文化所具有的仪式性、共享性、建构性和政府主导等特征，而且社会文化通过仪式化的群体参与，以教育、训练和潜移默化的方式，使社会成员接受和信奉与社会发展相适应的宗教文化、制度习俗、伦理道德以及城邦价值观念，从而起到维护与保障社会政治生活秩序稳定的作用。这些也正是构建公民性格气质、价值取向、集体认同等意识和凝聚力的源泉。

第三章 古希腊城邦法治理念

"颂扬"法律是为了强调法律因素比经济因素具有优先地位，是为了使
公民制度建立在法律的基础之上。

—— [法] 孟德斯鸠《论法的精神》

有多少人捍卫法治，几乎就有多少法治观。

—— [美] 布雷恩·Z. 塔玛纳哈《论法治——历史、政治和理论》

我们之所以着手从希腊人、而不是从其他某个国家的法律理论来开始考
察法律哲学的演进，那是因为古希腊知识界的领袖们非凡地拥有从哲理上洞
察自然现象和社会现象的天赋才能。

—— [美] 博登海默《法理学》

一、古希腊有关法治思想理论

法治作为一种思想、一种世界观和社会的价值观念，被视为人类社会的
一种理想，是人类社会解决自身问题的制度设计和社会模式。法治的特定价
值基础和目标是达到社会法律秩序。而法治在历史发展中展现出其形成社会
的环境和传统相契合的内生性和时代性。在西方文化中，法律思想和法治理
念起源于古希腊城邦社会，而法治主要是指法律的统治，其还有许多重要的
内涵。古希腊的法治理念对后世的罗马法学以及近现代西方法学的发展有着
不可磨灭的影响。

希罗多德在《历史》中指出："希腊国土一直是贫穷的，但是由于智慧和
强力的法律，希腊人自己却得到了勇气；而希腊便利用了这个勇气，驱逐了

贫困和暴政。"[1]公元前 5 世纪前期，古希腊格尔蒂城邦（Gortyn）就制定了成文法典，刻在格尔蒂河边城墙上，有十二栏六百多行。该法典对婚姻、继承、收养、监护、赠与、抵押、保证、许诺、合伙、通奸、妨碍诉讼等司法关系作了约 70 条规定。法典虽无严谨的结构体系，但内容比较细腻文明，反映了古希腊城邦商业交易的繁荣。而西方历史上第一部法学专著是柏拉图的《法律篇》（约著于公元前 360 年 ~ 公元前 347 年间），该著作共 12 卷 195 章，主要形式是以三个不同城邦的人的对话构成。《法律篇》不仅论述古希腊的法律，而且还涉及道德、哲学、宗教、经济、教育、文艺、音乐、家庭、外交、贸易、公民生活，几乎是关于古希腊城邦社会生活的一部百科全书。该书开创了西方法学的学术传统。从古希腊法律思想而论，其有四个方面为西方法学思想奠定了重要基础。

（一）正义：法治之内核

在西方文明中，正义与权利等同，或视正义为权利的逻辑基础。而近代以来，思想家分别将权利看作自由、意志、利益、资格、法律赋予的力量等。如现代法哲学家罗尔斯在《正义论》中指出："正义的对象是社会的基本结构——即用来分配公民的基本权利和义务、划分由社会合作产生的利益和负担的主要制度。"而 R. Maclin 在《道德关系与诉诸权利义务》中指出："我们称之为权利的东西，是与我们所采纳的正义理论明通暗合的。倘若要对权利的存在及权利冲突的实际解决最终作出系统的判断，必须以完满的正义理论为中介。"[2]西方人的这些理论观念，追本溯源正是基于古希腊哲人思想家重视用利益关系显示正义的理念。

在古希腊文中，正义一般写作"dike"，可解释为权利、秩序、公平和法则。古希腊的哲学家、政治思想家们对权利的观念在法学上的诠释并不详尽，但他们已有了由正义观念为基础所支撑的权利观念。庞德曾指出："希腊哲学家们并不议论权利问题，这是事实。他们议论的是，什么是正当的或什么是正义的……希腊人在当时所考虑的事情的症结，即人们相互冲突和重叠的要

---

〔1〕［古希腊］希罗多德：《历史》，王嘉隽译，商务印书馆 1959 年版，第 670 页。

〔2〕 Macklin. R, *Moral Concerns and Appeals to Rights and Duties*, New York：Hastings Center Report 6, 1976, pp. 31 ~ 38.

求之间，什么是正当的或正义的。我们感到一个主张应当有法律加以承认和保障，于是称它是一个自然权利。它可能为共同集体的一般道德感所承认并为道德舆论所支持，这时我们称它为一个道德权利。它可以为法律所支持，这里我们称它为一个法律权利。希腊人并没有明显的权利概念，他们只讲正义和用于特定场合的正当行为。"[1]

在古希腊，正义是法律的基础，法律则是正义的体现，而城邦公民政治也深刻地表达了正义的诉求。在柏拉图的《理想国》中，正义是被视为城邦构建的首要指导原则。在正义的核心是一个利益权衡的问题，是调节人们之间财产关系的道德准则。古希腊的正义与秩序女神狄弥斯（Themis，还有一位是女神狄克 Dike），其最初的形象便是手持丈量土地的两脚尺。在希腊文里正义（dike）和直线是一个词，表示一定之规；正义与法官也属于同一个词（在拉丁语中，法律与权利是同一词语）。古希腊有关正义是一个利益调节问题的最佳释例，即梭伦立法改革时所认为的正义就是利益冲突各方必须保持一定的度、适可而止；"自由不可太多，强迫也不应过分"，正义的规则是立法所制定；"我拿着一只大盾，保护两方，不让任何一方不公正地占居优势"。梭伦的大盾就是正义和法律，他要用这一只正义和法律的大盾，"调整公理和强权，协和共处"；"我制定法律，无贵无贱，一视同仁，直道而行，从而各得其所"。[2]

苏格拉底曾有一句名言："凡合乎法律的即是正义的。"而有关法的正义理论，也是柏拉图法律思想中的一个重要内容。他的一部重要著作《理想国》的副标题就是《论正义》，该书从正义和公道对政治法律思想进行了探讨，其核心理念即法律是正义的体现。

首先，柏拉图认为正义就是"善"。他在著作《理想国》（The Republic，共和国）中曾给正义一个清晰的概念："正义就是以善待友，以恶对敌的艺术。"他还指出："立法者制定每项法律的目的是获得最大的善"，而"最大的善既不是对外战争也不是内战，而是人们之间的和平与善意"。[3]"一个立

〔1〕［美］罗斯科·庞德：《通过法律的社会控制．法律的任务》，沈宗灵译，商务印书馆1984年版，第44页。

〔2〕［古希腊］亚里士多德：《雅典政制》，日知、力野译，商务印书馆2014年版，第15~18页。

〔3〕［古希腊］柏拉图：《法律篇》，张智仁、何勤华译，上海人民出版社2001年版，第6页。

法者在制定法典时要着眼于三件事：他为之立法的城邦的自由、团结和智慧。"[1]柏拉图还强调："这种善的概念控制着每个人并且影响到他的灵魂，即使他有了点儿错误。如果是这样，每种所做的行为就与这种善相一致，并且人性的任何部分受善的控制，那么我们得管它叫'正义'，这是整个人类生活中最好的。"[2]

其次，柏拉图认为法的平等就是法的正义，即"最好的政策是用他自己的新法律来统治帝国，这些法律给予所有的人以某种程度的平等"。[3]柏拉图的《法律篇》中还指出："没有自制能力，正义绝不会产生。"[4]这是他强调法律的理性基础的立场，认为勇气作为美德是立法的道德基础，但诉诸强力而非理性（如斯巴达）、光有勇气而缺乏节制这一社会公平与和谐的基础，人还不能是一个懂得根据正义治理的完善公民。他还认为城邦正义与公民正义合一正是城邦整体的幸福追求之目的，这也就是构成城邦国家的三个等级（工匠、士兵、官吏）各自履行自己的职责，才谈得上正义的城邦国家。

最后，他认为为特殊阶层的利益立法是非正义的。他在《法律篇》和《理想国》中从法律理念上明确区分正义和非正义的标准，批判了"正义是强者的权利"的观点。他指出，法律缺少权威则城邦易于毁灭，而统治者服从法律权威的城邦则能获得神的赐福。

黑格尔曾说，哲学之作为科学史是从柏拉图开始的。而作为柏拉图的学生的"百科全书式"的政治思想家亚里士多德，也是柏拉图有关法的正义理论的最优秀的继承者。亚里士多德在其《政治学》著作中指出："城邦以正义为原则，由正义衍生的礼法可凭以判断是非曲直，正义正是确立社会秩序的基础。"[5]亚氏曾认为："政治学上的善就是'正义'，正义以公共利益为依归。""正义即公平的精神。""所谓'公正'，它的真实意义，主要在于'平等'。如果要说'平等的公正'，这就得以以城邦整个利益以及全体公

〔1〕 ［古希腊］柏拉图：《法律篇》，张智仁、何勤华译，上海人民出版社 2001 年版，第 105 页。
〔2〕 ［古希腊］柏拉图：《法律篇》，张智仁、何勤华译，上海人民出版社 2001 年版，第 295 页。
〔3〕 ［古希腊］柏拉图：《法律篇》，张智仁、何勤华译，上海人民出版社 2001 年版，第 96 页。
〔4〕 ［古希腊］柏拉图：《法律篇》，张智仁、何勤华译，上海人民出版社 2001 年版，第 98 页。
〔5〕 ［古希腊］亚里士多德：《政治学》，吴寿彭译，商务印书馆 1997 年版，第 9 页。

民的共同善业为依据。"[1]他常常强调道："法律的实际意义却应该是促全邦人民都能进于正义和善德的（永久）制度。"[2]"正义是一种中间物，犹如法官是诉讼两造的居中者一样。他的所作所为是为了重建平等，若有一条线被分割为不相等的两个部分，他从超一半的较长部分拿走多余的数量，添加到较短的那一份上；若整体被划分为相等的部分，人们便说：他们各自'获得了他自己的东西'，获得了平等的份额。这就是较大数量之间的算术平均数……所以，正义是由于破坏合同而产生的摄取和损失之间的中道，正义在于使调解前和调解后具有相等的数额。"[3]从亚氏这些理论中，我们似乎可以看到古希腊人的正义观，不仅是对事物是否正义的道德评判，并且是对正义的理性认识。

亚里士多德在《政治学》中还认为，对政治权利的"正义（法意）对人身有关系，正义的（合法的）分配是以应该付出恰当价值的事物授于相应收受的人"；"合乎正义的职司分配（'政治权利'）应该考虑到每一受任的人的才德或功绩（'公民义务'）"。[4]总而言之，亚氏认为人的理性原则，就是将法律作为正义的体现。这一思想观点贯穿于亚里士多德的法治论中。而综论从柏拉图到亚里士多德有关法的正义理论，不仅具有一种城邦整体主义的公民政治价值取向；而且在法的形式体系中深层蕴涵着人的理性本质，以政治哲学的智慧引导着社会生活，承诺着对正义价值的期待。从一种视角而论，他们的法治理念内含自由、善德、公正、平等、正义等社会价值，促动法治对推进社会价值具有深刻的意义。

（二）关于法治的理论

从正义与平等的内核是法治而论，古希腊的贤者哲人对后世法学与社会最重要的贡献是他们关于法治的思想理念。古希腊的柏拉图是西方历史上最早阐论法律的社会功能和至高无上权威、法治的必要性以及法制各项措施的

---

〔1〕［古希腊］亚里士多德：《政治学》，吴寿彭译，商务印书馆1997年版，第148页、第140页、第153页。

〔2〕［古希腊］亚里士多德：《政治学》，吴寿彭译，商务印书馆1997年版，第138页。

〔3〕［古希腊］亚里士多德：《尼各马科伦理学》，苗力田译，中国社会科学出版社1990年版，第95～98页。

〔4〕［古希腊］亚里士多德：《政治学》，吴寿彭译，商务印书馆1997年版，第136页。

思想家、哲学家。他在《法律篇》中认为："人类必须有法律并且遵守法律，否则他们的生活将像最野蛮的兽类一样"，而"不是为整个国家的利益而制定的法律是伪法律"。[1]他所关于法治的理论主要有三个方面：

第一，他认为政府及官员必须依据法律来治理国家，他们应是"法律的仆人"，[2]"那不是因为我想杜撰一个新词语，而是因为我确信一个国家的兴亡取决于这一点，而不是别的什么东西。在法律服从于其他某种权威，而它自己一无所有的地方，我看，这个国家的崩溃已为时不远了。但如果法律是政府的主人，而且政府是它的奴仆，那么形势就充满了希望，人们能够享受众神赐给城市的一切好处"。[3]

第二，他强调公众必须有守法意识，他认为："国家和公民，一个最好的人，他与其在奥林匹亚竞技会上或其他任何战争与和平的竞赛中获得胜利，倒不如以他对本国法律的尊重所取得的荣誉来击败每一个人。这种荣誉是因为他比其他任何人更出色地终身尊重法律而取得的。"[4]柏拉图还认为，在一个法治健全的城邦，每个公民都应按照法律来规范自己的社会生活，"如果一个人服从了，他不会受到法律的干涉；但如果他违反了，法律维护者和男女教士都得惩罚他"。[5]

第三，柏拉图认为法治要有成效，不仅必须重视选举好执行法律的官员，而且官吏必须服从法律权威。他指出："立法工作是很重要的事情，可是，如果在一个秩序良好的国家安置一个不称职的官吏去执行那些制定得很好的法律，那么这些法律的价值便被掠夺了，并使得荒谬的事情大大增多，而且最严重的政治破坏和恶行也会从中滋长。"[6]"我们认为一个国家的法律如果在官吏之上，而这些官吏服从法律，这个国家就会获得神的保佑和祝福。"[7]

柏拉图有关法律与法治的思想理念可称为西方法学的源头，而其学生亚里士多德则在此基础上进一步系统地创立了西方法治理念。首先，亚氏认为：

---

〔1〕 ［古希腊］柏拉图：《法律篇》，张智仁、何勤华译，上海人民出版社 2001 年版，第 122 页。
〔2〕 ［古希腊］柏拉图：《法律篇》，张智仁、何勤华译，上海人民出版社 2001 年版，第 124 页。
〔3〕 ［古希腊］柏拉图：《法律篇》，张智仁、何勤华译，上海人民出版社 2001 年版，第 123 页。
〔4〕 ［古希腊］柏拉图：《法律篇》，张智仁、何勤华译，上海人民出版社 2001 年版，第 138 页。
〔5〕 ［古希腊］柏拉图：《法律篇》，张智仁、何勤华译，上海人民出版社 2001 年版，第 219 页。
〔6〕 ［古希腊］柏拉图：《法律篇》，张智仁、何勤华译，上海人民出版社 2001 年版，第 161 页。
〔7〕 ［古希腊］柏拉图：《法律篇》，张智仁、何勤华译，上海人民出版社 2001 年版，第 125 页。

"法治应当优于一人之治。遵循这种法治的主张,这里还须辨明,即便有时国政仍须依仗某些人的智虑(人治),这总得限制这些人只能在法律上运用其智虑,让这种高级权力成为法律监护官的权力。"[1]这也就是说,为了避免人性的弱点——感情用事,应该以法律为统治者,"凡不凭感情因素治事的统治者总比感情用事的人们较为优良。"[2]因此亚氏认为法律是不受主观愿望影响的理性,"由法律遂行其统治,这就有如说唯独神祇和理智可行使统治";"法律恰恰正是免除一切情欲影响的神祇和理智的体现"。[3]"法律是最优良的统治者。"[4]

其次,亚里士多德认为:"法治应包含两重含义:已成立的法律获得普遍的服从,而大家所服从的法律又应该本身是制订得良好的法律。"[5]在这里,亚氏认为"良好的法律"是同城邦政体相关的。他指出:"相应于城邦政体的好坏,法律也有好坏,或者是合乎正义或者是不合乎正义。这里,只有一点是可以确定的,法律必然是根据政体(宪法)制订的;既然如此,那么符合正宗政体所制订的法律就一定合乎正义,而符合于变态或乖戾的政体所制订的法律就不合乎正义。"[6]

亚氏认为专制政体的法律是少数人制定的,是"恶法";而共和政体的法律是多数人制定的因而才是"良法"。因为在他的思想观念中,法律是公民意志的体现,故是能促进城邦公平和正义的制度。在阐论城邦政体与法律关系时,亚氏还进一步论述道:"凡订有良好有志于实行善政的城邦就得操心全邦人民生活中的一切善德和恶行";"法律的实际意义却应该是促成全邦人民都能进与正义和善德的(永久)制度";"真想解除一国之忧,应该依靠良好的立法,不能依靠偶尔的机会"。[7]而亚氏所提出的"法治应包含两重含义"中,放在前列的是公众的遵守服从,因为"邦国虽有良法,要是人民不能全都遵循,

---

〔1〕 〔古希腊〕亚里士多德:《政治学》,吴寿彭译,商务印书馆1997年版,第167~168页。
〔2〕 〔古希腊〕亚里士多德:《政治学》,吴寿彭译,商务印书馆1997年版,第163页。
〔3〕 〔古希腊〕亚里士多德:《政治学》,吴寿彭译,商务印书馆1997年版,第169页。
〔4〕 〔古希腊〕亚里士多德:《政治学》,吴寿彭译,商务印书馆1997年版,第171页。
〔5〕 〔古希腊〕亚里士多德:《政治学》,吴寿彭译,商务印书馆1997年版,第148页。
〔6〕 〔古希腊〕亚里士多德:《政治学》,吴寿彭译,商务印书馆1997年版,第148页。
〔7〕 〔古希腊〕亚里士多德:《政治学》,吴寿彭译,商务印书馆1997年版,第138页、第104页。

仍然不能实现法治"；[1]他还强调道："法律所以能见成效，全靠民众服从。"[2]
而民众的服从不能依赖自发形成，"须经长期的培养，如果轻易地对这种或那
种法制常常作这样或那样的废改，民众守法的习性必然消减，而法律的威信
也就跟着削弱了"。[3]亚里士多德这一法治理念，与其老师柏拉图著作《法律
篇》中所指"人们必须为他们自己制定法律并在生活中遵守它们，否则他们会无
异于最野蛮的野兽"[4]在理论上是前后呼应、继承发展的。亚里士多德的"法
治应包含两重含义"，其理论是深刻的，其意义在于以多数人制定的"良法"构
建法治权威，以公民的"普遍服从"塑造法治信仰。因为对法治的信仰并非某
些个体的心灵活动，而应是整个社会所表现出的对法律的崇尚和尊重。亚氏
指出："法律应在任何方面受到尊重而保持无上的权威，执政人员和公民团体
只应在法律（通则）所不及的'个别'事例上有所抉择，两者都不该侵犯法
律。"[5]"凡不能维持法律威信的城邦不能说它已经建立了任何政体……任何
真实的政体必须以通则即法律为基础。"[6]

最后，亚里士多德明确强调法治价值中的要素——平等观念。希罗多德
曾在《历史》中认为，权利平等是雅典强大的主要原因。他还在《历史》中
借欧塔涅斯之口说："人民统治的优点首先在于它的最美好的声名，那就是，
在法律面前人人平等。"[7]而亚里士多德在《政治学》著作中指出："在一般
共和政体中，公民们轮番执政，也就是轮番做统治者；在一个共和国内大家
认为所有公民完全平等，没有任何差别"；[8]"在同类的人们所组成的社会中，
大家就应享有平等的权利，凡不合乎正义（违反平等原则）的政体一定难以
久长。"[9]"城邦以平等为超过一切的无上要义。"[10]这不仅肯定了公民权利平
等在政治上的重要体现就是凡属于城邦的公民轮流执政，而且为法律面前人

---

〔1〕［古希腊］亚里士多德：《政治学》，吴寿彭译，商务印书馆1997年版，第199页。
〔2〕［古希腊］亚里士多德：《政治学》，吴寿彭译，商务印书馆1997年版，第81页。
〔3〕［古希腊］亚里士多德：《政治学》，吴寿彭译，商务印书馆1997年版，第81页。
〔4〕［古希腊］柏拉图：《法律篇》，张智仁、何勤华译，上海人民出版社2001年版，第309页。
〔5〕［古希腊］亚里士多德：《政治学》，吴寿彭译，商务印书馆1997年版，第192页。
〔6〕［古希腊］亚里士多德：《政治学》，吴寿彭译，商务印书馆1997年版，第191～192页。
〔7〕［古希腊］希罗多德：《历史》，王嘉隽译，商务印书馆1959年版，第398页。
〔8〕［古希腊］亚里士多德：《政治学》，吴寿彭译，商务印书馆1997年版，第37页。
〔9〕［古希腊］亚里士多德：《政治学》，吴寿彭译，商务印书馆1997年版，第392页。
〔10〕［古希腊］亚里士多德：《政治学》，吴寿彭译，商务印书馆1997年版，第190页。

人平等的观念夯实了理论基础。如此后伯里克利曾在其著名的演说中谈道：
"我们的政权在全体公民手中……每个人在法律上都是平等的，只要他能对国家有所贡献，绝不会因贫穷而在政治上湮没无闻。"

实际上从柏拉图和亚里士多德其他论著中，我们可以看到这两位哲人已经认识到公民道德与民众守法以及平等是城邦公民社会和法治确立的基础与要素，这不仅是由于公民社会、公民权利与法治城邦源于同一主体，公民道德与民众守法形成于同一场域，还因为两者是互相依存与紧密联系的。如亚里士多德指出："所有的公民都应该有好公民的品德，只有这样，城邦才能成为最优良的城邦。"[1]亚氏在其《政治学》中还重复了柏拉图在《法律篇》中的一段对话："人在达到完美境界时，是最优秀的动物，然而一旦离开了法律和正义，他就是最恶劣的动物。"柏拉图、亚里士多德对法律的论述和法治理念的意义是深远的，其可称为西方法治的源头和基因，近代以来著名的思想家、法学家对这一法治理念都有所肯定。洛克在其名著《政府论》中指出："如果法律不能被执行，那就等于没有法律。"

学者伯尔曼则在其名著《法律和宗教》中强调："法律必须被信仰，否则它将形同虚设"；"法律只有受到信任并且因而并不要求强制力的时候，才是有效的。真正能阻止犯罪的乃是守法的传统。这种传统又植根于一种深切而热烈的信念之中"。[2]

从亚里士多德的论著中爬梳整理，其关于法治思想理念的内容是较宽泛的。他主张官吏应由全体公民选举产生，以及强调对执政者任期的限制，如他认为应该"人人轮番当统治者和被统治者"；[3]"依据公正的原则……应该让全体公民大家参与政治；安排好执政者轮流退休，并使他在退休以后和其他同等的自由人处于同等的地位，这就不失为一个通情达理的办法了"。[4]此外，亚氏还主张对官吏的责任监督，他说："事情的有利于任何政体者莫善于责任分明；把政务托付给才德的人，而群众都负有应具的权利，就尽够限制

---

〔1〕 ［古希腊］亚里士多德：《政治学》，吴寿彭译，商务印书馆1997年版，第124页。

〔2〕 ［美］哈罗德·J.伯尔曼：《法律与宗教》，梁治平译，中国政法大学出版社2003版，导言第3页、第17～18页。

〔3〕 ［古希腊］亚里士多德：《政治学》，吴寿彭译，商务印书馆1997年版，第312页。

〔4〕 ［古希腊］亚里士多德：《政治学》，吴寿彭译，商务印书馆1997年版，第467页。

官吏的任何过错了。"〔1〕

（三）自然法的思想启蒙

古希腊城邦法治理念不仅时时体现在法制的运作过程，而且更多地展现在城邦的文化语境和哲学思想中。古希腊城邦的人文精神、哲学思想体系为法治的孕育与滋养提供了深厚肥沃的土壤。如城邦法治理念就深受早期哲学派、智者学派对自然法思想探讨的影响。这也同古希腊哲学源于神话、神在人与自然的斗争中产生，有着密切的文化关系。这使带有浓厚自然倾向的哲学思想，在法律领域中表现为倡导自然主义的自然法。这种自然法思想反映在城邦社会，体现为公民生来坚信每个自由人积极参加国家管理是一种自然的、合理的权利，从而激发出活泼的民主政治情绪与法治意识。

自然法思想与神密切联系。在希腊早期思想家心目中，正义与秩序源于神，他们认为宇宙是在众神努力维持下井然有序的，人世间秩序只是宇宙世界的一部分。在古希腊早期自然哲学中，正义意指宙斯和自然中存在着的某种公平的尺度、适当的比例，自然秩序与原则是天然合一的。这一正义与秩序源于神的宇宙观，为法律、权利等观念来源于神奠定了基础，成为城邦立法的摹本与原型。随着宙斯为首的奥林匹斯诸神权力的确立，神话更与正义、法律及城邦公共生活的原则联系起来。宙斯被视为普遍正义的最高庇护者，践踏正义不仅是反对城邦社会的行为，更重要的是必然招致神的惩罚。因为希腊神话中，宙斯不仅命传令神赫耳墨斯将治理城邦的正义、尊敬、友谊、和谐等原则带给了人类，而且制定法律规定了每个人都分享有政治的才能和权利。

公元前7世纪诗人赫西俄德的《神谱》，不仅从两种不同的意义上认识宇宙自然——即作为原始本质的自然与作为秩序的自然——而且把自然法思想与神的关系明白地表述出来。他认为宙斯的统治标志着正义、法律及城邦公共事务原则的建立。正义女神狄克"作为天（宙斯）的女儿，她是超人的，神圣的，作为自然力的女儿，她是全世界的，自然的，天然的"。〔2〕她代表的真理与正义不同于人间制定的法律。而欧诺弥亚（良好法制、习俗、权利、

----

〔1〕［古希腊］亚里士多德：《政治学》，吴寿彭译，商务印书馆1997年版，第318页。

〔2〕［苏］涅尔谢相茨：《古希腊政治学说》，蔡拓译，商务印书馆1991年版，第15页。

正义女神）则代表着城邦制度中法制原则的神圣性以及与城邦秩序的内在联系。从赫西俄德的论述可以看到神、自然法和人定法之间的渊源与萌芽。

公元前 6 世纪的古希腊毕达哥拉斯学派有严格的生活方式，他们认为数是万物和世界的本原，并把"适当的尺度"这个概念理解为某种相等化——平等，其伦理学观点认为，人们在各式各样的相互关系中应当遵循一种适当的正义。因为他们的理论观点认为，尺度所以成为标尺和准绳，是由于它具有价值的特性，并且能以适当的方式指导人们的社会行为，协调和评价人们在社会中的关系。同时，毕达哥拉斯派还从数学原理发展其所特有的思想，"认为数字运算作为调整人们关心的适当准绳和标尺的艺术，具有普遍的意义"；[1]正是在运算的基础上，人们相互间才缔结了契约。而这一契约规则阻止人们去做不正义的事，因为运算会揭穿非正义之事。这一学派重视知识的作用，倡导正义就是平等的原理，"赞扬法治和依法审判"。[2]

辩证主义哲学家赫拉克利特（Herakletos，公元前 530 年~公元前 470 年）则是自然法思想的最初表述者。他将自然称为"神的法律"，认为人类的一切法律都因那唯一的神的法律而存在，而城邦及其法律就其本质和意义而言，是同一个东西，它们是神所规定的。[3]在他看来，如果没有神的正义和法律作为人间法律的理性原则（普遍的逻各斯），就不会有正义观念本身。赫拉克利特的自然法思想对城邦法治理念的建构产生了初步的影响，并对以后自然法学说的理性原则有着重要的意义。

智者学派的自然法思想则从另一方面对城邦法治理念产生影响，这就是自由、平等观念。智者阿基马丹（Alcidamas，约公元前 4 世纪前半叶）认为："神让一切人自由，自然并没有使任何人成为奴隶。"[4]这表达的就是一切人（奴隶和自由民）"天生"平等、自由的观念和思想。智者希比亚（公元前 460 年~公元前 400 年）认为自然是真正的自然法，它表现的就是正义，是根据自然的要求规定的法律。智者普罗塔哥拉（约公元前 481 年~公元前 411 年）认为："人类在本质上是平等的，一切平等的自然法则是人类公共生活的

---

〔1〕 ［苏联］涅尔谢相茨：《古希腊政治学说》，蔡拓译，商务印书馆 1991 年版，第 36 页。
〔2〕 ［苏联］涅尔谢相茨：《古希腊政治学说》，蔡拓译，商务印书馆 1991 年版，第 41 页。
〔3〕 参见汪子嵩等：《希腊哲学史》第 1 卷，人民出版社 1997 年版，第 510 页。
〔4〕 ［苏联］涅尔谢相茨：《古希腊政治学说》，蔡拓译，商务印书馆 1991 年版，第 111 页。

基础。"〔1〕而另一位智者安提丰（约公元前400年）以所有人都具有同样的自然需求为依据，也提出了人在各方面是平等的观念，如在现存《真理论》残篇里，安提丰论述了正义、法律与自然等问题。他指出："我们的天赋在一切点上都一律平等，不论我们是希腊人还是蛮族。"安提丰认为法律产生于契约，而非产生于自然，而自然法则具有必然而本源的性质。这些自然法中的平等、自由、正义的观念，对城邦的公共生活产生了积极影响。其不仅为民主政治与体制奠定了良好基础，为公民社会发育提供了土壤，"这样的平等还将催生出充满活力、源源不断的公众观点，以及对公共事务的普遍兴趣"。〔2〕

古希腊著名的哲学家苏格拉底也对自然法进行了阐述。他认为自然法就是自然规律，是神的意志，具有普遍性，而相对于自然法的人定法，是神意（也即自然法）的表现。人定法作为城邦公民社会颁布的法律、条例、规定，具有易变性，但与自然法一样，都是正义的表现。正义不仅是立法的标准，也是立法的本质。自然法作为神的法律，虽高于人定的法律，但两者并不对立，并且在本性上是统一的。亚里士多德基本上接受了苏格拉底的自然法思想，他还论证了奴隶之所以成为奴隶的原因；他认为这并不是因为他们天生愚笨，而是城邦制度与法律造成的。

对早期自然法思想进行集大成总结的是斯多噶学派。他们认为自然法就是正义、理性和上帝意志的体现。克里西普（Khrusippos，约公元前281年~公元前208年）的《论主要的善》对此进行了表达："我们个人的本性都是普遍本性的一部分。因此，主要的善就是以一种顺从自然的方式生活……不做人类的共同法律与惯常禁止的事情，那共同法律与普及万物的正确理性是同一的，而这正确理性也就是宙斯、万物的主宰与主管。"〔3〕芝诺（Zenon，约公元前335年~公元前263年）——斯多噶学派的代表人物，认为自然法是法律与正义的基础。这一以理性为基础的普遍的自然法，制约着所有的人类，"对每个人都有两个法律，他自己城市的法律和世界城市的法律，习惯的法律

---

〔1〕　参见汪子嵩等：《希腊哲学史》卷2，人民出版社1993，第628页。
〔2〕　[英] 阿尔弗雷德·E. 齐默恩：《希腊共和国：公元前5世纪雅典的政治和经济》，龚萍等译，格致出版社、上海人民出版社2011年版，第72~73页。
〔3〕　倪正茂：《法哲学经纬》，上海社会科学院出版社1996年版，第29页。

和理性的法律"。[1]他认为理性的法律具有更大的权威，是一切成文法的根据，国家制定的法律必须符合自然法。在阐述自然法之时，作为主张平等主义和世界主义的斯多噶派更强调了自然平等观。他们认为由于整个宇宙有一个最高理性产生的统一秩序，自然法把一切人联结为一个巨大的共同体纽带，不论是奴隶、野蛮人都同样是神的儿子，皆是兄弟；神赋予每个人相同的理性，所以人们均是平等的。他们可以平等地参与城邦政治活动，有追求自己功利权利的平等。

在古希腊，"自然"的意思是"永远像它自己"。早期贤人智者论著的标题都是以"论自然"为主，用自然规律和事物来解释人类的社会环境生活。在这些哲学家、思想家的语境中，自然法就是道德法、正义法；自然法是正义的基础，其本质就是正确的理性。自然法思想以城邦社会为基础，它的形成与发展，对城邦的立法与法治产生了重要的影响。正是由于法律、立法必须根据理性命令和正义原则，致使希腊城邦社会普遍认为任何人都不能高于法律，不能高于理性和正义原则。这些自然法思想精神的启蒙，使城邦法治理念的建构蕴涵了自由、平等、理性和正义等自然法基本原则。

（四）社会契约说

西方法治思想起源的重要理论是社会契约说。马克思和恩格斯曾评论道："国家起源于人们相互间的契约，起源于 Contract Social（社会契约），这一观点就是伊壁鸠鲁提出来的。"[2]伊壁鸠鲁（Epicurus，公元前341年～公元前270年）是古希腊哲学家，曾在雅典创办学园传道授业、著书立说。他在政治哲学方面的贡献是用社会契约说对国家起源进行诠释。马克思和恩格斯称赞他是"古代真正激进的启蒙者"。[3]

伊氏认为，人们为了防止彼此伤害，避免相互间的畏惧，排除对灵魂的纷扰，实现清净安全的幸福生活，便自然而然地缔结契约，实现了"自然的公正"——国家。他认为"自然的公正，乃是引导人们避免彼此伤害和受伤

---

〔1〕 参见倪正茂：《法哲学经纬》，上海社会科学院出版社1996年版，第28页。
〔2〕《马克思恩格斯全集》第3卷，人民出版社1960年版，第147页。
〔3〕《马克思恩格斯全集》第3卷，人民出版社1960年版，第147页。

害的互利的约定"。[1] 伊壁鸠鲁的"社会契约说"的精华部分在于主张遵守反映城邦公民意志的法律秩序,以法律制约统治者的权力以维护被统治者的权利。如他指出:"那些最先制定法律和权利并在城市中建立管理制度和行政机构的人,在极大程度上以此促进了生活的安全和宁静。谁要是把这一切废除掉,那么我们便会过着禽兽般的生活。"[2] 伊氏的这些思想观念,不仅成为近现代西方社会契约论思想的源头,而且其对权力制约的思想也具有西方法治理念的渊源意义。

二、法治理念源于城邦的社会因素

古希腊的法律思想和法治理念的形成,是基于城邦公民社会文化生活。它与城邦宗教、风俗习惯、地理环境、社会文化历史发展与变化而培养的文化特性和个性密切相关。这是一种对人类文化起推动作用的思想资源与精神财富。在关于伯里克利的一则轶事中,可以看到在古希腊,法律思想与法治理念已经深深地融化于公民社会的生活中。

古希腊人普鲁塔克在其著《伯里克利》中曾讲述伯里克利就一个法律问题与智者普罗塔哥拉(Protagoras)讨论了一整天:"一个五项全能选手在无意中用标枪射死了帕萨洛斯人(Pharsalian)艾皮提莫斯(Epitimus),如果寻根究底,到底是标枪、掷标枪的人、还是这场比赛的负责人应该对这次不幸负责。"[3] 由此可见,法治理念崇尚的平等、自由和公平等理性精神,是与城邦公民社会生活有着天然联系的。

(一)神话与宗教文化的启蒙

神话与宗教既是古希腊民族精神文化的发祥地,也是城邦法律思想和法治理念的渊源。而作为一种文化模式的民族文化性格及其公共行动记忆,有着强劲的历史性传承力量。

---

〔1〕 北京大学编译:《古希腊罗马哲学》,商务印书馆 1961 年版,第 347 页。

〔2〕 [苏联] 莫基切夫:《政治学说史》,中国社会科学院法学研究所译,中国社会科学出版社 1979 年版,第 65 页。

〔3〕 [古希腊] 普鲁塔克:《希腊罗马名人传》(上册),席代岳译,吉林出版集团 2009 年版,第 320 页。

为西方学者所公认的西方文化之源——古希腊城邦文化是在神话与宗教的孕育中发展起来的。马克思曾指出：神话是"在人民幻想中经过不自觉的艺术加工过的自然界和社会形态"。[1]有学者认为："神话，是原始民族用直觉的'精神石斧'凿开混沌的一种探索";[2]"是人类进入文明时代以前的奇特火花或梦幻曲"。[3]在人类社会发展初期阶段，神话既是原始人对现实世界的幻想和虚构，又是一种口头传承的历史文化。但在古希腊城邦社会，神话拥有共性因素的同时，又有其个性特征：它具有讲述集体意识和城邦传统的功能，是维系氏族、增强城邦意识、沟通公民之间的感情、思想、灵魂的语境，以信仰的力量为古希腊社会提供了根本性的价值判断，是希腊人理解世界的观念体系。神话与宗教作为民族精神文化的发祥地，对希腊城邦公民社会产生重大影响。一方面，神话、宗教渗透到城邦公民生活的方方面面，使公民文化展示出斑斓多姿的色彩；另一方面，公民沉浸在具有宗教、神性的生活方式中，形成希腊城邦深层心理文化结构，孕育和熔铸了希腊的城邦精神与文化思想理念，维系着社会道德秩序在代际更替中的稳定传承。城邦公民社会追循的正义、平等、理性、自由等城邦政治理念，就是与城邦神话、宗教紧密结合在一起的。

源于氏族部落原始民主制英雄时代的希腊奥林匹斯神系由天、海、冥三界构成。天神宙斯、海神波塞冬和冥神哈迪斯三兄弟分统天、海、冥界。神谱中诸神犹如一个大家庭，分工负责神界或人间社会领域的一部分；此外还有在神与人之间扮演中介角色的英雄提修斯、赫拉克勒斯等，他们具有天赋的神力、机智与勇敢，被认为是神与女神的子女。这种多神论使人们对神的崇拜呈多元化，有助于限制权力的专制独裁。而众神与英雄作为"理想的集体表象"，共同构成一个影响希腊城邦公民精神思想、思维方式以及文化生活的庞大神灵家庭。

在城邦公民的观念意识中，神与人不仅同形，而且同性。诸神也有人的七情六欲，兼具恶习与美德。然神是不朽的，并有超人的能力。这一神人同

---

〔1〕《马克思恩格斯选集》第2卷，人民出版社1972年版，政治经济学批判导言。
〔2〕邓启耀：《中国神话的思维结构》，重庆出版社1992年版，第1页。
〔3〕李庆：《中国文化中人的观念》，学林出版社1996年版，第26页。

形同性的特性，不仅使神与城邦公民有着千丝万缕的思想、精神和心理联系，而且使城邦公民视自己为神的直系后裔。如在雅典城邦，每一个部落都认为他们属于某一神圣英雄之后，传说中把阿提卡从克里特王弥诺斯的奴役下解放出来的提修斯王是海神波塞冬的儿子；伟大的立法家梭伦（约前638年~公元前559年），其祖先也可追溯到海神波塞冬本身。因此，每一氏族、每个部落和每个城邦都有自己所崇拜的神祇。如雅典城邦崇奉雅典娜，爱鲁塞斯城邦崇奉德墨忒尔，萨摩斯城邦崇奉赫拉，以弗所城邦崇奉阿尔忒弥斯，波塞冬尼亚城邦崇奉波塞冬等。而全希腊都对遥处于奥林匹斯山的诸神致以礼敬和崇拜。

城邦公民既与神有着如此紧密的亲缘关系，那么神在城邦中的地位必然是至高无上的。例如，每个城邦的中心必然是神的居所。法国宗教史学家古朗士指出了城的起源："最初的城并不是人的居所，而是诸神的居所，城之所以将人民召集于此，是因为这里有圣火、祭坛与神庙。"[1]在城邦的公共空间——广场上，进行的就是公民敬神的公共文化活动。他们在庆祝神的欢乐节日中，以向神祇奉献或邀宠取悦之激烈的竞技、热情的颂诗、感人的戏剧、庄严神秘的祭祀占卜等形成了城邦公民文化。由此可见，神庙与广场不仅是城邦的神圣标志，而且是公共意识与文化的象征。神话成为公民文化与政治生活被孕育的土壤与温床。

希腊城邦公民的法律意识及其价值认同即萌芽于神话。城邦就是公民集体，公民在集体生活中须遵循一定的行为规则，而这一行为规则就是来自于神话。在古希腊，规范公民活动的法律就被视为神的恩物，是神为公民所定的秩序。在希腊神话中，宙斯命传令神赫尔墨斯将治理城邦的正义、尊敬、友谊、和谐等原则带给了人类，并制定法律规定了每个人都有分享政治的才能和权利。希腊神话中有专司法律与正义的女神，如宙斯的女儿狄克是正义女神，狄克的姊妹欧诺米亚为良好法制女神。而雅典的守护神雅典娜，既是智慧女神，又是法律与秩序的保护神。古希腊诗人品达（约公元前518年~公元前438年）曾在《奥林匹斯颂》一诗中赞颂诸神给城邦的恩赐：

---

〔1〕〔法〕菲斯泰尔·德·古朗士：《希腊罗马古代社会研究》，李伯玄译，上海文艺出版社1990年版，第111页。

> "这里居住着法律女神，是诸城的安全基础，
>
> 以她的姐妹们，与之共生养的
>
> 公正与和平之神，她们是
>
> 给人民以财富的分配者，是
>
> 明智忠告的正义之神的黄金的女儿们。"[1]

而古希腊杰出的悲剧家埃斯库勒斯（约公元前5世纪初）在《奥瑞斯忒斯（Orestes）复仇记》中，描述雅典娜设置最高法院，结束冤冤相报的世家仇恨，确立了城邦的新秩序。农业女神德墨忒尔则同时被视为是带给希腊城邦法律的女神。在雅典城邦众多节庆之一的塞斯摩弗洛斯节，妇女们专门祭祀的就是为城邦社会带来法律的德墨忒尔女神。这一将农业与法律联系在一起的独特历史现象，更反映了深远的文化思想意蕴。而古希腊哲学家赫拉克利特（约公元前530年~公元前470年）认为："一切人为的法律都由唯一的神律所滋养和支持，这种神律权衡一切，完备一切，超过一切"。[2]这揭示了神话与规范公民文化生活的法律有着密不可分的渊源关系，并"使他们（公民）依照诸神主宰的世界秩序与人间的存在融合"。[3]

又如自由、平等、正义理念也渊源于神话。城邦作为公民政治共同体，必然要求每一个公民自由平等地参与城邦公共文化和政治生活，而这一理念同样有其神话的渊源。柏拉图曾借助智者普罗塔哥拉（Protagoras）之口讲述了一个优美的神话：由于城邦居民不了解"城市生活艺术"，宙斯派遣赫尔墨斯（Hermes）前去帮助他，"一手持'尊严'，另一手持'正义'，一用来制定城市的法则，另一则用来维系友情与调解矛盾"。[4]自然法思想反映在城邦社会，体现为公民生来坚信每个自由人积极参加城邦公共事务是一种自然的神赋的权利，从而激发出活泼的民主政治情绪与自由、平等的城邦精神。正如希腊早期思想家所认为："宇宙是在众神的参与和努力下井然有序的，世间

---

〔1〕 ［美］爱·麦·伯恩斯、菲·李·拉尔夫：《世界文明史》第1卷，罗经国译，商务印书馆1987年版，第208页。

〔2〕 ［苏联］涅尔谢相茨：《古希腊政治学说》，蔡拓译，商务印书馆1991年版，第54页。

〔3〕 ［法］让－皮埃尔·韦尔南：《古希腊的神话与宗教》，杜小真译，商务印书馆2015年版，第56页。

〔4〕 ［古希腊］《柏拉图全集》第1卷，王晓朝译，人民出版社2002年版，第443页。

秩序不过是世界的、宇宙的一部分。"〔1〕这一秩序源于神的宇宙观，不仅为自然法思想奠定了基础，而且也为正义、自由与平等理念渊源于神奠定了基础。在奥林匹斯神话中，宙斯是与城邦公共生活的原则联系在一起的。宙斯被视为普遍正义的最高庇护者，践踏正义不仅是反对城邦社会的行为，更重要的是必然招致神的惩罚。著名诗人赫西俄德在《神谱》中阐述了正义的理念："宙斯已经把正义这个最好的礼物送给了人类，因为任何人只要知道正义并且讲正义，无所不见的宙斯就会给他幸福。"同样，平等的观念来自于宙斯神话，宙斯三兄弟分统天、海、冥三界，对城邦公民生活的平等原则有着不同寻常的启示意义。当宙斯把智慧和技术分配给人类时指出："我愿意他们人人都有一份。因为如果只有少数分享……城市就会不能存在的。"在此宙斯给人类的启迪就是一种平等权利的观念。而每次敬神的隆重献祭仪式之后的公民聚餐，平均分享祭祀所用的牛羊肉，也体现了平等的意义。故在古希腊智者学派的自然法思想中更表明了自由、平等理念与神之间的联系。智者阿基马丹（公元前4世纪前半叶）认为："神让一切人自由，自由并没有使任何人成为奴隶。"〔2〕

正由于正义、自由、平等理念以及法律意识萌芽于神话，这既使希腊神话作为原始法典与城邦公民文化的认知体系、情感体系以及评判体系紧密融契在一起，又使公民文化中的神话思维具有拟人化、形象化以及叙事性的特征。

（二）海外殖民运动的孕育

古希腊海外殖民运动在摧毁血缘为基础的氏族制的同时，促动了法治理念的萌芽。

希腊城邦法治理念的萌发与公元前8～公元前6世纪的希腊跨海移民浪潮密切相关。跨海移民意味着跨越海洋、超越土地限制。移民在与大海的搏斗中，以血缘为基础的氏族制和神授王权的观念逐渐消弭。黑格尔在《历史哲学》中就指出："大海邀请人类从事征服，从事掠夺，但同时也鼓励人类追求利润，从事商业……平凡的土地、平凡的平原流域把人类束缚在土地上，把

---

〔1〕［苏联］涅尔谢相茨：《古希腊政治学说》，蔡拓译，商务印书馆1991年版，第13页。
〔2〕［苏联］涅尔谢相茨：《古希腊政治学说》，蔡拓译，商务印书馆1991年版，第111页。

他们卷入无限的依赖里面，而大海却挟着人类超越了那些思想和行动的有限圈子"，[1]这句话表明的就是这样的事实。黑格尔还曾就海岸文化的地缘形貌特征推论出航海—商业—公民自由的公式。而汤因比则认为"以契约为基础的政体"正是从殖民城邦传到希腊本土的。[2]从而正如阿德科克在其著《希腊城邦的兴起》中认为的："城邦据以建立起来的宪法结构是贵族政治。当生活安定下来的时候，个人领导权让位给一个阶级的稳定的影响力量，在海外，这个阶级有时候是亲手掌握了最高政治权力的最初移民……当王权日益缩小至最后消灭的时候，古老的自由人大会也消失不见或不起什么作用了。国家是能够自由自在为之服务的人的财产。政府的主要机构是议事会，它或者是贵族的一个核心集团，或者是整个特权公民，取代了君主政体这个集团的团结一致予人以强烈的印象。凡是抱负非常，因而不愿屈从这种城邦生活体制的秩序的人，可以离开本城去建立新城邦……希腊国家的本质在于国家是一个阶级的国家。'宪法就是统治阶级'，国家是围在一个小圈子里面的。这就是贵族政治的遗产……"[3]代替了古老氏族的传统，为城邦社会公民关系的建立打下了基础。

从古希腊城邦历史考察，移民城邦的居住特点，使法治理念有了产生的空间。希腊移民在本土时，是世代散居于乡村的，只有在遇到外来威胁之时，才会去巴西琉斯（王）宫城所在地"波里斯"（Polis）避难。城堡之外虽有市邑——阿斯托（Asty），却与"波里斯"有着贵贱之别，是平民的聚居地。然殖民海外，移民团体的所有成员，为防卫当地居民的报复和海盗的劫掠，只能不分贵贱地聚居在城堡中。这样，原来的"波里斯"与"阿斯托"之间的贵贱区分不存在了，新的集体意识、共同体意识则产生了。对此，历史学家汤因比评论道："这样一种民族的混合对于发展政治来说是一种异常肥美的

---

[1] [德] 黑格尔：《历史哲学》，潘高峰译，九州出版社2011年版，第33页。

[2] 托克维尔也有相同观点。他曾对美国现代文明受跨海殖民的影响评价道："希腊移民城邦的历史在17世纪的北美再次重演。那些从欧洲社会游离出来的美国早期移民从欧洲古老传统中析出平等和民主的原则，独自把它移植到新大陆的海岸上，建立了一个以契约为基础，没有贵族和等级特权，平等自由的社会。"[法] 托克维尔：《论美国的民主》，董其恩译，商务印书馆1988年版，第15页。

[3] [英] 阿德科克：《希腊城邦的兴起》，参见顾准：《希腊城邦制度》，中国社会科学出版社1982年版，第65页。

土壤。"〔1〕确实，在这一新的城邦中，原有的法则已不适用，必须按照自由、平等的原则与每个人的愿望来组织新的社会组织。这不仅在经济上表现为土地必须按公民人数平均分配，而且在政治上体现为公民的人人参与。因此，公共权力成为各方成员利益的体现。各方都是权力的主体，因而权力的行使既须以促进社会的需要为目的，又须通过公民共同制定的法律来约束权力行使的范围。因此，海外殖民不仅是对社会的再造，而且也是对人的再造。而法治理念也就在这一过程中萌动起来。公元前 6 世纪，随着波斯帝国的崛起，小亚细亚的希腊城邦移民又再次回归本土，并引起了城邦的立法改革运动，法治思想也开始在立法改革中植根。

（三）工商经济发展的推动

古希腊城邦自海外殖民运动后，城邦的工商经济和海外贸易繁荣发展（参见本书第一章"二、城邦社会经济与财政"），雅典、科林斯、麦加拉、卡尔息斯、米利都等城邦都成为了重要的商贸中心城市，希腊商人的足迹已遍及英吉利海峡、北海和波罗的海，以及西欧、北欧甚至达到非洲的西海岸。而在雅典城邦，公元前 440 年的《老寡头独裁者》一书则写道："雅典人与各式各样的外邦人混在一起，他们以此找寻到所有形式的乐子。西西里、意大利、塞浦路斯、埃及、本都、伯罗奔尼撒，只要是美物，它们都会通过海上霸权被拢聚到一个地方。"〔2〕

当时工商贸易已按行业、专业区分各自领域，手工业分工已相当精细。如马克思在《资本论》中引用公元前 370 年古希腊史学家色诺芬对制鞋和裁缝过程的记载："到处都是专业，一个工匠只是缝，另一个工匠只是剪裁皮靴；一个工匠只是裁衣服，另一个工匠则专事缝纫。"〔3〕从公元前 594 年梭伦立法改革直至克里斯提尼、伯里克利时代，以立法推动工商经济与贸易都是城邦民主政治的重头戏，即便是僭主统治时期也难例外。公元前 541 年庇西特拉图执政时，为保障雅典的海外贸易与抢占市场而建立了海军舰队，以控

---

〔1〕　［英］汤因比：《历史研究》，上海人民出版社 1997 年版，第 132 页。

〔2〕　K. R. 休斯等，《老寡头独裁者（Lactor 2）》，伦敦古典教师学会 1986 年版，参见［美］伊恩. 莫里斯：《希腊人：历史、文化和社会》，陈恒等译，格致出版社、上海人民出版社 2014 年版，第363 页。

〔3〕　《马克思恩格斯全集》第 23 卷，人民出版社 1972 年版，第 405 页。

制海上通道而被历史称为"雅典工商业昂扬的时代"。正是工商经济和海上贸易的发展，为雅典黄金时代——伯里克利执政时期民主政治的繁荣提供了立法改革的支持，如公职津贴制、参加公民大会和观剧津贴制，以及公共节庆、娱乐和文化上所需要的财政支持。这正是雅典民主政治、公民社会和法律思想的发展到达高峰时期的经济基础。

马克思《资本论》中有两句经典名言：一是"商品是天生的平等派"；二是"货币是天生的比商品更进一步的平等派"。[1]因为商品经济等价交换的原则，不仅培养了人们的平等意识，而且商业的运行与操作规范需要主体平等自由的观念萌芽外化为一种制度契约，从而孕育社会政治意义的平等自由观。从世界历史发展考量，无论是古典时代，还是近现代社会，商品经济都是推动社会发展的润滑剂，促进社会改革的催化剂。商品经济的发展不仅推动了社会的交往、流动、开放，拓展了人们的思维空间与想象力，并且造就了工商业阶层的发展壮大。而社会经济生活的丰富多彩，也使社会关系和利益关系复杂化，这必然成为推进社会立法和法学发展的社会经济需求。

马克思指出："每一个社会的经济关系首先是作为利益表现出来。"[2]而被称为"利益法学之父"的赫克在其著《法律解释和利益法学》中认为："法律是所有法的共同社会中物质的、国民的、宗教的和伦理的各种利益相对立、谋求承认而斗争的结果。"美国法学家昂格尔则在《现代社会中的法律》中探讨法治秩序形成的内在机制时认为，法治作为一种制度形态，是不同利益集团妥协的产物，法治秩序产生的前提条件主要有两项：一是自然法思想，二是多元利益集团。从这些论述中可以看到，古希腊城邦的社会政治、经济背景已初步具备这两项条件。

马克思曾指出："人们奋斗所争取的一切，都同他们的利益有关。"[3]利益不仅是法律权利的核心内容，而且也构成法治的核心内容。尊重和承认、平衡和保障不同社会主体的利益是法治的基本前提。同样，民主作为一种价值观，从一种视角而论也是一种利益关系的表现，是社会利益的要求在政治

---

〔1〕 马克思：《资本论》第 1 卷，人民出版社 2004 年版，第 103 页、第 152 页。
〔2〕 《马克思恩格斯全集》第 18 卷，人民出版社 1964 年版，第 307 页。
〔3〕 《马克思恩格斯全集》第 1 卷，人民出版社 1956 年版，第 82 页。

上的展现，是不同利益集团关系平衡在制度框架上的体现。而民主与法治之所以相辅相成，就在于对利益的调整、平衡与保障上是统一与联系的，树立法律至上的权威是民主之法治要求，民主为法治提供重要的合法性支持；而对权力制衡与权利保障是法治之民主要求，法治为民主的有序运行提供规则和保障。故代表工商阶层利益的梭伦在推行民主政治的立法改革中，为了城邦秩序的稳定，他要"拿着一只大盾，保护两方，不让任何一方不公正地占据优势……自由不可太多，强迫也不应过分……在我团结人民去谋求的一切目的中……调整公理和强权，协和共处……我制定法律，无贵无贱，一视同仁，直道而行，人人各得其所"。[1] 从处于希腊世界工商经济重要中心的雅典城邦的梭伦立法改革所采取的一系列政策措施，贤者哲人纷纷对自然法思想进行诠释，到哲学家柏拉图在《理想国》中强调"立法者制定每项法律的目的是获得最大的善"，而"最大的善既不是对外战争也不是内战，而是人民之间的和平与善意"；以及在其《法律篇》著作中指出："法律的基本意图是让公民尽可能幸福，并在彼此友好的关系中最高度地结合在一起。"[2] 我们可以看到，古希腊的法治与民主观念是同公民利益、生活和公民社会价值取向紧密联系在一起的。

雅典"百科全书式"的学者亚里士多德则在《政治学》中强调道："法律的实际意义却应该是促成全邦人民都能进于正义和善德的（永久）制度。""要使事物合于正义，须有无偏私的权衡；法律恰恰正是这样一个中道的权衡。"在平民政体城邦中，"法律规定所谓平等，就是穷人不占富人的便宜；两者处于同样的地位，谁都不做对方的主宰"。[3] 而到伯里克利执政时期，他在城邦阵亡将士葬礼上著名的演说中也强调："我们的政权在全体公民手中……每个人在法律上都是平等的。"这些论述表明了正义、善德、平等观念已是公民道德伦理关系的主要特征。因此，我们可以看到商品经济不仅是孕育社会契约、公民意识的摇篮，而且也是培养法治理念的温床。

---

〔1〕　［古希腊］亚里士多德：《雅典政制》，日知、力野译，商务印书馆2014年版，第15~17页。

〔2〕　［古希腊］柏拉图：《法律篇》，参见《西方法律思想史资料选编》，北京大学出版社1983年版，第25页。

〔3〕　［古希腊］亚里士多德：《政治学》，吴寿彭译，商务印书馆1997年版，第189~190页。

（四）城邦立法改革的保障

城邦的立法改革，调整规范了公民社会内部各自的权利和义务，保障了平民公民化的权利，从而使法治理念得到了初步提炼。经济是政治的基础；政治是经济的集中表现。"抽象的利益并不构成法律。构成法律的是要求，即真正施加的社会力量。"[1]城邦法治的建设，同城邦贵族与工商阶层、平民的矛盾和斗争的推动、促进密切联系。[2]以雅典城邦立法改革运动的历程为例，梭伦立法（公元前594年）之前，随着雅典氏族制度的逐渐瓦解，氏族内贫富日益悬殊，使贵族与小农矛盾激化。同时，城邦政治权皆掌握于传统贵族手中，不仅元老院是贵族垄断机构，元老院之外的公民大会也只是起到点缀的作用，没有实际权力。经济与政治双重矛盾，使平民与贵族的对立日趋危险与紧张。因此，梭伦针对这一社会分化现实，进行了经济上与政治上的改革。顾准评论道："改革以前的雅典是贵族阶级的寡头专政，平民不仅无权议政，而且处于债务奴役的状态。改革以后，贵族阶级固然还是当政阶级，然而非贵族的富裕农民也成了当政阶级，从前实际上并无公民权的平民，现在在公民大会中也听到他们的声音了。"[3]在贵族与平民的斗争中，城邦制度逐渐完善，并推动了城邦法治理念的构建，"梭伦法典以其完善、简洁、富有弹性而为后世所称道"，"从此以后，雅典进入'法治'统治，即优鲁米亚（Euno-mia）时代"，"希腊城邦中的法治传统，遂于此奠定"。[4]

梭伦立法改革以后，城邦工商经济繁荣，公民的物质生活水平得到提高，但对政治权力的要求，使城邦氏族内部贵族与平民之间的矛盾仍然尖锐、复杂。由于新的阶级——即从事工商业的富人——对旧贵族权力的竞争，使旧

---

〔1〕 ［美］弗里德曼：《法律制度》，李琼英、林欣译，中国政法大学出版社1994年版，第359页。

〔2〕 在希腊古典时期各城邦立法运动开展前，平民和贵族的矛盾与冲突是激烈的。柏拉图曾描述道："每个城邦，无论它是如何小，本身就包括两敌对的城邦：一个是穷人的城邦，另一个是富人的城邦。"贫民"坐在城里，身怀白刃，有些负债累累，有些丧失体面，有些兼有此两种不幸而怀着愤恨，打算对付夺去他们财产的人，甚至对付所有的人——他们在打算起义"。此外，米利都城邦贵族墓碑上刻有："勇者之墓：他们曾在短期间顽抗可诅咒的雅典平民。"亚里士多德曾提到一段贵族誓词："我发誓，我将尽其所能给他们以损害。"参见［苏联］塞尔格叶夫：《古希腊史》，缪灵珠译，商务印书馆1965年版，第389页、第390页。

〔3〕 顾准：《希腊城邦制度》，中国社会科学出版社1986年版，第124页。

〔4〕 顾准：《希腊城邦制度》，中国社会科学出版社1986年版，第125页。

的氏族残余失去了最后的地盘，"现在，氏族、胞族和部落的成员都遍布全阿提卡并完全杂居在一起"。[1]因此，氏族、胞族和部落已不适宜作为政治团体。故至克里斯提尼改革（公元前509年），即是对政治团体进行改革，以地域部落代替血缘部落，使平民都能参与城邦的公共政治生活。同时以一系列立法措施对贵族可能进行的损害公民权利的阴谋进行预防。这种以法律平衡和调节平民与贵族的矛盾的方法，对法治理念的形成有实际的意义。

而伯里克利改革（公元前444年），同样是对贵族与平民斗争的缓和，对两者权利的平衡。他废除选举官员的财产资格限制，以及给各种职务以津贴，这不仅使平民真正享有了政治参与的公民权，而且使平民也有机会平等地参与城邦治理了。同时，伯里克利将贵族院和各执政官拥有的司法权分别转交陪审法庭与公民大会，使贵族的专断势力受到扼制。这样，陪审法庭就逐渐成为了与贵族政治斗争的法治象征。许多雅典城邦制度的反对者，包括元老院成员，因滥用职权、贪污受贿而被判罪，法庭成为平民与贵族斗争的最佳场所。可以说，正是经过城邦贵族与平民长期的斗争，并在一系列的改革中，贵族、平民相互妥协，不以暴力强加于对方，使法成为确定和保护城邦各阶层公民权利、平衡和调整城邦内部贵族与平民关系的重要手段，由此形成一致遵行的效力，并使法律权威以及法治理念与信仰被树立起来。

（五）城邦公民关系的协调

在城邦空间范围内，城邦公民关系的协调促使了法治理念的架构。城邦是自给自足的公民集团，因此决定了其规模的适度性。如柏拉图在其《法律篇》中就规定了公民人数为5040人，目的是在一定范围内使公民交往更加紧密，从而人人都能关心城邦政治。故在公众与私人生活的对立中，公民鄙视脱离城邦公共生活者，他们称单个公民为"idiots"，这就是现代英语中的"白痴"（idiot），其义可想而知。在伯里克利时期就设有专门的法律，像对待社会中的无用之人那样，严惩不参加城邦事务的公民。因此，积极参加公共事务，是城邦公民的生活方式。而公民作为城邦政治的参与者，是最高权力机关——公

---

〔1〕《马克思恩格斯选集》第4卷，人民出版社1966年版，第112页。

民大会的成员，拥有选举官员、通过或否定法律以及议案的权力；不论财产资格高低，都能被选举担任国家职务。正是在公民"轮番为治"管理公共事务的城邦生活中，公民关系相互协调，法律则作为一根主线贯穿其中。一方面，由法律来公平地分配权力和利益，妥善地调节公民内部各政治阶层及各利益群体之间的矛盾，从而建立起一种和谐、优良的法治秩序；另一方面，城邦公民在法律的保护下，在政治上享有了自由、平等和民主的权利。在这种状态下，公民深知"没有法律会给公民带来普遍的危害，抢劫、残杀、暴力叠起，只有法律才能治愈这些祸害"，[1]法律是城邦社会秩序之源，是公民共同意志的逻各斯之果，故柏拉图曾说："服从法律就是服从神。"而苏格拉底尽管对法庭上的指控有异议，但他仍服从法律判决而不逃避，这充分体现了一个希腊城邦公民宁死也应尊重与服从法律的信念。因此，公民认识到："应当为法律而战斗，就像为自己的城垣而战斗。"[2]如希波战争中温泉关战役，斯巴达国王为服从城邦决议，率手下几百勇士英勇战死在温泉关，他们在岩石上刻下这样的文字："路人，去告诉斯巴达人，为遵守法律，我们躺在这里。"[3]这无疑对城邦公民社会产生了巨大影响，给了公民以思想、精神上的陶冶、升华，并由此在社会形成了法律权威的传统以及促进了法治理念的建构。

（六）城邦外部压力使然

城邦的安全和利益，也是城邦法治理念得到确立的因素。希腊城邦所处的地理环境并不优越，希腊半岛和小亚细亚沿海地区由连绵不断的山脉和回缓弯曲的海岸线构成。因此散居各处的诸多城邦被撕裂成一个个小块的自然社区，没有可作为地区合并基础的天然政治地理中心，从而只能建立起小国寡民的"城邦国家"。全希腊城邦林立，在总共十几万平方公里的土地上，建立了数百个城邦。为了生存，城邦间相互斗争不断，战争时有发生。这一城邦背景，使城邦公民只有团结一致，方能对付外邦的威胁。同时，外部强敌

---

〔1〕　参见汪子嵩等：《希腊哲学史》第1卷，人民出版社1993年版，第511页。
〔2〕　[苏]涅尔谢相茨：《古希腊政治学说》，蔡拓译，商务印书馆1991年版，第14页。
〔3〕　参见[法]菲斯泰尔·德·古朗士：《古代城市：希腊罗马宗教、法律及制度研究》，吴晓群译，上海人民出版社2012年版，第218页。

波斯帝国等虎视眈眈，随时有侵略的可能。因此，在城邦安全与利益的要求下，城邦必须推行公民兵制，凝聚与团结所有公民的力量与资源来捍卫城邦的独立与自由。如雅典城邦第一等级富裕公民负担大部分的军费（骑兵、舰队等），第二、三等级公民为重装步兵主力，第四等级公民参加轻步兵等。在同生共死的战斗中，希腊方阵中的公民在笛声中齐步前进，只有肩并肩、互相保护、紧密配合、步伐一致、同心戮力，才能稳住阵脚，共同打击敌人方有胜利的希望，这就必然产生政治上权利平等的基础和理念。故城邦的法律设置，是维护"家有武备而又力能持盾的公民"的政治权利的。因为只有使城邦中的公民权利得到保障，才能激发全体公民保卫城邦、一致对外的决心。尤其在城邦面对波斯强敌之时，法律规定，原来只能作为轻步兵或军事辅助人员的第四等级也可以参加海军，这使公民人数最多的第四等级不仅拥有了保卫城邦的军事权，也使其获得了相应的政治权力。[1]这表现为选举官员的财产资格限制被取消，参加公民大会和公职的津贴制等为政治参与和各级官职真正面向多数下层平民开放敞开了大门。平民不仅有了参与政权的机会，而且参加陆海军的士兵也可以获得津贴。这在制度上、生活上保障了作为武装力量中坚的下层公民，不被排斥于城邦的公共政治活动外。城邦公民深感自己是"国家的主人公，怀着高度的爱国主义，与为祖国的幸福而牺牲的决心"，[2]终赢得波希战争的胜利。故正是在保卫城邦的过程中，法治理念得以发展，而与此相辅相成、相得益彰的是公民的权利得到保障。

（七）公民文化的支撑与融契

公民社会与法治在价值取向上是相向一致的。而法治不仅包括法律制度等制度性要素，同样也包含公民文化、道德信仰等深层蕴涵和内在性要素。公民文化（civil culture）集中表现为公民的政治文化，它的理论源头仍然是古希腊先贤以及柏拉图、亚里士多德对公民品德、理想、优良生活与价值诉

---

〔1〕 历史学家斯塔夫里阿诺斯指出："因为划船投入战斗的划手都是无财力将自己装备成重甲步兵的公民，所以，城市贫民这时在军事上所起的作用甚至比有财产的重甲步兵还要重大。这自然加强了民主政治运动的发展。"［美］斯塔夫里阿诺斯：《全球通史——1500 年以前的世界》，吴象婴、梁赤民译，上海社会科学出版社 1999 年版，第 208 页。

〔2〕 陈刚：《西方精神史》第 1 卷，江苏人民出版社 1999 年版，第 189 页。

求的论述。[1]公民文化所呈现的公民心态、行为规范以及自由、平等、权利、正义等价值取向对权威稳定性和社会秩序尤为重要，并对法治起到重要的内在支撑作用。故古希腊城邦公民文化不仅对公民的政治思维，而且对法治理念起着支撑与融契的重要作用。这可从以下三个方面审视：

第一，公共政治活动不仅是城邦公民文化的核心，也是法治理念的源流活水。城邦公民文化不可或缺的组成部分是公共广场的公民民主政治活动。在公共广场中，公民参加公民大会的议事及法庭陪审，这一切都必须在法律的规范之下进行。在古希腊语中，"市政广场"（agora）一词的原意是"公民大会"，其本身就含有"集会之地"的意思。在雅典的市政广场上建有一个"纪名英雄墙"（Eponymous Heroes），墙身为有关城邦公共事务的公告栏，公民大会的公告、各项法令的预案皆公告于此，供公民集体讨论、辩论，而后在公民大会上投票表决。同时，公民大会所通过的法令都刻在石碑上公布于公共广场。在公共广场上，公民天天在其中对人物时事和城邦政治自由地进行臧否褒贬、评价论辩。如苏格拉底的职业是石匠，但他经常利用空余或夜晚到广场进行讲演说道。有研究者认为，雅典公共广场就是孕育玄学、哲学、伦理学等思想理论的温床与摇篮，是民主实践的训练场。故在公共政治生活中，公民不仅能够深切感受到自己的政治权利，而且体悟到法律规定自己的义务与责任，从而产生对城邦的忠诚与尽责。因此，作为公民文化核心的公共广场政治活动使法治理念有了源流活水。

第二，作为公共文化空间的体育竞技场所，也是培育法治理念的摇篮。体育竞赛是希腊城邦公民重要的文化活动。如全希腊性的运动会——奥林匹亚运动会期间，任何战事必须暂停，称为"神休战日"，表明了体育竞技的神圣与重要性。而大家在共同认可与服从遵守的规则下进行公平竞争，有利于法律规则意识的培养。同时，在希腊城邦，进行体育竞赛的竞技场、体育馆不仅是单纯的运动场所，更是城邦的公共文化空间。如雅典城外两处著名的运动场——阿卡德米与莱西昂，雅典人常在此举行赛跑、跳远、掷铁饼等体育活动。同时，公民在此进行哲学、法律、城邦事务的辩论。这种思想的交锋，使阿卡德米成为柏拉图讲坛的所在地，而莱西昂后来成为亚里士

---

[1] 参见刘雪松：《公民文化与法治秩序》，中国社会科学出版社2007年版，导论第8～16页。

多德所领导的逍遥派的论辩中心。由于亚里士多德的大量教学活动是在环运动场的林荫道上漫步进行的，又被称为"漫步学派"。而这些哲学家、政治思想家们对法治理念的深邃思考和阐论，也在公民文化的环境氛围中得到了广泛传播。

第三，戏剧活动作为公民文化的表现形式，尤对法治理念的形成有促进意义。戏剧史专家罗念生曾认为："雅典的民主政治提倡集体生活，人民大众的思想感情要求用集体方式来表达……唯有戏剧才能适应这种新的要求。"[1]城邦戏剧活动不仅是一种象征公民权的文化活动，是城邦公民集体意识的反映；而且集中体现了希腊人的民族文化性格、价值观念和思想精神。因此，观剧的露天剧场是城邦的标志性建筑之一。如可容纳 17,000 公民的雅典狄俄尼索斯剧场，就是公民政治活动的空间。作为一种文化活动的戏剧表演，是一项综合的公民群体活动，观看表演的公民不仅仅是单纯的观赏者，而且是积极的参与者和评判者。布克哈特就认为戏剧赛会是古希腊民主制的重要部分，其"成为最普遍的催化剂，不仅为每个人愿望的实现和潜能的发挥提供了可能性，也为民主制的产生和实施创造了条件"。[2]因为戏剧表演是以竞赛的形式上演的，由公民观众进行评判；同时，表演的内容同城邦公民群体的利益密切相关。如埃斯库罗斯的《波斯人》描写的就是萨拉米海战中雅典人战胜波斯人的情景。通过戏剧表演的共同参与，通过剧场、戏剧、舞台、演员和观众所构成的公共空间，戏剧的程式、象征、音乐、环境气氛诸因素的渲染，戏剧人物与城邦公民的仪式与心灵互动，使城邦公民身心震撼、热情激发，这培养了公民的集体精神，使公民意识到自我的团体意义，从而产生共同的情感。更为重要的是，通过戏剧表演的形式，公民群体对城邦事务进行了深层反思，对城邦法治理念的建构十分有益。如著名戏剧家埃斯库罗斯的戏剧作品《普罗米修斯》中，讲述了英雄普罗米修斯教导人类走向文明的艺技（如农耕、木匠、航海、医药等知识），他盗取宙斯的神火送给人类；当他因反抗宙斯的意志被钉在高加索风雨侵蚀的崎岖峭壁上，他仍拒不屈服，

---

[1] 罗念生：《论古希腊戏剧》，中国戏剧出版社 1985 年版，第 5 页。
[2] ［瑞士］雅各布·布克哈特：《雅典人和希腊文明》，王大庆译，上海人民出版社 2008 年版，第 227 页。

不愿背弃他热爱的人类。正如吉尔伯特·默雷评价："普罗米修斯反抗统治世界的强大暴君，是为人类造福的伟大战士。"[1]普罗米修斯的英雄行为实际上是体现了一种反抗专制权力的正义精神。马克思曾赞誉普罗米修斯为"哲学日历中最著名戏剧家、高尚的圣者和殉道者"。[2]又如著名戏剧家欧里庇得斯的戏剧作品《请愿的妇女》，在描述雅典人心目中的英雄提修斯时，就谴责了独裁者的特权以及指出平等作为法律与正义的价值。剧中的对话这样说道：

> "不，陌生人，安静！你开始说话第一句就说错了，
>
> 在这里来找寻主人！这城邦不是由一个人
>
> 统治着，它是自由的——
>
> 人民每年相继地执政，富人有权，
>
> 穷人们也有相同的权利。
>
> 在雅典没有'政府'，因为人民就是'政府'。"[3]

再如著名戏剧家索福克勒斯的悲剧作品《安提戈涅》中讲述：古希腊少女安提戈涅有一个哥哥叫波吕涅克斯，因反对忒拜国王而战死沙场。国王克瑞翁下令，将其暴尸城下，不准人们哀悼、殓葬，任由乌鸦和野兽啄食其尸体，凡违反此法令者将被乱石砸死。然按照古希腊悠久的传统民俗，死者若不入土，其阴魂便不能渡过冥河前往冥土。安提戈涅作为妹妹不顾禁令，以传统民俗方式埋葬了哥哥，最后她因违反禁令而被囚于石室自缢身亡。这一悲剧向法律提出了一个千古天问：法究竟是什么？悲剧中，当国王克瑞翁咆哮着怒问："你知道你犯了法吗？"安提戈涅却语带讽刺地反驳说："你的说话也能算是法律吗？宙斯并未宣布这样的法律，正义之神也从未定下过这样的法律要人们遵守，因此，我也不认为你说的话是有法律效力的。"[4]这里，戏剧家借剧中人物的对话，从与合乎人性的神律相结合的自然法思想中的道德与正义维度，提出良法与"恶法非法"的观点。正如古希腊智者吕哥弗隆的

---

〔1〕［英］吉尔伯特·默雷：《古希腊文学史》，孙席珍等译，上海译文出版社 1988 年版，第 233 页。

〔2〕《马克思恩格斯选集》第 4 卷，人民出版社 1972 年版，第 454 页。

〔3〕［古希腊］欧里庇得斯：《欧里庇得斯悲剧集》（下），周作人译，中国对外翻译出版公司 2003 年版，第 1214 页。

〔4〕参见余定宇：《寻找法律的印迹》，法律出版社 2006 年版，第 36 页。

一句名言："法律只是人们互不侵害对方权利的保证。"

从古希腊戏剧内容论，既有对神的谕示与人的命运的深刻思考，以形塑思想化的悲剧英雄表达和讽刺喜剧中的大胆自由的批评，对正义、自由的理想精神的探索；更有展现与揭示作为公民文化精神蕴涵——对民主政治与法治理念的价值追求。

三、希腊城邦法治理念的社会意义

古希腊城邦孕育的法治理念，是与城邦宗教、传统习惯、公民政治思维以及社会历史发展与变化而滋养的文化特性密切联系的。其作为一种对人类文化起推动与启示作用的思想资源与精神财富，不仅具有深远的历史意义，并且具有现实的社会意义。古希腊法治理念对城邦社会发展的意义主要表现在以下六个层面：

第一，在城邦法治理念的建构中，对伦理道德的呼唤从未停止，从而有利于民族伦理道德培育。

在城邦公共生活中，公民的个体活动与城邦公共活动紧密联系在一起，这就需要形成一种公正平等的政治局面，使公民有平等的参政议政权。这样，公民间的伦理道德关系的主要表征就是公民间的平等关系。而这种公民道德伦理的表现方式即法律所规定的权利和义务。公民对平等、权利、自由与正义产生的法治理念与信仰，使公民视道德与法治精神为一体，使道德法治化、道德精神上升为法律原则。正如城邦哲学家德谟克利特所指出："法律意在使人民生活有利，它应该能做到这一点，因为人民自己希望得到好处；这表现于那些服从法律并以之为自己特有的美德的人。"[1]同样，亚里士多德的法治思想亦阐明了法律是有道德的和文明的生活不可缺少的条件，法律是民族伦理道德的具体体现，没有法治，就不可能有城邦生活，也就不能满足民族伦理道德的要求。这种城邦人人平等的观念，使公民坚信在社会中的地位和机会都是平等的。而人存在于城邦的公共生活空间，就必须是社会公德高于个人道德，由此形成平等观念的道德定位。因此在人人平等的前提下，只有普

---

[1] 参见汪子嵩等：《希腊哲学史》第 1 卷，人民出版社 1993 年版，第 1082 页。

遍认可的法律才能规范和调整人与人的相互关系，只有以法律才能统治城邦公民，并遂使法治"作为权衡之器"成为公民的道德共识。同时，公民在法治的引导下，意识到法律不仅是约束性的，而且意味着更多的引导、自由与方便。因为有了权利与义务的观念，为了自己的公民权利与自由，就要履行自己的义务，并且不得妨碍他人的权利。这样，守法成为一种道德标准，在城邦政治生活的影响下，法律不仅仅体现正义，而且也是道德的体现。因此，法律也不只是条款规范，还是一种意识，一种民族伦理道德的意识。德谟克利特就认为，每个城邦公民都有关心"公共事务"顺利完成的道德义务。[1] 同时，城邦中法成为公民阶层关系协调的最高和最权威准则，法律浸润、渗透于各种公民关系和城邦生活之中。因此也使法的统一性和权威性成为民族伦理道德统一的也是权威的载体，并成为城邦思想家孜孜以求的公民生活的幸福——"善"的载体。法律努力追寻着对民族道德的统一，而这一过程，也正是民族伦理道德上升为法治精神的过程。

第二，法治理念的建构过程，有利于培养公民的法律意识，并促使城邦法治成为社会生活模式与价值取向。

城邦法治是对公民权利的保障，使公民成为城邦主人翁而自尊、自信。城邦的公民社会性质，又必然使公民的关系采取法律规范来调节和约束。公民们要在这一城邦体系中生存发展，就必须确立法律至上、法律面前人人平等、遵守法律、维护正义等法治规范。因此在希腊城邦作为一个好公民，意味着服从法律，关心政治，独立自主。同时，要成为这种优秀的公民，就必须学习诉讼、演说与辩论。这是一个公民积极参与政治、忠诚于城邦的表现。因为在城邦的法治模式下，尊法与学法，不仅可以使公民在抽签担任公职时克尽其职，而且也便于在卷进诉讼时作防身之用。这既是为了城邦的发展，同时又保障了个人的权利和幸福。法治从这一层面意义而论，是从伦理道德发展为社会行为模式，即从内在品性和道德精神发展为外在行为特征。法治意味着法只以公民主体行为为调整对象，同时又决定了主体在行为中的价值取向。正如智者吕西阿斯（约公元前458～公元前380年）所言："雅典人按照自由人的精神指导城邦事务，用法律弘扬善的，惩罚恶的。他们认为用暴

---

〔1〕［苏联］涅尔谢相茨：《古希腊政治学说》，蔡拓译，商务印书馆1991年版，第73页。

力侵犯别人是野兽行为。人类将法律当作公正与否的界石","使人在行动中服从法律的力量"。[1]吕西阿斯视"法律为王",从他的言语中反映了法治的价值引导对公民精神塑造的影响。苏格拉底则认为,公民要无条件地忠于本城邦及其法律,"应该执行它(法律)的命令,而一旦国家作出了判决,就必须忍受难以忍受的一切……这一切所以应该执行,是因为正义就在其中"。[2]苏格拉底自己就是无条件服从法律的典范,以他的从容赴死表明了作为公民应认同法的价值取向,并从一个侧面反映了城邦公民对法律的敬畏与信仰。法律一方面通过引导的方法使公民主体自觉尊奉法律作为价值目标,因为"法律的基本意图是让公民尽可能幸福,并在彼此友好的关系中最高度地结合在一起";[3]另一方面,又通过强制手段迫使公民主体在行为中接受法律的价值导向。当城邦公民在其行为中自觉尊奉法律为价值目标,或者一旦其在行为中偏离法律之价值导向即招致法律上的强制结果时,法律即涵化为城邦社会的行为模式和价值取向。

第三,法治理念是得到公民社会共识的思想主张,法治使个体为社会服务,同时由于文化思想上的张力,法使个体意识自觉达于社会整体和谐秩序的境界。

亚里士多德认为,一个没有城邦归属的人好像"棋盘上一颗孤单的棋子"。其意就是公民只有在城邦舞台上才能展现自我,个人只有在社会群体中同别人有互动关系才能幸福地生活。这一思想正是希腊城邦公民的普遍思维特征。公民认同城邦法律与法治,认为只有通过充分参与城邦生活和事务才能与社会和谐。一个在城邦法治生活环境中成长起来的准公民,在其年满18岁被接受为公民时,他会宣誓:"我将理性地服从现存的政府和已设立及将设立的法律,如果有人企图破坏或不服从法律,我绝不容许……耿耿此心,天神为鉴!"[4]这有力地表明公民个体对城邦法治的高度认同。因此亚里士多德说:"人得到完善后是最好的动物,但是如果他孤立于法律与正义,他就是最

---

〔1〕 汪子嵩等:《希腊哲学史》第2卷,人民出版社1993年版,第218页。

〔2〕 [苏联] 涅尔谢相茨:《古希腊政治学说》,蔡拓译,商务印书馆1991年版,第123页。

〔3〕 [古希腊] 柏拉图:《法律篇》,参见《西方法律思想史资料选编》,北京大学出版社1983年版,第25页。

〔4〕 [苏联] 塞尔格叶夫:《古希腊史》,缪灵珠译,商务印书馆1996年版,第274页。

坏的动物。"[1]故一个孤单的人与正义一词毫无关系。正义、公正只会在一个城邦群体中体现。城邦正是以法治规范、公共节日、公民文化，促使公民参与城邦的治理。尤其是通过有关公正的议事会、陪审团——法庭的辩论来引导、规范和塑造城邦公民，使参与政治——治理城邦成为一种权利、一种责任与一种教育。这与梭伦立法中的一项法律与此有着重要的关系，他所立法律规定，公民不得在城邦动乱中漠不关心政治，否则剥夺其公民身份。梭伦相信："一个人不应该对共同利益不问不闻或不加置理，只顾妥善安排自己的事，以自己不参与国家的动乱和危难为荣。"这一思想同样反映在伯里克利著名的阵亡将士悼词中：雅典人"认为一个不关心公共事务的人，不是一个没有野心的人，而是一个无用的人"。[2]

在这种思想影响下，个人融于公民集体之中，他们相信社会应建立在法律的秩序之上；法律应在任何方面受到尊重而保持无上的权威，执政人员与公民团体只应在法律所不及的"个别"事例上有所抉择，两者都不该侵犯法律。同时，因为城邦法律按照合法性原则公正而有规律地受到制约和管理，城邦公民的自由所承受的危害较少，理性的个体想要为人们彼此创造最大程度的自由，就必须依靠法治。一个服从秩序的城邦公民，如对他所拥有并行使的权利感到有信心，很自然地就要去维护法治，使个体意识自觉地融契于社会整体的和谐秩序之中。

第四，一方面，法治是法律规定从形式上划定了权力的范畴；另一方面，则是法律的权威引导了这一权力运行。

从一定意义上论，法治是民主的精华，民主是法治的前提。城邦法治理念的建构，使"主权在民"的民主政治得到保证。在雅典城邦，公民大会是最高的权力机构，凡大会通过的议案均属必须遵循和执行的法律。重要的法律要委托大会秘书刻碑。碑文的开始必然是"议事会和人民议决"，或仅是"人民议决"，表示公民权力的至高无上。可以说，正是法治的原则，规定了公民的权力。而公民又利用这一权力使民主政治得以实施。在雅典，公民大会成为唯一不受任何其他公共权力机关制约的最高权力机关；一切公民，不

---

〔1〕 ［古希腊］亚里斯多德：《政治学》，吴寿彭译，商务印书馆1997年版，第9页。

〔2〕 ［古希腊］修昔底德：《伯罗奔尼撒战争史》，谢德风译，商务印书馆1960年版，第131页。

分财产的多寡，均享有平等参与公民大会和拥有在大会上决定国家重大事务的投票权；公民拥有知情权、审议权，即享有自由发表意见、了解讨论内容真相的权利；轮番为治，所有公民享有平等的选举权与被选举权；而各级公共权力机关均实现集体领导，在作出决定时遵循少数服从多数的民主原则。

民主政治的健康实施又反过来引导了公共权力在法治的轨道上运行。这就是国家的全部权力，包括立法、行政、司法等权力应在法治的原则下运作。官吏上任前，首先要接受资格审查，如有问题，要交法庭裁决，以决定可否任职。官员离任同样有严格审查是否违法的程序。官员无论在任还是离任，皆无任何特权。对于执政的官员，公民大会每年要进行信任投票，如对某一官员不信任，该官员就得接受法庭审讯，甚而受到惩罚。尤其是公民法庭"违法法案指控"（graphe paranomon）的权力，若发现议事会上草拟并经公民大会通过的任何法案与现行法律法规相悖，或不符法定程序，公民可在法案通过后一年内向法庭诉讼，追究提议人及会议主持人的责任。这不仅以公民大会等制度保证了公民分享城邦的权力，并且用追究个人责任的方法对民主政体的运行提供了可靠的制度保障，使"政事裁决于大多数人的意志"，而"保证大多数人的意志就是正义"[1]的城邦政治能为公民带来最高的"善"——幸福。

第五，法治理念不仅对权力和权利具有社会政治意义，同时，还有一种对社会文化的导向作用。在法律面前人人平等的法治理念熏陶下，作为城邦主人的公民的精神获得张扬。伯里克利曾言："我们每个公民，在许多生活方面，能够独立自主，并且在表现独立自主的时候，能够特别地表现温文尔雅和多才多艺。"[2]这表现在公共领域中积极参与公民生活最崇高的活动——宗教祭祀仪式。尤其在雅典，四年一度的雅典娜女神祭祀节庆，全城公民都要穿上最华美的服装举行祭神游行。他们举行朗诵、音乐、舞蹈、合唱、竞走、赛车等比赛。这些公共文化活动的参与是对城邦公民权利上的确认。若不能参加公共节庆活动，他们的人生便失去了价值，而正是在这一公共社会的参与中使古希腊古典文化达到了时代的高峰。

在法治理念的引导下，公民在公民大会上和法庭上，有权表述自己的政

〔1〕 ［古希腊］亚里斯多德：《政治学》，吴寿彭译，商务印书馆1997年版，第140页。

〔2〕 ［古希腊］修昔底德：《伯罗奔尼撒战争史》，谢德风译，商务印书馆1960年版，第133页。

治观点。因此辩论成为公共政治活动中最重要的言说形式。这样，演说术和辩论术作为必须掌握的学问，使智者（shophists，智慧的教师）学派能够在城邦公共生活中发展起来，他们满足了城邦公民掌握辩论演说术的要求，云游于各城邦之间，培养有志于这些技术的人们。而这一学派的思想又对城邦文化起到推动作用。他们摆脱前一代哲学家关注的中心——自然科学问题，对人自身的认识有进一步的关注。如智者普罗塔哥拉提出"人是万物的尺度"，不仅对城邦个性自由思想发展有很大影响，而且也使城邦思想文化进一步发展。希腊最著名的哲学家苏格拉底、柏拉图以及亚里士多德等都受到智者学派的影响，在城邦世界中把思想文化推向新的高峰。

除了哲学思想上的繁荣，戏剧的发展也是文化发展的一个标志，这同样是在法治理念的引领下开展的。由于城邦社会中，人的生命必须与人的智性紧密结合在一起，使人的智性得到极大的发挥。表现在戏剧中，埃斯库罗斯、索福克勒斯和欧里庇得斯的悲剧不仅以形象的优美动人，也以形式的严正和完美，使古代希腊悲剧主人公的形象，如普罗米修斯、奥狄浦斯、菲德尔、伊斐格尼亚等在许多世纪以后仍然是欧洲各族人民的文学中活生生的形象。在整个悲剧艺术中表现的，就是城邦视野中的人，是与命运作斗争的人，从中肯定人的力量、人的英勇精神和人的自由自在，这是智者思想在戏剧中的反映。

而以阿里斯托芬为代表的喜剧更表现了城邦法治理念下的自由意识，他以强烈的城邦公民意识关注着城邦的政治生活，对城邦治理的弊端进行讽刺与揶揄。他以喜剧隐晦但又十分明显的方式，向城邦公民表现人人关心的政治、艺术和法治与道德问题。

第六，法治理念的建构使城邦形成民主法治、自由平等的城邦精神。

城邦法治精神、城邦公民生活使公民形成了关于社会秩序的共同观念，也就形成了新的城邦精神：理性并热心地参与公共事务活动，服从法律以维护社会政治秩序。

在这一城邦精神的支配下，城邦的社会建构表现为：一切以法律为枢纽对公民主体关系进行整合。法律既是公民社会的行为规范，也成为其精神寄托。而在这一前提下，法治的公民社会又必然以公民为核心，尊重、强调公民的自由、平等等权利。法治的真谛是公民权，这一城邦精神成为始终贯穿于城邦公民社会的精神价值基础。城邦重视、突出城邦公民，并且更突出的是公民集体，即整合意义上的人。

"城邦的根本精神是自治自给，是完全的主权和完全的独立，这是希腊文明创造性的特征的根本来源。"[1]而这种自治自给，正是由于公民对土地的拥有，建立在经济独立的基础之上。唯其如此，公民主体精神和意志才成为社会现实。在此情况下，构建公民社会的秩序、保障公民权利，成为人们精神关注的核心问题。而"法律面前人人平等"，才能既确保公民主体的独立性，又能实现独立主体间的秩序整合，通过机会平等以及过程平等，有效地调节独立主体的自觉性，实现公民社会对平等的精神要求。

城邦精神中不能忽视的是自由精神。事实上，公民社会平等精神的动态表达正是自由。公民可以自由思想、自由言说，因此自由成为公民社会的象征，是公民社会主体的基本属性。通过法治确保公民主体的精神自由和行动自由，既是公民社会的追求，也是公民社会精神需求和城邦精神建构的枢纽与核心。同时，城邦精神又是强调理性的。这里的理性精神，从根本上说取决于公民社会的本体存在。在城邦公民政治活动中，对人类理性的挖掘和对人性的有效调控是使公共政治思想文化得以开展的基础。而且，法律作为"没有感情的智慧"，可使稳定的制度理性和主体精神互为制约、相得益彰，在公民社会存在的决定下使理性精神与理性制度得到较为完美的结合。

正是在城邦精神的引导下，公民在法治保障的城邦公共空间中参与政治。公民身份所蕴含的自由、正义、平等、权利等价值理念日益普及。公民们期望献身于和致力于城邦的共同利益。他们视为城邦的生存或荣誉而战时的勇敢和自我牺牲是至高无上的美德。当一个人在其公民同胞的心目中赢得了荣誉和尊敬，并受到城邦的集体铭记时，他就实现了生命的意义，城邦精神即在他的身上展现了。

然建立在奴隶制城邦基础上的法治理念毕竟存在无法回避的缺陷。这表现在从阶级本质而言，这是统治阶级（公民阶层）对奴隶实行专政的城邦制度。在城邦，"奴隶没有任何权利，始终是被压迫阶级，不算是人"。[2]奴隶不享有公民权，也就不能参加公民大会，他们的意志上升不到城邦意志——

---

[1] 顾准：《希腊城邦制度》，中国社会科学出版社1986年版，第61页。
[2] 《列宁选集》第4卷，人民出版社1972年版，第50页。

法律——这个高度。例如，即使在伯里克利城邦民主高度发达时，雅典也有约 11 万奴隶游离于法治的社会之外。同时，雅典的老人、妇女等也都处于公民政治生活的边缘化地位。

诚然，古希腊城邦时代的法治理念有其不可弥补的缺陷，但作为人类政治文化的智慧、法治社会的启蒙以及理论思考，仍是那一时代的文明典范，是古希腊文化对人类社会的历史贡献，并对其后罗马法学建构以及中世纪乃至近现代法治理念的完善产生了不可磨灭的影响。

第四章　古希腊城邦社会衰落之原因

——及对雅典民主制的反思

> 在人类社会的大棋盘上，每个个体都有其自身的行动规律，和立法者试图施加的规则不是一回事。如果他们能够相互一致，按同一方向作用，人类社会的博弈就会如行云流水，结局圆满。但如果两者相互抵牾，那博弈的结果将苦不堪言，社会在任何时候都会陷入高度的混乱之中。
>
> ——［英］亚当·斯密《道德情操论》

> 一个社会的成分越复杂，各种集团越是纵横交错，其政治共同体的形成和维持就越依赖于政治体制的功效。
>
> ——［美］塞缪尔·P. 亨廷顿《变化社会中的政治秩序》

> 很少有任何地方像古希腊共和国那样鲜明地展示了自由与组织、自由与稳定、进步与秩序之间的困境。古希腊共和国未能成功地解决这些问题，其失败有某种必然性。他们常常使自由蜕变为无政府，使秩序变成暴政。
>
> ——［美］威廉姆·奥滕《自由传统：自由的社会和精神条件研究》

齐默恩认为古希腊人有着强烈的城邦自治精神，"从来没有谁谆谆教导过希腊人要珍惜地方自主权，他们生来就抗拒其他任何统治方式。这种传统是在长期的孤立中逐渐沉淀而成的"。[1]而顾准先生则指出希腊未能统一的根本

---

〔1〕　［英］阿尔弗雷德·E. 齐默恩：《希腊共和国——公元前5世纪雅典的政治和经济》，龚萍等译，格致出版社、上海人民出版社2011年版，第49页。

原因在于，"自治城邦的精神和民主统一的原则之间，有不可克服的矛盾"。[1]
而阿德科克在其著《希腊城邦兴起》中认为："这些城邦显得具有某种个性，
这种个性愈是高度发展，愈是强烈地被意识到，就愈不愿意哪怕是部分地牺
牲它……每个城邦向它的邻邦要求它的自由和自治，要求有权按照它自己的
意愿处理它自己的事务……城邦虽然不容忍它境界以内主权的分割，对它邻
邦的独立却是容忍的。防卫的意志超过了攻击的意志。事实上，领土的扩张
亦即东方诸帝国内占支配地位的帝国主义，在希腊诸城邦却出奇地微弱。希
腊人缺乏疆域广阔的政治重要性的那种感觉。他们愈是清楚地意识到他们国
家的和宗教的社会一致性，他们愈是不愿意扩张，因为扩张意味着他们密切
的共同生活松懈下来了。他们打算要统治邻邦，却不打算吞并邻邦，更不愿
意在一个较大的联盟内放弃他们的独立。"[2]还有学者指出，自由是希腊人一
切成就的根源。[3]在古希腊人具有自由力量时，他们"兄弟阋于墙，外御其
侮"和"血浓于水"，共同携手保卫希腊，战胜了拥有强大军事力量的波斯帝
国；当他们存在于"没有战争，就没有和平"的政治前提下时，他们也会
"相煎何太急"。然一旦失去他们曾引以为傲的自由精神力量，其结果也就只
能剩下文化遗产了。

　　曾经繁荣昌盛一时的古希腊城邦以及将古希腊文化推向人类历史那一发
展阶段的辉煌高峰的雅典民主制度，为何在公元前4世纪后迅速走向衰败？
正如基佐所提出的历史问题："从来没有一个民族的发展在如此短促的时期里
带来如此辉煌的成果。但在这惊人的腾飞之后，希腊似乎突然耗竭了。"[4]这
是值得我们后人深思和探讨的。

一、直接原因：伯罗奔尼撒战争

　　从世界几千年历史发展考察，古希腊也存在着邻近性城邦国家之间的天
然地缘冲突因子，城邦间在互相竞争中互相牵制。故伯罗奔尼撒战争就是希

---

〔1〕　顾准：《希腊城邦制度》，社会科学出版社1975年版，第161页。
〔2〕　参见顾准：《希腊城邦制度》，中国社会科学出版社1982年版，第5页。
〔3〕　陈恒：《失落的文明：古希腊》，华东师范大学出版社2001年版，第1页。
〔4〕　[法] 基佐：《欧洲文明史》，程洪奎、芮芷译，商务印书馆2005年版，第24页。

腊城邦衰败的直接原因。希波战争的胜利成就了雅典的帝国霸权，公元前431年，以雅典为核心的提洛同盟与斯巴达为首的拉凯戴孟同盟因为扩张方向重叠（只在地中海范围，鲜有向亚、非、欧大陆腹地深处扩张）、争霸海上交通贸易路线和经济利益以及政治纷争原因（如斯巴达担忧雅典民主制发展的政治效应会引发内部希洛人的反抗），终爆发了伯罗奔尼撒战争。亚里士多德在《政治学》中指出：在这场战争中，"雅典人到处破坏寡头城邦，斯巴达人则到处压制平民城邦"；"一个往往指使它所领导的各邦组织平民政体，另一个则就其势力所及而树立寡头政体；两邦都只顾本邦的利益而忽视各个属邦的公益"。这场长达27年的旷日持久的消耗战，最终以雅典失败投降而结束（在战争期间的公元前430年~公元前429年，雅典城邦暴发瘟疫，约有1/4的人口死亡，这也是其失败的重要因素）。斯巴达军队在雅典扶持贵族建立了以克利提阿斯为首的"三十僭主"寡头政治政权，被处死的公民约近2000名，被打败的民主派人士则逃亡海外。这场战争，不仅导致了希腊人世界的严重分裂，雅典和斯巴达为了争霸都竞相勾结东方专制帝国波斯，背叛了希腊民族精神，而且战争使希腊大多数城邦受到严重破坏（雅典损失了1/3人口），经济疲蔽不堪；曾经活力四射、繁荣兴邦的公共文化生活式微废止导致民主政治衰败，此后近四十年，各城邦陷入血腥混战。公元前411年，雅典遭到斯巴达、波斯、西西里和叛乱同盟的攻击，已是苟延残喘。直至公元前338年马其顿乘势南下，战败雅典，征服希腊，控制了霸权。

　　威廉·弗格森认为："希腊城邦是一个有着独特内在结构的单细胞有机体，除非进行再分割，否则无法发展，它们可以无限地复制同类。但这些细胞，无论新旧，都无法联合起来，形成一个强大的民族国家。因此，在雅典和斯巴达将其对希腊的霸权转变成帝国的企图遭受无望的失败后，希腊陷入了绝望的境地。要解救它，恰当的补救不是像柏拉图和亚里士多德教导的那样改变城邦内部的政体，而是要改变细胞壁的结构，以使它们可以紧密地相互联接起来。"[1]在一个希腊人创造的充满活力的城邦竞争性国际体系与环境中，坚持小国寡民式的自治，各自为政、自给自足、自由独立的城邦观念与精神是一把双刃剑。

─────────

〔1〕〔美〕威廉·弗格森：《希腊帝国主义》，晏绍祥译，上海三联书店2005年版，第1页。

从一方面而论，这种观念与精神孕育与培养了多元化的思想观念、促进与刺激了多维的政治文化，推动了古希腊城邦的繁荣。然另一方面而论，"孤芳自赏"的孤立状态、本城邦至上的崇拜（利益）高于一切、防范外部世界尤强的警惕感，犹如中国春秋战国时期合纵连横、远交近攻的不停混战，再加上外来势力因素的干扰，必然导致希腊世界的社会动荡、民族分裂和城邦衰败。这说明，不仅在于希腊的地形条件不能提供建立像埃及、波斯这样地区性帝国所需的地理政治基础；而且在于希腊人有扩张主义，却没有统一的主张，缺乏大视野、大格局，固守"小国寡民"的狭隘城邦传统，坚持排他性的离心力量，政治上的短视使其没有能力建立大一统的国家。尽管民族和宗教信仰相同，但希腊人的政治想象力和能力并没有能找到驾驭或调控这一矛盾和竞争性格局之较佳方案。不谋全局者，不足谋一城；这不仅使其在历史中没有走得更远——如埃及、波斯、罗马、中国、印度，而且"相煎"内斗争战的输家必然成其历史宿命。这正如黑格尔指出："像希腊那种享受自由的国家是和全体公民处于统一体内的，全体公民把一切公众事务中的最高的活动都掌握在自己手里，这样一个国家只能是又小又弱的，有时由于内部原因而遭覆灭，有时由于外部原因在世界史的进程中被消灭掉。"[1]

二、关键内因：城邦社会党阀争斗

党阀争斗是古希腊城邦社会衰落之内因。希腊城邦因剧烈的党争和贫富分化造成了公民阶层裂变分化。被誉为"历史之父"的希罗多德（公元前484年~公元前425年）习惯用神意来解释希腊历史，把人事成败皆归于诸神的意志。而因撰著《伯罗奔尼撒战争史》、被后人称为"西方战争史开创者"的修昔底德（公元前460年~公元前399年）往往在考察历史进程和探索事物因果关系中寻求历史事件的原因。他认为党派斗争是雅典灭亡的原因。

修昔底德曾在其著作中对当时党派斗争和阶级斗争的状况评论道："家族关系不如党派关系的强固，因为党员更愿意为任何理由，趋于极端而不辞。这些党派组织的目的不是为了享受现行法律的利益，而是推翻现行制度以夺

---

[1] [德] 黑格尔：《美学》第2卷，商务印书馆1979年版，第262页。

取政权";"后来事实上整个希腊世界都受到波动，因为每个国家都有敌对的党派——民主党的领袖们设法求助于雅典人，而贵族党的领袖们则设法求助于斯巴达人。在和平时期，没有求助于他们的借口和愿望；但是在战争时期，各个党派总能够信赖一个同盟，伤害它的敌人，同时巩固自己的地位；很自然地，凡是想要改变政府的人就会求助于外国……";"许多城邦的党派领袖们有似乎可以使人佩服的政纲——一方面主张民众在政治上的平等，另一方面主张安稳而健全的贵族政治——他们虽然自己冒充为公众利益服务，但事实上是为他们自己谋得利益"。[1]修昔底德的这些政治分析实际指出了伯罗奔尼撒战争加剧了城邦政治和公民阶层的分裂与内斗，前者是外因和客观条件，而后者则是内因和主观因素。外因通过内因发挥作用，促使希腊城邦社会日趋衰落。

政治生态的浑浊与缺乏道德必定会影响对社会的健康治理。纵观古希腊雅典城邦史，公民阶层中平民与贵族的矛盾与冲突，始终贯穿于整个城邦发展中。从提修斯、梭伦至克里斯提尼等，每一个历史时期的重大改革都充斥着民主政治和贵族政治以及阶级、家族、党阀和利益集团的矛盾与冲突。雅典城邦长期存在的"平原派"、"海滨派"和"山居派"的党派斗争就是一例有力的历史脚注。这些斗争往往多具政治色彩，并凭借民主和法治的原则而夹带私货。如公元前411年～公元前404年寡头政治统治期间，民主派人士财产被剥夺并惨遭迫害，雅典城邦的公民权一度仅限于被指定的3000人。又如根据历史文献和碑文记载，被后世一些学者称为"雅典宪政中最具特色"[2]的民主武器——陶片流放制度或称陶片放逐法（Ostracism）往往就是被党阀斗争利用的工具。该法规定每年春季召开一次公民大会，用口头表决是否对某些危害公民自由等的人举行以陶片为票数表决的放逐；若有其者，再召集第二次公民大会，如有6000人投陶片即表示通过，便宣布某人有罪放逐国外10年。据粗略统计，公元前508年～公元前484年被流放的有曾任执政官的伊撒哥拉司和希帕库斯、德尔菲的彼提亚大赛四马战车冠军麦加克利斯、伯里

---

〔1〕［古希腊］修昔底德：《伯罗奔尼撒战争史》，谢德风译，商务印书馆1960年版，第237～238页。

〔2〕参见顾准：《希腊城邦制度》，中国社会科学出版社1982年版，第133～134页。

克利的父亲桑西巴斯以及显贵人物卡利色诺斯，这就是阿克密尼德家族与庇西特拉图家族斗争的产物；而公元前 482 年~公元前 417 年，遭到流放的曾任执政官、马拉松战役将军亚里斯泰德和同样资历的太米斯托克利（也是萨拉米斯海战统帅），为雅典屡立战功的将军塞蒙，曾任将军、被后人誉为"西方战争史开创者"的修昔底德，公众领袖海柏波拉斯等，也都是党阀斗争的牺牲品。

当代考古学家曾在希腊阿哥拉附近的坑洞内发现了 190 余枚大多为圆形杯底的陶片"选票"，这些刻有蒂米斯、托克斯名字的陶片经笔迹鉴定仅出自 14 人之手，字形与大小以及刻画的线条均出现统一的书法风格。由此推测，这些选票是蒂米斯、托克斯的反对者事先做好的，他们试图将这些陶片分发给那些文盲和犹豫不决的投票者以达成驱逐蒂米斯、托克斯的阴谋，由此可见当时党争的激烈程度。当个人意志的任意发挥促使"陶片放逐法"出现滥用的趋势，并最终沦为政客打击敌人的武器和政治的玩物之后，它体现的民主精神便也终结了。[1]

三、历史局限：早期民主制之缺陷

摩尔根在其著《古代社会》中曾有一段经典阐论："当雅典人建立以地域和财产为基础的新的政治体制时，他们的政府是一种纯粹的民主政府。这并不是什么新鲜的原理，也不是雅典人头脑独特发明的东西，这只是一种久已习惯的制度，其历史之悠久与氏族本身的历史相等。"古希腊城邦民主制度尽管向曾被排斥、被边缘化的社会阶层开放了政治体系，但是仍处于人类社会初始质朴的民主时期，故其是与这一历史时期的社会生产关系和经济基础相适应的，不仅继承了氏族部落原始民主制的某些特征——流于粗疏、简单、幼稚，忽视可行性、操作性——而且设计存在程序化、法制化方面的不足和缺陷，并出现有限民主以及绝对民主和狭隘民主的负面效应。柏拉图在《理想国》中就曾对城邦民主政体评价道："一种使人乐意的、无政府状态的、花哨的管理形式，在这种制度下，不加区别地把一切平等给予一切人，不管他

---

[1] 上海博物馆：《博物馆与古希腊文明》，北京大学出版社 2006 年版，第 87 页。

们是不是平等者。"[1]因此，在希腊城邦政治背景下，民主的运行与法治的要求不可避免地产生了矛盾与冲突。对古希腊城邦民主制的历史局限主要可从以下两方面探讨分析。

（一）公民个体自由权利缺乏保障

古希腊的民主实质是基于自身权利基础之上的公民自治。古典希腊民主制给民主、法治、自由的历史发展奠定了基石，给后世的国家与社会树立了榜样。但是在早期国家制度建设、国家与社会同构的历史发展阶段，古典民主相比近现代民主仍然存在局限与不足。如在公民权与人权、国家与社会关系方面没有清晰界定，往往基于相对简单的"公共权力分享"的想法。这正如卢梭在《社会契约论》中言："除了这个公共人格而外，我们还要考虑构成公共人格的那些私人，他们的生命和自由是天然独立于公共人格之外的。因此，问题就在于很好地区别与公民相应的权利和主权者相应的权利，并区别前者以臣民的资格所应尽的义务和他们以人的资格所应享受的自然权利。"[2]法国学者邦斯曼·贡斯当也在其著《古代人的自由与现代人的自由》中反思与评论道："古代人的目标是在有共同祖国的公民中分享社会权力：这就是他们所称谓的自由；而现代人的目标则是享受有保障的私人快乐，他们把对这些私人快乐的制度保障称作自由。"[3]美国学者阿伦特在《什么是自由？》中说道："在古希腊以及罗马，自由完全是个政治概念，可以说是城市国家和公民权的核心。"从雅典公民与城邦融为一体的关系而论，公民属于城邦，城邦是公民的集合体；城邦制度的核心是公民阶层的集体政治，公民的个体利益必须建立和依附在城邦公民整体生活中的前提下才具有现实意义。故整体利益、集体利益是压倒一切的，集体价值吞没了个体价值，个人自由从来都不是城邦政治的核心价值观念。雅典公民拥有平等的民主权利主要体现在政治上的公民权。然而在集体意识、国家意识占主导的时代，在个体必须服从集体、个体显得渺小的强大的城邦国家中，这并不足以保障个人的自由和权利。这

---

〔1〕[古希腊]柏拉图：《理想国》，郭斌和、张竹明译，商务印书馆1997年版，第333页。

〔2〕[法]卢梭：《社会契约论》，何兆武译，商务印书馆1980年版，第41~42页。

〔3〕[法]邦斯曼·贡斯当：《古代人的自由与现代人的自由》，阎克文、刘满贵译，商务印书馆1999年版，第33页。

正如民主理论家 M. I. Finley 指出的："在民主城邦内部，自由意味着法治和参与政策制定的过程，而不是表明对不可剥夺的个人权利的保障。"[1]如亚里士多德曾指出，人是城邦的政治动物，"任何公民都应为城邦所公有"，"成为城邦的一部分"，明确否定"公民可以私其本身"。[2]这即意味着强势的城邦权力也可能是对公民权利的威胁。

实际上，有关这方面的社会问题，古希腊哲学家柏拉图已经有所思考与关注，他在其作《法律篇》中谈道："如果他把私人生活排除在他的立法之外，并期望着，公民们打算在他们的社会公共生活中遵守法律，那他是在制造一个大错误。"[3]因此，民主理论家萨托利曾毫不客气地对古典希腊民主批评道："古希腊政治自由的经验没有也不可能包含个人利益为基础的个人自由"；"社会不允许给独立性留出余地，也不允许个人得到保护，它完全吞没了个人"。[4]从民主理论而言，民主只是一种外在制度设计，而深刻蕴涵在制度中的自由意识方是民主的基石。不强调个体权利的民主始终是无本之木；认识不到权利来自自由，民主就会异化为暴政。

（二）直接民主或"多数主义民主"存在缺陷

从伯里克利著名的在阵亡将士葬礼上的演讲中我们可以看到，对于古希腊城邦公民而言，民主最关键的要素就在于"政权是在全体公民手中，而不是在少数人手中"。故从社会历史审视，古希腊民主的本质是"政事裁决于多数人的意志，大多数人的意志就是正义"。[5]这在近现代以来的民主理论中被称为"多数主义民主"或"直接民主"。从民主而论，公民直接参与选举和管理国家与社会事务的直接民主制作为民主的一种实现形式，应是人类社会民主发展史上的重要创举。直接民主相对于其他民主（如代议制民主或间接民主）更接近于"主权在民"的民主本质，故卢梭在《社会契约论》中认为，人民主权在本质上是由公意所构成，人民的意志只能由人民直接表达

〔1〕 M. I. Finley, *Democracy*: *Ancient and Modern*, New Brunswick: Rutgers University Press, 1973, p. 78.

〔2〕 ［古希腊］亚里士多德：《政治学》，吴寿彭译，商务印书馆1997年版，第407页。

〔3〕 ［古希腊］柏拉图：《法律篇》，张智仁、何勤华译，上海人民出版社2001年版，第195页。

〔4〕 ［美］萨托利：《民主新论》，冯克利、阎克文译，东方出版社1998年版，第289、322页。

〔5〕 ［古希腊］亚里士多德：《政治学》，吴寿彭译，商务印书馆1997年版，第312页。

而不能被代表。然而古希腊的直接民主制作为原始民主发展自然演进的文明产物，其"早熟"的民主形式仍然存在问题和缺陷，会产生"民主的负面效应"。

首先，直接民主制在程序上缺乏自我纠错和利益平衡的程序机制，又尤其强调多数人的意志至高无上（哪怕仅仅是微弱多数，如100张选票中的51：比49），认为行使多数人认可的权力就可以不受法律的制约。柏拉图在《理想国》中曾对这种古典民主评论道："到最后，他们连法律也不放在眼里，不管是成文的还是不成文的，没有谁能管得了他们。"多数或许是民主的原则之一，但并非是民主的全部。而这种绝对强调选票的数量对决，赋予量化比较以至高权威的状况，显然不仅会带来民主与法治的矛盾与冲突，而且会酿成公民的政治分裂，往往容易导致政治（包括利益）成为"胜者通吃"、"多数全赢少数全输"的零和博弈，是发生"多数暴政"和少数人权益被忽视与践踏以及民粹主义（或称平民主义）产生的原因。因此这种零和政治，会使人们的思想自由、财产自由、道德选择和生活方式的自由受到侵害。这终将导致民主在实践操作中具有不稳定性。为此，哈耶克曾评论道："多数的意见是难以完全有益或明智的，多数人的意见完全有可能导致多数暴政的出现。"[1]以多数规则去剥夺少数人利益并非是正义的体现，因为"每个人都拥有一种基于正义的不可侵犯性，这种不可侵犯性即使以整个社会的福利之名也不能逾越。因此，正义否认了一些人分享更大利益而剥夺另一些人的自由是正当的，不承认许多人享受的较大利益能绰绰有余地补偿强加于少数人的牺牲"。[2]此外，直接民主制或"多数主义民主"容易导致民粹式民主。而这一民主具有先天性不足，会加剧民主的风险，如往往具有极端平民化倾向和绝对平等正义诉求，易以非理性和情绪化的方式来推行民主等。因此，民粹式民主表面上更激进，往往脱离现实要求更直接的民主，具有很大不可控性。其往往被政客利用成为反民主的手段，任何反对声音皆会被扣上反对民众的帽子，导致民主失衡，脱离法制和程序，冲击社会秩序。

---

〔1〕［英］弗里德里奇·哈耶克：《自由秩序原理》（上），邓正来译，北京三联书店1997年版，第135页。

〔2〕［美］约翰·罗尔斯：《正义论》，何怀宏等译，中国社会科学出版社2009年版，第4页。

其次，直接民主与现代代议制民主的重要区别就在于，前者突出平等原则，后者重视选举原则。希罗多德在《历史》中指出，权利平等是雅典强大的主要原因。古希腊雅典民主倡导平等，这不仅因为自由平等是商品交换中产生的道德价值与经济伦理诉求，而且还因为权利平等也是小国寡民城邦体制为应对外部压力、加强公民团结和社会合作的必然需求。因此，亚里士多德《政治学》中即强调"平等是民主政体的至上法则"。然绝对平等，会埋下隐患，走向事物的反面。如在古希腊雅典等城邦，"轮番为治"、公民轮流担任或抽签挑选议事会成员、法庭陪审员以及大多数的行政官员，不仅被认为是公民间无论高低贵贱均权利平等、地位平等，而且被认为是公民政治参与机会平等、结果平等的有力保证。亚里士多德就曾指出："就任用行政人员而论，拈阄法素来被认为属于平民性质，选举法则属于寡头性质。"[1]然且不论"轮番为治"任期短暂有限，难以推行城邦长远发展的战略规划；而且频繁轮换治者往往难以培养、积累管理经验和技术，城邦重要事务也不得不依赖公众的情绪。而民众在政治参与和行政事务管理方面的素质与专业化能力、理性判断能力是大不相同的，如果依靠拈阄抽签挑选中的国家领导人和行政官员是缺乏这种能力者，则将难以保证不误国误民。为此，当时苏格拉底就曾批评道："用豆子拈阄的方法来选举国家的领导人是非常愚蠢的。没有一个人用豆子拈阄的办法来雇佣一个舵手、建筑师或吹笛子的人，或任何其他行业的人，而在这些事上如果做错了的话，其危害是要比在管理国务方面轻得多的。"[2]故且不论真理往往掌握在少数人手中，少数人的权利和自由同样要得到保护，多数人的意志理性也是有限的、也会滥用权力等；从历史实践而论，建立在数量优势而非质量优势之上为特征的多数主义民主和绝对民主往往会使民主扭曲、异化和走向困境。如在古希腊时期，以多数公民投票的方式，就可以把任何被认为危害城邦安全的公民放逐或处死，造成了不少有贡献的重要政治家和将领的流放和死刑。苏格拉底就是以 281 票对 220 票因思想罪被判处死刑。而即便在现代社会，直接民主制也往往易被少数政治势力左右，墨索里尼、希特勒是就是通过多数民众选举上台执政的；1991 年 3 月

---

〔1〕　[古希腊] 亚里士多德：《政治学》，吴寿彭译，商务印书馆 1997 年版，第 201 页。

〔2〕　参见王绍光：《民主四讲》，北京三联书店 2009 年版，第 49 页。

乌克兰全民公决结果是 70.2% 赞成继续留在苏联联盟体制中，但到 12 月的公决却出现 90.3% 人赞成乌克兰独立；2016 年 6 月英国公投仅以 51.82% 的微弱多数票就宣布脱离欧盟，结果造成社会分裂，秩序失稳。

　　再次，从社会历史发展考量，直接民主制往往只能在小国寡民的自治模式中操作。其前提条件是政体应该独立自主；公民在种族、宗教、语言等方面具有同质性，阶层和利益分化不大；公民团体人数不能太多、地域分布不能太广，有利于定期聚集、参与政事和表达利益诉求等。由此可见，直接民主不仅决策规模有限，而且要求所有公民经常参会表达与公决，这在决策上会导致民主与效率的冲突以及决策成本过高等问题。如公元前 4 世纪色诺芬在《雅典的宪法》作品中写道："我也听说了，有些人批评雅典人，有些时候，即使等上一整年，五百人会议或公民大会也不能解决问题。雅典确实有这种情况，原因就只有一个：因为业务量过于庞大，负责办事的人没办法顺应每个人的要求。"[1]故近现代以来的代议制民主相比直接民主，仅在实践操作层面相比就具有优越性。正如密尔在《代议制政府》中评价："既然在面积和人口超过一个小市镇的社会里，除公共事务的某些极次要的部分外，所有的人亲自参加公共事务是不可能的，从而就可以得出结论，一个完善政府的理想类型一定是代议制政府。"

　　最后，正如恩格斯指出："没有奴隶制，就没有希腊国家，就没有希腊的艺术和科学。"[2]处于奴隶制社会时期的古希腊民主，囿于历史时代发展阶段的局限，不仅反映出一种绝对民主（如多数主义民主），而且凸显了一种狭隘民主或狭隘的城邦本位主义。这一有限城邦民主不仅拒授外邦人以公民权、不排斥奴隶制以致社会失去平衡、迫使奴隶反抗；[3]而且各自为政，将本城邦利益高于一切视为信仰。如在希波战争时，有 200 多个城邦将军事领导权交与雅典，成立提洛同盟，而雅典却乘机建立海上霸权，逼迫其他城邦纳贡。公元前 453 年～公元前 449 年爱奥尼亚海岸小城邦埃利色雷多次反抗雅典而

〔1〕　［英］约翰·索利：《雅典的民主》，王琼淑译，上海译文出版社 2001 年版，第 90 页。
〔2〕　《马克思恩格斯选集》第 3 卷，人民出版社 2012 年版，第 220 页。
〔3〕　如伯罗奔尼撒战争之前，墨塞尼亚城邦奴隶起义反抗长达 10 年；战争初期，斯巴达奴隶集体逃亡，支持雅典攻打斯巴达。公元前 413 年雅典军队在狄克勒亚大败，2 万多奴隶逃亡到斯巴达人阵营；公元前 414 年雅典舰队在叙拉古作战时，所有奴隶水手全部逃光，导致舰队全军覆没。

不纳贡，雅典经过威慑控制后，颁布长达 37 行的"埃利色雷敕令"，明确规定组织新政府的细节，并规定埃利色雷城邦议事会议员"就职宣誓的内容如下：吾人将竭尽所能为埃利色雷和雅典以及他们的盟邦，谋取最大福祉，维持公平正义；此外，我将不会背叛雅典的子民……"[1]由此可见，雅典这种"帝国式民主"[2]是将本城邦的民主与自由建立在其他城邦民主与自由之上的。故凭借提洛同盟的财富和力量而繁荣的雅典奴隶制民主政治，必然也因提洛同盟的分崩离析而衰落。

四、囿于政治因素，法治发育未成熟

古希腊法律及其文化思想理念，不仅是西方法律史中最早形成的一种法律体系，是罗马法以及近代法学的先驱者，而且孕育了世界文明发展史上最早一批充满智慧的法学思想家，是构建人类法学理论的奠基石。但正因为古希腊法制建设是处于早期起步阶段，与民主建设还缺乏相互协调、相互促进的状态，不免存在不足和局限。这主要可从以下两个方面探讨：

第一，任何社会的法治内涵都是同一定历史发展阶段的社会文化样态相联系的，是社会文化的有机组成部分。因此古希腊城邦社会的法治，也必定同社会历史背景、政治文化生态以及社会生活状况等因素相互匹配与相互作用。因此，从地理因素和社会文化而论，希腊全境由于地理环境阻隔、城邦自治与各自为政等因素，缺乏政治和经济社会的统一，故希腊无统一规范的法律制度，各城邦各自立法，法制发展很不平衡。

第二，希腊城邦在本质上是统治阶层公民的政治共同体，是公民在法律之下分享权利和义务的政治体系。故希腊法律深受城邦公民政治文化影响，民主政治、政体结构既是法治发展的一个核心要素，也是一个基本变量。然而，从一方面而言，狭隘的民主使法律制度不具有普适性。因为，在城邦民主的极端性下，"雅典的公民身份与现代公民身份相比其权利更为广泛，而被

---

〔1〕 参见［英］约翰·索利：《雅典的民主》，王琼淑译，上海译文出版社 2001 年版，第 76 页。

〔2〕 ［美］威廉·弗格森：《希腊帝国主义》，晏绍祥译，上海三联书店 2005 年版，第 21～42 页。

承认享有这些权利的主体范围则更为狭隘。"[1]从另一方面而论，绝对的"多数主义民主"与法治在权力的形成与分配、权利的行使与保障等多层面上又有着矛盾与冲突。古典希腊观念中，民主政治的主要原则就是少数服从多数；民主政治的主要特征就是公民权（如政治参与权以及享有平等机会担任公职）；希腊语民主（democracy）一词即意为"人民的统治"，源于 demos，意为"村社"，指位于村社的平民，故民主政治又称平民政治。而由几百乃至成千民众陪审的审判，以多数票来定夺，正是构建雅典民主政制中的核心部分。因为陪审法庭几乎可以审查当时政治生活中的所有问题，甚至包括公民大会和议事会通过的法令，并且是以全体人民的名义进行最终判决。正如萨拜因指出陪审法庭是"为了雅典人民行使审判权这一目的而设想出来的一种手段"，"是整个民主制度的拱顶石"。[2]然在主权在民、直接民主和轮番为治作为原则的城邦政制和司法实践中，陪审法庭或公民大会审理缺乏专职法官，依靠公民抽签选举或不懂法律甚至不识字的却有"自由裁量权"者担任陪审员判案裁决；同时，由于修辞学、演说术具有双刃剑作用，当其沦为政治工具并导致民主异化的状况下，往往以雄辩家、诡辩家和政治家沽名钓誉、哗众取宠的滔滔演说、煽情鼓动以及对所谓正义感或"公正"的抽象标准的雄辩论说来认定事实作为评判。[3]中国古代《群书治要·孙卿子》中认为："法不能独立，得其人则存，失其人则亡。法者，治之端也，君子者，治之源也。"从古希腊法治状况来看，其与现代法治国家执法的依据只能是成文的法律而不是情绪和民意这一法治标准相距甚远。

民主的本质是人民的统治，强调的是统治的权属。而法治就是法律规则的主导统治，意味着法律是规范和调整社会生活最权威的手段，关注对权力

---

〔1〕　M. A. Ernest Barker, *Political Thought of Plato and Aristotle*, New York: Russell & Russell, 1959, p. 297.

〔2〕　［美］乔治·霍兰·萨拜因：《政治学说史》（上），盛葵阳、崔妙因译，商务印书馆1986年版，第29～30页。

〔3〕　乔治·格罗特《希腊史》指出："和近代的陪审员比较起来，雅典的陪审官所能赖以进行理智判断的凭藉实在太少，而影响其情绪的，无论其为愤怒或同情，则往往失之偏激。我们只要读读阿提卡演说家所遗留下来的在陪审法庭上所发表的演说，就可以知道其中有许多都是鼓舌如簧的欺骗，离开本题的诳语，以及诉之于同情、愤恨和偏见的各种各样的说辞。当然，在每一次审判中，针锋相对的双方发言人都采用这种诡谲的手段。"［英］乔治·格罗特：《希腊史》，郭圣铭译，商务印书馆1964年版，第42页。

运行过程的控制。民主与法治是相辅相成，相互支持，具有内在统一与联系的。这就是民主为法治提供了体现人民意志的重要合法性支撑，而法治则为民主能平稳有序运行提供了规则和保障。然民主如不能程序化、制度化和法律化，其可行性、操作性就会陷入困境。而法律如果囿于政治因素，不能得到民主政治的合理、合法支撑，面对社会关系复杂性的法律规则在司法过程中就会存在不确定性和不可预见性，其变数就会对法治基础和秩序构成严峻挑战与威胁。由于古希腊城邦民主与法治互动联系不仅在思想观念上不成熟，而且在社会运作中显得幼稚。甚至在直接民主制下，柏拉图也曾批评道："到最后，他们连法律也不放在眼里，不管是成文的还是不成文的，没有谁能管得了他们。"[1]

苏格拉底曾批评雅典民主制的主要缺陷是由抽签（即带有偶然性的方式）产生的公职人员不够格；讥笑以所谓民主决定把无知的人变成统帅等的雅典平民的万能；甚至有一次，他在讲到马匹不足时建议把这问题提交公民大会，用表决方法把驴变成马。[2]柏拉图在《法律篇》中指出："立法工作是重要的，可是，如果在一个秩序良好的国家安置一个不称职的官员去执行那些制定得很好的法律，那么这些法律的价值便被掠夺了，并使得荒谬的事情大大增多，而且最严重到政治破坏和恶行也会从中滋长。"为此，现代学者威格莫尔也毫不留情地评判道："虽然希腊人有司法制度，却很难说他们有法律制度（罗马和现代意义而言）。他们没有写出富有学理的论著。虽然他们产生了众多的建筑师、哲学家、雕刻家以及画家，但却没有职业法官或法学家。他们虽在司法上有所贡献——民众陪审法庭，但却采取了最易流于任性的形式，从而在根本上与法律科学不相容。他们将巨资耗费于寺神庙（如奥林匹亚的神庙），而不是像罗马人那样，用在法院建筑上面。"[3]

· 从古希腊社会考量，民主制一方面使法律成为捍卫民主的最有力武器，另一方面民主的运行却又使法律成为迎合舆论和政治的工具。当政治成为法

---

〔1〕 参见［美］乔·萨托利：《民主新论》，冯克利、阎克文译，东方出版社1997年版，第343页。

〔2〕 ［苏联］涅尔谢相茨：《古希腊政治学说》，蔡拓译，商务印书馆1991年版，第120页。

〔3〕 T. H. Wingmors, *A. Panorama of the World's Legal Systems*, Volume 1, Florida: Gaunt Inc., 1992, pp. 358~359.

律公正的变量，其结果是当民主滑向极端时，使法律无奈和蒙羞的"民主的暴力"就会显现。如公元前 406 年雅典人对 6 位保卫城邦有贡献的海军将领，因其未能按惯例收回阵亡将士尸体，即在特拉门尼、卡利克森诺等人蛊惑之下，激动、喧嚣情绪所煽动的民众投票表决而将他们处死。又如伯里克利时代，雅典以法治、民主、自由为典范吸引了不少有识之士、著名学者汇聚城邦，如阿那克萨戈拉（约公元前 500 年～公元约前 428 年）、普罗塔哥拉、斐迪亚士，等等。然他们中的许多人却在"法律"的名义下受到迫害；阿那克萨戈拉、普罗塔哥拉先后被逐出雅典。再如公元前 399 年苏格拉底则因不同政见、言论思想罪，被受舆论偏见影响的民众表决而判处死刑，终成为古希腊民主政治和法治的悲剧。此后，亚里士多德也被多数票判为死刑，但他对殉道不感兴趣，撒腿跑了。

有研究者言：民主需要激情，法治需要理性。然而，就这一命题而论，古希腊城邦政治生态是激情有余，理性欠熟；民主"发达"，法律萎缩。布赖斯理对古希腊城邦的民主状态曾评论道："他们（人民）作为专制统治者进行统治，不能容忍各种束缚，甚至不能容忍他们通过法律加给自己的束缚。这就证明了一个箴言：没有人能出类拔萃到被授予绝对权力的程度。"[1]而在这种"古希腊式民主"状况下，法治发展作为行为文化、制度规范、体制结构、经济形态等多种因素互动、相互作用的结果，势必受到时代的制约。

五、结语

哲学家罗素曾对柏拉图的理念评价道："一切的开端总归是粗糙的，但是我们不应该因此便忽视它们的创造性。"[2]而马克思也曾指出："人们自己创造自己的历史，但是他们并不是随心所欲地创造，并不是在他们自己选定的条件下创造，而是在直接碰到的、规定的、从过去承继下来的条件下创造。"[3]古典希腊民主政治，可以说是处于人类社会民主政治历史发展蹒跚学步的幼年期，

---

〔1〕 J. Bryce, *Modern Democracies*, New Nork：Macmillan，1924，p. 183.
〔2〕 ［英］罗素：《西方哲学史》（上卷），何兆武、李约瑟译，商务印书馆 1963 年版，第 169 页。
〔3〕 《马克思恩格斯选集》第 1 卷，人民出版社 1972 年版，第 304 页。

囿于国家与社会历史的早期发展，缺少民主与法治的实践与成熟经验，不可否认存在先天不足和时代局限，然而世人"不应该只看它哪些没有做到，而应该看它做了什么，如果这条标准可以确立，那么古典希腊的贡献及其历史意义也就极其明显而突出了"。[1]

从世界历史发展考量，两千多年来民主的魅力既在于是一个令人神往的语境，同时又是一个备受争议的词语。因为民主不仅是一种价值追求，而且体现了一种社会生活方式和利益关系。民主从来不是一个静态制度，而是一种与时俱进的、不断演化的动态的制度设计过程。民主并非是理论的宠儿，民主的质量比民主的形式更重要，其需实践效果来检验；而在不同社会环境和政治背景中践行的民主都是各具特点的。同时，民主不是解决所有问题的良方，从古至今各种民主理论都是在不断的批判与反思中构建的。然"若无大量公民严肃持久地参与政府的实际事务，那么民主只是空谈。没有一个国家，其所有公民都有闲暇、意愿和知识来参与公共事务。希腊城邦与现代民主国家的区别在于，前者动员了很大比例的代表积极参与公共事务，尽管不是全部。而我们呢，无论我们的政体多么民主，总是少数人为多数人做事；在希腊，正是多数人为自己做事。"[2]科恩指出："在失败的过程中，在希腊人为此反思的过程中，西方世界几乎所有政治问题都第一次得到系统的探索；一个理想确立了，一个目标设定了，这些理想与标准在2400年之后仍然激励着人们。"[3]

美国总统乔治·沃克·布什曾言：人类千万年的历史，最为珍贵的不是炫目的科技，不是浩瀚的大师们的经典著作，而是实现了对统治者的驯服，实现了把他们关在笼子里的梦想。而这一"梦想"，至少在两千多年前，古希腊雅典等城邦民主制度在一定时期内就已实现了。

虽然"民主是一回事，正义是另一回事；但较之其他任何途径，我们更

---

〔1〕 ［美］斯塔夫里阿诺斯：《全球通史——1500年以前的世界》，吴象婴、梁赤民译，上海社会科学院出版社1999年版，第220页。

〔2〕 ［英］阿尔弗雷德·E. 齐默恩：《希腊共和国——公元前5世纪雅典的政治和经济》，龚萍等译，格致出版社、上海人民出版社2011年版，第130页。

〔3〕 William Aylott Orton, *The Liberal Tradition: A Study of the Social and Spiritual Conditions of Freedom*, Yale University Press, 1946, p. 21.

有可能通过前者取得后者，这是我们如此珍视民主的良好理由之一"。[1]古希腊城邦民主制的历史教训和经验启示已告诫后人：民主是以善治为根本目的；规避民主风险、决定民主成效的，是妥善的程序和良好的法制，而不是激情、感恩和盲从。这也是民主与法治始终都是人类文明进步中所坚持不懈追求的价值目标的原因。

---

[1]　[美]科恩：《论民主》，聂崇信、朱秀贤译，商务印书馆 1998 年版，第 227 页。

第五章　古罗马城邦社会建构

（城邦是）规定了生活幸福体面的公民的联合体，那正是人们汇聚一起的原初的目的，在他们的共和国里，应当部分通过确立的风俗习惯并部分通过法律来实现这一目的。

——［古罗马］西塞罗《国家篇　法律篇》

罗马曾三次征服世界及与各个民族结缘。第一次是通过武力，第二次是通过宗教，而第三次是通过它的法律……唯有法律征服世界是最为持久的征服。

——［德］鲁道夫·耶林《罗马法的精神》

光荣属于希腊，伟大属于罗马。

——［美］爱伦·坡《致海伦》

罗马史专家蒙森曾指出：希腊人与罗马人"本是一产双生的民族"。[1]而诗人爱伦·坡则论道："光荣属于希腊，伟大属于罗马。"罗马的"伟大"与其镌刻于法典中并流传后世的法律理念密不可分，这是罗马遗产中最为宝贵的部分。以自由、平等、正义、理性、契约、秩序等为特征的罗马法律理念与法律精神内生于城邦公民社会，孕育于城邦公共生活，根植于罗马人对城邦共和制的理解。因此，对于罗马法治价值观念的探源必须回到罗马城邦这一公民共同体本身进行。

---

[1]　［德］特奥多尔·蒙森：《罗马史》第 1 卷，李稼年译，商务印书馆 1994 年版，第 2 页。

一、古罗马城邦：人民的财产

纵观古罗马发展历史，其可分为三个历史时期：一是王政时代（约公元前753年~公元前509年）、二是共和国时代（约公元前509年~公元前27年）、三是罗马帝国时代（约公元前27年~公元476年）。[1]

王政时代是罗马城邦形成的历史时期，其也是从原始氏族公社向国家社会过渡的时期。城邦（city-state）即城市国家，从词源上来自希腊文polis。根据《希英字典》的权威解释，城邦的本意是指类似雅典卫城这样的位于高地的居民设防堡垒；也可指地域意义的"国"；还可代表公民共同体（community）；而作为一种政治体制，城邦特指以自治城市为中心的独立自主的国家形态（state）。[2]正如史学家日知在其著《古代城邦史研究》中指出，城邦的诞生标志着人类社会大变革时期的到来。这是以血缘团体、氏族关系、宗教关系为基础的旧社会向着以地区团体、阶级关系、政治关系为基础的新社会开始转变的时刻。故从世界历史发展考察，城邦是已知的最为古老的国家形式和政治单位，其产生是人类社会进入文明时代的开端，标志着由以血缘关系为基础的氏族部落时代迈入以地域、阶级、政治关系为基础的新社会。

（一）城邦的诞生

建立罗马城邦，日后以伟大著称于世，并建构罗马帝国把地中海视作罗马内海的罗马人是古代拉丁人一支。其于公元前2000年前后到达意大利半岛，在第勒尼安海（Tyrrhenian Sea）中部海岸拉丁姆地区生活。彼时生活于意大利半岛的居民主要有埃特鲁利亚人（与意大利各部落居于半岛中部地区）、希腊人（居于半岛南部、西西里岛）、高卢人（居于北部波河流域）和意大利人。罗马人早期受埃特鲁利亚与希腊人文化的影响很大，他们善于吸收周边先进文化，如希腊的文学、艺术、哲学、宗教等，取他者之长，逐渐羽翼丰满，走上向外扩张之路，最终成就伟大罗马的鸿篇巨制。

---

〔1〕　本书有关论述古罗马时期的内容，主要是王政时代至共和国时代。

〔2〕　Henry George Liddell、Robert Scott、Henry Stuart Jones and Roderick McKenzie，*A Greek—English Lexicon*，Oxford：Oxford University Press，1953，p. 1434.

　　古罗马城邦的兴起，约相当于古希腊的古风时期（公元前8～公元前6世纪）。根据古典作家、著名罗马历史学家李维（Livius，公元前59年～公元17年）的代表作《建城以来史》（Ab urbe condita libri，即《罗马史》），以及与李维同时代的古希腊历史学家、修辞学家狄奥尼修斯（Dionysios，公元前60年～约公元前7年）的著作《罗马古代史》和希腊人、罗马帝国时代的作家、历史学家普鲁塔克（Plutarchus，约公元46年～公元120年）的著作《希腊罗马名人传》所记载的传说，罗马城是由战神马尔斯之子，同时也是特洛伊人后裔的罗慕路斯于公元前753年建立。有关罗马建城的时间，曾被确认为公元前750年，以后据此作为"罗马纪元"（AUC, aburbe condita，直译为自建城以来）计算年历，直至公元前1世纪，依据M. 泰兰提乌斯·瓦罗的计算，确定建城时间为公元前753年。罗马人为了纪念建城者罗慕路斯，将这座位于意大利半岛台伯河下游的城市即以其名字命名为"罗马"（Roma），并成为后世历史称颂的"永恒之城"。

　　相传特洛伊城邦英雄埃涅阿斯在城市被希腊阿伽门农的军事联盟军攻破后，带领城邦余部逃至意大利半岛中部拉丁姆地区，代代相传王位至努米托尔时，王弟阿穆略篡位，杀死哥哥之子，将其女西尔维亚列为神庙女祭司以免其结婚生子。然战神马尔斯与之结合，诞下双生子罗慕路斯和勒莫斯（Remus）。篡夺王位的阿穆略知晓此事后，即将双生子投入城边台伯河溺亡之。未料一母狼发现孩儿，带之前往帕拉丁山丘岩洞以乳汁抚养。两人长大后获悉身世，商议并合力杀死了篡位的阿穆略，在他们被母狼救起的台伯河边建立了以罗慕路斯名字命名的新城市——罗马。

　　不过，传说并非史实，罗马城也不是一天建成的。[1]罗马城邦位于拉丁姆地区，这是一块位于台伯河下游适宜农业生产的平原，但多小丘，约有1500平方公里，中心是阿尔巴努斯山（Albanus Mons）。拉丁姆地区分布着众多的拉丁部落，随着人口的增加，有一部分人为了摆脱原先的贫困生活，试图在新的地方寻找生机和出路。他们相中了距离阿尔巴努斯山不远的另一组山丘及其周围地区，逐渐在此定居生活，最后慢慢形成了历史上所谓的"七

────────────────

　　〔1〕　罗马城初建时只是一个小市镇，以后逐渐兴起，发展为具有规模的城邦。古罗马城镇建筑格局类似于古希腊雅典，以公民活动聚集地的罗马广场为中心，周边分布着城邦奉祀的神殿和会堂、法院、市场、剧场、角斗场、浴场以及纪念性的公共建筑。建筑前均有一排覆顶券形廊柱，其风格多以厚实砖石墙、半圆形拱券、逐层挑出的门框装饰和交叉拱顶结构为特征。

丘之城"，即罗马城市。不过当时这个城市是否形成了一个有一套防御设施包围着的真正统一的公社，或者仅是七个自治村落的联盟，尚无定论。然无论如何，"七丘"阶段确实如传说中的那样存在于公元前 8 世纪中叶。传统将公元前 753 年罗慕路斯建立罗马城至公元前 509 年罗马创建共和国为止的时期称为王政时代。

　　王政并非统一的时代，而是可以明显地划分为两个时期：罗马—萨宾王时期（约公元前 753 年～公元前 616 年）以及埃特鲁利亚王朝时期（公元前616 年～公元前 509 年）。罗马—萨宾王时期是指罗慕路斯（Romulus，公元前753 年～公元前 717 年）、努马（Numa Pompilius，公元前 716 年～公元前 673年）、图鲁斯（Tullius Hostilius，公元前 672 年～公元前 641 年）、安库斯（Ancus Marcus，公元前 640 年～公元前 616 年）作为国王统治的时期。萨宾部落并入罗马后，罗慕路斯曾同萨宾人首领塔提乌斯共同统治过罗马。罗慕路斯逝世后，萨宾人努马被元老院推举为第二任王，第四任王安库斯也具有萨宾血统。因此，这一时期被称为罗马—萨宾统治时期。罗马—萨宾时期能组成同盟，与罗慕路斯组织抢劫萨宾妇女，使罗马城邦人口繁衍的传说有关。此后，萨宾人努马成为国王时引进了历法和官方宗教仪式。其建造雅努斯神庙（Temple of Janus，又被称为门神、两面神和罗马守护神）于公共广场，通过神庙大门的启与合来体现战争与和平的神圣性。第三任王图鲁斯是拉丁人，他夷平了邻邦隆加（Alba Longa），掠夺隆加居民以充实罗马城的劳力。第四任王萨宾人安库斯则对外来的俘虏赋予平民等级（plebs），为以后罗马人民的平民等级争取权利斗争奠定了基本条件。此时罗马尚处于氏族社会末期军事民主制发展阶段，还保留着原始民主制的特点。这一时期的罗马公社管理机构主要包括王（Rex）、元老院（Senatus）和库里亚大会（Comitia Curiate）。

　　早期罗马公社的首领称为"勒克斯"（Rex），意指部落或部落联盟的首领或称王。拉丁人迁移至罗马七山时，各氏族部落分散居住于不同的山丘，各自拥有本部落的勒克斯，当各氏族联合起来时，作为王的权力才有所扩大。作为宗教祭祀、军事和政治的最高领导人，王身兼最高祭司、军事统帅和最高法官多种职务，具有军事民主制时代军事首长的特点。每当发生重大事情或准备向库里亚大会提出动议时，王按惯例会征询元老院的意见。罗马的王虽为终身制却不能世袭，须经库里亚大会选举产生。在罗马城只有王可以乘车，他头戴金冠，脸涂朱红胭脂，手执象牙鹰杖，前面有 12 名随从手执鞭棒为其开道，显示地位尊崇与权威。但罗马人并不认为王是神，据说在凯旋式上，总有奴仆在王的身旁不断地提醒喊道："不要忘记你是个凡人。"

元老院（Senatus），又称长老议事会，是罗慕路斯设立的官方参政机构，最初其 100 位成员均为罗马较大氏族的首领或家族的家长。因此，元老院议员也被称为"父老"，也就是父亲（Patre），意为建国之父。元老院是王的"顾问"，传统的维护者；其职责是向王提出忠告和建议，不需经过库里亚大会的选举。元老院握有收税、征兵、创制法律、推举高级公职人员等重要权力，还可直接管理公共事务。元老院是罗马古老传统权威的代表。

库里亚大会（Comitia Curiate）是罗马的民众大会。彼时罗马正处于氏族制时期，家长制家庭成为社会的基本经济单位，若干个血缘相近的家庭构成氏族（gens），每 10 个氏族组成 1 个库里亚（胞族），其是罗马社会最基本的政治和军事单位，是由成年男子即武装战士组成的，选举和召集军队均以库里亚为单位进行。而 10 个库里亚（胞族）构成 1 个特里布斯（部落，tribu-ta），每个特里布斯大会选举自己的军事首领和宗教祭祀。相传建城初期的罗马公社（部落联盟）共有 3 个特里布斯（部落），分别为 Tities、Romnes、Lu-ceres。库里亚大会最初由每个胞族分别举行，参与者是各氏族的成年男子，即必须是血缘上属于罗马氏族。库里亚大会的任务是选举包括王在内的高级公职人员、通过或否决元老院预先讨论的法律、表决王的政策、对判处死刑的案件作最后判决等；在对外关系上，是战是和也须经由库里亚大会决定。此外，库里亚大会还举行与家庭生活密切相关的重要活动，如在会议前以庄重形式批准家庭遗嘱，以此体现库里亚大会不仅在城邦意义上具有社会政治功能，而且对生活于城邦的民众家庭事务具有规范作用。

在罗马—萨宾王时期（约公元前 753 年～公元前 616 年），王、元老院和库里亚大会同时并存，分工协作，既互相补充又彼此牵制，达至和谐一致的状态，少有矛盾冲突发生。在罗马公社中，全体成员又构成"罗马人民"（Popu-lus Romanus）或称"罗马部族"。

王政时代的第二阶段埃特鲁利亚王朝是指老塔克文（Tarquinius Priscus，公元前 616 年～公元前 578 年）、塞尔维乌斯（Servius Tullius，公元前 578 年～公元前 535 年），以及小塔克文（Tarquinius Superbus，公元前 535 年～公元前

509 年）这三位具有埃特鲁利亚人血统的王的统治时期。埃特鲁利亚人是拉丁人的近邻，罗马无论从经济、文化、宗教、风俗惯习等方面都深受埃特鲁利亚文明的影响。如罗马的书写字母系统就与埃特鲁利亚人有关。他们在公元前 8 世纪~公元前 6 世纪时在意大利中北部地区广泛分布，发展程度远高于罗马人。王政第五任王老塔克文兴建起罗马第一批公共工程，罗马举世闻名、庞大的下水道系统由此开端。他还引进了全套埃特鲁利亚王权仪仗：头戴金冠，端坐象牙雕刻的宝座上治国理政，出巡在外则由手持斧棒的 12 名士兵随行以壮声威。埃特鲁利亚王朝时期，罗马加快了由氏族制度向城市国家转变的步伐。王权不断扩大，王的地位日益上升，尤其是在厉行君主统治的小塔克文当政（公元前 535 年~公元前 509 年）时，他建立了朱庇特神庙，王权已具有了国家权力的性质；但是，埃特鲁利亚王朝时期王具有的权力并不能等同于专制君主的绝对权力。一方面，王并非世袭而是经选举产生；另一方面，王权依然在不同程度上受到元老院与库里亚大会的牵制和制约。从氏族部落长老会议演变而来的元老院逐渐为贵族垄断，成为新的国家权力机关；作为氏族部落成员大会的库里亚大会虽然得以继续保存，但其主要职能逐步为老塔克文的继任者塞尔维乌斯（Servius，公元前 578 年~公元前 535 年）所设立的新的公民大会形式——森都里亚大会（comitia centuriata，百人团大会）所取代。以血缘关系为根基的氏族部落让位于以地域和财产为划分标准的组织形式。出于军事需要，塞尔维乌斯打破旧氏族贵族统治，确立了一切有产者参政的政治改革，主要体现在以下三方面。一是对人口财产进行调查，获取了 8 万成年男子的登记信息。把应服役成年男子，不论贵族平民，皆按财产划分为五个等级。第一等级为拥有 10 万阿斯（As）以上财产者，承担 80 个重装步兵百人团和 18 个骑兵百人团；第二等级为 7.5 万阿斯以上财产者，提供 22 个重装步兵百人团；第三等级为 5 万阿斯以上财产者，提供 20 个重装步兵百人团；第四等级为 2.5 万阿斯以上财产者，提供 22 个轻装步兵百人团；第五等级为拥有 1.1 万阿斯以上财产者，承担 30 个轻装步兵百人团。贫民（无产者，proletatii）未列入等级，象征性出 1 个百人团。二是创建森都里亚大会（comitia centuriata，百人团会议）。会议对所有问题表决以百人团为单位，每一百人团有一票表决权，所有等级相加共有 193 票，表决按等级高低顺序进行，以半数通过为原则。由于第一等级有 80 个步兵百人团与 18 个骑兵百人团，若第一等级通过（获 98 票），其他等级就无需再表决。三是通过按地区原则划分成四个部落，打破了原有的三个旧血缘氏族部落的社会组织形式。以新部落组织构成地方行政组织，贵族平民须在居住的地区部落而非原来的血缘氏族或部落登记户口与财产，并以此确定政治权利、军事义务和赋税数额。这一改革正如恩格斯所说："（国家）靠部分地改造氏族制度的机关，部分地用设置新机关来排挤掉它们，并且最后全部以真正的国家机关来取代它们而发展起来的。"[1]

埃特鲁利亚王朝最后一任国王小塔克文（Tarquinius）所实施的暴政引发了罗马贵族与人民的集体恐慌与愤恨，最终导致了王政的崩溃。公元前 509 年（一说公元前 508 年），小塔克文的外甥布鲁图斯（Brutuss）在元老院与罗马民众的支持下放逐了国王；并召集罗马人民起誓：自此之后的罗马，无论是谁都不得登基为王，无论是谁都不得侵犯罗马人民的自由。古罗马著名史学家李维在其著《建城以来史》中称，这是罗马人"自由（libertus）的开端"。

布鲁图斯为废除王政后的罗马设计了新的制度，由森都里亚大会每年选举两位执政官为国家最高权力者，共同负责公共事务。至此，罗马进入了共和国时代（公元前 509 年～公元前 27 年），其国家权力机关由以执政官为代表的官吏、元老院、公民大会所组成。共和制下的罗马城邦造就了伟大的罗马，也成为了孕育法治理念与法律精神的温床。

（二）共和城邦的政治机构

罗马为何以伟大著称世界？曾在马其顿战争中任希腊联军将领抗击罗马军团的波利比阿（Polybius，又译波利比乌斯，公元前 204 年～公元前 122 年）在他著名史学著作《历史》（The Histories or The Rise of the Roman Empire，或译为《罗马帝国的崛起》）中认为，秘诀就在于由元老院、执政官和公民大会构成的罗马共和政体是"世界上最好的政治体制"，也是一种美妙的"混合政体"。波利比阿认为，罗马之所以能征服地中海沿岸地区而横跨三大洲，这是因为"一切事务成败的首要原因是国家制度的形式。国家制度是所有设想和行动计划的源泉，也是其得以实现的保证"。[2]

---

[1]《马克思恩格斯选集》第 4 卷，人民出版社 1999 年版，第 112 页。

[2][古希腊]波利比阿：《罗马帝国的崛起》，翁嘉声译，中国社会科学文献出版社 2013 年版，第 403 页。

　　共和制下的罗马城邦政体形成了一个恰当而又均衡的系统，其主要成分有三：公职官吏、元老院、公民大会。

　　1. 公职官吏

　　罗马共和制时期，政府官员是"人民的公仆"。早中期官员是无报酬俸禄的，官员任职不仅要选举、限制任期和轮换，而且还要受到同僚制的制约以及严格的监督审查。罗马共和时期最重要的常设公职无疑是握有最高权力的执政官与以保护平民为己任的保民官。其他还有独裁官、裁判官、监察官、营造官、财务检察官等官职。

　　执政官（Consul）是共和政体下罗马的最高官职，"在准备和指挥战争方面，他几乎拥有绝对的权力"。[1]执政官共有两位，由森都里亚大会从贵族中选举产生，经元老院批准后就职。采取同僚制和限任轮换制。同僚制原则是，两人（或多人）共同执政，拥有同等权力，一方提议需征得同僚同意方能生效实施。否则，一方动用否决权使对方动议失效。目的是防止执政官变成独裁者，避免高傲者塔克文这样的骄横君王再次出现。执政官选举前夜由专人观察星象，以确定提名的候选人名字是否与星象相宜，并将星象显示吉兆的候选人名字提交会议。选举当天，候选人需亲自到场，身穿白色礼服，突出自我生活与道德的简单朴素，并展示其在战场英勇作战时所得的伤疤。执政官当选者于当选日领导全城举行神圣的宗教仪式，以正式就职。执政官的任期仅有一年（从 1 月 1 日起计算），允许连任。执政官是罗马内政与军事的最高领导人，除了保民官，所有官员都是其下属，必须服从其命令。他们监督裁判官（praetores）、监察官（censores，负责税收和公民登记）、财务官（quaetores）、营造官（aediles，维护城市安全、举办节庆赛会）、大祭司（pontifex）所进行的城邦政务管理。毫无疑问，执政官在政体中具有举足轻重的作用。这从罗马纪年以执政官在位时间标记中也可见一斑。如 C. 尤利乌斯·恺撒（V）和 M. 安东尼担任执政官那一年，即指公元前 44 年。执政官作为具有最高荣誉的官职，他们身着镶紫色金边的长袍，执行公务时端坐于象牙宝座之上，出巡则有 12 位士兵肩负斧棒护卫以示威仪（在民众大会上，肩召斧棒必须低垂，以示人民主权更高）。执政官负责召集公民大会，全面执行法律，并在战

---

　　〔1〕 ［意］朱塞佩·格罗索:《罗马法史》，黄风译，中国政法大学出版社 1994 年版，第 160 页。

时集合军队，担任指挥重任。当与强敌作战时，两位执政官会共赴前线，分别统领军队。如若在任期内无法结束战争，则执政官转为前执政官，并以该身份继续指挥战斗。无论内政抑或军事，在同僚制原则指导下，为使政策付诸实施，执政官同僚明晰一致意见的意义所在，从而使协商、妥协、平等、公正的理念在社会运行过程中推延开来。而随着共和国后期不断开疆拓土，作为前执政官，他们既有统领军队的魄力气概，兼具敏锐的行政决断能力，从而成为一种特指——前执政官被指为派往行省担任总督之人。

保民官（Tribunus Plebis）是罗马平民阶层自己的官员，相传最早设置于公元前494年平民第一次撤离运动时。公元前471年，保民官沃来罗提出平民自己的官员应在平民会议中选出的提案，经过激烈斗争，这一法案最终被通过。由平民会议从上层平民的有产者中选举产生，任期为1年，最初有2人，后渐增至10人（公元前449年）。同样适用同僚制与限任轮换制。保民官的首要职责是通过"给予帮助"以使平民的权利不受官员治权的侵害。因此，其住宅向平民日夜敞开，后者可自由出入，寻求保民官的庇护。公元前494年保民官设立的否决权规定，无论何时，只要保民官中有一人认为必要，即可以"veto"（意为"我反对"）一词阻止城邦任何机构的行为，诸如土地分配、招募军队、征税、选举等，甚至能够禁止召集公民大会。此外，保民官可以沉默的观察员身份旁听元老院会议，并向平民报告，其否决权亦可取消元老院决议的所有法律。但在战时，保民官的否决权不得使用。保民官还享有司法权，可担任法官职务，且任何人对其判决除上诉至平民会议外不得有任何异议。由于保民官经常因利益冲突而遭到某些贵族暗算，为了防止此类事件愈演愈烈，保民官被赋予了人身不可侵犯的特别权利，对其施以暴力迫害便是犯了渎神罪或死罪。凡冒犯保民官的人将被宣布为献祭给平民的神，每个人都能杀死他们而不受到惩罚。即"任何对保民官下毒手或恶毒地干涉其职责执行的人，都将被咒骂或承受死亡的痛苦"。[1] 这一权利是连执政官都无法享受的。除了宗教神圣性，罗马还通过了一部法律以保护保民官的人身安全。根据该法律，任何侵犯保民官的人，除肉身将被献祭给朱诺（Juno，代表

---

[1] [美] 斯科特·戈登：《控制国家——西方宪政的历史》，应奇等译，江苏人民出版社2001年版，第104页。

天堂、女性、婚姻和母爱的众神之后），体现了保民官护卫平民的特性，若被冒犯，冒犯者必受严厉惩罚外，其财产亦将在塞丽斯（ceres）神庙——即代表了生产、农业、自然和四季的谷物女神的神庙——中被拍卖。保民官在罗马政体中的作用，主要是保护普通平民免受武断、过度的行政权力侵害，"他们的宪法职能不是决定公共政策，而是保持个人自由，他们并不管理罗马政府，却给罗马人提供了保护自己的方法。"[1]故保民官在罗马共和国政体中有着重要的社会作用。保民官在卸任后通常转为元老院议员，享有元老院议席。公元前133年～公元前121年，保民官提比略·塞普洛尼乌斯·格拉古（Tiberius Sempronius Cracchus）兄弟俩试图将土地分配给为共和国征战却无处安居的平民，遭贵族反对而遇害。

罗马其他主要公职官员还包括：独裁官（Dictator，狄克推多），即非常时期的临时独裁执政官，任期6个月，由罗马元老院通过元老院决议（senatus consultum）授权两位执政官提名一位独裁官，其也被称为走在最前列者（Praetor Maximus）或称军团首长（Magister Populi）。任内的独裁官作为最高长官，可获24位刀斧手仪仗随行，而同僚制的执政官一般可有12位刀斧手伴随出巡。独裁官除无权改变政体外，在任何问题上享有绝对的决定权，任何人包括执政官在内都无权反对。

裁判官（Praetor，或译为法务官），任期1年，最初由1人担任，后逐渐增加至16人。根据传统文献记载，裁判官是经由贵族与平民的妥协而设立的，意在补偿贵族在执政官职位上所失去的特权，其职权包括公民间的司法裁判权以及与执政官类似的治权，即当执政官开赴前线时负责罗马后方的管理，并召集公民大会。这一惯例的形成可以追溯至王政时代，当国王不在城邦时，行政长官可以代替国王在城邦内执政。而裁判官的告示则成为日后罗马法最重要的法律渊源之一。

监察官（Censor），公元前443年设立，任期一年半以上，每五年进行一次人口调查时才会选举，且不是整个五年期间都在任，仅在登记工作和之后的宗教仪式结束之前任职。该官职由2人担任，主要调查罗马公民的财政状

---

[1]　[美]斯科特·戈登：《控制国家——西方宪政的历史》，应奇等译，江苏人民出版社2001年版，第105页。

况，确定其政治与军事的身份及应纳税额，编写公共经费的五年预算计划，考察候选官吏，监督公有地的使用、国库收支、妇女的荣誉、儿童的教育等，并有权提高奢侈税。《奥维尼法》（约公元前 312 年之前颁布）委托监察官选拔元老院议员后，监察官职位在罗马官制中上升到最高的层次，其所享有的权威也有了很大提升，齐肩于执政官。

营造官（Aedilis），任期 1 年，由贵族与平民中各选出 2 人担任，主要负责监督与管理建筑、水沟、街道、市场、戏院、妓馆、餐厅及公共运动场所。对于公共运动场所不仅要管理，后期还需筹备城邦竞赛活动，以增强与凝聚公民的集体认同感。

财务检察官（Quaestor），任期 1 年，最初为 2 人，共和末期增至 40 人，主要负责财政管理，后期被赋予相当的权力与权威，如前线财务，监督军费开支情况。

此外还有一些低级公职官吏，如基层执法官、行刑官、铸币官等。

2. 元老院

在共和时代，罗马有一个著名口号 PSQR，即指罗马元老和人民（Senatus Populusque Romanus），意谓一切权力皆需以元老院和人民的名义实施。元老院自设立之初即扮演着最高权力者的"顾问"的角色，但随着时间推移，其职权也逐渐有所变化。共和时期，布鲁图斯（Brutuss）设置的共和国新制度，将元老院数目增加至 300 人，元老院在共和时代大多数情况下保持着这一数字。苏拉时代（Lucias Cornelius Sulla，公元前 138 年～公元前 78 年）增加到 600 人，共和晚期，恺撒统治时期曾增加到 900 人。元老院的基本权力已涉及罗马的财政、司法、宗教、军事、外交等方方面面，其建议凭借自身威望总是为官员所接受，而且可通过颁布"使国家不受伤害"的命令施行戒严，从而对全罗马的人与财产实施绝对控制，"因为元老院几乎处理所有与罗马人相关的国家大事"，[1]以致共和初期位于意大利南部的许多希腊人城邦以及意大利半岛周边其他的君主制城邦流行着有关罗马元老院拥有绝对权力的不实传言。

在财政管理方面，元老院控制着罗马的所有收支出入。财务官所负责的

---

〔1〕 ［古希腊］波利比阿：《罗马帝国的崛起》，翁嘉声译，中国社会科学文献出版社 2013 年版，第 406 页。

任何计划的开销，均须得到元老院的授权方可进行（已经拨给执政官的款项例外）；军事和战争所需的公共开支更须由元老院批准；而特殊性的财产行为，如有偿或无偿转移财产等，元老院也有权实施。

在司法审判方面，元老院的权限范围极为广泛。最大民事案件的审判法官通常为元老院议员；诸如叛国罪、谋叛罪和暗杀罪等犯罪皆由元老院审理；对此类比较严重的罪行，尤其是政治性犯罪，元老院会进行特别预审，并催促官员迅速将罪犯定罪。凡在意大利犯下罪行，需公开调查者，或意大利范围内有任何私人需要仲裁纠纷、寻求协助保护，也由元老院处理；元老院对司法的间接干预还体现在，经元老院决议所决定的独裁官有权宣布暂停审理案件，即暂停行使司法权。

在宗教方面，元老院担任着祭祀活动的最高领导。元老院有权颁布祭司团的法令；控制国家祭礼，即对新神的承认；宣布特别节日；决定祛除显示神的愤怒的异象措置；批准献祭仪式、敬献祭品和官员任圣职仪式；恢复失效的宗教行为。

在军事方面，元老院掌握与控制着战争权。征兵、士兵是否继续服役需元老院批准；军队活动领域的限定以及在军事指挥官间的分配，需元老院的命令方可执行；甚至在战争中，元老院也可通过派驻在军队中的特派员干预最高指挥官行为；而决定是否举办凯旋仪式以及仪式的隆重程度，也在元老院职权范围内。

在对外事务方面，元老院全权负责对罗马外交关系的指导。元老院有权决定是否建立拉丁或罗马殖民地；批准结盟和缔约；负责派遣使节团或委员会到意大利以外的国家，而如何接待到达罗马的外国使者，以及怎样回复外交问题，亦由元老院酌情而定，人民无法与闻其事。

元老的衣着有独特的款式。首先元老有权佩戴指环，初期是铁质的，后演化为金指环。其次身穿白色托加袍，并在右肩镶有宽阔紫色条纹。最后元老们大多会脚穿褐红色的皮靴。共和时期的元老院不啻为罗马的"智囊"，虽然它也会瞻前顾后，偶尔退缩胆怯，甚至滥用权力侵害平民，顽固维护古老旧势力；但作为一个整体，元老院是习俗、传统、经验与权威的象征，是"国家当中最有才最有经验者的储存库"。[1] 其有着强大的支配政府和人民的能力。罗马共

───────────────

〔1〕［英］M. J. 卡里、T. J. 哈阿霍夫：《希腊罗马世界的生活与思想》，郭子林、曹彩霞译，大象出版社 2012 年版，第 59 页。

和国虽包含元老院与罗马人民，实质上体现了元老院对政府、人民的强有力掌控。元老院见证了罗马征服历史上的每一次胜利，也带领着人民挺过了艰难困苦。历史学家杜兰特在《世界文明史》中以"在胜利时最坏，在失败时最好"[1]表明罗马共和国元老院的掌控性、复杂性、双面性。当平民与贵族间通婚的禁令被解除，尤其是担任包括保民官在内的重要公职者卸任后可获得元老院议席资格的法令实施后，《奥维尼平民会决议》（The Plebiscitum Ovinium，或称奥维尼法 Lex Ovinia，约公元前312年之前颁布）规定："监察官从两个（贵族平民）阶层中为元老院选择最优秀的市民。"同时授予监察官开除元老院不称职者的权力。根据以上法律，监察官可依据候选者在之前任职中的表现选拔元老院成员，也可对元老院不称职者行使撤职权。由此，元老院不再为氏族贵族所把持，而是汇聚了济济人才，成了平民与贵族结合而成的新贵族集聚地。公元前280年，作为伊庇鲁斯王皮拉斯特使的哲学家齐纳斯来到罗马，元老院议员的审慎与智慧给他留下了深刻印象，他将罗马的这一机构比喻为"诸王集会"。

3. 公民大会

共和时代的罗马公民大会由四类组成：库里亚大会、森都里亚大会、特里布斯大会、平民大会。在政治上真正起作用的是森都里亚大会、特里布斯大会和平民大会。

（1）库里亚大会。库里亚大会在王政时期就已存在，作为最古老形式的民众大会，虽然还存在却已失去原有生命力。民众通过库里亚会决议对当选的执政官表示服从，其具有的形式意义大于现实意义。主要的会议活动是举行大祭司的占卜活动以及订立家庭遗嘱，而遗嘱内容涉及财产继承等方面。

（2）森都里亚大会（comitia centuriata，意为百人团大会）。共和时期罗马的百人团大会仍然扮演着重要的政治角色，"因为唯有人民才有权利奖赏以及惩罚，而这些是唯一可以凝聚王国、国家以及一般人类社会的力量"[2]。这一公民大会因王政时代第六任王塞尔维乌斯改革而建立，被称为"塞尔维

---

〔1〕［美］威尔·杜兰特：《世界文明史：恺撒与基督》，台湾幼狮文化译，华夏出版社2010年版，第31页。

〔2〕［古希腊］波利比阿：《罗马帝国的崛起》，翁嘉声译，社会科学文献出版社2013年版，第406页。

乌斯制度"。百人团会议的职权包含五个部分：一是进行公职人员的选举（保民官除外）；二是表决法律提案，该大会无直接立法权，但可投票表示通过或拒绝法律；三是审判权，人民有权审判刑事案件，对犯刑者施加严厉的惩罚，即使被指控之人担任国家最崇高的公共职位时也不例外，该大会是唯一有权审判生死重罪的法庭；四是涉及对外战争，该大会有权决定宣战或媾和之事，批准或拒绝订立条约；五是设立新的祭司职务和划定宗教机构职权范围。共和国时期，百人团会议在罗马城外乌尔提乌斯校场（战神广场）举行。他们以部落列队，并以财产等级高低，从骑士（equites）至步卒（pedites）分五等列队。由于百人团会议的等级划分是以财富多少为标准的，而选举按照财富、资历进行，投票权以等级和百人团为单位计算，并非平等授权予每一个人，故虽每个人都参与百人团会议，但权力实质上掌握于富人手中。

（3）特里布斯会议（comitia tribute，即部落民众大会）。民众以部落为单位参加会议并投票。最初的部落民众会议是部分平民参加的会议，以后平民会议决议成为法律，从而拥有整个罗马城邦范围职能。为此，效仿平民会议模式，形成了所有民众参加的特里布斯会议（部落会议）。会议主要职能之一是选举财务检察官等城邦公共职务。以表决权来看，其与平民会议不同之处在于，部落民众会议的表决权归罗马民众所有，而平民部落会议表决权只归平民所有。由于所有在部落登记的民众均可平等、自由地参加投票，部落民众大会相较百人团会议具有更多民主性。

（4）平民会议（comitia plebis）。罗马公民除参与库里亚会议、森都里亚大会、特里布斯会议外，公元前471年平民也有自己的议会——平民会议（comitia plebis）。平民会议也是以地域为基础，以确定的居所组织召开，会议仅由平民的部落召集和主持。在贵族平民实现平等权力以后，会议包括了所有的公民。平民会议通过的"决定"被称为"决议"，而森都里亚大会作出的"命令"被称为"法律"。共和晚期，平民大会的决议也被简称为"法"。最初，平民大会的决议作为平民意愿的表达，仅针对平民阶层具有约束力，近似于一个共同体内部的规章制度，从法律意义上看贵族并不必遵守，其约束程度取决于元老院的意见。罗马社会是建立在公民与非公民、非公民中的自由民与非自由民在法律上权利的差别之上的。共和早期，贵族、元老与平民相分离，禁止通婚。他们主宰着城邦政治生活，然平民持续挑战着贵族特权。公元前 296 年《奥古尼亚法案》（Lex Ogulnia），允许平民成为神圣祭司团、占卜官成员，在法律上确认了平民在共和城邦宗教事务上的同等地位。公元前 287 年实施的《霍滕西亚法》（Lex Horatius）最终从法律上确认了平民会议决议对于全体罗马公民的效力，至此，元老院的意见在实质上失去了对平民表决的牵制。平民会议最重要的职能在于选举平民自己的官员——保民官，以护卫平民阶层的权利不受任意侵害。此外，平民会议主要处理一些平民内部的问题，其决议逐渐成为罗马私法的主要来源。

古希腊历史学家波利比阿（Polybius，公元前 204 年～公元前 122 年），曾做过罗马上层社会成员小西庇阿的家庭教师，深谙罗马政治与共和制度。对于罗马共和政体，他认为这是一种历经一系列令人满意的修正而最终形成的成熟、优良甚至堪称完美的混合型政府组织形式。国家权力被公平而恰当地分配给以执政官为代表的公职人员、元老院以及公民大会，并通过三者的有序运作而被规范。"假如只将注意力放在执政官的权力上，这政体或许给人一种完全是国王政治及王权的印象；又假如我们将注意力集中在元老院，这似乎看起来是贵族政治；但假如我们集中在人民的权利上，这似乎是民主政治的一个明显范例。"[1] 因此，罗马共和政体并非单独的王权政治、贵族政治和民主政治，而是三者的精妙混合。官吏、元老院和公民大会彼此间协助配合，同时，在整个系统中没有单独一个成分可以处于绝对优势地位，其相互监督与牵制有效约束了某一部分所可能施加的侵害，必要时又能适当地联合起来从而维系了政体系统的平衡与运行。三者团结、良好的相互协作所爆发出的强大力量足以使罗马抵抗最为强大的敌人，摆脱最危险的困境，并成为世界上最好的政治体制，也是最适合于罗马的政治体制。

古罗马共和时期曾任执政官（公元前 63 年）的著名政治家西塞罗（Marcus Tullius Cicero，公元前 106 年～公元前 43 年）对于罗马共和政体的观点与波利比阿类似。在其著《论共和国》（The Republic）中他认为："罗马共和国是一个典型兼具君主制、贵族制和民主制优点的混合政体，其中执政官与人

---

〔1〕［古希腊］波利比阿：《罗马帝国的崛起》，翁嘉声译，社会科学文献出版社 2013 年版，第404 页。

民的权力、元老院的权威相结合，构成一个制衡和谐的宪政体制。"[1]西塞罗不赞成仅仅采用君主制、贵族制和民主制中单独的任何一种。他认为，这三者结合的政府组织形式才是最为优良的政体，这一温和并平衡了的政府形式更为可取。在他看来，混合型政体的优势在于：一是提供了公民所关心的高度平等。混合型政府组织形式使一个国家中既保持了最高贵的成分，又将某些权力授予上层公民，同时某些事物也被保留给了民众来判断和欲求。如此，不同部分各得其所，整个政治系统得以均衡运转。二是混合型政体具有显著的稳定性。君主制、贵族制和民主制中的任何单独一种都有可能蜕化成各自相应的堕落的政府形式，即暴君取代明智君主，寡头派别把持贵族集团，暴民和无政府状态以"人民"的名义行事。但混合而又恰当均衡的政体本身并不存在一种可能的蜕化变异形式，并且，在这一政府形式中，每个阶层和公民个人都被固定在了所属位置上，拥有法律明确的权利和义务，因此较少会产生政体蜕化的情况，除非统治阶层中犯了一些重大错误。

（三）国家：人民的事业

古罗马在承袭希腊城邦和公民文化的基础上，形成了对共和城邦的独特认知，这一城邦价值取向为法治理念的意识培养奠定了深厚基础，法律精神也由此生发壮大。古罗马人对于城邦的理解集中体现在政治家西塞罗的思想中，法治文明的种子正是萌芽于此。

西塞罗认为，城邦—国家的实质是道德共同体，是人们在正义原则和求得共同福利的合作下所结成的集体，是"大规模的人民联合体"。这一群体由那些共同拥有该国家及其法律的人所组成。因此，他赋予国家以一个褒奖性的称谓"res populi"或"res publica"。从字面分析，"res"的基本含义是东西、事物、事务、事业等，"publica"的意思是公共的、人民的、国家（或共和国）的、社会的等。二者组合起来（即"res pubica res populi"）就表示"国家是人民的事业"或"国家属于人民的财产"。[2]西塞罗在其著作《论共

---

〔1〕［古罗马］马库斯·图留斯·西塞罗：《论共和国》，王焕生译，中国政法大学出版社1997年版，第39页。

〔2〕［古罗马］马库斯·图留斯·西塞罗：《国家篇》第3卷，沈叔平、苏力译，商务印书馆2016年版，第107页。

和国》（*The Republic*）中指出：“怎样才能称为‘人民的事务’？共和国又意味着什么呢？假如人民被一个人残酷地统治着，没有正义的纽带，也没有参加共同生活的人们的协议，就不是共和国，也就不是真正的国家。”[1]

在西塞罗看来，城邦—国家由人民组成，但这一共同体并不是随随便便一群人以任何方式联系起来的集体，而是“许多人基于法的一致和利益的共同而结合起来的集合体”。[2]他还指出：“如果人民维护他们的权利，他们就会说没有任何政府形式在自由或幸福上更高一等，因为他们才是法律和法庭的主人，战争与和平的主人，国与国之间的协议的主人，每个公民的生命和财产的主人；只有这种政府才能被正确地称之为国家即人民的财产。”[3]他坚定地认为只有当公民一致接受法律的约束，拥有赞同权利的共同意愿，并团结参与互利行动时，一个真正的共和国才可能存在。历史学家戴维斯认为，罗马城邦具有一种内聚性品质，其“迷恋整体性和内聚性的缘由很可能植根于罗马早期发展模式之中”。[4]正是由于罗马从一个单一的有机体中成长壮大，通过意大利半岛的陆地征服逐渐扩张发展，这种内聚性使公民的联合并非完全出自个体的软弱，而是由根植于人内心深处、无论何种条件下都不愿孤立于人群之外的社会精神所决定。

在罗马，城邦—国家得以维系的前提是以法律形式承认、兑现公民的权利与义务，而成员身份则是确定这些权利与义务的判断标准，因此对于罗马城邦来说，公民身份被赋予了特殊意义。全体公民和法律才是城邦—国家真正的共同统治者。“因为法律统治长官（magistratus），所以长官统治人们。可以正确地说：长官是会说话的法律，而法律是沉默的长官。”[5]城邦及其法律均是人民的财富，城邦存在的目的就是为了通过提供互利与正义之治的好处，

---

〔1〕［古罗马］马库斯·图留斯·西塞罗：《国家篇》第3卷，沈叔平、苏力译，商务印书馆2016年版，第108页。

〔2〕［古罗马］马库斯·图留斯·西塞罗：《论共和国》，王焕生译，中国政法大学出版社1997年版，第39页。

〔3〕［古罗马］马库斯·图留斯·西塞罗：《国家篇》第1卷，沈叔平、苏力译，商务印书馆2016年版，第39页。

〔4〕诺曼·戴维斯：《欧洲史》（上），郭方、刘北成等译，世界知识出版社2007年版，第116页。

〔5〕马库斯·图留斯·西塞罗：《法律篇》第3卷，沈叔平、苏力译，商务印书馆2016年版，第224页。

实现公民的美好生活，只有公民的幸福才是至高无上的法律。古罗马法学家帕比尼安将法律归结为"整个共和国民众的共同誓约"。[1]城邦的权力源自人民，这决定了只有建立在伦理道德的基础上，且通过法律保证实施的权力才是正当合法的，如此才能保证人民成为事实上的法律和法庭的主人、战争与和平的主导者、国与国之间协议的决定者，只有这种政府才能被正确地称之为国家，即"人民的事业"。因此，在西塞罗的思想理论中，罗马共和制度是"世界上最好的"。他认为"我们的祖先们已经创立了最明智和最平衡的体制，而我没有增加什么，或至多只做了少许一点儿创新"。[2]

在罗马，城邦—国家作为"人民的事业"这一共同价值认知，催生了以自由、平等、公平、正义等为内涵的法治思想。

首先，自由是独属于城邦公民的权利。一方面，罗马城邦的公民是作为这一共同体的成员而享有自由的。在共同体之外，他们不但不能真正享有自由的权利，而且无法保有作为人的基本尊严。法律所保护的是具有城邦成员身份的公民，在其人身与财产安全得以保证的前提下，公民才能够维持自我与家庭的独立，无需惧怕他人可能施加的侵害，或是依附于他人的施舍。在法律的保障下，公民自由选择做他应该想要做的事情，同时不被强迫做他不应该想要做的事情。正如孟德斯鸠所说："自由是做法律所许可的一切事情的权利。"[3]另一方面，自由本身也包含着尊重法律的含义。在西塞罗看来，自由并不意味着随心所欲，而是一种只有在主动自我约束下才能达至的理想状态。这种约束不是指强迫人民屈从于某个人或某个集团的专断意志，而是指对于法律有着一致的尊重态度，承认其对个人行为的支配地位，并自觉遵循其指导。

其次，平等是城邦公民对理性和法律的共识。平等是一种道德要求，而非事实。作为个体，城邦公民无法实现具有相同数量的财富、相当的学识，而且如果城邦试图在这一方面使公民之间达至均等状态也是不恰当的。但是，在具有理性这一点上，在作为人的基本心理状态方面，以及在高尚与卑劣等

---

〔1〕　桑德罗·斯奇巴尼选编：《民法大全选译·法与正义》，黄风等译，中国政法大学出版社1992年版，第42页。

〔2〕　Cicero, *The Republic*, Cambridge: Harvard University Press, Vol. 1, 1988, p. 151.

〔3〕　［法］孟德斯鸠：《论法的精神》（上卷），许明龙译，商务印书馆2012年版，第184页。

道德判断标准方面，所有人都是相同的。西塞罗认为，理性是人与神所共有的，人与人之间的不平等正是由于错误、坏习惯和谬误的观点造成的。就实际能力而言，所有公民都能够取得同样种类的经验，也都能够明辨是非。此外，平等还意味着所有公民所遵循的是同一项法律。西塞罗指出，"法律"这个词本身就意味着一种约束所有人的法令或指令，因此不应该制定例外的法律，即针对、惩罚任何个别人的法律，否则就是极大的不公正，违背了平等的要求，即"每个人都应当享有某种程度的人之尊严并得到某种程度的尊重；每个人都在这个伟大的兄弟般的社会之中，而不是在它之外"。[1]

最后，公平与正义是自然法的外在表现，是依照法律进行治理的结果。西塞罗认为，城邦本身及其法律始终要受到自然法——超越了人之选择和人之制度的更高一级的正当规则的制约。自然法，即正确的理性，是真正的法律，是衡量一切是非的标准，公平、正义、善都是其外在表现，人类所制定的一切成文法必须符合自然法，否则就称不上是法律。西塞罗曾对法律的性质和罗马人的公平精神进行过透彻的论述："法律的性质是不在外来影响之下改变，不在强力压迫之下屈服，不在金钱诱惑之下孵化。"[2]在西塞罗看来，城邦的作用之一即在于通过法律协调人与人、人与神之间的关系。因此，法律是城邦进行治理活动的重要依据，人类生活必需服从法令的指导，如果没有依法治理，家庭、城市、民族，乃至整个人类都不可能存在。当然，这里的法律必需符合自然法，如此，才能实现公平与正义，才能使城邦成为团结的联合体。

在西塞罗的著作中，罗马人对共和城邦的理解第一次获得了系统的理论形态。正因为城邦是"人民的事业"、"人民的财产"，作为城邦共同体成员的公民才理应享有自由、平等、公平、正义等权利，而作为城邦治理依据的法律则应是恶的改造者与善的促进者，其目的是为了公民的安全、城邦的维系以及人民生活的幸福安宁。共和城邦为罗马人确立了一以贯之的核心价值："敬重信仰，发现诸神的意愿，支持行政长官的权力，荣耀元老院的权威，遵

---

〔1〕〔美〕乔治·霍兰·萨拜因：《政治学说史》，商务印书馆1986年版，第273页。

〔2〕〔古罗马〕马库斯·图留斯·西塞罗：《论老年、论友谊、论责任》，徐奕春译，商务印书馆2003年版，序第3页。

守法律，珍惜传统道德，服从法院及其判决，正直守信，保护行省和我们的盟友，奋起捍卫我们的国家、我们的军事事业和我们的公共财产。"[1]罗马人正因敬重、遵守法律而荣耀于世界民族之林。

二、城邦社会经济

罗马所在的意大利半岛长约 1000 公里，中腰的宽度约有 150 公里，半岛从北方向南延展，如同一只靴子伸入地中海。与希腊的地形不同，意大利半岛并不具备发展航海业和商业的绝佳天然条件。一方面，意大利的岛屿数量极其贫乏。虽然半岛的东、西、南三面临海，但岛屿很少，其中东部沿岸甚至几乎没有岛屿；而南部的西西里岛看似是面积较大的岛屿，但实际却是意大利的一部分；半岛西面有萨地尼亚和科西嘉岛，可位置不佳，离海岸太远。另一方面，意大利半岛的海岸线亦不适宜发展海上贸易。相对于希腊绵长的海岸线，意大利的海岸线不仅短小还缺乏曲折，尤其是东部沿岸地区多浅滩和礁湖，几乎没有天然良港，于航海十分不利。放眼整个半岛，只有西面沿岸的中部才有优良港湾。虽然于航海业方面先天不足，但意大利地区却极为适宜发展农业。从罗马的社会经济史考量，农业一直是其立国之本，罗马人也对土地抱有特殊的依恋。而与土地的紧密联系，以及稳固的乡土社会生活不仅使罗马人形成遵从自然法则（institia）的社会特质，也使他们成为具有强壮体魄、富有责任与献身精神之人。古罗马政治家加图（公元前 234 年 ~ 公元前 149 年）就曾自豪地赞叹罗马战士是因种地而成为"最强壮的人和最勇敢的战士"的。西塞罗曾说："在一切收入有所保障的职业中，没有一种职业比从事农业更美好，更有利可图，更令人愉悦，更适合于人，没有一种职业比农业对自由民更适合。"[2]而随着对外扩张的步步推进，罗马的商业、金融业则在短时间内迅速繁荣起来，农业与市场的联系也日益紧密。

---

〔1〕［美］菲利普·弗里曼编：《西塞罗：如何治理国家》，陈越骅译，上海社会科学出版社 2016 年版，第 12 页。

〔2〕［古罗马］马库斯·图留斯·西塞罗：《论老年、论友谊、论责任》，徐奕春译，商务印书馆 2016 年版，第 160 页。

（一）城邦农业

农业是罗马城邦的社会经济基础。这可从王政时代第二任王努马创建罗马国家崇拜的最早形式"努玛教"中略见端倪。"'努玛教'和同类意大利宗教崇拜反映了一个主要关注田地、畜群和家园的农业集团的情况。神的数量非常之多，既包括控制畜群和庄稼的大神，也包括帮助或阻止每个具体农业耕作程序（如播种、除草、施肥等）的小神。"[1] 从努玛教崇拜可以看到罗马对农业生产的极其重视。

意大利半岛的地理形势为农业发展提供了天然的优良环境。首先，平缓的地势使得意大利半岛不像希腊那样山脉纵横交错，从而造成许多孤立的地区。在意大利，只有一条主要的亚平宁山脉从北向南将半岛切开，而且越向南，山脉便越低，至半岛南部则分散成一些缓斜的山脉，这一地形特征使得对土地的耕种能够顺利进行。

其次，意大利半岛的水系十分丰富。在阿尔卑斯山南面，一条名为波河（Padus）的大河及其支流灌溉着土地，在埃特鲁利亚北部则是阿尔诺河（Arnus），而罗马靠近的台伯河则是埃特鲁利亚、翁布里亚和拉丁姆三地之间的界限。此外还有拉丁姆地区的利里斯河（Liris）与布鲁提伊的奥菲都斯河（Aufidus）。意大利半岛不仅河流数量可观，而且这些河流所流经的区域也十分宽广，水量极为丰富，为农业灌溉提供了充分的水源。

再次，意大利半岛拥有肥沃的土壤。波河所流经的平原地区是意大利最古老的农业种植区之一；拉丁姆、坎佩尼亚和西西里的火山土壤能够提供丰富的肥力；半岛南部则适宜牧草的生长，该地区也以优良的牧场而闻名地中海地区。

最后，意大利半岛物产丰富。肥沃的土壤和湿润凉爽的气候使意大利不单盛产橄榄和葡萄，还可大量种植谷子、大麦、小麦等谷类作物。半岛覆盖着大片森林，木材产量丰厚；此外还蕴藏着丰富的金属，如埃特鲁利亚地区的铜、铅、锡、锌和铁等，这些资源为犁、镰刀、锄头等农业工具的发明和生产提供了必备条件。

---

〔1〕 ［英］M. J. 卡里、T. J. 哈阿霍夫：《希腊罗马世界的生活与思想》，郭子林、曹彩霞译，大象出版社 2012 年版，第 271 页。

得天独厚的天然优势使农业自古以来就是罗马人的主要职业、立身之本。在罗马，"大多数家庭有自己的一小块土地和一所小房子，父亲和儿子们一块居住，一起工作，主要种植谷物，间或也在地上种些葡萄或橄榄，在附近公地上放牧几头牲畜，所需衣服和简单农具都为家内自制。偶尔在特殊时节才进入那个设防的城镇，这既是他们的宗教中心，又是他们的政治中心"。[1]在王政时代直至共和早期，罗马的农业经济是一种自给自足的小农经济。王政时代的普通氏族成员以及共和国成立后的城邦公民能够拥有适量的私人土地维持生活，家庭的全体成员都在田地中辛勤劳动，即使是"罗马父族元老对耕种自己的田地都坚持不懈"[2]，只有少数情况下才使用彼时数量稀少的奴隶从事耕作。

从公元前3世纪起，随着对外战争的节节胜利，罗马农业经济的性质发生了明显变化，庄园经济盛行，农业生产的目的不再仅仅是为了实现自给自足，而是瞄准了丰厚稳定的利润回报。

所谓庄园经济，是指以田庄为单位进行农业生产。意大利中部主要集中了面积为25～125公顷的中型田庄，出产橄榄、葡萄、蔬菜、果树等不适宜大规模种植的作物。意大利南部包括西西里岛，则建有占地几百甚至几千公顷的大型牧场和大谷物庄园。

庄园经济的产生和发展是与罗马的殖民扩张密不可分的。对外征服使罗马的公有土地数量急剧增加。公元前200年，罗马的国有土地为3,250,000公顷，到公元前150年，国有土地猛增至5,250,000公顷，这为土地的集中提供了便利。同时，罗马的土地所有制也发生了变化，贵族与富有者依靠买卖和强取豪夺占据了大部分土地；元老院虽然掌握着国有土地的最高管理权，但并未能或者不愿有效监督土地的出租或买卖情况，致使土地大量集中于贵族或富有者之手，形成了田庄。此外，罗马通过对外殖民扩张掠夺回了大量奴隶和资本，前者促进了奴隶制度的迅速发展，为庄园的生产经营提供了廉价劳动力；而后者被投入可靠稳定的农业生产中，为庄园经济的持续运营提供了资金支持。

---

〔1〕　Guglielmo Ferrero, *The Greatness and Decline of Rome*, New York: Brunton Press, 1971, pp. 1～2.
〔2〕　参见杨共乐:《罗马社会经济研究》，北京师范大学出版社2010年版，第2页。

庄园经济与罗马早期小农经济的根本差异在于前者的商品性特质。庄园的运营管理与市场联系紧密，其根本目的在于通过出售田庄产品获取利润回报。古罗马著名农学家瓦罗（公元前 116 年～公元前 27 年）明确指出："意大利居民在农业方面最重视的有两点，一是他们付出的劳动和费用能不能得到相应的回报；二是土地的地点是否有益于健康。""经营庄园的目的是为了获利和寻求乐趣，在获利和乐趣之间，获利又处于更重要的地位。"[1]著有《农业志》的古罗马政治家加图在谈到如何安排庄园土地时，他认为应按照出售作物所能获得收入的多少为标准。因此，田庄首先应考虑种植可以酿造美酒的葡萄，其次是蔬菜，再次是栽种柳树，接着依次为培育橄榄、牧草、谷物，以及用于木材生产的原木和果树。加图还指出，为了方便农产品的运输和交易，庄园的位置应靠近大城市或者通畅的道路，沿海地区或邻近便于船舶通行的河流也可以。为了提高生产效率，加图建议应去合适的地方购买农具等田庄必需用品。"短袖束腰紧身衣、长袍、粗布短外套、白结衣和木履，应在罗马购置；短斗篷、铁器、镰刀、锹、锄、斧头、驾具、马衔和小铁链，在加莱和明图那购置……"[2]

作为与种植业并列为农业生产两大支柱的畜牧业也呈现出鲜明的商品经济特征。此时罗马的畜牧业已不再是自给自足的家畜饲养，而是集中化、规模化经营。例如，罗马在意大利南部沿海和萨姆尼乌姆地区分别建立了冬季牧场和夏季牧场，作为大批牲畜交替放牧之处；有一位名为加比里乌斯的罗马骑士拥有多达上千头羊的羊群；农学家瓦罗（公元前 116～公元前 27 年）自己则饲养了七百多头羊。如此集中式、大规模的养殖不可能仅仅为了满足自我需要，其目的同种植业一样也是为了通过市场交易赚取利润。为了获得更高的回报，牧场的主人会主动迎合市场需求，不断引进良种以改进本地牲畜品种，同时饲养奇珍种类的家禽。根据瓦罗的记载，有一位名叫塞伊乌斯的庄园主在庄园内饲养了一大群鹅、鸡、鸽、鹤、孔雀、睡鼠、鱼、野猪和其他猎物，盈利甚为丰厚，"仅从一座庄园的宅院所赚到的钱，就比那些从专

---

〔1〕［古罗马］M. T. 瓦罗：《论农业》，王家缍译，商务印书馆 2014 年版，第 22 页。

〔2〕［古罗马］加图：《农业志》，马香雪、王阁森译，商务印书馆 1997 年版，第 60～61 页。

营农业的一整片地产上所赚的钱还要多得多"。[1]而瓦罗的姨母通过出售庄园所饲养的鸫鸟即获得了50公顷土地两倍的利润。

庄园经济的商品性还充分体现在大量使用奴隶作为廉价劳动力上。庄园主出于节省成本、提高产出的考虑，热衷于利用奴隶替代原先的自己或雇佣自由民劳动。一方面，奴隶没有服兵役的义务，因此能够长时间、不中断地从事农业生产，如此便保证了农业产出。另一方面，奴隶所需的花费极低，庄园主只需提供能够维持生存的最低生活条件即可；而且由于奴隶一般被禁止建立家庭，奴隶主所要供养的多为身强力壮的年轻单身男子，这样的成本比供给一个家庭要少得多。例如，据农学家科路美拉（Lucius Iunius Moderatus Columella，? ~公元70年）所说，一块50公顷的耕地需要8个成年男性奴隶经营；而劳动密集型的橄榄、葡萄等经济型作物的种植，根据加图的记载，一个60公顷的橄榄园需要庄头1人、管家1人、工人5名、驴夫1人、牧羊人1人，共13人；一个25公顷的葡萄园则需要16人经营维护。与此对比，公元前2世纪罗马人所能获得的殖民地土地数量标准是每户家庭2.5公顷，则50公顷的土地得供养20户家庭。由此可见，奴隶劳动不仅提高了劳动生产效率，还大大降低了庄园经营的人力成本，其中的差额为庄园主带来了巨大利益。

罗马史专家蒙森曾指出："一个民族所占有的地势往往足以预示它的历史使命。"[2]正由于罗马的地理环境不同于希腊而适宜农业生产，故罗马公民对土地产生依恋与眷恋，对自己作为公民应该获得份地的权利十分珍惜。如史载，古罗马著名政治家老加图"大清早就徒步到市场区给那些需要帮助的人进行诉讼，然后返回农庄，在冬季就披上劳动的外套，夏季就赤膊与仆人们一起干活，之后坐下来与他们吃同样的饭食，饮同样的酒类"。[3]加图在其著作《农业志》中认为，好农民和最坚强骁勇的战士都来自于农民之中。因而罗马人是天生的农夫；同时为了捍卫公民权和土地，为了扩张土地资源，他们又是天生的勇敢战士。作为农夫，质朴、虔诚、严肃是罗马人所尊敬的品

〔1〕［古罗马］M. T. 瓦罗：《论农业》，王家绶译，商务印书馆2014年版，第30页。

〔2〕［德］特奥尔多·蒙森：《罗马史》第1卷，商务印书馆1994年版，第5页。

〔3〕［古希腊］普鲁塔克：《希腊罗马名人传》（上册），席代岳译，吉林出版集团2009年版，第620页。

格；而作为战士，勇敢、服从权威、秩序、纪律和团队则是罗马人所崇尚的精神。罗马曾有法律规定，一个公民只有为城邦参加过 10 次战役，方具备竞选高级官职的资格。故罗马公民典型的身份特色正是两者合为一体的"农夫—战士"，而土地则是他们冲动的欲望和奋斗的归宿。

（二）城邦工商业

与希腊相比，罗马共和时期的工商业繁荣程度并不足以给人留下深刻印象，其中手工业直到共和末年帝国初期才有了明显提高，商业贸易也是进口多、出口少。

根据传统记述，王政时期的第二位王、罗慕路斯的继任者努马（Numa）设立了 8 个手工业联合会，分别是笛工、金工、木匠、染匠、靴匠、皮匠、铜匠和陶工的同业公会（collegium），表明当时罗马手工业已经与农业分离，成为了独立的生产部门。现据考古挖掘，罗马共和时期的手工业制品主要有：一是墓室中陪葬的青铜制品，其中最具代表性的是布满装饰花纹的华丽镜子和化妆盒。这些器物表面通常精巧地雕刻着希腊神话的场面，有的也会刻有制造工匠的名字，例如考古学者曾发掘出一个陪葬的匣子上刻有铭文："诺维优斯·普劳提乌斯在罗马制造了我。"[1]二是军备制品，如罗马军团所需的进攻和防卫用的武器、头盔、甲胄、运输工具等，有理由推测应大多由本地或殖民地的手工作坊提供，并非完全依赖大量进口。三是城市公共设施，如要塞城墙、神殿、城市排水设备、巨大的灌溉工程等。四是农业生产用具和家庭生活用品，这些必需品一部分通过家庭手工业制造，而金属制品和器皿则大多需要在市场上向职业手工业者购买。

罗马当时的重要手工业中心包括罗马城、埃特鲁利亚地区、坎佩尼亚地区等。在罗马城，杜斯克斯街是当时工商业者主要的居住区，聚集了许多从事手工业细分行业的职业工匠。根据罗马第一位有完整作品传世的喜剧作家普劳图斯（Plautus，公元前 254 年~公元前 184 年）的作品，我们可以看到当时的罗马手工业成品种类十分丰富，如首饰、木器、皮革、绳索、铁、金银、毛织、呢绒、染色、武器、陶器、刺绣、成衣、靴鞋、犁、压榨

---

〔1〕 [苏联] 科瓦略夫：《古代罗马史》，王以铸译，三联书店出版社 1957 年版，第 180 页。

机、筐、桶、车具，等等。此外，埃特鲁利亚地区的制造业也很发达。在罗马与迦太基的战争中，许多军需装备如战船帆布、木材、头盔、盾牌、长矛、斧头、长钩等，均由已臣服于罗马的埃特鲁利亚城市提供。除了罗马与埃特鲁利亚，坎佩尼亚也是著名的手工业中心，其优势产业是陶器、铜器和其他器具制造，并盛产香料。罗马政治家、农学家加图（公元前 234 年~公元前149 年）曾说："松软的土地，坎佩尼亚犁适用……碾磨机在庞培（贝）……救火水桶、橄榄油瓶、水坛、酒瓶以及其他铜制器皿在（坎佩尼亚的）加普亚购置。从加普亚购买的坎佩尼亚篮筐适用。滑轮皮带和一切蒲绳，在加普亚购买……"[1]

罗马人对农业普遍持尊崇、重视态度，但却极为轻视手工业。西塞罗曾说："一切手工业者所从事的职业是低贱的，因为在任何工场里绝无任何自由可言。"[2]因此，罗马的职业工匠多为自由民或被释奴隶，普通公民轻易不会选择手工业作为谋生手段，而贵族和富有者则热衷于投资可以获得稳定回报的农业，或干脆从事包收、投机等暴利行业。手工业被罗马人视为一种很不光彩的职业，一方面是因为大量劳动力已被束缚于自古占有优势地位的农业生产中；另一方面则是对外征服使罗马能够轻易获得行省的制造业商品，如此，罗马的手工业即缺失了现实需求的刺激。相对于农业庄园经济的规模化、集中化经营，罗马的手工业生产水平长时间静止不前，在庞培伊城发掘出的手工业遗址均为小型简易作坊，足见其水平依旧停留于小手工业生产的程度，直至共和末年帝国初期，意大利的手工业才逐渐摆脱了落后于行省的状态。

与对待手工业的态度类似，罗马既不重视商业，也对其不感兴趣。在罗马，市集活动每八日举办一次，农民于所谓的"市集日"（nundinae）里将农产品运输至城内的市场，用以交换所需要的手工业制品。早期，市集活动主要在广场上进行，稍后被移到靠近台伯河的地方，并相继发展出了食品市场、青菜市场以及家畜市场等专门类型的市场。除了每八日进行一次的日常市集活动，罗马还设立了每年一次的大型市集（mercatus），通常作为节日活动在

〔1〕 ［古罗马］加图：《农业志》，马香雪、王阁森译，商务印书馆 2013 年版，第 61 页。

〔2〕 ［古罗马］马库斯·图留斯·西塞罗：《论老年、论友谊、论责任》，徐奕春译，商务印书馆 2003 年版，第 159 页。

神殿内举行。此时不仅是城市周围的乡村农民前来参与贸易，而且凡是相邻地区的商人都会蜂拥而至。

王政后期的埃特鲁利亚王朝时期（公元前616年~公元前509年），罗马尚与外界有着广泛的商业联系，但共和国成立后的早期，罗马似乎对海外贸易兴致缺失。在与被征服地区或同盟城邦签订的条约中，罗马并不在意为自己的商人争取基本利益甚至垄断地位。当从擅长航海的敌方那里缴获了巨大的船舶时，罗马人选择了直接焚毁船身，剩下的船头用以装饰广场上演讲的讲台，丝毫未有考虑借以提高罗马自己的船舶建造技术，发展航海贸易。

不过至公元前1世纪，随着罗马在地中海霸权地位的确立，这一区域的商业贸易集中地已开始从富庶的东方行省转移至意大利。罗马城是当时地中海区域最大的城市，也是各类贸易活动的中心，各地行省以及外国的商品被贩运至此进行销售，整个城市的市场犹如万国博览会般令人目不暇接、叹为观止。古希腊作家埃利乌斯·阿利斯提德（Aelius Aristides）曾这样说道："凡是想看尽天下万物者，必须走遍世界或者留在罗马。"[1]除了罗马城，意大利的浦泰俄利港[2]也是进出口商品的集散地。东方的叙利亚和亚历山大里亚的商人将货物运输至此，而后转卖给附近的意大利中间商。为了方便贸易的顺利进行，提高交易效率，浦泰俄利港甚至还设有预售市场，在满载货物的船只尚在海上航行时，货主便可先行到达浦泰俄利港预售其商品。[3]浦泰俄利至今还保存有集市大厦的建筑遗迹，当该遗址初被发现时，由于挖掘出了古埃及地下神塞拉皮斯（Serapis）的雕像，该遗迹还一度被误认为是用于供奉神灵的宗教建筑。

共和末期的罗马商业繁荣，贸易兴盛，但进口多、出口少，呈现不均衡的态势。意大利具有竞争力的商品不多，出口产品中，埃特鲁利亚地区的金属制品，坎佩尼亚的青铜器皿、铁器和陶器，以及波河流域加工的木材，意大利南部牧场出产的羊毛占了绝大多数。相对于出口，意大利的进口商品不仅种类繁多，而且贸易额巨大。西西里、萨丁尼亚和阿非利加的谷物，高卢和西班牙的金、银、铅等矿产，小亚细亚、叙利亚和埃及亚历山大里亚的地

---

〔1〕 杨共乐：《罗马社会经济研究》，北京师范大学出版社1985年版，第73页。

〔2〕 浦泰俄利（Puteoli），今译为波佐利，是意大利南部港口城市，位于那不勒斯湾东北岸。

〔3〕 T. Frank，*Rome Economic History*，Baltimore：John & Hopkins Press，1927，pp. 248、255.

毯、玻璃制品，希腊的艺术品，非洲的象牙等，源源不断地经海陆运输流入罗马。此外，波罗的海地区的琥珀，阿拉伯的香料、药材，印度的麻布、珠宝、胡椒、乳香，中国的丝绸等奢侈品进口贸易也随着罗马享乐之风日盛而繁盛发达。然而，当时的进出口巨大差额造成了罗马对外贸易的严重逆差。据普林尼（Plinius，约公元23年～公元79年）在其著名的《自然史》中统计显示，共和晚期，"每年流入印度、赛里斯（一般认为指中国）和阿拉伯半岛三地的金钱不少于1亿塞斯退斯（sestertius）"。[1]贵金属的大量外流对经济造成了一定干扰。对此，公元前67年罗马政府颁布了加比尼乌斯法，禁止其他地方的人到罗马任意兑换金钱，而曾任执政官的西塞罗也命令浦泰俄利港的罗马海关严格控制意大利金银的外流。[2]不过，由于这一时期罗马仍处于不断扩张的过程中，地中海各行省如西西里、阿非利加、撒丁—科西嘉等行省的税收大大弥补甚至抵消了罗马进出口贸易的入超，因此，依靠剥削行省，罗马进出口极不均衡的商业经济仍能继续维持。

（三）城邦金融货币

罗马人对商业没有与生俱来的热衷，但其金融投资业的发展却超过希腊人和东方人良多。

罗马的金融投资业是随着货币体系的建立完善而逐步繁盛的。最初，人们主要通过公牛和绵羊实现物物交换，一头公牛可交换十头绵羊，因此，拉丁语中"牲畜"（pecus）一词逐步衍化为"金钱"（pecunia）的含义。公元前5世纪左右，随着矿产开采的增多，罗马人开始逐渐使用未加工的青铜碎块（aes rude）作为交换工具。由于这种碎块大小不一，形状不规则，因而每次使用时必须称重，由专门的公正人负责执掌天平，称出买卖双方所议定的青铜块重量。这种需频繁称重、切割的青铜碎块于交易而言十分不便。因此，罗马人逐渐采用在铜块或铜条上刻有印戳的"印记铜"（aes signatum）以代替原先的散铜块。"印记铜"表面的印戳通常为公牛、绵羊、猪等形象，也从侧面印证了罗马人曾以牲畜为交换媒介的历史。

---

〔1〕　Gaius Plinius Secundus, *Natural History: A Selection*, London: Penguin UK, 1991, Vol. 12, p. 84.

〔2〕　T. Frank, *Rome Economic History*, Baltimore: John & Hopkins Press, 1927, p. 252.

公元前3世纪，罗马出现了正式铸币——重青铜（aes grave），这是一种仿照希腊样式铸造的具有标准重量的圆形无孔铜币。重青铜的面值为阿司（As），初为重327.45克的铜币，后逐渐重量减轻，是罗马共和时期货币的基本单位。其下设有赛米斯（semis，等于1/2As）、特里恩斯（triens，等于1/3As）、夸得兰斯（quadrans，等于1/4As）、塞克斯坦斯（sextans，等于1/6As）、乌尼契亚（uncia，等于1/12As）和塞姆乌尼契亚（semuncia，等于1/24As）等辅币。铜币的正面刻有罗马人所供奉神灵的图像，主要有双面门神雅努斯、最高神朱庇特、农神萨图尔努斯、战神马尔斯、大力神赫拉克勒斯、神使墨丘利等。钱币的背面则是昂扬的船首图样，这是为了纪念公元前338年罗马击败意大利重要海港城市安提乌姆而设计的，因此，重青铜系列货币又被称为"船首"铜币。

罗马共和时期的主要通行货币是青铜币，而银币最初则是作为对外贸易的媒介流通的。罗马征服意大利南部地区时，由于需要在周围的希腊城邦采购军需用品，因此利用已臣服罗马的坎佩尼亚城市的造币厂，发行了带有罗马印记的、希腊式的银币——两德拉克玛银币（didrachmon）。该银币重约7.2克，正面与青铜币类似，刻有雅努斯、赫拉克勒斯等神像，背面则是母狼为罗马建城者罗慕路斯兄弟哺乳的图案，或者是四马二轮凯旋战车，并铸有"Romano"或"Roma"字样的铭文。罗马于公元前289年成立的三人委员会（Ⅲ viri aere arento auro flando feriundo），即负责监管造币（青铜和金银币）事务。[1]罗马本土的法定货币仍然为重青铜，只有坎佩尼亚地区的加普亚城可以罗马的名义制造两德拉克玛银币，且专供在意大利南部的对外贸易中使用，由此形成了"罗马—坎佩尼亚"双货币系统。

公元前3世纪后半叶，罗马开始铸造自己的银币。由于坎佩尼亚地区的城市在第二次布匿战争期间倒戈迦太基军队，罗马无法继续利用其造币厂，遂于公元前212年左右发行了自己的标准货币——第纳里乌斯（denarius，又称第纳尔）银币，并下设奎纳里乌斯（quinarius）和塞斯特提乌斯（sestertius，或者简译为塞斯退斯）两种辅币。1第纳里乌斯银币约有4.5克重，相当于2个奎纳里乌斯，或4个塞斯特提乌斯，或10个阿司（As，重青铜币单位）。第纳里乌斯银币的正面通常是阿波罗或罗马女神头像，背面图案则是希

---

[1]　[意] 朱塞佩·格罗索：《罗马法史》，黄风译，中国政法大学出版社1994年版，第164页。

腊主神宙斯与斯巴达王后勒达所生的孪生兄弟卡斯托和波吕克斯骑于马上，图案下方标有"ROMA"的拉丁文字母。除第纳里乌斯银币，罗马还另铸造了一种胜利女神像银币（victoriatus），重约3.8克，主要用于替代原先的两德拉克玛银币作为意大利南部贸易往来的流通货币。至此，罗马确立了以第纳里乌斯银币为主币的银本位制度，不过在日常生活中，人们主要使用较小面值的塞斯特提乌斯作为货币单位。

同是于公元前3世纪后半叶，罗马亦开始发行黄金货币。公元前218年或公元前217年，为应对布匿战争期间的庞大开支，罗马发行了"马尔斯"（Mars）系列金币。这种金币正面为戴头盔、蓄胡须的战神马尔斯头像，背面为一只抓着雷电的雄鹰，下方刻有拉丁文"ROMA"。战神马尔斯象征着勇猛无畏，雷电则代表着罗马的最高神祇朱庇特，雄鹰是朱庇特的使者。可见，罗马于战时铸造此种金币不仅是出于战争的现实需要，更意在激励一时受挫的罗马军团重振旗鼓。除"马尔斯"系列金币外，罗马还于公元前209年左右铸造了刻有雅努斯头像（两面神）的金币，以及在共和末期发行了奥里乌斯（Aureus，等于25个第纳里乌斯）金币。值得一提的是，此时期罗马金属铸币逐渐出现了重要政治人物的头像，自苏拉开始，恺撒、屋大维、安东尼等人的形象都被作为钱币雕刻图案，其后帝国的历任皇帝更是视之为传统而加以继承。

完善的货币体系不仅有力地推动了海外贸易，而且为金融资本业奠定了基础。马克思和恩格斯曾多次指出了公元前2～公元前1世纪罗马经济的特色。"在共和末期以降的古代罗马，商人资本、金融商业资本已经——在古典形态之内——发展到最高点了。"[1]这也是罗马商业经济区别于希腊的最为明显的特征。罗马贵族与富裕商人极为热衷金融投资，尤其青睐利润丰厚的海上贸易。但高回报也意味着高风险，海上经商需要先行垫付大笔款项用于预购货物，此外还得支付保证金、船只租赁金以及船员佣金等，再加上航行中的天气等不确定的客观因素，因此，罗马商人通常会以私人借贷的形式筹集资金，并拉拢合伙人共组公司，分担贸易风险。政治家加图就曾积极从事过类似的经营活动。"他的做法是，让他的借贷者找到许多合伙人，当人数和船数各达到50这一安全系数时，他就派一名叫昆图斯的被释奴代表自己参加这

---

〔1〕〔德〕马克思：《资本论》第3卷，人民出版社1956年版，第770页。

一公司的投资和分红。这人将同借贷人一起出船经商。这样，他就不会承担全部风险，而受益却很大。"[1]

金融投资的兴盛直接催生了以银行为代表的金融组织。公元前3世纪，银行在罗马建立起来。银行的前身是一种名为"兑换所"（argentariae）的机构，通常由国家出资兴建于罗马公共广场之上，再经监察官出租给专门从事兑换职业的外国人和被释奴，或者直接由国家经营。最初，兑换所只开展最为基本的货币业务，即确认铸币所含金属成色，以及不同流通货币之间的转换。在此基础上，随着现实贸易的需求，兑换所进一步发展出了多样化的金融服务，如存款、贷款、代为支付、异地汇款，等等，组织架构方面也开始逐步接近于近代的银行机构。

除了货币体系的建立发展，罗马独有的行省包税制度也是金融资本业增长的源泉。罗马并未在行省设立直属于国家的管理机构尤其是财政机构，因此，对于行省税收征收等地方事务，主要通过类似市场委托的方式以契约将任务发包给承包商完成。这种独特的行省包税制度运行机制体现为，行省的包税商会以合伙形式组织成立专门负责承接此类任务的机构——商号（societas publicanorum）。这是一种资金量堪称庞大的法人组织，是罗马对行省进行系统掠夺的主要工具。商号合伙人不仅自己投入资金，还会广泛游说富裕的罗马贵族和公民成为商号股东，后者为了取得相应股份的分红利润，投资热情往往分外高涨。商号内部组织设计清晰，各部门分别负责文书、代理、船舶等各项任务；另设单独的行省办事处直接处理基层事务，而信息部门则针对商号所承包的行省搜集基本的人口、贸易额等数据资料，以准确估算所包地区税额数量，从而确定向国家提交的投标数值，提高中标率。同时也通过此种方式有效控制风险，防止亏损。商号承接国家发包事项的基本过程是，首先通过投标竞争，中标后由商号负责人与监察官签订合同，约定完成税额、期限以及违约责任等，同时需要部分股东（即商号合股人）副签。除行省税收外，罗马也将境内的公共工程委托给承包商建造。历史学家波利比阿曾记载："在整个意大利，有相当庞大数量的契约，多到不可胜数，是由监察官发包出去，以进行公共建筑之修建及维护的。除此之外，尚有河流通航、港口、

---

[1] ［古希腊］普鲁塔克：《希腊罗马名人传》（上册），席代岳译，吉林出版集团2009年版，第639~640页。

花园、矿区、土地之收入的征收，换言之，每一项在罗马政府控制下之交易，都发包给承包商承揽。所有这些活动都是由人民执行，而我们或许可以说，几乎没有一个人不从这些契约以及利润中获得一些利益。一些人事实上向监察官买下契约，另一些人则成为他们的投资伙伴，又有其他人则为承揽契约的人提供担保，或是有人为契约而将他们的财产抵押给国库。"[1]如此，本为商业组织的包税公司逐渐成为了管理地方公共事务的半官方性质的机构。

罗马金融投资的兴旺刺激了商业尤其是进口贸易的繁荣，但其也具有明显的投机性质，此种获利有时是通过剥削他人而取得的不义之财。这方面最有代表性的无疑当属公元前1世纪罗马首富克拉苏。这位"前三头同盟"之一的政治人物可谓敛财有道。普鲁塔克曾评价："其唯一的恶行即贪婪，掩盖了很多美德使之黯淡无光……不择手段敛财自肥……大部分都是不义之财，来自罗马的大火和巧取豪夺，也就是说公众的灾难使他获得了巨大的利益。"[2]克拉苏通过以极低的价格购入遭政治迫害而被处死者的财产，积累了原始财富，而后再凭借此大规模地经营投机事业。他利用罗马市区常常发生的火灾事故，趁机大量廉价收买甚至直接接收这些受损房屋，再通过自己的建筑奴隶进行重修翻修建造，最后转手卖出或租让。如此，罗马大部分房屋、土地便为其所有，克拉苏借此赚得盆满钵满。

高利贷资本是罗马金融投资过剩的另一大弊端。马克思曾说："高利贷资本的发展和商人资本的发展，并且特别和货币经营资本的发展，是联系在一起的。"[3]高利放贷最初主要面向个体农户。"在资本主义以前的状态中，只要这种状态允许独立的单个小生产者存在，农民阶级必然是这种小生产者的大多数。"[4]与在地中海区域的扩张并驾齐驱，罗马高利贷经营业务经由包税商的推波助澜，其规模大为扩展，尤其是在东方行省，"亚细亚的所有城市欠债总额大致为8亿塞斯退斯，相当于罗马所征税额的两倍还多"。[5]巨额债务

---

〔1〕［古希腊］波利比阿：《罗马帝国的崛起》，翁嘉声译，社会科学文献出版社2013年出版，第408页。

〔2〕［古希腊］普鲁塔克：《希腊罗马名人传》，陆永庭、吴彭鹏等译，商务印书馆1990年版，第977～978页。

〔3〕［德］马克思：《资本论》第3卷，人民出版社1956年版，第770页。

〔4〕《马克思恩格斯全集》第25卷，人民出版社1974年版，第671页。

〔5〕T. Frank, *Rome Economic History*, Baltimore：John & Hopkins Press, 1927, p. 252.

使本已处在罗马剥削之下的行省雪上加霜，小亚细亚许多行省的居民被迫卖身为奴。公元前 88 年，不堪重负的亚细亚行省居民爆发起义，杀死了 8 万名居住在那里的罗马人，其中多数是行省居民深恶痛绝的罗马包税商、高利贷者及其家属。不仅是地方行省，许多与罗马联盟或非联盟的国家亦是罗马的债奴，在无力偿还债务的情况下不得不将自己变卖归罗马所有。

高利贷商人还将触角伸入了政治领域。他们往往瞄准一些有野心、有抱负的青年贵族，利用其急于获取政治资本的心理，向其提供借款；当这些青年权力在握时，便可凭借职务之便捞取巨额钱财以偿还债务。例如恺撒在出任西班牙总督（provinciae）以前，即由当时的罗马首富克拉苏担保，向高利贷者大肆借贷以作为政治活动经费。共和末期，数个执政官候选人竞相借贷，使罗马的月利率翻了一倍，从原先的四分跃至八分。[1]更有甚者趁国家在战争期间财政捉襟见肘之际主动向国家放贷，大发战争横财。一个名为盖乌斯·波斯图姆斯·拉比列乌斯的罗马骑士在从事投机事业破产后，即通过成为恺撒的代理人，借款给国家购买军需用品而再度致富。

高利贷现象的愈演愈烈不仅加重了对债务者的剥削，也对生产的持续发展带来了破坏性后果。放贷商人获取暴利后，主要用于私人消费和购置地产，造成了社会财富的大量闲置与浪费。马克思曾评论道："高利贷资本……不改变生产方式……不是发展生产力，而是使生产力萎缩，同时使这种悲惨的状态永久化，在这种悲惨的状态中，劳动的社会生产率不能像在资本主义生产中那样靠牺牲劳动本身而发展。"[2]同时，高利贷活动也对罗马的社会风气产生了负面影响，"纯粹的资本经济自然有其根深蒂固的不道德，不道德侵蚀到社会和国家的腹心，以绝对自私代替了人道和爱国"。[3]一位喜剧家曾在作品中写有如下对话：

"我真看着娼家和你们放债人完全一样；

他们秘密卖身，你们在公开市场上卖身。

他们用妓馆，你们用利钱，一同剥削人民。

因为你们的缘故，市民已公布法规不少；

---

〔1〕 杨共乐：《罗马社会经济研究》，北京师范大学出版社 1998 年版，第 62 页。

〔2〕 《马克思恩格斯全集》第 25 卷，人民出版社 1974 年版，第 674 页。

〔3〕 〔德〕特奥多尔·蒙森：《罗马史》第 3 卷，李稼年译，商务印书馆 1994 年版，第 338 页。

> 你们破坏市民公布的法规，总有法脱身。
>
> 你们把这些法规只当作变冷了的热水。"[1]

而政治家加图更是将放债人的罪恶与杀人犯相提并论，足见以高利贷为代表的投机活动对罗马的腐化作用之强。

从罗马共和城邦社会经济发展史考量，农业始终是城邦经济的基石与支柱，后期农业生产则与市场紧密结合，发展出具有明显商品性特征的庄园经营模式，工商业相对于希腊而言并未达至古代世界的最高水平，对外贸易也呈现"进多出少"的不均衡特征，但金融业的表现却十分抢眼，其规模与复杂程度大大超出了希腊人。罗马人在商业尤其是金融活动中培养出的遵从契约、公平交易、权利确认等意识为法治理念奠定了坚实的基础条件，并在私法领域，促使罗马法成为"商品生产者社会的第一个世界性法律"。[2]

三、罗马对外征服与殖民扩张

与受私有财产刺激而掀起大规模殖民浪潮的希腊人不同，罗马走上对外扩张的道路不仅有获取土地财产、扩大海外市场、掠夺奴隶等原因，而且还有扩疆辟土、争夺霸权等更多带有政治军事色彩之目的。

公元前 6 世纪～公元前 5 世纪，意大利半岛仍是许多独立部落和城邦的混合体，各有利益诉求。罗马正位于这些部落和城邦的中心，战略位置虽便于扩张，但同时边境也极易受到攻击。自罗慕路斯建城以来，出于自我防卫与争夺生存资源的目的，王政时期的罗马一直处于与邻邦的争斗中。公元前509 年罗马取消王政统治，改建共和，其还只是一个统治着约 906 平方公里土地的城邦，而所有之前被罗马诸王征服的四邻趁机恢复了自由，并组织成一个拉丁同盟，共同抵抗罗马。由此，被敌人紧密包围的罗马必须时刻保持戒备状态，以进为退。其对外征服扩张虽也有土地资源稀缺的因素，但更多的是一种政治军事性质的选择。按照地域与时间，罗马的对外扩张可划分为意大利半岛的征服与海外殖民两条路线。

---

〔1〕［德］特奥多尔·蒙森：《罗马史》第 3 卷，李稼年译，商务印书馆 1994 年版，第 338 页。

〔2〕《马克思恩格斯选集》第 4 卷，人民出版社 1995 年版，第 248 页。

（一）对意大利的征服

罗马对整个意大利半岛的吞并是通过征服或联盟所有独立的城邦和部落实现的。

第一，是对埃特鲁利亚人（Etruscan）、萨宾人（Sabine）、埃魁人（Aequi）、伏尔西人（Volsci）以及赫尔尼克人（Hernici）的胜利。罗马自诞生之初即面临强敌环伺的严峻形势，四周与埃特鲁利亚、萨宾、埃魁、伏尔西以及赫尔尼克等部落为邻。其中萨宾人、埃魁人和伏尔西人是罗马东面与南面的邻近之敌，赫尔尼克人则居住在埃魁人和伏尔西人之间。罗马与这些邻邦几乎每年都会有战事发生，但除了与伏尔西人的战斗较为激烈外，大多是些小规模的边界战争，并且在公元前5世纪上半叶，罗马就征服了这些部落，或与其结成联盟，稳定了边境。

埃特鲁利亚堪称罗马的宿敌，但又与罗马颇有渊源，王政时期的第五王老塔克文、第六王塞尔维乌斯以及最后一位国王小塔克文因具有埃特鲁利亚人的血统，这三人统治时期被称为"埃特鲁利亚王朝"（公元前616年～公元前509年）。"傲慢者"塔克文（即小塔克文）被放逐后，曾向埃特鲁利亚城市塔尔奎尼（Tarquinii）和维爱（Veji）求救，并在后者的帮助下组织了一支联军进军罗马城，然而以失败告终。不甘心的小塔克文逃至另一个埃特鲁利亚城市克鲁西乌姆城（Clusium），该城的国王波尔谢那（Porcenna）决定为恢复小塔克文的政权而出兵罗马。对于此次战争的结果，存在两种不同的历史记载。根据古罗马著名的历史学家李维、同时期希腊史学家狄奥尼修斯和罗马帝国早期历史学家普鲁塔克等记述，以盖乌斯·穆克优斯（Gaius Mucius）[1]等人为代表的罗马英雄成功挫败了克鲁西乌姆城（Clusium）国王波尔谢那（Porcenna）的企图，后者在罗马将部分领土让给维爱城邦以及交出战俘的条件下撤除了对罗马的包围。但罗马帝国初期的政治家、历史学家塔西佗（约公元

---

〔1〕据史载，盖乌斯·穆克优斯出身显贵，为解波尔谢那对罗马的围困，他只身潜入敌营刺杀这位敌军主将，但误将波尔谢那的书记当成了袭击对象。被生擒后，穆克优斯显现了罗马人英勇无畏的一面，当波尔谢那试图以严刑拷打迫使其屈服时，这位罗马少年自己将右手放到火上，凭借顽强的意志力熬过了可怕的痛苦。大受震动的波尔谢那遂下令释放这位极具英雄气概的年轻人。回到罗马后，穆克优斯因这番英雄般的作为被称为"Scaevola"，意为"使用左手的人"。〔苏〕科瓦略夫：《古代罗马史》（上册），王以铸译，上海书店出版社2011年版，第72～73页。

55 年~公元117 年）与百科全书式学者老普林尼（约公元23 年~公元79 年）
却认为，罗马当时战败于波尔谢那，并被迫签订了屈辱性的条约，受此限制，
只能限于用铁制造农具。

罗马与埃特鲁利亚的斗争并未由此停息。为了争夺台伯河口的盐场及沿
岸重镇，罗马与埃特鲁利亚的主要城市维爱爆发了战争，并断断续续持续了
八十多年，历经三个阶段。第一次维爱战争发生于公元前477 年。期间威名
显赫的罗马法比乌斯家族主动请缨，以一族之力全力迎战，为罗马夺取了维
爱在台伯河右岸的重要据点菲丹那，但随后在敌方的伏击中，法比乌斯族全
军覆没，只留下一个未成年的男孩。罗马一方失利后，与维爱签订了40 年停
战协定。公元前428 年，战事又起，此次罗马大获全胜，杀死了维爱国王，
并以其甲胄向朱庇特神庙献祭，为法比乌斯一族报了灭族之仇。公元前405
年，罗马发动了意在彻底消灭维爱城的第三次战争，并于9 年后使维爱臣服
于自己脚下。维爱城中居民一律被卖为奴隶，财富和土地被大肆掠夺。自此，
罗马消除了来自北方的威胁，将台伯河流域以及河流右岸的广大地区纳入了
控制范围，迈出了统一意大利的坚实一步。而维爱战争中罗马军饷制度的实
行也对罗马产生了重大意义，使"一个小城邦的临时的民军过渡到拥有巨大
领土的强国的常备军"[1]。

第二，是抵御高卢（Gaul）。高卢人起初生活在北欧的密林中，为凯尔特
人（Celt）的一支。公元前6 世纪，这一勇武好战的部落开始南移，并于公元
前391 年包围了曾为恢复小塔克文的王政而对罗马出兵的克鲁西乌姆城。接
受到该城求援吁请的罗马向高卢人派出了外交使团进行调解，但罗马一方的
代表在谈判中因冲突杀死了高卢首领，此举彻底激怒了高卢人。公元前390
年，罗马在与高卢的作战中惨败，后者更是一举攻入罗马城，烧杀抢掠，幸
存的罗马人狼狈逃往卡比托尔山，又遭高卢人的围困，双方僵持不下。[2]最

---

〔1〕　［苏联］科瓦略夫：《古代罗马史》，王以铸译，三联书店出版社1957 年版，第130 页。
〔2〕　据史载，传说卡比托尔山上朱庇特神庙中供奉的白鹅拯救了罗马城。当高卢人夜袭聚集于
卡比托尔山上堡垒中的罗马人时，负责守卫的罗马士兵因连日苦战、疲惫不堪而酣睡未醒，在危急关
头，朱庇特神殿中的大白鹅突然嘎嘎大叫，惊醒了罗马士兵，他们用剑、矛、石块、投标等武器将攀
上山丘的敌人击落悬崖，守住了堡垒。为纪念白鹅的叫声拯救了罗马城免受外族奴役，罗马人称它们
为"圣鹅"，并将这个传说世代流传。

终，罗马人以一千磅黄金的代价换取了高卢人的撤离。遭此奇耻大辱后，高卢成为罗马的心腹大患，虽不断侵扰拉丁姆地区甚至深入意大利南部，但未能再度占领罗马城。而罗马结束了第一布匿战争（公元前 264 年～公元前 241）后即对高卢转向进攻状态，于公元前 224 年制服了波河南高卢，次年又战胜了另一高卢部族伊苏布列斯人。公元前 220 年，高卢主要部落向罗马称臣，而山北高卢则直至恺撒远征才投降于罗马。

第三，是与拉丁同盟间的和战关系。公元前 7 世纪，在旧拉丁姆的领土上有几个拉丁小民族的原始联盟，其中之一是环绕着阿尔巴隆加城的联盟，其中心是阿尔巴努斯山（mons Albanus）上的"拉丁的朱庇特"神殿。彼时尚处于王政时期的罗马曾参加了这一联盟，稍后每年在朱庇特神殿里举行的"拉丁节"便是这种情况的余韵。公元前 493 年，为抵御包括埃特鲁利亚人、埃魁人和伏尔西人在内的共同外敌，罗马和作为整体的拉丁部落缔结了同盟条约，传统认为条约的发起人是当年的执政官之一普利乌斯·卡西乌斯（Naiplius Cassius）。七年后，与拉丁人可能有血缘关系并居住在特列路斯河流域的赫尔尼克人也参加了该联盟。但当罗马败于高卢之手时，赫尔尼克人和一些拉丁城市决定趁此机会摆脱同盟条约的羁绊，但大部分拉丁城市仍是忠于联盟的。罗马和叛离的拉丁人之间的战争顽强地持续了三十多年。根据李维的记载，公元前 358 年，罗马与拉丁人恢复了旧条约，不过由于此时双方力量对比发生了根本性变化，原本平等的同盟关系转变为拉丁部落对罗马的附属关系。不久之后，失去独立的拉丁公社便企图恢复旧日地位，但遭罗马拒绝，双方遂进行了为期三年的拉丁战争（公元前 340 年～公元前 338 年）。公元前 338 年，拉丁公社战败，不得不与罗马再订合约，原本作为整体的拉丁公社遭拆分成为独立部落，并被罗马区别待之，分别成为罗马的自治市、半自治市或是完全的殖民地。

第四，是征服意大利中北部的萨莫奈人以及南部地区的希腊殖民城邦。罗马向拉丁姆南方推进，和亦日渐扩张的萨莫奈人发生了直接接触。起初罗马与萨莫奈人关系友好，双方为共同抵御高卢人的侵袭缔结了盟约（公元前 354 年），但随着利益冲突的加剧，爆发了三次萨莫奈战争（公元前 343 年～公元前 290 年），持续了五十多年。第一次萨莫奈战争（公元前 343 年～公元前 342 年）因罗马援救遭萨莫奈人入侵的意大利中部原住民坎佩尼亚人而起，但很快二者就恢复了之前的同盟关系。而拖延了近四十年的第二次（公元前327年~公元前304年）和第三次萨莫奈战争（公元前298年~公元前290年），则不单单是针对萨莫奈人，而是针对整个意大利中北部的部落（包括埃特鲁利亚人、高卢人、赫尔尼克人、埃魁人等）而进行斗争。此时，罗马的所有过去和现在的敌人已经一致团结起来，在保卫本身独立的绝望和改变历史命运的企图中反抗罗马。因此，对罗马来说，这是其争取意大利霸权斗争中的关键性阶段，战争的结果决定了罗马和意大利的命运走向。公元前296年，罗马击败了萨莫奈联军，并相继迫使敌军同盟者屈服，公元前290年萨莫奈人加入罗马同盟。至此，罗马已控制了北抵波河流域，南至卢卡尼亚的意大利中北部地区，进而挥剑直指意大利南部的希腊殖民城邦，意大利征服的结束阶段到来了。

希腊人早在"大殖民"时代即于意大利半岛的南部沿海地区建立起了许多城邦，以塔林顿城为商业中心，但彼此之间并不团结。面对罗马的猛烈进攻，自知无法抵抗的希腊城邦请来同属希腊的伊庇鲁斯（Ipiros）国王皮洛士（Pyrrhus，公元前319年~公元前272年）以作援助。这位希腊化时代能征善战的杰出军事将领利用罗马人从未见过的战象让敌方措手不及[1]，罗马不得不同地中海强国迦太基结盟，依靠后者进攻皮洛士的后方而获得喘息机会。公元前275年，罗马人发明了一种特殊的装有炭火炉的战车，以火攻的方式对付战象，成功击败皮洛士军队。至此，意大利南部对于罗马人来说已是唾手可得，在镇压了一些部落的独立起义后，公元前265年，罗马成功将整个意大利半岛纳入掌控之中，从一个台伯河畔的小小城邦一跃而成地中海区域的大国。

罗马对在意大利半岛的被征服区域宣布其为罗马同盟者，被征服区域必须割让土地作为罗马的军事殖民屯垦地以及必须缴纳各种捐税；罗马对外征战时，这些同盟者必须出兵支援。同时，罗马人实行"分而治之"的政策，即各同盟者受罗马允准，可保留管理内政的权力，但不得互相发生任何政治

---

〔1〕 皮洛士虽接连取得对罗马的作战胜利，但可谓"伤敌一千，自损八百"，因而不由得感叹："如果再取得这样的一次胜利，我就要没有军队了！"从此，"皮洛士的胜利"便成了西方流传的一句谚语，形容得不偿失的胜利。

军事联系。

（二）殖民扩张

公元前 3 世纪，罗马已彻底征服与统一了意大利半岛，其与地中海周围强国之间的利益冲突日益激化。彼时地中海东方有希腊化的马其顿、埃及和叙利亚，西方则有迦太基。罗马历经三次布匿战争（Bella punica，公元前 264 年~公元前 241 年，公元前 218 年~公元前 201 年，公元前 149 年~公元前 146 年），这场旷日持久的战争是罗马和位于北非海岸的迦太基为争夺地中海西部统治权而进行的著名战争，因罗马称迦太基为"布匿"（Punici）而得名。耗时一百多年迦太基最终战败而惨遭屠城，迦太基城被彻底摧毁，成为罗马的阿非利加行省。罗马击败马其顿亦经历了四次战争（公元前 215 年~公元前 206 年，公元前 200 年~公元前 196 年，公元前 171 年~公元前 167 年，公元前 149 年~公元前 148 年），最终于公元前 148 年，将马其顿变成了罗马的一个行省，并焚毁了另一个著名的希腊城市科林斯城，结束了希腊的政治史。公元前 129 年，罗马吞并小亚细亚的帕加马，设亚洲行省。公元前 64 年，叙利亚被并为罗马共和国的一个行省。苟延残喘的埃及托勒密王朝坚持至公元前 30 年，被屋大维征服而立为行省。此外，罗马相继扫清了黑海沿岸地区的本都王国（Pontus）势力，征服了山北高卢部落，其铁蹄所到之处无不所向披靡，以致波利比阿不由得感叹："所有已知世界的各部分已落入罗马的主宰之下。"[1]

（三）同盟者和行省

罗马的对外扩张政策主要可分为意大利半岛的罗马同盟者政策以及海外行省政策两类。

对意大利本土的扩张政策以高卢入侵为分界线（公元前 390 年高卢人曾攻占罗马）。起初，罗马人除战争外，主要依靠结盟保证城邦安全，但高卢的入侵直接导致了罗马与拉丁部落联盟的垮台。痛定思痛的罗马人意识到，除了武器的改进和军事改革——即不仅要改善进攻和防卫的武器，以金属盔代替皮盔，改进盾牌和长枪。还应改变军团中战士的配置原则，即根据年龄和

---

〔1〕 ［古罗马］波利比阿：《罗马帝国的崛起》，翁嘉声译，社会科学文献出版社 2013 年版，第 269 页。

受训练程度安排重装步兵在军团中的作战位置。同时，军团中的战术单位也应变化，设置"中队"使罗马军团获得更多的灵活性和机动性以对抗强敌。然更为重要的是，在敌视罗马的（或是可能变成敌视的）领土上有选择地建立殖民地、自治市或半自治市是使其服从的有效办法，此即所谓"分而治之"政策。罗马的这种政策是共和时期实施的卓有成效的政治手段，也是保障罗马顺利实现对意大利半岛征服乃至称霸地中海区域的重要因素。

在罗马争夺意大利的斗争过程中，形成了一个特殊的政治整体，这就是在罗马领导下的自治的和半自治的城邦和部落的联盟，也即罗马对意大利大多数征服区域宣布其为罗马"同盟者"。而也正是这种以协约为同盟的政策，使罗马在对外战争中走向胜利。如第二次布匿战争中，古代世界著名军事战略家迦太基将领汉尼拔（Hannibal Baca，公元前 247 年～公元前 183 年）在坎尼战役（公元前 216 年）就以少胜多消灭了罗马军队 5 万多人，但罗马因有意大利同盟者的兵源支持，很快就恢复了；同样，在第二次布匿战争时期，罗马人通过与马赛利亚的希腊殖民地的联盟终在高卢站稳了阵脚。而这也正是罗马人所坚持的"分而治之"政策的结果。按照罗马所允准的权力，同盟内意大利的自由民基本可分成六类。

第一，罗马公民（cives Romani）。罗马公民具有完全的公民权利，尤其是政治权利，可以参加罗马公民大会并担任公职，需承担服兵役的义务。此类自由民属于罗马公社成员，主要是生活在罗马本城的居民和由于征服而直接属于罗马城邦管理的殖民地（ager Romanus）上的移民。殖民地初建时具有纯军事的性质，其后则是为了把土地给予无产的罗马公民，以及酬报老兵。移民殖民地起初由罗马直接管理，移民可以加入一个特里布斯，在法律上享有充分的公民权利。公元前 4 世纪末起，移民殖民地仿照罗马城邦组织形式设立了地方自治机关，自行选举高级官吏等。拉丁部落中最忠实于罗马的公社图斯库鲁姆、拉努维优姆、阿里齐亚等就被并入罗马，成为移民殖民地，也获得了充分的罗马公民权，组成了两个新的特里布斯。

第二，自治市或有投票权的公社居民。自治市公民（municipia civium Romanorum）是指获有充分公民权的外邦公社居民，通常与罗马人有血缘关系。自治市有充分的公民权，被称为具有投票权的公社（civitates cum suffragio），主要是在拉丁姆地区的"同盟者"。它们是从独立的城邦产生出来的，保有广泛的自治权，并且自治制度依照罗马国家机构的类型而组织，设有自己的公民大会、元老院和公共职务。

第三，无投票权的公社（civitates sine suffragio）居民。这些公社也是从属于罗马的外邦公社中产生出来的，如坎佩尼亚（Campagna）城市公社等。坎帕尼亚城市享有一定的自治权，但并非完全独立，其外交为罗马所掌控，而且有限的自治权仅被授予坎帕尼亚城市的贵族，其余居民则不得不依附于贵族，每年被课以重税。与自治市相比，其自治权利稍受限制，主要表现在：无投票权公社的居民可以和罗马公民缔结合法的婚姻，私有财产亦受到罗马法律的保护，但不能参加公民大会，不能担任罗马的公职；其履行参军义务也不是在正规军团中，而是在特别的辅助军队中服兵役，这种特殊的服役方式被称为"血税"。例如奥伦克人的公社，他们必须履行罗马公民的所有义务，但公民权中最重要的政治权利，即参加公民大会并投票，以及担任公职的权利则被剥夺。

第四，拉丁殖民地（coloniae Latinae）居民。与直接属于罗马公社的公民殖民地不同，拉丁殖民地是由参加拉丁联盟的那些公社所建立的、具有军事类型的殖民地。这些公社拥有"拉丁权利"，即拥有充分的自治权和铸币权，享有独立地位。其居民不在罗马军团中服役，而是组成由罗马将领担任最高统帅的特殊军队（指步兵队，拉丁语是 cohors），他们的军饷则由所在公社负担。拉丁殖民地的居民并不是罗马公民，但是如果他们迁移至罗马城并成为常住民，则可被授予罗马公民权。不过，这一宽松的政策常常遭到地方当局的抱怨，因为大量的居民被吸引至罗马城，以致殖民地的兵源难以为继。为了控制人口的净流出，"拉丁殖民地的居民只有曾于一年的时间内在本城担任过某一公职才有权在移居罗马后获得罗马公民权"。[1]如位于罗马北面的苏特里乌姆（Sutrium）拉丁殖民地就作出以上规定严控人口流出。

第五，同盟城市居民（socii）。同盟城市是指战败后与罗马缔结盟约并保持不完全独立地位的城市。如萨莫奈诸部落以及意大利半岛南部的希腊移民城邦。其有自治权，但外交权掌握在罗马手中，必须无条件接受元老院的指导。依照约定，同盟城市的居民有义务组织并维持一支军队，与拉丁殖民地

---

〔1〕 ［苏］科瓦略夫：《古代罗马史》（上册），上海书店出版社 2011 年版，第 171 页。

的军队一起于步兵队中服役；而位于沿海地区的同盟城市则必须向罗马提供海战所需船只以及人员。同盟城市通常模仿罗马而设计政治制度，如元老院、公民大会、公职官员等，罗马亦许可其保留地区传统风俗。共和时期，同盟城市居民尚未取得罗马公民资格。

第六，臣民（dediticii，或译为投降者）。臣民是罗马统治下的意大利境内最无权利的一类自由民（多为南意大利部落），通常由完全投降于罗马的部落和公社组成。他们没有独立地位，无自治权，土地归为罗马公地，不可保留自己的军事力量，必须服从具有军事统帅权的罗马长官和副长官之命令。拉丁公社安提乌姆的居民就是没有任何权利的典型罗马臣民，虽通常无强制性兵役义务，但必须缴纳高额租税。

罗马"分而治之"的扩张政策意在于在意大利城邦尤其是原拉丁联盟中造成分裂，通过有选择地赋予其中某些城市以特殊权利而使它们在罗马处于不同的法律地位，被征服地区彼此间的政治交往受到严格限制，而未获得罗马公民权的地区甚至被剥夺相互建立商业关系的权利（ius commercii）与通婚的权利（ius conubii），以形成彼此孤立的状态，大大削弱了其结成抵抗罗马同盟的可能性。然而由于罗马不顾已存在的各地为赢取公民权而产生的矛盾与冲突，于公元前95年颁布《李其尼和穆齐法》对罗马公民权的授予进行严格限制，公元前91年～公元前88年，为争取罗马公民权，意大利"同盟者"城市发动了"同盟者"战争（sicial war），又称马尔西战争。"同盟者"要求获取与罗马公民同等的权利。公元前91年，罗马保民官 M. L. 德鲁苏斯顺应同盟者呼声，提出扩大公民权法案被元老院否决而引起战争。起义首先在皮凯努姆的奥斯库伦爆发，迅速扩展至意大利全境，甚而同盟者在中部科菲尼乌姆建立首都，筹建意大利联盟共和国。公元前90年，罗马派马略、苏拉等将领以18个军团合力围剿，然并未成功。公元前89年，罗马颁布《关于向盟友授予罗马公民权的普劳迪和帕皮里法》和《庞培法》，将罗马公民权授予居住于境内的意大利人，以及授予波河流域的高卢人以拉丁权。同盟者战争加速了意大利的罗马化进程，促进了罗马对意大利的统一，为进一步对外扩张奠定了坚实基础。

总体而论，罗马在意大利的扩张政策总体上是有弹性的，被征服地区往往仍可保留原先土地的1/2～2/3，其余的土地大部分被罗马作为国有土地出租，而土地的旧主人亦可申请承租，还有小部分土地则被无偿分配给穷困的罗马公民。与之形成鲜明对比的是罗马对于行省地区直接而又残酷的掠夺与剥削，金银等贵金属、奴隶、手工业商品、粮食、美酒等源源不断地经各地流入罗马城，支撑着罗马"进多出少"的畸形贸易经济以及奢靡无度的享受型生活方式。

早在公元前 241 年，罗马在夺得西西里岛后将其改为行省（provincia，意为"活动的区域"）；公元前 238 年又在占据科西嘉、撒丁两岛后，合设一行省；公元前 197 年征服西班牙后分设两行省；此后，如前所述，罗马在征服高卢、马其顿、帕加马、叙利亚、埃及后均将之设为行省。在共和时代，罗马设有 9 个行省。罗马元老院选任退职执政官 1 人，为行省总督，任期一年，总掌司法、军事大权，其下设有各级官僚机构。罗马允许其保留传统宗教习惯和法律，但对各行省公共土地、森林、矿山等皆没收为罗马国有财产，并对这些地区的城市按臣服状况，分为同盟城市、自由而免税城市和交纳贡税城市（这是大多数）。罗马对行省的贡税实行包税制度（贡税分实物和货币两种），皆包给私商征收。包税商人一般属于罗马骑士阶层，被称为"Publi-cans"。罗马的包税商人组织有包税团体组织，他们在罗马城内设立总机构，各行省设置分支机构。包税商人先同罗马监察官对承包各种赋税订立契约（期限 5 年）；再向罗马政府缴纳商定的款项，便取得行省征税权和承包各种工程的资格以及承包与运输军队的武器军需给养等。此外，他们还经营奴隶市场（如提洛岛，Delos，就是贩卖东方和多瑙河以北野蛮人的主要交易场所，据说每天有数以万计的奴隶交易），把海外大批奴隶贩运至意大利出卖，并放高利贷等。由于他们在政治和经济上具有雄厚势力，故往往能左右罗马政策。公元前 218 年罗马制定法律规定，禁止元老经商，进一步增强了骑士阶层的权势。在共和时代，罗马元老院、行省总督与包税商往往互相勾结、狼狈为奸、巧取豪夺，用尽卑劣残酷的方法手段对各行省人民极尽敲诈勒索。如罗马每年从西西里行省征收的实物贡税小麦约 100 万蒲式耳（1 蒲式耳合 3.64 市斗），这可供罗马城内半数居民 1 年之需。公元前 73 年~公元前 71 年，西西里总督魏里斯就搜刮了 4000 万赛斯退斯银币的财富，遂使西西里岛破产。据历史记载，公元前 2 世纪，罗马共和国每年的国库收入 75% 来自战争赔款，其余的 25% 为各行省公有土地税赋。尤其到公元前 2 世纪后期，西班牙行省上缴罗马城邦的金额远超公元前 2 世纪罗马获得的全部战争赔款以及战利品总数。[1]因此可以说，包税制度是罗马统治者在各行省实行的猛于虎的苛政。

罗马对行省的剥夺型政策是基于现实的考量。其一，征服意大利本土期间，罗马商品经济尚未得到充分发展，勤劳朴实为时人所推崇，罗马人缺乏强烈的利益刺激去剥削意大利城市。然而在征战地中海区域的公元前 2 世纪至公元前 1 世纪，罗马奴隶制经济一路高歌猛进，迅速达至全盛，急需巨额资本与大量廉价劳动力以维持运转。同时，奢侈成性的社会风气也助长了罗马人对财富的贪婪与饥渴。因此，原本就富庶的行省成为了罗马以极低成本快速获得人力、物力、财力的最佳来源。其二，由于地理原因，意大利许多城市直接与罗马城接壤或距离较为接近，一旦本土居民集中爆发不满情绪甚至采取抵抗行为，将对罗马造成直接威胁；若其结为联盟，极易使罗马陷入腹背受敌的困境。反之，这些城邦的支持则可成为罗马坚实的后盾，这在第二次布匿战争期间罗马对迦太基将领汉尼拔的作战中得到了验证。[2]因此，罗马并不愿因过分掠夺而激怒意大利居民。其三，从血缘与文化关系角度，罗马人本即来源于拉丁姆地区，与意大利许多部落同源同种，或是如接受埃特鲁利亚文化一般深受其他部落城市传统的影响，与意大利本土城市亲缘性较强。而行省地区由于人种、血缘等自然因素，抑或是风俗习惯、宗教等文化传统，均无法使罗马人产生天然的亲切感。因此，对行省的压榨于罗马人而言并不会产生引发担忧的严重心理负担。

罗马在对外征服扩张中，大批掠夺来的奴隶和财富源源不断涌入国中。如第一次布匿战争期间的公元前 256 年，罗马在非洲将 2 万俘虏卖为奴隶；公元前 209 年罗马征服塔林顿，将 3 万居民卖为奴隶；公元前 177 年罗马攻占撒丁尼亚，将俘虏 8 万人卖为奴隶；公元前 167 年罗马夺取伊庇鲁斯，将 15 万居民卖为奴隶；公元前 168 年罗马战胜马其顿，有 15 万希腊居民被卖为

---

〔1〕　Frank, *An Economic Survey of Ancient Rome*, Vol. 5, Baltimore: The Johns Hopkins Press, 1959, p. 263.

〔2〕　第二次布匿战争期间（公元前 218 年～公元前 201 年），迦太基将领汉尼拔统帅约 6 万大军穿过阿尔卑斯山，从后方侵袭罗马。汉尼拔大军在意大利境内一路驰骋，攻城占地，一度掌握了战争主导权，将罗马逼至绝境。在原同盟或殖民地纷纷倒戈的局势下，意大利中部城市仍然效忠于罗马，其忠诚不二的有力支持是汉尼拔军队最终败于罗马的重要原因之一。

奴；公元前146年罗马将领小西比阿攻克迦太基城，5万俘虏被卖为奴；公元前102年~公元前101年，执政官马略战胜条顿人和森布里人，分别有9万和6万俘虏被卖为奴；公元前51年，恺撒征服高卢，有5万多俘虏被卖为奴。此外，凡是顽强抵抗罗马军团或背叛罗马的城邦，一旦被罗马人攻占，不仅全城被夷为平地，并且全城所有幸存居民全部被卖为奴隶，如迦太基、科林斯、加普亚等城邦。据史料统计，"公元前202年至公元前52年之间被抓的战俘至少有516130人，这还不包括高卢战争中的100万俘虏。"[1]公元前225年时，意大利人口约400万，其中奴隶60万左右，占总人口15%。[2]而到"公元前1世纪末，意大利有200万（甚至300万）奴隶。奴隶的数字占所估计的意大利总人口的35%到40%"。[3]从罗马对外战争中掠夺的财富来看，从对叙利亚征战中获得赔款15000塔兰特；从与迦太基的布匿战争获得赔款13200塔兰特，掠夺白银133000斤（1罗马斤约合372克）；对马格涅希亚战争，掠获140000马其顿金币、320000希腊银币、137000斤白银以及大量金银器皿等。公元前167年罗马执政官埃米利乌斯为其对外扩张征服战争取得胜利的凯旋式，一直持续了三天，其中前两天都是展示漫长的战利品（掠夺来的财富）队伍的行进。据文献记载，公元前200年以降的四十多年间，罗马城邦国库收入达6.1亿第纳里乌斯（Denarius，1第纳里乌斯等于10阿司），其中战争赔款、掠夺财物以及行省税收高达3.9亿第纳里乌斯。[4]犹如英国历史学者卡里论道："罗马胜利的直接经济效果是地中海财富突然而有害地集中到了罗马人手中。"[5]

从扩张征服战争中获得的源源不断的大批奴隶和巨量财富，不仅推动了罗马奴隶制经济的繁荣，而且也促使了公民阶层分化、贫富差距扩大、奴隶

---

〔1〕［英］芬纳：《古代的王权和帝国——从苏美尔到罗马》，马百亮、王震译，华东师范大学出版社2010年版，第273页。

〔2〕Brunt, *Italian Manpower, 225B. C.—A. D. 14*, NewYork: Oxford University Press, 1987, p. 60.

〔3〕［英］霍普金斯：《征服者与奴隶》，阎瑞译，陕西人民教育出版社1993年版，第6页。

〔4〕Frank, *An Economic Survey of Ancient Rome*, Vol. 5, Baltimore: The Johns Hopkins Press, 1959, p. 63、p. 141.

〔5〕［英］M. J. 卡里、T. J. 哈阿霍夫：《希腊罗马世界的生活与思想》，郭子林、曹彩霞译，大象出版社2012年版，第57页。

起义和社会变迁。共和时代晚期，在罗马奴隶已有 90 万人，而罗马公民则只有 71 万人；而另一个城市庞培，总人口约 2 万，奴隶也有 8000 多人。由于有充足奴隶劳动来源，一方面，罗马在社会服务行业和家庭领域普遍使用奴隶，如充当管家、教师、秘书、厨师、仆役、理发师以及医生、娱乐业的乐师、演员、歌手等，还有角斗士、赛车手等，此外还有属于国家的奴隶，从事狱卒、司书、基层市政服务工作等；另一方面，罗马不仅在矿上、作坊和建筑业中广泛使用奴隶（共和时仅在迦太基银矿工作的奴隶即达 4 万人），而且出现了成千上万大规模使用奴隶进行农业生产的大庄园（latifundium），即拉提芬丁。这种大土地占有制与利用廉价奴隶劳动力进行大规模农业生产的大庄园出现，一方面促进了罗马农业发展和大批粮食及农产品的售卖，另一方面也使小土地所有者和自由农民难以与其竞争而受排挤破产。此外，自由农民不仅长期参加军队征战不能安心回家务农，而且当时罗马人轻视生产劳动，以致不善经营农业，土地被兼并，沦为游民无产者。在共和晚期，聚集在罗马城内的游民无产者已有 32 万人，连同家属约有 60 万人。由于游民无产者难以有固定职业，故只能依赖政府救济和富人施舍生活；他们往往无所事事地徘徊游戏于角斗场和剧场中，抑或出卖选票、参与党派私斗，抑或自甘堕落出卖自己作他人的政治工具，成为干扰社会秩序的堕民阶层。而为了收买这些游民无产者手中握有的选票，政客们往往以"面包和竞技娱乐"作为拉拢他们的手段。因此，在生产关系上压榨廉价海外奴隶劳动而推动的奴隶制经济，不仅促使阶级对立与矛盾，而且使罗马公民阶层严重分化。而大庄园奴隶的生活处境异常困厄，常有被毒打戕害之忧，起义频繁发生。如公元前 135 年、公元前 104 年爆发的两次西西里奴隶起义，对罗马社会变迁产生了深刻影响。

然而罗马统一意大利与海外殖民扩张客观上也推动了以契约与权利意识为核心的法律精神。

一方面，在推行"分而治之"政策前，罗马与同盟部落间的团结以各方享有平等权利并履行相应义务为基础。例如，公元前 493 年罗马与拉丁同盟所缔结的条约中规定："只要天地不毁灭，在罗马人和团结一致的拉丁城市之间便将要有永久的和平。让他们相互之间不发生战争并且不从外部招来战争，不使敌人从任何一方面随便进来。如果有谁受到攻击，他们应全力相互帮助，因而他们也便有权平分所得到的全部可以移动的虏获物。个别的争端要在十日内在争端发生的公社内部得到调解。这个条约不附加任何东西，也不减少任何东西，除非得到了罗马人和联合一致的全体拉丁人的一致同意。"〔1〕又如，公元前 486 年，当赫尔尼克人加入了罗马与作为整体的拉丁部落组成的同盟时，盟约规定该集体通过战争所获得的任何战利品均须分成三份分配给同盟三方，以巩固该三角军事同盟的基石——成员间权利完全平等。再如，根据公元前 508 年罗马与迦太基订立的条约，"罗马人及其联盟者对迦太基人及其联盟者的友谊是以下述条件为依据的……如果罗马人中间有谁出现于迦太基人治下的西西里的那部分的领土，则罗马人在一切方面和迦太基人的权利都是相同的。而从自己的方面来说，迦太基人也不应加害……属于罗马的其他任何拉丁城市的人……"〔2〕这种在条约、盟约中对权利义务的强调与重视，经长期实践不断内化于罗马人的思想观念中，最终形成并巩固了罗马人的契约和法律精神。

另一方面，罗马的"分而治之"政策以及对外来者的开放态度对普及公民权利意识有积极作用。与雅典的"血缘决定论"相反，罗马对于公民权的赠与可谓十分慷慨，这种灵活的态度在著名思想家西塞罗的辩护词中即有集中体现。西塞罗曾替一个名为巴尔布斯的富有外国人辩护，此人当时因有功于罗马而被授予了公民权以示嘉奖。作为被赋予而非天生获得罗马公民权者，西塞罗坚信，只有欢迎、包容外来者，给予其平等身份、地位、权利的国家才能愈加强大。他在法庭上论述道："如果我们的将军们、元老院或者罗马公民不允许将公民权作为奖赏授予我们的盟友和朋友中最优秀、最勇敢的人——他们曾为了我们的安全和保障而甘冒自己的生命危险——那么当我们遇到艰难和危险的时候，就会发现自己痛苦地处于无人提供宝贵援手的境地……我只是想要澄清一个至关紧要的原则，这个世界上任何国家的公民——不管是因为仇恨和敌意而与罗马人民关系疏远，还是因为为我们提供了忠诚的服务而受到罗马人民的喜爱并与我们联系在一起——都可以被欢迎加入我们的国家并且获得作为礼物的罗马公民权。"〔3〕正是由于对公民权开放的积极心态，随着对外扩张的节节推进，罗马人逐渐将其引以为豪的权利意识传播至广大的被征服地区，

---

〔1〕 [苏] 科瓦略夫：《古代罗马史》，王以铸译，三联书店 1957 年版，第 128 页。

〔2〕 [苏] 科瓦略夫：《古代罗马史》，王以铸译，三联书店 1957 年版，第 74 页。

〔3〕 [美] 菲利普·弗里曼编：《西塞罗：如何治理国家》，陈越骅译，上海社会科学出版社 2016 年版，第 42~43 页。

为罗马法理念的形成与巩固奠定了思想基础。

罗马人在王政与共和时期所面临的严峻生存环境锻炼了其坚韧务实的品格，也培养了公民高度的纪律性与良好的秩序观念。因为只有这样，彼时尚且弱小的罗马才能凭借成员的团结与凝聚，在强敌环伺中谋得自己的一席之地，在一次次或主动或被动的战争中击败对手，逐渐由初期的穷于自卫步入对外扩张的征途。当意大利半岛的统一与海外征服最终完成后，罗马已一跃成为横跨欧亚非、以地中海为内海的庞大帝国。统一的政治环境为罗马法律思想的传播与发展创造了有利空间，随着时间的推移，在罗马公民社会以平等、公正、权力意识、遵守规则、服从秩序等为内涵的法治理念获得了罗马人的普遍心理认同，继而逐渐内化、上升为其民族性格与精神传统。

公元前 1 世纪中期后，当肩负历史使命从共和时代昂首跨入伟大帝国之际，罗马人充满着自信与骄傲。罗马著名诗人维吉尔（公元前 70 年～公元前 19 年）在长诗《埃涅阿斯纪》中写道：

> "我相信有的（人）将铸造出充满生机的铜像，
> 造得比我们高明。
> 有的（人）将用大理石雕出宛如真人的头像，
> 有的（人）在法庭上将比我们更加雄辩。
> 有的（人）将擅长用尺绘制出天体的运行图，
> 并预言星宿的升降。
> 但是，罗马人，
> 你记住，
> 你应当用你的权威统治万国，
> 这将是你的专长。
> 你应当确立和平的秩序，
> 对臣服的人要宽大，
> 对傲慢的人，
> 通过战争征服他们。"[1]

---

〔1〕［古罗马］维吉尔、塞内加：《埃涅阿斯纪、特洛亚妇女》，杨周翰译，上海人民出版社 2016 年版，第 216 页。

第六章　古罗马城邦公民社会

要知道，我们需要解释法的本质问题，而这需要到人的本性中去寻找。

—— ［古罗马］西塞罗《论共和国论法律》

正义是一种忠实而永恒地给予每个人以其权利的意愿。

—— ［东罗马］查士丁尼《学说汇纂》

我们从作为政治存在的公民进入到作为法律存在的公民。这种作为法律存在的公民存在于一个由法律调节的属于人、行动和事物的世界中。

—— ［英］J. G. A. 波考克《古典时期以降的公民理想》

从世界历史发展考量，西方学者认为"希腊对罗马文明的影响可以追溯到罗马建城伊始。希腊文明在罗马介入希腊化东方政治之时已经成为罗马文明中必不可少的一部分。直到希腊隶属于罗马帝国，不再是政治军事集权中心，这种影响依旧存在"。[1]因此，深受古希腊公民思想学说影响的罗马公民思想，不仅是前者的直接继承者，而且是吸收其精华并融合自身文化而成的。

一、共和时期城邦公民理念与公民权要素

根据曾在共和国时期任执政官、罗马著名的政治思想家西塞罗（Marcus Tullius Cicero，公元前 106 年~公元前 34 年）的观念，城邦乃是人民的财产，

---

〔1〕［英］萨拉·B. 波默罗伊等：《古希腊政治、社会和文化史》，傅洁莹等译，上海三联书店 2010 年版，第 526 页。

是由人民组成的联合体，这里的"人民"即城邦"公民"。韦伯曾说："公民这一概念在西方之外从未存在过。"[1]西方文明所赋予"公民"这一概念的特殊内涵渊源于古希腊、古罗马的政治思想。在继承希腊贤者哲人关于公民身份、社会属性和价值取向等解读的基础上，西塞罗对古罗马的公民思想作出了进一步的阐释。

（一）西塞罗的公民思想

公元前200年～公元前50年，以克律西波、潘尼提乌、波塞冬为代表的斯多葛学派的公民思想已在罗马共和国广泛传播。然作为共和时代的著名政治思想家西塞罗是罗马公民理念的集大成者，其"公民思想内容丰富，涉猎广泛，达到令人惊诧而不能企及的高度"。[2]后世西方学者曾评价他的政治思想："如果一个人想阅读此后数世纪间的政治哲学，那么他就必须牢记西塞罗的一些伟大的段落文字。"[3]西塞罗关于公民思想的论述集中体现于其著《论共和国》、《论法律》、《论义务》等书中，其荦荦大端主要包括三个部分。

第一，公民与城邦共生共荣。城邦是城市和周围乡村地区的有机地理联结，是以一定方式团结个人的联合体，于罗马人而言，城邦也是最有效的政治组织形式——共和国。因此，城邦不仅仅意味着领土，还包括公民的总和，且后者更为重要。正如修昔底德所说："城邦是人，而不是没有人的城墙和船舰。"[4]公民是组成城邦的基石，而城邦亦是公民的归属，公民身份只有在特定的城邦中才有意义，才能被确定和理解。城邦是公民优良、幸福生活的坚实保障，其安全与公民的命运息息相关，失去城邦则意味着失去一切。个人若离开城邦，便无法获得集体分配的土地这一生存资料，同时也被断绝了所有的社会联系，被剥夺了祭祀以及享受法律保护的权利，也没有了道德生活。因此，城邦的公民身份是个人获得生存意义、实现人的本质、享受人之尊严的唯一途径，由此城邦与公民社会成为相互契合、统一的共同体。

公民与城邦的共生共荣激发了前者自然而又强烈的爱国情感。西塞罗说：

---

〔1〕［德］马克斯·韦伯：《新教伦理与资本主义精神》，于晓等译，三联书店1992年版，第13页。

〔2〕秦树理等：《西方公民学说史》，人民出版社2012年版，第141页。

〔3〕［美］乔治·霍兰·萨拜因：《政治学说史》，商务印书馆1986年版，第270页。

〔4〕［古希腊］修昔底德：《伯罗奔尼撒战争史》，谢德风译，商务印书馆1985年版，第556页。

"在我们的热爱中，那表明了我们所有人共同公民身份的国家的名字一定占据首位。我们有义务为她去牺牲，将我们全身心献给她，置于她的圣坛上，并可以说，用我们所拥有的一切来为她服务。"[1]罗马人一直为后世所称道的英勇无畏、牺牲奉献精神正是来源于此。传统叙述中所记载的罗马战斗英雄的事迹不胜枚举。例如，当被放逐的罗马最后一任国王小塔克文（Tarqunius Superbus，公元前535年～公元前509年在位）率领外邦军队意图反攻罗马城复辟王政时，罗马将领豪拉提乌斯·寇克勒斯（Horatius Cocles）一面命令属下拆毁台伯河桥以阻止敌军入城，一面英勇作战，掩护同伴。虽身受重伤，豪拉提乌斯亦凭借过人的勇气与坚忍为战友们赢得了宝贵时间。桥被砍断后，豪拉提乌斯随敌军一道跌落入湍急的台伯河水中，但仍紧握武器，拼死杀敌。再如，罗马于第二次布匿战争（公元前219年）中在坎尼遭遇惨败，当时的执政官亦是罗马军队统帅卢基乌斯·埃米利乌斯·保卢斯（Lucius Aemilius Paulus Macedonicus），他原本完全可以在下属的护卫中骑马奔逃，但他宁愿作为一名战士马革裹尸而还也不愿当一名逃兵而忍辱偷生。保卢斯一直待在受伤后靠坐的石头旁，被敌军包围后仍坚持战斗至最后一刻，力竭而亡。这些"在勇敢、忍耐和艰苦奋斗方面，超过了所有其他民族"[2]的罗马英雄典范无不将祖国的安全置于崇高无上的地位，于他们而言，为祖国而死便是死得其所。正如历史学家波利比阿所总结道："认为国家安全，以及之后将会依附于其姓名的荣耀，比他目前的存在以及仍然留给他的人生岁月，还要来得更加珍贵。这正是罗马人灌输到年轻人心目中的东西。"[3]罗马人将公民自我的价值取向与城邦安全紧密联系，每个人都希望自己能够为了城邦而成为出众的勇士，或者第一流的演说家。他们认为，只有在为城邦服务甚至献身中才能实现个人价值，这也是践行公民最高道德的唯一途径；离开了爱国，便没有任何德行可言。因此，当时的罗马人"把给公众做好事，有益于自己的祖国，看得远远胜过个人的不幸。儿子死在战斗中，父亲得到光荣，他为此而欢欣

---

〔1〕［古罗马］马库斯·图留斯·西塞罗：《国家篇法律篇》，苏力、沈叔平译，商务印书馆1999年版，第184页。

〔2〕［古罗马］阿庇安：《罗马史》（上），谢德风译，商务印书馆1985年版，第16页。

〔3〕［古希腊］波利比阿：《罗马帝国的崛起》，翁嘉声译，社会科学文献出版社2013年版，第440页。

愉悦，胜过丧子之痛"。[1]公民与城邦的共生性使罗马人清醒地认识到，只有城邦才是个人自由与利益的保障，爱城邦就是爱自由，因此，如果说"希腊政治的基石是理性"，那么"罗马政治的基石是爱——爱祖国，爱罗马"。[2]

第二，公民内涵与外延的扩展以及价值取向的普世化。在希腊政治学家、哲学家亚里士多德看来，自由公民的关系只存在于平等者之间，而不平等才是客观事实。因此，他主张公民身份或公民资格必须被"严格限制于一个经过精心选择的小群体之中"。[3]与之相反，西塞罗却认为公民价值应当更具普遍性，人类彼此间是相似和平等的。"没有一物与他物的相像，与其对应物的酷似，有如我们所有人之间那么相像。不仅如此，如果坏习惯和错误信仰还没有扭曲那些较弱的心灵，还没有使他们转向他们易于趋向的任何方向的话，那么，没有一个人与其自我的相像会赶上所有人之间的相互相像。"[4]当然，西塞罗并非要否定现实中人与人之间财产、学识、性格等方面的不平等事实，他所强调的是出于道德要求的平等信念，即在共同体范围内每个个体都能享有最基本的尊严，被同胞所尊重，权利得到保护，安全得以保障，整个联合体以道德伦理为联结纽带，以法律为调节手段，最终达至和谐统一。为此，西塞罗论道："由于法律是联系公民团体的纽带，通过法律实施的正义对所有人相同。所以，如果公民中没有平等，那么什么样的正义能够使公民团结在一起？如果我们不同意平均人们的财富，而人们的内在能力又不可能平等，那么至少同一国家的公民拥有的法律权利要平等。"[5]

西塞罗的平等理念深受斯多葛派（The Stoics）哲学思想的影响。在自然法理论的启示下，西塞罗认为，人与人之间的平等可从三方面来论述。首先，平等来源于遵守同一个法律。作为宇宙秩序的创造者和主宰者，自然法是普

〔1〕 ［法］安德烈·比尔基埃等主编：《家庭史》第1卷，袁树仁、姚静、肖桂译，北京三联书店1998年版，第342页。

〔2〕 ［美］肯尼斯·米格诺：《当代学术入门：政治学》，龚人译，辽宁教育出版社1998年版，第9页。

〔3〕 ［美］乔治·霍兰·萨拜因：《政治学说史》，商务印书馆1986年版，第273页。

〔4〕 ［古罗马］马库斯·图留斯·西塞罗：《国家篇法律篇》，苏力、沈叔平译，商务印书馆1999年版，第163页。

〔5〕 ［古罗马］马库斯·图留斯·西塞罗：《论共和国论法律》，王焕生译，中国政法大学出版社1997年版，第46页。

遍适用的正确的法则，同时也是永恒不变的，它不仅早于民族和国家及其法律的存在，还是与统治整个天地的神灵同在的。自然法高于人间的一切成文法，是衡量后者的唯一标准，是人类行为的最高规范，"对于所有具有社会性的存在物来说，它决定了什么是必须做的，什么是不容违反的"。[1]正因为自然法适用于每一个人，是人与人结合在一起的基础，更是人类所必须遵循的法则，因此，从受制于同一个法律的角度看，所有人应当是平等的。其次，理性的共有决定了人与人之间的平等。"理性，唯一使我们超越野兽并使我们能够推断、证明和反证、讨论和解决问题并获得结论的理性，对我们肯定是共同的。"[2]在西塞罗看来，世界万物中唯有人类被至高无上的神赋予了突出的地位，是唯一分享理性与思想的，人与神的第一个共有即共同拥有正确的理性，因此，在具备理性以及据此判断善恶这一点上，人与人是平等的。最后，平等还表现在人们都拥有基本的学习能力以及形成美德的潜在素质。"尽管人的所学有所不同，但至少在具有学习能力这点上没有区别。"[3]所有的人和所有的种族都能够取得经验以及同样种类的经验，都能够凭借理性明辨是非，而且"如果找到指南，没有任何种族的任何人不能获得美德"。[4]

西塞罗曾论道："确实没有什么比自由更美好，然而如果自由不是人人平等的，那自由也就不可能存在。"[5]他所提倡的人们彼此间的平等关系拓展了希腊城邦公民概念的内涵与外延，公民身份所蕴含的公正、平等、宽容、和谐等政治与伦理价值取向也随之更为普遍化。在西塞罗那里，共和国是由本性相像的个体依据法律的协议，为了维护共同的利益而结成的具有伙伴关系的联合体，每个人都平等地成为该团体的公民，即使是奴隶也应被视为一个终生雇佣者而非工具被看待。后世学者曾对由亚里士多德的公民思想至西塞

---

〔1〕 Sigmund, *Natural Law in Political Thought*, Cambridge: Winthrop Press, 1971, p. 21.

〔2〕 〔古罗马〕马库斯·图留斯·西塞罗:《国家篇法律篇》，苏力、沈叔平译，商务印书馆1999 年版，第 164 页。

〔3〕 〔古罗马〕马库斯·图留斯·西塞罗:《国家篇法律篇》，苏力、沈叔平译，商务印书馆1999 年版，第 164 页。

〔4〕 〔古罗马〕马库斯·图留斯·西塞罗:《国家篇法律篇》，苏力、沈叔平译，商务印书馆1999 年版，第 164 页。

〔5〕 〔古罗马〕马库斯·图留斯·西塞罗:《论共和国论法律》，王焕生译，中国政法大学出版社 1997 年版，第 120 页。

罗的公民概念解读这一转变评价道："在政治理论中，就其彻底性或整全（完整）性而言，（这一转变）令人感到惊讶。"[1]

第三，公民权利必须受到法律保护。西塞罗认为："为了维护私有财产，才建立了国家和公民社会……正是希望保护自己的财产而寻求城市（城邦）作为保障"；[2]"作为同一个国家的公民起码应该在权利方面是相互平等的"。[3]因此，西塞罗主张公民权利必须受到法律保护，并对官员权力从制度进行约束。他指出："一个行政长官特别要记住的是，他代表国家，他的责任是维护国家的荣誉与尊严，执行法律，使所有的公民都享受到法律所赋予他们的权利，不忘记所有这一切都是国家托付给他的神圣职责。"[4]西塞罗还主张，为了保持国家和社会稳定，国家建立法律之目的，就必须实现权利和义务之间的平衡："在一个国家里，除非权利、义务和功能之间有一种很好的平衡，要让行政官员拥有足够的权力，要让杰出公民所提的建议有足够的影响，要让人民享有足够的自由，否则这种国家是无法避免革命的"。[5]

公民的首要义务在于为城邦—国家服务，同时也必须尊重同胞。西塞罗在其著《义务论》中认为："公民个人应该享有同其他公民公平、同等的权利生活，不屈从、不谦卑，也不骄傲自恃，在国家事务方面则希望事事都能和平、高尚。我们通常认为这样的公民是好公民。"[6]

这从一方面而论，"好公民"必须服务甚至献身于城邦的公共事业。在西塞罗看来，对共同体的帮助是"城邦"概念内蕴的精神价值，也是公民的首要义务。所谓"义务"，乃是道德上的正确。因此其价值标准是以是否正确而

〔1〕 Robert Warrand Carlyle, *A History of Mediaeval Political Theory in the West*, Vol. 1, Edinburgh：W. Blackwood, 1903, p. 8.

〔2〕 ［古罗马］马库斯·图留斯·西塞罗：《论共和国论法律》，王焕生译，中国政法大学出版社1997年版，第231页。

〔3〕 ［古罗马］马库斯·图留斯·西塞罗：《论共和国论法律》，王焕生译，中国政法大学出版社1997年版，第46页。

〔4〕 ［古罗马］马库斯·图留斯·西塞罗：《西塞罗三论》，徐奕春译，商务印书馆1998年版，第147页。

〔5〕 ［古罗马］马库斯·图留斯·西塞罗：《论共和国论法律》，王焕生译，中国政法大学出版社1997年版，第126页。

〔6〕 ［古罗马］马库斯·图留斯·西塞罗：《论义务》，中国政法大学出版社1999年版，第121～123页。

非是否有利进行判断的。公民与城邦命运休戚与共，人们结合为联合体的根本目的是出于共同利益的需要。作为城邦的一员，公民共享城邦有形与无形的财富，如神殿、市政广场、柱廊、街道、法庭、法律、宗教、公民权等，无不体现着公民间共同的经济、政治、文化利益与彼此的紧密联系。在亲情、友情、爱情等所有社会关系中，每个人与国家的关系最为亲近，这种联系能将所有的爱都包容其中。因此，帮助城邦就是帮助自己，服务集体就是公民最重要的义务，是正确的道德，是值得称颂的高尚行为，是对品德的最高贵的使用。

从另一方面而言，"好公民"应当尊重同胞的权利。西塞罗认为，与使自己承受财产、人身甚至心灵的损失相比，掠夺同胞伙伴更为不正义，违背了自然法的要求。大自然以理性与言语为纽带联结起个人，逐步生成各种社会关系，在此基础上孕育出正义、平等、公正等美德和善念。由于人们遵守同一个法律，共有理性，共享基本的学习能力，都具有养成美德的潜质，彼此间相似而又平等，因此，一个人的利益并不会比他的同胞的利益更为重要与优先。个人若是以维护自己的利益为借口而侵犯、伤害他人，无疑会使彼此间的联系纽带受损甚至断裂；而没有了人的结合，城市便无法维系，法律、宗教、道德、社会关系等也失去了存在的基础，生活所需的一切被切断了供应来源，个体也随之不复存在。因此，只有通过尊重他人以及同心合作才能获得最大的利益。于是，一个人应当努力为需要他帮助或他应该给予帮助的人服务，并使此种伟大而高尚的精神深深扎根于内心深处。正如罗马人中流行的箴言所劝诫的："不要拒绝给人一杯水，反正它取之不尽；让人家从我们这里取火，只要他愿意；给人以忠告，如果他没有在注意。"[1]

公民对共和城邦的关心、服务以及对伙伴的尊重，其实质是正确处理个人与城邦、个人与他人的关系。为了实现大自然所鼓励的合群相处，人们必须满足他人、国家对自己的要求，不只为自我一人而劳作。对城邦，人们应当撇开一切踌躇，踊跃参与社会事务，勇于承担国家重任，并且在治理活动中牢牢守卫人民的利益，实现"人的最高才能"[2]；对共和城邦的同胞，人

---

〔1〕［古罗马］马库斯·图留斯·西塞罗：《论义务》，中国政法大学出版社 1999 年版，第 23 页。

〔2〕［古希腊］普鲁塔克：《希腊罗马名人传》（上），陆永庭等译，商务印书馆 1990 年版，第 377 页。

们应勤奋工作，使需要他提供以及他应当为之提供物品的人能够生活得舒适和满足，积极履行彼此合作团结的义务，相互体谅、谦让，为共同的幸福作出贡献。作为联合体的一员，城邦公民必须遵循大自然的指导，通过自己的勤勉、智慧和美德，将个体利益与集体利益相统一，使共同体的联系更为紧密。

与希腊贤者哲人类似，西塞罗对于公民概念的解读与拓展依旧是以"城邦"为语境进行缜密论证和演绎的。附着于城邦这一核心载体上的公民文化精神本身即孕育着自由、正义、平等、理性、秩序、权利等价值取向，从而为法治理念的生发提供了沃土。

首先，人拥有对独立的追求，而城邦也保障了人们生活的自由。西塞罗认为，除了对真理的渴望和热情，追求独立也是人类所独有的目标。大自然赋予了人类不愿从属于任何人的天然秉性，他们只会追随教导自己以真理或行为准则的智者，或是出于善的目的并且依据正义和法律进行治理的统治者，否则便会陷入道德堕落的危险境地。正是这种对独立的向往与孜孜以求造就了人类伟大与超脱的灵魂。城邦作为一个公民的联合体，以其特有的功能保障了人类的独立与自由。当生存资料缺乏时，城邦集结起军事力量依靠对外征战获取战利品，将份地分配给共同体成员；当农业歉收时，城邦通过商业贸易将粮食等农作物运往城市，平抑物价，必要时甚至向公民免费发放食物；当面临外敌入侵时，城邦凭借对公民战士的统一组织与指挥最大程度上发挥集体的团结力量，保卫公民的人身、财产安全；当公职官吏自恃权力而侵害公民时，城邦又为杜绝统治者的专断欲求和肆掠的可能性而设置了制约措施。可见，城邦是公民与自然、公民与他人间的缓冲器，以共同体的形式保障着公民个体权利，使之"像一个不受任何外部意志支配的人一样自由"。[1]

其次，正义是维系社会公共生活的基础。正义要求每一个个体都不能以与自我利益冲突为借口伤害同胞，除非被欺凌所激怒。所有人彼此间相似而平等，理应获得其他人的尊重，同时也应当遵从大自然的准则，携手合作，信守诺言，践行协议与约定，在与人相处中保持权利与义务的一致性，对给予最大善意的伙伴施以最多的回报，如此方能巩固联结人类社会的纽带，按

---

〔1〕 William McNeill, *The Rise of the West：A History of the Human Community*，Chicago：University of Chicago Press, Revised Edition, 1991, pp. 214～215.

照美德而生活，因为"正义是一切美德之主宰或王"。[1]

最后，理性与秩序协调规范着城邦公共生活。西塞罗主张，只要以存在于大自然中的最高理性为出发点，倾听神灵与人类共同法律的声音，人类就永远不会犯下因觊觎别人财物而偷盗、抢掠的罪行。在理性的指引下，人们使用理性，按理性说话，在公共生活中逐步培养出高尚、谦逊、正义和慷慨的伟大情操，这远比自私的享乐、富有甚至生病本身更合乎自然的感召。理性要求人们遵守行为的秩序，选择合适的时机。无论做任何事都应当详细考虑，因地制宜，因时制宜，在合适的地方以及正确的时候做正确的事，并于一切事物中辨别出真理。理性与秩序能够协调规范复杂的公共生活，使之达至平衡与和谐，就像一篇布局得当精美的演说辞一样。

西塞罗对于希腊公民思想既有继承亦有突破，其与对城邦概念的理解一起共同构成了系统的共和国理论，反映了共和时代罗马人的政治哲学思考，充分体现了自由、正义、平等、理性和权利等理念，凸显了社会的价值取向与道德观念，在此基础上形成的公民文化精神则直接促发了法治理念的萌芽。

（二）罗马公民社会基本特征

古希腊与罗马共和时期的国家观是整体主义和一元主义的，"polis"与"res publica"二词就完全涵盖了城邦、国家与社会。"城邦国家要求公民完全效忠，一切行动和团体不是直接受到国家控制就是倾向于受其控制，各团体总和的社会与国家是不可分离的。"[2]由于公民社会与城邦的完全叠合与互动，而城邦—国家公共生活又包含有宗教祭祀、土地分配、民主政治与军事训练等多样性活动，因此，罗马公民社会也随之呈现出宗教性、经济性、政治性与军事性的基本特征，且有机统一于共同体内部。

1. 罗马公民社会的宗教性

早在罗马王政时代晚期（约公元前 510 年），最后一位王高傲者塔克文（Tarquinius Superbus，公元前 535 年～公元前 509 年）为罗马人引进了希腊城邦最重要的三位奥林匹亚主神宙斯、赫拉和雅典娜。公元前 5 世纪初期，其他

---

〔1〕 [古罗马] 马库斯·图留斯·西塞罗：《论义务》，中国政法大学出版社 1999 年版，第 114 页。

〔2〕 [美] 莱斯利·里普森：《政治学的重大问题——政治学导论》，刘晓等译，华夏出版社 2002 年版，第 136 页。

一些希腊神祇逐渐被引进意大利和罗马，此后，希腊的奥林匹亚诸神转化为罗马所信仰崇拜的神祇，如宙斯（Zeus）成为朱庇特（Jupiter）、赫拉（Hera）成为朱诺（Juno）、阿佛洛狄忒（Aphrodite）成为维纳斯（Venus）、雅典娜（Athena）成为弥涅瓦（miniewa）、波塞冬（Poseidon）成为尼普顿（Neptune）、哈得斯（Hades）成为普路同（Pluto）、赫菲斯托斯（Hephaestus）成为伏尔甘（Vulcan）、阿瑞斯（Ares）成为马尔斯（Mars）、赫斯提亚（Hestia）成为维斯塔（Vesta）、德墨忒尔（Demeter）成为刻瑞斯（Ceres）、阿尔忒弥斯（Arthemis）成为狄安娜（Diana）、赫尔墨斯（Hermes）成为墨邱利（Mercury）、狄奥尼索斯（Dionysus）成为巴克科斯（Bacchus）、厄洛斯（Eros）成为丘比特（Cupido）、阿波罗（Apollon）则仍被称为阿波罗（Apollo），等等。公元前431年，罗马还建成了第一座阿波罗神殿（Temple of Apollo）。"在希腊人的影响下，一些古老的宗教仪式变得欢快起来，包括音乐、舞蹈、赛马和戏剧表演。罗马共和国晚期，在外在形式的诸多方面，国家宗教都与希腊城邦国家的宗教相同。"[1]罗马人在宗教信仰上是宽容、开放与兼容并蓄的，在共和时代的征服战争中不断引进一些神祇，并在罗马战神广场建神庙祭祀，如在布匿战争中引进的小亚细亚的丰产女神西布莉（Cybele），在征服埃及战争中引进了埃及的大地、谷物与小麦女神伊西斯（Isis）以及叙利亚神祇阿塔噶提斯（Atargatis）的崇拜祭祀，等等。正是罗马人的泛神论与宗教多神的崇拜，使其在接受其他各民族的多元宗教礼仪时，也为自己赢得了一个疆域广阔的世界性帝国。

古罗马政治家西塞罗曾自豪地说道："我们罗马人之所以比世界上其他民族都优秀，主要是因为我们有虔诚的信仰和宗教仪式，并且明智地相信：神灵的意志规约引领着世间万物。"[2]而波利比阿也认为："罗马共和国在一个领域里彻底地展现出其优越性：宗教信仰。在其他民族会被视为谴责的对象——迷信——其实是将罗马国家团结在一起的要素。宗教这件事情被如此严肃地对待，并且被如此频繁地引进到公共及私人生活中，所以没有事情会比它们来

---

〔1〕〔英〕M. J. 卡里、T. J. 哈阿霍夫：《希腊罗马世界的生活与思想》，郭子林、曹彩霞译，大象出版社2012年版，第273页。

〔2〕〔法〕罗杰·亚努、约翰·沙伊德：《罗马人》，黄雪霞译，汉语大辞典出版社2001年版，第78页。

得更为重要。"〔1〕与希腊类似，宗教信仰同样是理解罗马文明的关键因素，共和城邦的本质就是宗教性的，罗马公民社会与其说是一个政治联合体，不如说是一个神圣化的宗教集合体。

第一，罗马公民社会的基本单位是家庭，而家庭正是宗教的中心与来源，宗教亦融化于家庭生活中。共和城邦在成分和形式上都以家庭为基础，城邦公民身份得以确认的首要前提是个人被家庭、宗族所接纳。在罗马，逢新生儿降临之时，父亲须通过拾起婴儿以表示承认其家庭成员的身份，进而赋予其罗马公民的资格。因此，血缘、亲族关系是"公民"概念的初始含义，虽然其后这一概念的内涵逐步拓展，但家庭的因素始终存在。正如恩格斯所说："只有身为氏族成员，并且通过自己的氏族而成为库利亚成员和部落成员的人，才能属于罗马人民。"〔2〕

同古希腊相似，作为构成社会基石的家庭，其建立与维系离不开宗教的支撑。罗马家家户户均供奉祭坛，其内的圣火象征着家庭的人丁兴旺与连绵不绝。祭坛上方置有头戴花冠的雕刻小象，代表着家神拉尔（Lar）——田地与屋舍、财富与命运的守护神；门神雅努斯则不间断地巡视着门槛，看守着家中的每一个进出口；而储藏室、碗橱及谷仓中亦藏有其他家内诸神，他们共同护佑着家庭。此外，罗马家庭中的墙上挂有男性祖先生前留下的蜡制面具，象征着祖先时刻以慈祥的目光关注着后代，亦警示后人尤其是调皮的孩童遵循传统，切忌漠视习俗。

罗马家庭宗教尤为强调祖先与后代的紧密联结，这一特点于葬礼仪式上体现得十分明显。罗马人的葬礼通常在广场公开举行，若是有身份地位的上等人家需组成一个包含聘请的演员和族内亲属在内的游行队伍将灵车由家中护送至目的地。游行队出发前，死者家属多会高喊"那边有一位战士去世，能来的务必请来伴送"，以此呼唤公民跟随队伍参加葬礼仪式。游行队的前阵是一群扮演哀泣角色的妇女演员〔3〕、音乐队〔4〕和跳舞团，其中一名舞者需

---

〔1〕 ［古希腊］波利比阿：《罗马帝国的崛起》，翁嘉声译，社会科学文献出版社2013年版，第441页。

〔2〕 《马克思恩格斯文集》第4卷，人民出版社2009年版，第144页。

〔3〕 《十二铜表法》颁布后，这些原先须尽可能表演出悲痛欲绝情绪的妇女被禁止过分歇斯底里，并被规定不可在表演中撕断自己的头发。

〔4〕 通常是笛手队，其人数被限定为10人。

戴上假面具并化妆扮成死者的模样，以使众人宛若再见逝者的音容笑貌。游行队伍的中心是运送死者尸身的灵车，车上铺有绣紫金色的厚重罩布和细麻纱，死者身穿所居最高官职的全套公服平躺于其中，四周环列着生平所杀敌人的甲胄和凯旋赢得的花环。值得注意的是，灵车上还有演员所扮的祖先作为死者的扈从。这些人均戴有死者祖先（通常担任过高级官吏）生前留下的蜡制染色假面具，身穿官职服装，佩戴象征官阶的徽章。跟随灵车的是游行队伍的最后部分——着黑衣且禁佩任何饰品的送葬人，通常由蒙着头的孝子、不戴面罩的孝女、族内亲属、死者挚友、门客和解放奴隶组成。到达广场后，灵车上由演员扮演的祖先下车，坐于广场中提前安置好的贵族座椅上，死者尸身则被扶起直立，而后孝子或与死者血缘最近的同族亲属走上讲坛，将祖先以及死者的名字、官职，尤其是对于城邦公共事务的贡献一一向葬礼参加者详细讲述，以表达对先人的思念与哀悼。这种强调祖先在场的葬礼仪式与在家中悬挂祖先面具的纪念举动表达了罗马人特殊的家庭观：即使祖先逝去，其灵魂亦永存于家中，平日护佑后人；当家庭成员去世，祖先亦会亲临迎接，欢迎其以另一种方式相聚。于罗马人而言，家庭并不仅仅由在世的成员组成，它还包括已逝去的祖先和未降临的后代，过去、现在和将来，信仰、荣誉和价值取向均被巧妙地糅合于小小的家庭之中，而这一切都是通过神圣的宗教和庄严的仪式得以实现的。

宗教巩固着罗马家庭的团结，维护着父权制的权威。在罗马，共餐是家内祭祀的重要环节。在向家神献祭供品后，家中成员须共同分享祭坛上的食物，以此表达神与人之间的神圣联结，家族内的强烈认同感也由此实现。祭祀时，作为家庭领袖的父亲行祭司之职，整个家族内也只有他能够念诵正确的祷词，了解相应的仪式程序，并且负责将这些祷词和仪式代代相传。换言之，父亲的权威尤其是对于子女的绝对控制权正是由宗教的神圣性得以保证，并在日常生活中通过频繁祭祀与供奉神灵而潜移默化地灌输于孩童心中。

第二，宗教是城邦的精神象征，神在则城在，神灭则城亡。于罗马人而言，宗教不仅是建立与维系家庭的纽带，还是城邦诞生的根基。家内祭祀将家庭成员牢牢地聚集于以父亲为中心的家庭周围，而供奉同一个祖先的一群家庭则构成了宗族（gens），同族之人都带有始祖的名字，[1]联合举行族内祭祀，彼此负有互相扶助的义务，若干宗族的联合则组成了城邦，此时人们祭祀的是共同的神灵。对城邦守护神的尊崇来源于对家神的信仰。罗马人认为，祖先虽已逝世，但其灵魂永不消逝，始终注视着后人，护佑着城邦，神圣的死者同是城邦不可或缺的组成部分，扮演着守护者的角色，而这些灵魂逐渐被赋予了具体神灵的角色。因此，供奉家神与崇敬城邦神灵是一致的。当城邦为罗马家家户户供奉的灶神维斯塔于公共广场上建造了祭坛并日夜守护圣火时，家庭的神便发展为国家的神了，对神的崇拜开始以全体公民的名义进行，代代相传的家庭宗教与仪式被公认为城邦集体的信仰，家族逐渐以宗教为中心聚合成社会。从这一意义上说，城邦的根本任务与家庭一样，在于处理人与神之间的关系，使之和谐一致，城邦是由在同一个祭坛前举行共同祭祀仪式的人们所组成的宗教联合体。这一基本性质具象地体现于古老的集体共食习俗以及神灵被视为城邦存续的象征。

一方面，城邦的公共会餐仪式持续培养与内化了公民的认同感与归属感。与家内祭祀时家庭成员共同分享祭品类似，城邦也有宗教集体聚餐习俗。各个库里亚代表通常在祭祀之日相聚于专门设置的公共厅堂中进行会餐，元老院议员也会在固定的日子里于卡比托尔山（Collis Capitolinus）举行圣餐仪式；而每逢隆重盛大的公共节日，全城人均会聚集于街道，亲密地坐在一起吃饭。人们身穿对于神灵来说最为合适的白色衣物，头戴桂冠，于会餐开始前庄严祭酒，朗声诵念祷词，共同吟唱对神的赞歌，而后分享向神献祭的供品。城邦的圣餐仪式由祭司主持，最初是大祭司负责，后又专设"圣餐祭司"（epulones）一职全权掌管会餐事宜。频繁举行的公共会餐仪式不断提醒着人们城邦的宗教属性，也牢固团结着公民间的密切关系，更成功地构建了公民与城邦、人与神之间的神圣共同情感。正是基于此种自我认同与归属感，人们才

---

[1] 家中父亲对男孩的命名充分体现了罗马人个体、家庭和宗族的统一。男孩的第一个名字属于自己，第二个名字是氏族名，最后一个则是家族的名字。例如古罗马著名政治家马库斯·图留斯·西塞罗（Marcus Tullius Cicero），Marcus 是其本名，Tullius 是指其父系氏族，Cicero 则表示氏族 Tullius 中的某一家族分支。而女孩的名字则相对简单，仅仅以所属氏族名称的阴性形式来命名。例如，克劳狄乌斯一族（Claudius）的所有女孩均被称呼为克劳迪娅（Claudia），仅以表示长幼的第一个（Prima）、第二个（Secondum）、第三个（Tertia）等来区分。

顺利结合为一个和谐的城邦集体。

另一方面，神灵成为城邦存续的象征，是城邦的天然守护者。凡罗马公民皆有这样的共识，即供奉灶神维斯塔的神庙内所燃烧不息的神圣炉火意味着罗马的繁荣、昌盛以及强大；城邦因神灵而生，亦由此而永续。在古罗马著名诗人维吉尔（Publius Vergilius Maro，公元前 70 年 ~ 公元前 19 年）写下的罗马人起源的民族史诗《埃涅阿斯纪》中我们可以看到，罗马城建立的前提是埃涅阿斯成功将象征城市的圣物、神像和圣火带至意大利，从而将特洛伊诸神安置于拉丁姆平原。如此，罗马城方可在神灵的注目下建成并得其祝福。可以说，没有神灵，城邦也就不存在。因此，罗马人认为，若能成功迫使一座城市的守护神离去，那么该城便可不攻自破。为此，罗马人特意设计了一套专门的仪式祷词："噢，伟大的神灵，该城是在你的保护之下，我向你祈祷、我崇拜你，求你放弃该城及其人民，舍弃这些神庙和圣地，离开他们来到罗马，成为我的神。希望你能更喜欢我们的城市、神庙和圣地，将我们置于你的保护之下。倘若你同意，我就为你修建一座神庙。"[1]罗马人坚信，只要攻城之前一字不差地念诵该祷词，正确无误地举行仪式程序，即可使神灵无法拒绝自己的请求，从而转投罗马，留下一座无神看守的"空城"。当然，罗马的敌方也有同样的想法，此时，罗马人就得绞尽脑汁挽留自己的守护神。他们平日里即对外邦人保密最重要神灵的名字，以防作战时敌方正确呼唤罗马城的守护神并将其带走；或者当敌方向自己的守护神提出修建神庙等诱惑时用更具吸引力的交换条件，有时甚至是赤裸裸的威胁强行留住守护神；又或者干脆直接以铁链绑住神像限制其行动。由此可见，神灵于城邦而言是不可或缺的精神象征。

第三，宗教祭祀资格确认了罗马城邦的公民身份。正如只有同一个家庭的成员方能参与家内祭祀一样，城邦的献祭仪式也是仅限于共同伙伴间进行的，具有明显的排外性质。古人所想象出的神灵最初具有家神或地方神的特征，只属于特定的家庭、部落集体和城邦，而非如上帝一般普照众生。因此，不仅是罗马，意大利的其他城邦也都有自己的守护神，即使称呼类似，也绝

---

〔1〕〔法〕古郎士：《希腊罗马古代社会研究》，李玄伯译，中国政法大学出版社 2005 年版，第183 页。

不代表是同一个神灵。如主神朱庇特是许多城市所供奉的神灵，但在每个地方各不相同。当罗马陆续征服这些城市后，当地的朱庇特神便被罗马人迁移至自己的城邦，因此出现了罗马在某一段时期同时祭祀着几位朱庇特神的现象。又如罗马攻下埃特鲁利亚城市维爱时，立即将该城的朱诺女神像送至罗马，使其与自己原先的朱诺神一道接受祭祀。正因为神灵的地方性特征，因此，古人十分排斥外邦人向自己的守护神祭祀，城邦的宗教活动只向本城公民开放，神庙殿堂也只允许本城邦集体成员进入，否则便会亵渎神灵，使祭祀的效力大打折扣。城邦的祭司团体也极力避免与其他城市的祭司团体接触，更禁止互相交流宗教祷词与仪式程序，一旦外人获知此类信息，会被认为城邦的命运便危在旦夕。只有当城邦之间结为联盟时，彼此才共用同种祭祀仪式。由此可见，城邦公民身份的限制正来源于宗教祭祀的排外性，只有具备了参与献祭活动的资格才能成为城邦公民。

第四，宗教渗透、融汇于城邦公共生活的方方面面。农业上，人们劳作时唱着赞歌，在教义规定的日子里收割庄稼、为葡萄剪枝、开启新酒，每件农事均遵照宗教的安排进行；历法上，人们既不按照太阳的运行也不遵循月亮的圆缺安排，而是根据宗教法制定一年的长短以及月份、节庆等，两个不同的城市因而具有相异的历法；司法审判上，人们只能在宗教允许的日子里前往法庭为自己寻求救济，或旁听法律审判。正因为宗教统摄着罗马公民社会的一切生活，因此祭司在城邦具有举足轻重的地位。罗马祭司团体中起主要作用的是大祭司团，主要负责监督宗教仪式的执行、制定与解释神圣法和家族法、确定历法等宗教事务，其首脑祭司长（pontifex maximus）是所有罗马祭司的领袖。而接掌王政时期国王宗教职权的被称为"奉神的国王"（rex sacrorum）的祭司亦属于大祭司团。占卜祭司团是另一个重要的祭司团体，由占卜师（augur）和预言者（haruspicus）组成。占卜师将天空人为地分成四部分，通过观察鸟类在哪部分飞行而判断事情的吉凶，或者通过圣鸡是否啄食饲料以及各种自然反常现象来预测事情的结果。预言师则主要依据动物的内脏器官尤其是肝脏的形状进行占卜。

在古罗马，凡是重要的国事均需征询祭司的建议，根据其所转述的神的旨意而决定；涉及城邦安危的军事行动更是如此，每一个作战环节都离不开宗教的指引。罗马通常会设有"随军祭司团"（fetiales）。宣战时，需由蒙面戴桂冠的随军祭司向神祷告，身穿僧袍的执政官亦须一同行礼；军队开征前，也要举行献祭仪式；行军过程中，随军而行的圣火须彻夜不息，以示神灵对罗马军队的护佑；两军敌对时，执政官根据占卜师的预测而决定是否开战，即使已充分准备，也不可违背神的意愿；取得胜利后，为向恪尽职守的诸神表示谢意，军队必须举行祭祀，通常由祭司牵着牲畜等供品引领队伍到达罗马广场的朱庇特神庙，队伍行进途中士兵头戴桂冠，吟唱着凯旋曲，最后再由执政官等军队将领将供品献祭给神灵，凯旋的大将军要把他的桂冠放在主神朱庇特像的腿上。这便是著名的罗马军队凯旋仪式的前身。

除经济、军事、历法、司法审判外，宗教亦深刻嵌入罗马人的政治生活中。

一方面，罗马公职人员兼有宗教职能。罗马公民选举执政官等公职人员时固然看重其才能、人品，但他们更关心的是其是否受到神的眷顾与喜爱，能否准确无误地执行宗教仪式与程序，换言之，即是否能够保障城邦的宗教。在罗马公民心中，公职人员也是人与神之间进行沟通的媒介，因此必须能够主持城邦祭祀活动，即便没有此种义务的保民官，亦通过为保护自身安全而被赋予的神圣性与宗教保持着紧密联系。

另一方面，罗马的政治活动通常包含了宗教仪式，在神灵的见证下进行。例如，罗马广场公民集会时需聆听占卜师念诵祷词，尔后由执政官重复向神灵祈祷。而元老院议员商议国事时亦需神灵在场，因此会议大厅中会设有祭坛，讨论前每一个议员均须先行祭酒与祷告，以示对神灵的呼唤，从而证明此次会议是有效的、为神所承认的。再如，罗马城邦对公民身份的户籍管理最初是通过宗教涤罪礼的方式进行的。罗马每五年举办一次的涤罪礼意在弥补祭祀中可能犯下的错误，祈求神灵的谅解。仪式由执政官或监察官主持，城中全体公民均需出席。监察官在祭司的跟随下牵着羊、阉过的公猪和公牛三头牺牲绕行城邦三周，而后诵念祷词，宰杀牺牲，完成三牲祭（suovetaurile）。由于涤罪礼的目的是帮助城邦公民洗涤罪孽，因此全体公民必须共同出席，身在外地者也必须提前赶回，否则仪式的神圣性即受到了玷污；同时，仪式进行时不得有任何外邦人在场，不然即再度得罪了神灵。为此，涤罪礼前监察官需要清点城邦公民人数，并且为所有出席者确定等级顺序，从而替执政官、元老院议员、骑士、无产者等不同阶层安排位置。一经确定，公民的地位等级便固定下来，直至下次涤罪礼为止。此外，监察官还需掌握每个家庭的财产及人口资料，以保证参加涤罪礼的公民之家庭成员和财产得到净化。反之，若未被监察官登记在册者则被剥夺公民资格，直至下次涤罪礼再次被城邦承认为止。作为宗教仪式的涤罪礼俨然承担了户籍管理的职能，直到罗马帝国初期仍以该形式对公民身份进行管理。

罗马城邦的公共生活随处可见神灵的影子。人们只在宗教允许的日子里进行农事活动、集会、司法审判甚至战争；而神发怒的时候人们亦会牢记，在这不吉祥的日子暂停所有公共生活。

第五，宗教衍化为城邦的具体法律制度与抽象法治理念。古郎士曾评价："在古时，每个家庭都有其家内宗教，每个城市也都有自己的民族宗教。一个城市就像一个小小的教堂一样，拥有自己的诸神、教义和祭礼。这些信仰对我们而言似乎是很粗浅的，但却是古时最优秀民族（指希腊人）的信仰，并对该民族及罗马人产生了极其深远的影响，他们的大部分法律、制度和历史皆出自于此。"[1]

一方面，宗教是罗马法律内容与程式的起源。罗马法律最初是宗教的一部分。在第一部成文法《十二铜表法》（公元前449年）颁布前，有关继承权、所有权、婚姻等问题的法律基本被包含于宗教条例的汇编中。因此，人们在日常生活中遇到的几乎所有民事纠纷都得请求祭司予以裁决，以至于西塞罗说："如果不懂市民法，没人能成为一个好的大祭司。"[2]早期的罗马法是与宗教规则相一致的。宗教要求祭祀由男性后代主持，法律便随着规定女性后代无继承权；宗教认为人必须保持与神灵之间的和谐关系，法律便惩罚破坏这种和平相处的越轨行为；宗教相信祖先的灵魂会永存于故土，子孙后代必须年年祭奠，法律便将献祭的土地划为家庭不可转让的财产；家内祭祀是父子相传的，城邦宗教也仅限于公民之间，法律便也对外邦人和奴隶封闭，只有城邦公民才可享受法律的庇护。因此，可以说，法律直接来源于宗教，是信仰的必然结果。

罗马法律发展至成文阶段后，虽然从内容上已与宗教规则相分离，但仍

---

〔1〕 ［法］古郎士：《希腊罗马古代社会研究》，李玄伯译，中国政法大学出版社2005年版，第184页。

〔2〕 ［古罗马］马库斯·图留斯·西塞罗：《国家篇法律篇》，苏力、沈叔平译，商务印刷馆1999年版，第210页。

保留了大量的宗教仪式程序，这也是罗马司法程式的鲜明特点。例如，人们订立契约时，必须由一人询问："你与我立誓吗（Dari spondes）？"另一人则回答："我立誓（Spondeo）。"若无宣誓程序，则该契约无法律效力。再如，司法审判中双方当事人若要为自己辩护，必须一字不差地精确引用法律条文，若有毫厘之差，则如同宗教仪式中念错祷词一样毫无用处。此外，在早期商品买卖中，买方须以手触摸作为货币使用的铜块和称量其重量的天平，以此表示将财产转移给卖方，交易过程才算合法完成；而在争夺财产的官司中，原被告也被要求假装挥拳相向，以示双方的对立。

另一方面，宗教亦于悄无声息中播撒着法律统治的种子。法律因其宗教起源而获得了天然的神圣性，服从法律如同敬奉神灵一样，是深深根植于罗马城邦公民思想中的信仰。罗马人相信他们的法律是神灵意志的反映，虽然其后法律已发展至可依据人民的决定设立新法，但依然必须得到神灵的同意和大祭司的认可；而且即使新的法律得以确立，旧法因其神圣性依旧予以保留，与新法冲突之处则失效。

宗教不仅使罗马人树立了服从法律的信仰，还培养了其遵从契约、平等互助的精神。罗马人认为，人与神之间存在着自由的契约关系，神灵是因自身实践了守护城邦的契约而受到人们的供奉。因此，罗马宗教带有强烈的实用主义色彩，明显区别于希腊神话的诗情画意与睿智哲理。在罗马人看来，神与人同是宇宙共同体的一员，理当互相合作、并肩作战，诸神对城邦的护佑以及人们对神灵的献祭都是各司其职的表现，神灵虽高高在上但也不可随意奴役自由的公民，双方需相互尊重。人与神的和谐建立在平等的契约之上，"我给你是为了你给我（do, ut des）"，[1]因此，如若祈祷者正确履行了献祭的义务，且为神灵所接受，那么神灵必须满足其心愿。此外，罗马宗教中对地狱的想象也反映了平等意识的萌芽。在罗马神话中，人死后其影子会到达地狱接受审判，此时无论死者生前贵贱，其影子均在地狱中平等地忍受着黑暗孤寂之惩罚，从这一意义上可以说，"在彼处，人们将终于找到民主"。[2]

〔1〕［苏］科瓦略夫：《古代罗马史》，王以铸译，三联书店1957年版，第189页。
〔2〕［美］威尔·杜兰特：《世界文明史：恺撒与基督》，台湾幼狮文化译，华夏出版社2010年版，第92页。

罗马城邦公民社会是一个宗教的联合体，每时每刻、任何处所皆在宗教控制之下。城邦公民的家庭生活、经济生产、政治活动、司法审判、公共节庆娱乐以及军事战争均服从于宗教的安排与支配。宗教还形塑着罗马人的精神思想与价值观念。孩童从小即被灌输以纪律责任意识，牢固树立起对家中祖先长辈的尊崇之情，尔后这种感情又扩大至城邦，遂养成罗马人强烈而又深厚的爱国之心与坚定的献身精神。经宗教而被赋予神圣性的法律亦受到罗马公民的尊重，逐渐成为城邦治理的最高准则，法律统治理念与精神也随之普遍化，成为城邦公民的共同价值取向。西塞罗曾指出："罗马力量的诞生、成长和维持均得归因于罗马宗教"；生活于罗马共和末年的著名诗人贺拉斯（Horace，公元前 65 年～公元前 8 年）亦对宗教信仰在罗马社会变迁中的历史作用深有感触："对神的服从给了罗马人以帝国"；波利比阿（Polybius，公元前 200 年～公元前 118 年）亦评价："最能使罗马人的国家与他者相区别并使其凌驾于他者之上的是它对众神的态度。"[1]换言之，于信仰基础上形成的罗马人之性格是罗马征服地中海世界的秘密，同时宗教也扮演着稳定公民社会乃至整个罗马世界的关键角色。

2. 罗马公民社会的经济性

罗马公民社会不仅是一个宗教联合体，还是一个经济联合体，其作为城邦物质基础的所有制形式决定了政治、军事、价值观念等上层建筑的基本特征。

马克思和恩格斯曾指出，罗马共和城邦的所有制形式是"积极公民的一种共同私有制"，[2]其特殊性在于它所表现出的国家所有制和个体私有制之间的双重性。"在古代民族那里（罗马人是最典型的例子，表现的形式最纯粹，最突出），存在着国家土地财产和私人土地财产相对立的形式，结果是后者以前者为媒介；或者说，国家土地财产本身存在于这种双重的形式中。"[3]

马克思与恩格斯的上述观点是对罗马共和时期土地所有制形式的精准解读。城邦建立前，作为基本生产资料的土地为氏族集体所有，尔后出于联合

---

〔1〕［法］罗杰·亚努、约翰·沙伊德：《罗马人》，黄雪霞译，汉语大辞典出版社 2001 年版，第 7 页。

〔2〕《马克思恩格斯全集》第 3 卷，人民出版社 1979 年版，第 25 页。

〔3〕《马克思恩格斯全集》第 46 卷（上），人民出版社 1979 年版，第 481 页。

的需要，氏族集体将一部分氏族土地（ager gentilicius）让予城邦，成为城邦的财产——公有地（ager publicus），但这仅占城邦所有土地的一小部分，绝大多数公有地是通过征服其他部落城市从而扩大领土范围而获得的，至于私人所有土地（ager privatus）则多依靠城邦的分配或商业买卖实现。

自公元前8世纪中叶罗马建城直至公元前3世纪，城邦公有地的利用模式以"占据地"（ager occupatorius）为主导。所谓"占据"（possessio），是指私人（这里特指贵族）对公地的名义上占有与使用，开展包括林木采伐、放牧或是耕种等行为在内的生产活动，但土地所有权依然保留在城邦手中。"占有者"（possessor）对公地具有排他性的无偿使用权，但合法前提是经过元老院的授权，且不可通过暴力与欺诈获得。同时，这种"占有"的性质是不确定的，城邦可在任何时候收回占有者所占据的土地，后者无法获得任何赔偿或保护。即使城邦没有收回，占有者在占据期间也不能凭借时效取得土地所有权，并且不能转让土地。

王政时期与共和早期（公元前8世纪中叶～公元前5世纪），罗马通过战争获得的土地面积有限，且大多邻近本城。这些有限的新增土地中大部分被贵族自由地占据和利用，而距离罗马城稍远些的地区由于罗马公民不愿前往定居而依然由当地原住民占有使用。此时期对于私人占有公地并无明确的制定法规范，占有行为所凭借的是被默认遵守的古老而传统的惯习，即个人可占有与利用公地，其面积根据每个人或家庭的耕种能力而决定。不久人们又在实践中将该习俗更加灵活地修改为，依据个人或家庭目前或未来所预期的耕种能力而决定所占土地的规模。由于贵族有能力承担较高的农业生产成本，如购买生产工具和奴隶，以及掌握较先进的农事技术，其耕种能力远远超出平民，因此此种传统惯习实际上是为贵族大量、迅速地占有公共土地而背书，其又进一步演化为贵族特权，将占有公地这一行为限制在贵族范围内。这与城邦最初建立在独立和拥有领土主权的氏族团体的基础上的起源相符，同时也满足了罗马共和初期贵族寡头集团的经济利益要求，但也导致了阶层间土地资源配置的失衡，成为日后平民与贵族冲突的根源，甚至在贵族内部也造成了矛盾与分化。

除了"占据地"（ager occupatorius），罗马城邦对公有地的利用还有另一种模式，即"分配田"（ager divisus et adsignatus），主要通过"按丁分配"与

"殖民地分配"的方式进行。

"按丁分配"是指城邦向所有人民分配相等份额的公有土地，私人获得这些土地后即拥有完全的所有权。"按丁分配"早在王政时期即已进行。根据传统记载，建城者罗慕路斯曾划分给每个人民2犹格（bina iugera）的土地作为私有财产，因其可传给子嗣而被称为"世袭地产"（Heredium）。其后由于大部分公地为贵族所占有，因此"按丁分配"的对象主要集中于无地平民。据古希腊史学家狄奥尼修斯（Dionysios Halikarnasseus，公元前60年~约公元前7年）记载，王政时期的第三位国王图鲁斯"把土地（指未被贵族占据的公地）平均分给那些没有份地的罗马人，通过这一仁慈的措施，他解放了贫困公民，使他们不必在别人的地产上像农奴一样地劳动"；第六王塞尔维乌斯则"把公有地（包括贵族退回的公地以及未分配的公地）分给那些给别人做雇工的罗马人"。[1]"按丁分配"的土地面积一般较小且次数不多，仅在公元前393年征服维爱城后，由于领土范围大幅扩展，每位罗马平民才分得了7犹格的公地，暂时缓解了平民阶层对于土地的需求。

"殖民地分配"是罗马平民获得土地的主要方式。罗马通常在被征服的土地上建立新的殖民城市，或者鼓励本城公民以及平民迁至外族城市而完成殖民化。每个移居者都将获得一定面积的耕地以及配套的林地与牧地作为私有财产，并且每个新城中还将划分出公共牧场以供全体居民使用。通过殖民地形式进行分配的土地规模较为庞大，有学者曾统计："从公元前338年到公元前170年，有超过550平方公里的公地被私有化，以及不可计数的土地被划拨给殖民地市镇作为集体性质的牧地和耕地。"[2]不过虽然如此，仍有大部分公地是作为城邦财产由贵族自由占据的。

"按丁分配"与"殖民地分配"使个人对土地的名副其实的私有权得以形成。此外，私人亦可通过赠与、买卖、租赁、授予等方式从他人处获得土地及其利用权。与如火如荼进行的公地私有化趋势相对比，氏族集体对土地的所有权则逐渐解体。随着城邦以及氏族内部家父们权力的扩大，氏族这一

---

〔1〕 Dionysius of Halicarnasus, *Roman Antiquities*, An English translation by Earnest Cary, Cambridge: Harvard University Press, 1948, p. 181.

〔2〕 Saskia T. Roselaar, *Public Land in the Roman Republic*: *A Social and Economic History of the Ager Publieus*, Ph Dthesis, Leiden University, 2008, p. 61.

社会组织受到压制，城邦与家庭甚至个人取代氏族成为法律承认的以土地为代表的财产归属主体与单位，由此逐步瓦解了氏族土地的集体性质，城邦经济的所有制形式最终呈现出国家所有制与个人私有制的双重特征，且个体对土地的所有权是通过由城邦分配公地的形式实现的，公民集体对土地拥有最高所有权，即马克思所说的"私人土地财产以国家土地财产为媒介"。

城邦的双重所有制形式决定了其政治、军事、价值观念等上层建筑的基本特征，后者是前者自然而直接的反映。

第一，所有制形式是公民地位平等化与政治民主化的经济基础。土地的私人所有权造就了平等的所有者个体。同时，自给自足的小农经济又使个人充分体会到了完全的自由，进而产生了对独立的追求，这种理想逐渐发展为整个城邦的价值取向，由此决定了城邦的政治制度是以"力求整个城邦的政治独立性及其各个公民的平等"[1]为根本目的的；"公社（作为国家），一方面是这些自由和平等的私有者间的相互关系，是他们对抗外界的联合，同时也是他们的保障"，且"这种共同体继续存在下去的前提，是组成共同体的那些自由而自给自足的农民之间保持平等"。[2]因此，"城邦只能有直接民主"，[3]即原则上使土地所有者与政治权利所有者相重合，以及土地所有权与公民身份相互制约。

土地被视为个体的私有财产，也象征着个体的公民身份，同时城邦作为公民集体享有对土地的最高所有权。因此，保持公民身份即意味着个体的私有财产受到保护，而体现公民集体意志的公民大会则应当掌握城邦主权。由此，保持公民集体的封闭性、排外性是必然的。没有公民身份的个体或集团均被排斥于土地所有权之外，也不被政治权力机构所接纳。相对应的，掌握城邦主权的公民大会是城邦所有制形式的重要保证之一，是作为城邦物质基础的国家与个人双重所有制在政治领域中的反映，也是民主制的关键因素，"缺少公民大会，城邦就是不可思议的"。[4]参与公民大会象征着每一个私有

---

〔1〕［苏］安德烈耶夫等：《古代世界的城邦》，张竹明等译，华东师范大学出版社 2011 年版，第 14 页。

〔2〕《马克思恩格斯全集》第 46 卷（上），人民出版社 1979 年版，第 476 页。

〔3〕 Veale, *Le monde de la Grèce et Oriental*, Vol. 1, Paris, 1972, p. 423.

〔4〕［苏］安德烈耶夫等著：《古代世界的城邦》，张竹明等译，华东师范大学出版社 2011 年版，第 182 页。

者可通过行使政治权力支配与保护自己的私人财产，且这种保护是通过将个人愿望联合为集体意志，从而以法律的形式实现的。换言之，城邦公民地位的平等、政治的直接民主、法治的认同以及对公民资格的限制均是与土地所有制形式相联系的。

第二，所有制形式决定了城邦军事组织与政治组织的重合。马克思指出："一个共同体所遭遇的困难，只能是由其他共同体所引起的，后者或是先已占领了土地，或是到这个共同体已占领的土地上来骚扰。因此，战争就或是为了占领生存的客观条件，或是为了保护并永久保持这种占领所要求的巨大的共同任务，巨大的共同工作。因此，这种由家庭组成的公社首先是按军事方式组织起来的，是军事组织或军队组织，而这是公社以所有者的资格而存在的条件之一。"[1]平等而自由的私人土地所有者必然会产生保护个人财产的愿望，而城邦亦出于维护对土地最高所有权的目的希望公民承担军事义务。因此，公民兵制是古典所有制形式下军事制度的必然选择，所有公民既是私人财产的所有者，也是保护个人土地以及城邦财产的战士。由此，城邦的军事组织与作为政治机构的公民大会便在组成上具有了一致性。

古典所有制形式是公民兵制的物质基础，公民只有拥有土地，才能具有基本的经济实力负担军事装备，才能充分地关心旨在保障公民个人与集体财产安全的城邦之安危，如此方能造就一支精良的城邦军队。正如孟德斯鸠所说："土地是用来维持士兵的……正是土地的平分使罗马能够摆脱当初的卑微地位。"[2]蒙森也认为，城邦扩大土地分配范围，承认平民对土地的所有权，无疑为罗马军队增添了极大的后备力量，迅速提高了公民战斗力。尤其是公元前396年攻占维爱城后大规模向罗马人民分配土地，造就了广泛的小土地所有者阶层，他们是城邦公民社会的中坚力量，也成为日后罗马统一意大利与征服地中海地区的骨干。同时，将平民纳入土地分配对象范畴，接纳其公民身份与独立服役资格的措施也增强了社会整体凝聚力，"把氏族和地方性的差别融合在一个共同的全国征兵制之中，尤其利用军队倾向平等精神使客民

---

〔1〕《马克思恩格斯全集》第46卷（上），人民出版社1979年版，第475页。

〔2〕［法］孟德斯鸠：《罗马盛衰原因论》，婉玲译，商务印书馆2016年版，第15～16页。

(指平民) 与公民融为一个民族"。[1]

第三，古典所有制形式使罗马人树立了农业为本的道德观。随着私人土地所有者的广泛增长，土地被视为个人财产的象征，具有神圣不可侵犯性。因而在罗马人心中，在自己的土地上辛勤劳动，靠双手养活自己与家庭是一项光荣的事业，每个公民都应以从事农业生产为荣。艰辛的农事活动锤炼了人的意志品质，使人身强体壮，这是合格的战士所必需的素质。正如罗马共和时代政治家加图 (Cato，公元前 234 年~公元前 149 年) 所说："最坚强的人和最骁勇的战士，都出生于农民之中。"[2]同时，自给自足的小农经济也培养了公民朴素天真的性格，以及对独立自由的热爱，因此，若是一个罗马公民被他人评价为具有农民的美德，是一个"好庄稼人"，他无疑获得了社会对个人的最高称赞。以农为本的价值认知影响了罗马人的财富观。在他们看来，只有通过利用土地获得的收入才是为神所认同和祝福的，而从事回报丰厚的工商业贸易，尤其金融高利贷业，是对公民自我社会威望的贬低。而且，人们耕种土地仅是为了满足生活的需要，"在古代人那里，财富不表现为生产的目的"。[3]换言之，对于罗马人，务农才是最顺应自然、最符合神灵要求、最能与共和城邦达成和谐一致的生活方式。

第四，古典所有制形式使权利意识成为全体公民的价值共识。由于土地是最基本的生存资料，亦被视为私人财产，因此，权利意识，尤其是个人财产权意识逐渐根植于罗马人的思想观念中，即使城邦和公民集体意志亦不可侵犯属于个人的神圣权利。对此，西塞罗在《论义务》一书中曾作精辟阐述："政府的高级官员必须首先关注让每一个人都能保有自己的一切，让公民个人的私有财产不会通过国家立法而受到侵犯……建立宪法国家和城市政府的主要目的就是为了个人财产可以得到安全保障。虽然人们聚集到一起是出于人类本性，但是寻求城市保护也是出于希望保住自己财物的目的"；"当金钱被从一部分人手中夺走送给另一部分人时，和谐便不复存在。他们是在破坏公

---

〔1〕 [德] 特奥多尔·蒙森：《罗马史》第 1 卷，李稼译，商务印书馆 2004 年版，第 84 页。

〔2〕 [古罗马] 加图：《农业志》，马香雪、王阁森译，商务印书馆 1997 年版，第 2 页。

〔3〕《马克思恩格斯全集》第 46 卷 (上)，人民出版社 1979 年版，第 485 页。

正，因为，如果财产权不受尊重，公正也就被彻底破坏"。[1]对个人权利的强调与保护是罗马法治理念区别于希腊的主要特征之一，恰好契合了商品经济的内在逻辑，由此赋予了罗马法治理念持久的生命力，使其穿过历史的尘埃为后世所承继。

城邦作为一个经济体系，是"在一定历史条件下最好地保证私有者集体实现土地私有权以及支配管理和保护这种财产的组织"，"城邦组织的所有特征和全部历史特点不是别的，而正是对这种所有权的特殊'保证'"。[2]换言之，罗马城邦的政治制度、军事组织、道德伦理、法律统治，及以权利、公正、平等为核心的法治理念均建立在双重所有制形式这一物质基础之上，并且整个公民社会都是为维护这种所有制形式，尤其是私人所有权而服务的。

3. 罗马公民社会的政治性

作为城邦，罗马有明显不同于希腊的特征，但"尽管差别明显，它们的共同之处在于人民参与因素，因此政治领袖，不管他们是谁，不仅被迫在他们内部运作，而且为了各种意图，为取得人民的支持而斗争。这就是政治"。[3]罗马城邦既是公民集体，亦是政治团体，公民的身份与资格正是通过参与政治生活得以体现与确认的。罗马城邦的政治特质在于"公共性"，即政治主权由公民集体分享，共同参与公共事务决策，这是城邦政治的根本正当性原则。因此，政治权利不仅是公民权内蕴的核心要素之一，也是公民对城邦应承担的义务。从这一意义上说，罗马人继承了亚里士多德"人是天生的政治动物"这一政治哲学思想，并进一步以西塞罗"国家乃人民之事业"的论断突出了城邦以公民集体共享主权的根本政治特质。

共和时代的罗马人，"素有一种公民应积极从事社会活动的传统，并把它视为理想的公民必备的特点"，[4]公民对政治生活的广泛深入参与被上升为个人的基本美德。"罗马人适时地体认到，一个自由社会唯有在满足全民——而

---

〔1〕［古罗马］马库斯·图留斯·西塞罗：《论义务》，王焕生译，中国政法大学出版社 1999 年版，第 97～99 页。

〔2〕［苏］安德烈耶夫等著：《古代世界的城邦》，张竹明等译，华东师范大学出版社 2011 年版，第 179 页。

〔3〕［英］M. I. 芬利：《古代世界的政治》，晏绍祥、黄洋译，商务印书馆 2013 年版，第 63 页。

〔4〕王焕生：《西塞罗的义务观评析》，载《比较法研究》1999 年第 3 期、第 4 期。

不仅仅是控制大权的团体——的需要的情况下才能存在。"[1]换言之，作为共同体的城邦与公民是共生共荣的，公民只有以自身能力自发地治理、服务、保卫共同体，才能使城邦得以存续。因此，参与政治活动是公民生活的中心，也是维护公民私人财产，获得安全保障与幸福优良生活的重要途径。古罗马政治家西塞罗曾批评过希腊化时期的伊壁鸠鲁派、怀疑派等哲学派别的观点，即人们应该退出公共政治生活，转而关注自我，在个体的精神世界中寻求自由和人生意义。西塞罗认为这是对罗马共和精神的侵蚀。正如梭伦所说："一个不关心政治的人，我们不说他是一个注意自己事务的人，而说他根本没有事务。"[2]西塞罗强调，具有处理公共事务才能的人应当毫不犹豫地竞选公职，而那些只顾洁身自好的人则是社会生活的背离者。他借征服迦太基、结束第三次布匿战争（公元前146年）的执政官小西庇阿（Publius Cornelius Scipio Aemilianus Africa-nus，公元前185年～公元前129年）[3]之口说："如果确有一条路通往天堂，仿佛是对那些曾很好地为他们国家服务的人开放的，那么，从今以后，我将在如此辉煌的报酬的鼓励下加倍努力。"[4]可见，为城邦奉献自我、牺牲利益的人才是为神所喜爱和祝福的。即使与严肃的学术研究相比，公民的政治生活仍是更伟大的。"如果需要从两条通向智慧的道路中任择一条，那么尽管在高尚的研究和科学活动中度过平静的生活令一些人觉得更幸福，但过公民生活仍然更值得称赞，更加光荣，许多杰出的人物因这样的生活而受人称颂。"[5]

　　在积极参与公共事务的道德感召下，公民于立法、审判、集体决策等管理活动中培养确立了主动精神，并逐步衍化发展为高度发达的城邦政治思想和文化，使共同体与公民在积极互动中达至融为一体的和谐程度。罗马公民"不仅深深地扎根于历史传统之中，而且作为参与者和观察者，坚定地卷入了

　　〔1〕　弗雷德里克·沃特金斯：《西方政治传统》，李丰斌译，新星出版社2006年版，第16页。
　　〔2〕　[古希腊]修昔底德：《伯罗奔尼撒战争史》（上册），谢德风译，商务印书馆1960年版，第132页。
　　〔3〕　小西庇阿·阿非利加努斯，罗马共和国将领，两次当选执政官，在其率领下罗马彻底攻陷迦太基城，结束了与其长达百年的争霸战争，并大体上完成了对西班牙东部的征服。
　　〔4〕　[古罗马]马库斯·图留斯·西塞罗：《国家篇法律篇》，苏力、沈叔平译，商务印书馆1999年版，第135页。
　　〔5〕　[古罗马]马库斯·图留斯·西塞罗：《论共和国论法律》，王焕生译，中国政法大学出版社1997年版，第103页。

非常公共性质的政治领域的实践和仪式"。[1]"城市平民，无论对西塞罗及其朋友来说多么无知，对共和国的历史、宪法、法律、实践和程序远不是那么无知。作为广场上和原野上政治戏剧的参与者和观察者，他们生活在公共知识的口头与视觉资源的包围中。确实，那里有元老院操纵的空间，但平民对共和国传统和机制的熟悉，与近代民主国家的许多公民相较，犹有过之。"[2]

罗马公民实践其政治权利主要是通过公民大会进行的。"人民大会的经常召开，乃罗马政治的常态，让政治生活具有了公开性和民主性。"[3]聚集在广场上的人民是城邦主权的具象化体现。因为无论是法律条款的通过，还是战争与和平的决议，都必须由公民在罗马广场特里布斯大会、马尔斯广场百人团大会或卡比托尔山上的城邦公共演讲后进行表决方能生效。"重要性丝毫不亚于前两者的，而且同样要通过演说进行的，是这两个大会听取死刑案件、就高级官员施加的罚款进行表决的权力。"[4]

罗马城邦共和时期（公元前509年~公元前27年）的人民大会有四种形式，分别为库里亚大会、森都里亚大会（又称为百人团会议，Comitia centuriata）、特里布斯大会和平民大会。在政治上真正起作用的是森都里亚大会（百人团大会）、特里布斯大会和平民大会。库里亚民会（Comitia curiata）是相当古老的部落会议，代表了基于血缘关系的氏族传统。随着森都里亚大会和特里布斯大会、平民大会的出现，库里亚民会逐渐失却了权力的意义，更多地作为一种传统礼制和宗教的象征而予以保留。森都里亚大会（百人团会议）是共和时期最为重要的公民会议，《十二铜表法》将其称为"最高大会"（comitiatus maximus）。会议通常于罗马城界外的战神广场上召开。集会期间，罗马七丘中的最高峰卡比托尔山（Collis Capitolinus）上终日飘扬着红色战斗旗帜。城邦的高级官员选举以及一切重大国事如宣战、媾和、审判、立法等，均需得到森都里亚大会的批准。特里布斯大会则选举职位相对较低的官吏，

---

〔1〕 Robert Morstein-Marx,, *Mass Oratory and Political Power in Late Roman Republic*, Cambridge: Cambridge University Press, 2004, pp. 178~179.

〔2〕 M. I. Finley, *Politics in the Ancient World*, Cambridge: Cambridge University Press, 1983, pp. 28~29.

〔3〕 ［英］安德鲁·林多特：《罗马共和国政制》，郭小凌译，商务印书馆2014年版，第44页。

〔4〕 Fergus Millar, *Rome, The Greek World and the East*, Vol. 1, London: Routledge Press, 2002, p. 136.

所有在部落登记的民众均可平等、自由参加投票，部落民众大会相较百人团会议以等级制方式投票而具有更多民主性。平民会议（comitia plebis）是平民自己的议会。会议仅由平民的部落召集与主持。最初，平民大会的决议作为平民意愿表达，仅针对平民阶层具有约束力，近似于一个共同体内部的规章制度。在平民的不断抗争下，该会议也逐渐拥有了立法权，其所作决议等同法律，贵族亦需遵守。此外，平民会议的另一重要职能便是选举保民官。当高级官吏的命令、元老院的决议和拟提交给人民大会的建议有侵犯平民利益的可能时，保民官可以通过行使否决权加以对抗。

　　罗马的共和政制总体上呈现出民主、制衡、平等、法治、合作等特质，公民通过政治实践的洗礼逐渐将这一政治哲学内化为自我价值规范与信仰，从而为法律精神的生发与巩固提供了坚实思想基础。罗马城邦的权威是被刻意分配而非简单集中的，权力被划分至不同机构以达至相互制衡的目的。执政官、元老院与公民大会互相合作又相互监督；身为城邦最高官员的执政官每年需选举出两位，彼此可行使否决权；公民大会内部又存在分别代表不同社会阶层利益的会议组织——库里亚大会、森都里亚大会、特里布斯大会以及平民会议，通过这四种会议形式，罗马的传统部落贵族、富人阶层以及平民共同行使着公民的政治权利。这一不同于古希腊的政制模式充满了权力制衡与妥协合作的色彩，一定程度上防止了权力异化的可能，使公共政治的运行公开透明，培育了民主、平等、公正的共和精神。正是由于共同体内部各种力量共存合作，各阶层只能在充分协商的基础上，通过彼此间达成契约或协议的方式满足自身利益诉求，而这种契约或协议即法律。于是，"法治"便合乎逻辑地诞生了。直到帝国时代古罗马历史学家阿庇安（Appianus，约公元95年～公元165年）曾评价："罗马的平民和元老院常常因为法律的制定、债务的取消、土地的分配或行政长官的选举而发生斗争。但是内部的不和没有引起战争，他们只有意见的纠纷，在法律范围内的斗争，这样，法律是在他们彼此让步、彼此尊重的情况下制定的。"[1]可见，法治正是产生于城邦政治实践中，亦是罗马人智慧和理性的体现。

　　4. 罗马公民社会的军事性

　　王政时期直至公元前107年马略（Gaius Marius，公元前157年～公元前

---

〔1〕　［古罗马］阿庇安：《罗马史》（下卷），谢德风译，商务印书馆1997年版，第1页。

86 年）军事改革前，罗马一直以公民兵制作为其军事制度的基础。塞尔维乌斯的改革将罗马公民按财产多少分为五个等级，每个等级依据相应财产承担一定数量的骑兵、重装步兵、轻装步兵百人团，男性公民人人皆有作为武装战士的责任和义务（参见本书第五章、一、（一））。在公民兵制度下，罗马凡年满 17 岁的成年男性公民都有服役义务，公民平时务农、战时自备武装应征，兵农合一，"农夫—战士"是公民兵制最基本的特征。罗马人从小就进行军事格斗训练，如史载罗马元老加图（公元前 234 年～公元前 149 年）育子有方，是"儿子的阅读老师、法学教授和体育教练。他不仅教儿子如何掷标枪、如何顶盔挂甲地去战斗、如何驾驭战马等，而且还教儿子如何格斗，教他学会忍受酷暑严寒，学会在充满漩涡和激流的河水里击水游泳"。[1] 罗马曾有法律规定，公民只有参加过十次战役，才有资格被选举为高级官职。而罗马公民的一生，始终是跟随着罗马军团的标帜——鹰徽前进的勇敢战士。

公民兵制是和城邦内自由公民的存在紧密相联的。自由公民和城邦的利益一致，他们是城邦的真正主人，城邦在军事上的失败或灭亡必然导致公民本身一切的丧失，故而他们把为城邦作战看得高于一切，视作自己最神圣的职责。公民是真心实意、完全自愿地准备为城邦的利益而献出自己的一切，在为城邦进行的战斗中具有大无畏的献身精神。当皮洛士（Pyrrhus，约公元前 319 年～公元前 272 年，古希腊伊庇鲁斯国王）在赫拉克里亚之战（Battle of Heraclea，公元前 280 年）后看到所有阵亡罗马士兵的伤口都在胸前而不是在后背时，就曾感叹道："假如我有像罗马人这样的士兵或者罗马人有像我这样的国王，征服世界就是轻而易举的事了"。[2]

根据波利比阿的记载，罗马成年男性公民在 46 岁前，作为骑兵的服役年限为 10 年，步兵则为 16 年，若是城邦处于特别危急的紧要关头，公民甚至会被要求服役 20 年。但是这只是被要求服役的最长年限，普通情况下，根据共和早期惯例，公元前 2 世纪之前，一个罗马公民只需服役 6 年，期满之后即可退伍。或者可以一次服役 1 年，然后在下一次征兵时再次服役，直到服完 6 年兵役。士兵在服役期满之后，有作为志愿兵（evocatus）被征集的义

---

〔1〕 参见郭长刚：《失落的文明：古罗马》，华东师范大学出版社 2001 年版，第 40 页。
〔2〕 H. A. Guerber, *The Story of the Romans*, Chicago: American Book Company, 1924, p. 108.

务。志愿兵是指罗马军队里那些已服役期满，获得退伍令，但可以在执政官或将领的邀请下志愿被募集的士兵。一些富有或声望卓著的将领在新的战役之前，可能征募大量服役期满的志愿兵，并给予津贴，步兵大约 1 年 120 德纳里，而骑兵大约是步兵的 3 倍。

罗马军团平时军事训练分为基本功、军械和扎营三大项。基本功主要是障碍跨越和队列步伐练习。队列步伐要求前进时军团队列不给敌人留有突破口，一般要求 5 小时内走完约 30 公里路程（全速前进是 35 公里）。军械训练所用剑、盾、投枪等器械，都是战争时器械重量的两倍。故平时训练严格要求、十分辛苦，至战场上真刀真枪反显轻松。古犹太历史学家约瑟夫曾言："假如把罗马人平时的训练称作不流血的战争，而把真正的战争称为流血的训练的话，那是一点不过分的。"所以胜利也就总是伴随着罗马人。

为了不耽误农耕，罗马人的战争往往安排在夏季。根据传统记载，罗马在建城之后三个世纪内都没有在冬季进行过战争。然而随着战事的频繁发生和罗马的对外扩张与征服，战事常常持续到冬季甚至影响到来年的春种。为了防止长期在外的士兵惦念农活和滋生厌战情绪，罗马开始向长期在外作战的士兵发放军饷。这使得士兵因长期在外作战造成土地荒芜的经济损失得到了弥补，从而稳定军心。在维爱战争期间（公元前 405 年~公元前 396 年），罗马政府向长期在外的士兵发放了薪饷。对此，科瓦略夫认为："到这时为止，在罗马民军中服务都是没有报酬的。把军事行动扩大到敌人领土方面去和战士之停驻在被围城市的城下使罗马人不可避免地要采取另一套制度。这一新措施对罗马来说具有重大的原则性意义，因为它是从一个小城邦的临时的民军过渡到拥有巨大领土的强国的常备军的第一步。"[1]之后，罗马逐渐开始固定为长期在外作战的士兵发放军饷。此外，战争中所获得的大量土地和战利品也被部分用来奖赏军队。贵族和战功卓著的将领与所有参战士兵一样，领取同样数额的份地，而士兵掠夺敌人的黄金和白银是罗马国家鼓励的一种行为。但每个士兵需拿出所得到的战利品中的 1/10 以敬神。这些从敌人手中获得的土地和战利品也成为罗马军团士兵的额外收入。

共和初期，罗马军队一般情况下由征召的 4 个军团组成，每个军团约五

---

〔1〕 ［苏］科瓦略夫：《古代罗马史》，王以铸译，三联书店 1957 年版，第 152 页。

至六千人。两名执政官各率领 2 个军团。但随着罗马逐渐地征服意大利，在罗马统治之下的各个城邦和意大利殖民地都有为罗马提供军役的义务。他们所提供的同盟部队，虽然与罗马军团共同战斗与宿营，但是在装备与组织上都与罗马军团有明显的区别。一支执政官军队（consular army）包括 2 个罗马军团和 2 个相等兵力的同盟部队。此外，还包括有从同盟部队中选出的精锐。同盟部队在战斗和宿营时，常常被安排在罗马军团的两翼。

罗马军团最初的组织结构是一个按希腊方式装备和排列的方阵（Greek phalanx）。这种方阵是与按财产等级划分的公民兵制相对应的：第一等级所提供的百人团，装备着全套的甲具和盾牌，站在方阵的第一列。其后各等级依次排列。具体来说，方阵一般为 8 排，根据总人数的多少向左右两侧延伸，方阵中的重装步兵左手持直径 1 米的圆盾，右手持长矛，肩并肩排列在密集而整齐的队形中。士兵们手中的圆盾是方阵最重要的防具，在保护自身左侧的同时也掩护了相邻战友身体的右侧，一旦最前排的士兵倒下后，原先位于同一列第二排的士兵将迅速填上他留下的缺口。整个方阵战术的精髓就在于全部士兵同心协力、齐头并进，而临阵脱逃者会受到最为严厉的惩罚。步兵方阵在与正前方的敌人作战时能够发挥无可比拟的威力，这种步兵密集纵队，通过整个方阵进行正面整荡冲击，具有先发制人、密集纵深的特点，易产生强大的爆发力和冲击力，以势压人。但方阵也有缺陷，即侧翼和后方十分薄弱、易受攻击，长时间战斗易引起士气的动摇和阵脚的不稳，且机动性较差，战斗时需要大片广阔而平坦的土地。

在公元前 390 年的高卢战争以及公元前 343 年与山地部族萨莫奈人的游击战中，罗马人意识到了投枪的有效性和山地作战时密集队形的不利，遂逐渐放弃了方阵的模式。根据李维记载，在公元前 340 年拉丁战争中，罗马军团已经基本全部抛弃了方阵战术和方阵所使用的装备。此时军团按 3 列排阵。第一列士兵被称为枪兵（hastati），由青年士兵组成，被分为 15 个中队（manipuli），中队与中队之间有一定的距离。每个中队包括了 60 名士兵、2 名百夫长（centurione）以及 1 名充当挑夫一类工作的杂工（vexillarius）。第一列中 2/3 的士兵是重装步兵，他们装备着罗马军团标志性的椭圆形大盾（scutum），剩余的士兵只装备一支长枪（hasta）和一支标枪（gaesa）。第二列士兵是主力兵（principes），全部为重装步兵，由壮年士兵组成，也被分为 15 个中队。第一列和第二列总共 30 个中队，被称为前列兵（antepilani）。第三列则是殿后兵或称后备兵，主要由老兵组成，分为 15 个中队，但是每个中队人数都是前两列中队的 3 倍，即每个中队有 180 名士兵、6 名百夫长以及 3 名杂工。这种 3 倍兵力的中队内也由 3 列士兵组成。最前列是战斗经验可靠的老兵（triarii），紧跟其后的是年纪与战斗经验稍差的轻装兵（rorarii），最后一列则是没有任何经验的辅助兵（accensi）。战斗时，首先由第三列中的轻装兵开始。他们将冲向第一列和第二列之间，将手中的轻标枪向敌阵投掷。完成后他们退至本来的位置，然后战斗随着第一列枪兵的进攻正式展开。如果第一列出师不利，他们便退回至第二列主力兵战线中间，与第二列一起并肩作战，构成战斗主力。如果他们仍不能战胜敌人，则从第三列中队的间隙中撤退。第三列的老兵此前一直蹲伏在地上，这时则起立做最后的一击。前两列士兵通过间隙后，他们立即合拢间隙，形成一道重装兵所组成的密集战线，老兵背后的轻装兵和辅助兵则压在战线后方，使这道战线更为坚固。这种新的中队军团制度，在公元前 280 年的塔林敦战争中已经充分发展。这次战争和罗马以往所进行的战争都不同，它是罗马军团第一次面对职业化军队，也是罗马军团第一次远距离作战。军团的给养、士兵的作战能力和将领的指挥都面临着严峻的考验。同时，这也是军事改革后的中队军团第一次对希腊方阵作战。罗马特殊的中队军团的战术与策略在这次战争中得到了检验，最终突破了困境，赢得了塔林敦战争的胜利。

　　近五百年的共和时期，罗马军团经历了一个"伟大的征服时代"。据说罗马门神雅努斯神殿大门在对外进行战争时就敞开，和平时期大门才会关闭，而整个共和时代神庙大门仅关闭过两次。拉丁谚语"想要和平，就得备战"（si vis pacem，para bellum），这实际概括了罗马公民的生活方式。在战争中成长壮大的罗马军团以及不断完善的军事制度是罗马崛起与扩张的根本保障和基础。据公元前 241 年的罗马人口调查显示，罗马军团有 26 万人和 373 个百人团，一个百人团实际人数达 700 人。而公元前 31 年，罗马军团约有 60 个，达到历史上最大规模。正如蒙森所说："罗马民社（公民）所以在政治上能占优势，根本有赖于这种优良的军事组织。"[1]罗马所面临的数场关键性的战争，对于罗马军团军事制度的调整起了极其重要的作用。从维爱战争迈出扩张的第一步起，罗马的

---

　　〔1〕　〔德〕特奥多尔·蒙森：《罗马史》第 2 卷，李稼译，商务印书馆 2004 年版，第 184 页。

军事制度一直随着其扩张而演变。并且罗马人以惊人的毅力克服了早期战争中的种种困难，及时调整了自己的军事制度和战术，使之适应战争的需要。最终经过一系列战争，罗马成为了意大利半岛乃至整个地中海区域的霸主。

在罗马对外征服战争中获胜的将军，元老院和公民大会会依其请求给予凯旋仪式的最高荣誉，这使每一场胜利都通过凯旋式，通过大量的功德柱式的纪念碑和胜利拱门得到张扬。凯旋式时，将军身穿凯旋服，臂套装饰环，头顶月桂冠向公民大会发表演说，表彰和奖赏作战勇敢的团队集体和战士。会后举行盛大游行庆典，展示战利品和俘虏。游行队列最后是由四匹战马拉着的镶金彩车，车上凯旋的将军身旁立着一个国家奴隶，他在将军头上方举着一顶宝石金冠，同时不断地提醒道："你不要骄傲，要记住，你是凡人，今日是荣耀，明日就可能是屈辱。"游行队列从城外经过城内罗马广场等地，最后将军前往卡比托尔山丘（Collis Capitolinus）朱庇特神殿奉献贡品、举行宗教祭礼。仪式后，在门廊中举行庆祝的公宴。

公民作为城邦的主人，有义务维护共同体的安危。同时，只有公民充当保卫城邦的战士，才能更有效地保障个体的物质利益与政治权利，维持公民资格，使城邦的法治乃至整个共同体得以存续。而经年累月的军营生活锤炼了罗马人的意志品质，培养了其对军法、纪律、公正、秩序的认同，并进一步内化为民族性格，从而为法律统治理念的发展提供了思想基础。

与公民社会的宗教性、经济性、政治性以及军事性相对应，罗马公民权主要包括公权（iura publica）和私权（iura privata）两部分。公权主要包括选举权、荣誉权、上诉权，以及公有土地占有权。私权主要包括婚姻权、交往权、遗嘱能力。此外，还有法辩护权、氏族全权成员权、宗教权。只有具备了上述条件，才是一个全权公民。

需要指出的是，在公民权的内涵上，从古希腊城邦时期，公民权都不是指称个人权利，它是一种法定的地位、身份以及由此而来的权利与义务的整体，是公民对城邦整体事务的分享和分担。公民作为个人没有与社会整体相分离的利益要求，公民与整体、公民与公民之间的关系完全按整体的利益和需要来确定与调解。但与希腊相比，罗马在公民与城邦国家之间投放进了第一缕空间——对个人权利的保护。罗马人强调城邦对公民必须提供保护与服务。"罗马人对国家和个人进行了严格的区分，它们各自有其特定的权利和义务。国家是社会性存在的一种必须的和自然的框架，但是个人而不是国家才是罗马法律思想的中心。与此相应，对于个人权利的保护被认为是国家存在的主要目标。国家因此被视为一个法人，它在确定的界限内行使自己的权力。公民也同样被视为一个法人，他拥有受到法律保护的不受别人以及政府自身非法侵害的权利。"[1]罗马法对于公民与国家的区分，对于保护公民的权利，以及对于后世逐步明确国家与公民、国家与社会的界限，确立独立于国家权力之外的公民社会的观念以及作为现代国家权力基础的公民的自然权利的观念，都具有重要的意义。

二、王政—共和：城邦立法改革

意大利法学家马尔蒂诺（Marino）曾言："在古代历史中，为了安全而进行的斗争和阶级之间的冲突是特别激烈的，并且在古典的历史典籍中充满了关于它们的戏剧性描述。"[2]这正是贯穿了整个共和时期的罗马平民与贵族斗争的写照。阶层间激烈的斗争促使了一系列社会改革的实施，也推动了民主政治与法律统治精神的建立与巩固，罗马城邦共和制度和公民社会正是建立在此基础上的。

（一）王政时期平民公民化趋势

罗马平民的起源是逐步发展而成的。在罗马，贵族（patricius）一词是从pater（父亲）一词衍生的，显然这与氏族父权有关。而平民（plebeian）一词意为"众多"（pleo），其来源可能有三：一是罗马处于低层的原住民，二是外邦移居罗马从事工商和低级工作的人，三是依附贵族阶层的被保护者。平民是一种自由民，可以有私有财产、有服兵役和纳税的义务，但不被氏族接纳意味着平民没有资格参与库里亚大会，不具有罗马人民身份，构成了民众中的下等阶层。平民无权享有公有土地、政治、审判、宗教乃至其他社会生活方面的公民权利。而与此同时，随着社会日益分化，他们所受的压迫却日

---

〔1〕 R. G. Gettell, *History of Political Thought*, NY：Appleton-Century-Crofts, Inc. , 1924, p. 68.

〔2〕 ［意］弗朗切斯科·德·马尔蒂诺：《罗马政制史》，薛军译，北京大学出版社 2009 年版，第 165 页。

渐甚深，而如此的生存状态即日后罗马共和初期平民与贵族矛盾激化与爆发、斗争反复不断的肇因。不过，在平民自己扛起争取公民权的大旗之前，王政时期王与贵族的争斗倒是客观上促进了罗马平民公民化的趋势。

一般而言，古代城市的王掌有军事、宗教、司法、政治大权，而氏族和部落首领则在王之外形成了另一个强有力的贵族集团，这些"家长"在氏族内部具有与王相似的权威，其联合的力量更是不容小觑。王希望臣民皆听命于他，而贵族们显然不想如此。于是，"贵族与国王之间的斗争便在所有城市中出现了"[1]。罗马王政时期（公元前753年~公元前509年）的权力斗争也不例外。对于势单力薄的王来说，数量庞大的平民阶层自然成为了牵制、打击贵族势力的拉拢对象，二者一拍即合，"国王渴望削弱那些限制其权力的旧的政府原则，平民渴望突破把他们排斥于宗教和政治组织之外的古老壁垒。一个精心策划的联盟建立起来——国王保护平民，平民支持国王"[2]。

王对平民的庇护从分配土地开始。"图鲁斯把土地平均分给那些没有份地的罗马人。通过这一仁慈的措施，他解放了贫困者，使他们不必在别人的地产上像农奴一样地劳动。"[3]到了王政后期，即埃特鲁利亚王朝时期（公元前616年~公元前509年)，[4]平民们的从属身份逐渐得到提高，向公民靠拢。

老塔克文（Tarquin the Elder，公元前616~公元前579年在位）考虑到巩固他的王权并不亚于发展国家，从自己的支持者中增选了100名平民家族的家长为元老院议员，"这些人后来被称为'较小家族的'。他们是王可依靠的派系，因为他的恩泽才使他们进入库里亚。"[5]老塔克文还计划创建三个新的部落，并扩充军团数量，吸收平民为公民兵，但以占卜官纳维乌斯为代表的贵族阶层反对任何试图改变罗慕路斯所创建的制度的举措，拒绝与平民分享

---

〔1〕［法］古郎士：《希腊罗马古代社会研究》，李玄伯译，中国政法大学出版社2005年版，第264页。

〔2〕Fustel de Coulanges, *The Ancient City*, Massarchusat: Double Day & Company, Inc, 1979, p. 284.

〔3〕Dionysius of Halicarnasus, *Roman Antiquities*, *An English Translation by Earnest Cary*, Cambridge, Mass, Harvard University Press, 1948, Vol. 3, p. 141.

〔4〕指老塔克文、塞尔维乌斯、小塔克文三位具有埃特鲁利亚血统的国王在位时期。

〔5〕［古罗马］提图斯·李维：《建城以来史》前言·卷1，穆启乐等译，上海人民出版社2005年版，第101页。

公民权。因此，老塔克文虽使富裕平民加入了骑兵部队，但仍以旧的部落军团为单位作战；平民必须接受氏族贵族的统领，依旧处于从属地位，并未随着加入军队而享有罗马公民权利。概括而言，老塔克文的改革改变了一部分平民的身份，但未能提高整个平民阶层的政治地位，这一目标是在他的继任者——罗马第六王塞尔维乌斯在位期间实现的。

塞尔维乌斯（Servius，公元前 578 年～公元前 534 年在位）所推行的改革力图打破传统贵族个人及家族对罗马社会人身、财产的支配，以使城邦的人口、财富可为王任意调遣。其改革内容包括：

经济上，继续将公有土地分配给平民。与图鲁斯从未被贵族占用的公有地中划拨一部分给平民不同，塞尔维乌斯一方面迫使贵族退还已占的公有地，以便重新分给平民；另一方面他确立了新的土地分配原则，即凡属城邦的公有地，无论贵族抑或平民，均有权参与分配。自此，平民获得了公民化的基础，即经济独立。

行政管理上，以地域重新划分部落组织。塞尔维乌斯"把城市划分为四个区域，并以山丘的名字为它们命名：第一个为帕拉丁区，第二个为苏布拉区，第三个为科林区，第四个为埃斯魁林区。通过这种方式，他使城市包括四个部落，而从前只有三个"。[1]除了城市部落，塞尔维乌斯还另立了 16 个乡村部落（后逐渐增多）。通过地域上的重新划分，贵族与平民均被编入了户籍名册，凡依据住所登记者皆被赋予罗马公民权，从而打破了原先以血缘为基础的部落单位限制。

军事上，按财产价值确定服兵役的资格。罗慕路斯创建了百人团的罗马军制，即 100 名战士组成 1 个连队，构成罗马军队的基本单位，拉丁文称为"森都里亚"。战士必须是罗马氏族成员，且需自备武器。塞尔维乌斯为了突破以血缘为征兵标准的束缚，以财产划分公民，要求包括贵族、平民甚至被释奴在内的全体城邦居民都必须申报财产价值，并根据财产数目将民众划分为五个等级和无产阶级（财产只有子女）。其中，第一等级的公民财产资格为10 万阿司以上，第二等级为 7.5 万至 10 万阿司，第三等级为 5 万至 7.5 万阿

---

〔1〕 Dionysius of Halicarnasus，*Roman Antiquities*，*An English Translation by Earnest Cary*，Cambridge，Mass，Harvard University Press，1948，Vol. 4，p. 265.

司，第四等级为 2.5 万至 5 万阿司，第五等级为 1.1 万至 2.5 万阿司。[1] 低于第五等级的即为无产者。不同等级分别组成骑兵、重装步兵、轻装步兵等城邦公民兵军队（参见第五章塞尔维乌斯创立森都利亚大会相关内容，第 162 页）。经此调整后，整个罗马军队百人团总数为 193 个。如此，原本被排斥在罗马氏族整体之外的平民阶层顺利进入了城邦公民军队。塞尔维乌斯军事改革的意义还不仅于此。加入百人团服兵役者必须是城邦公民，这是其应尽的义务；而同时其也必须享有相应的政治权利，即参加库里亚大会对城邦重大事务发表意见和进行表决的权利。因此，平民获得进入城邦军队百人团资格后，必然也应有权加入罗马公民大会行使其参政权利。塞尔维乌斯改革的政治举措正是针对于此。

政治上，创设森都里亚大会。塞尔维乌斯设置的百人团会议，即森都里亚大会，以财产和地域为原则建立，以百人团为单位进行投票，一个百人团为一票，先由骑兵，后是其余五个等级依次投票，表决案获得过半数赞成票即可通过。从百人团的数量设置可看出，最富有的第一等级拥有 98 票，超过了总数 193 票的半数，因此，按财产划分的富有公民实际掌控了森都里亚大会。自此，以氏族血缘关系为根基的库里亚大会形同虚设，其宣战、选举公职人员、表决法律、审判等重要权力逐渐转移给森都里亚大会。

法律上，将平民纳入立法保护范围。罗马法律的保护对象仅限于城邦公民，血缘上不属于任何氏族的平民被排斥于法律保护之外。为了改善平民的这一处境，塞尔维乌斯进行了立法活动，除修改某些由罗慕路斯（Romulus，约公元前 771 年～公元前 717 年）和努马（Numa，公元前 716 年～公元前 673 年，罗马王政时期第二王）制定的陈旧过时的法律外，他自己也制定了一些法律，使平民获得了公正待遇，保障他们与贵族交往时不受伤害。由此，平民的法律地位得到确认，安全与利益也得到保障。

塞尔维乌斯的改革从经济、军事、政治、法律等方面全面改善了罗马平民的生存状态，瓦解了血缘氏族关系对罗马社会的支配，但这一切努力却在埃特

---

〔1〕 塞尔维乌斯改革是按照土地财产来划分公民等级的，而且罗马的铸币出现于公元前 3 世纪以后，因此塞尔维乌斯时代也不可能以阿司为货币单位估价公民财产。文中所述数字是后人改为货币折算的结果。

鲁利亚王朝的最后一位王小塔克文（Tarqunius Superbus，公元前 535 年～公元前 509 年在位）统治时期化为泡影。一意孤行的小塔克文力行君主专制，彻底激化了国王与氏族贵族间的矛盾，同时也使平民失去了王权的庇护，中断了其公民化的趋势。王凌驾于一切之上的蛮横权力引发了罗马贵族、人民和平民的集体恐慌与愤恨，最终导致王政崩溃。没有了王权平衡的罗马立即面临平民与贵族的直接对立，二者间漫长的阶级斗争绵延了整个罗马共和时期，平民不得不通过一次次的撤离运动耐心争取经济、政治、法律等各方面的公民权利。

（二）争取公民权：平民撤离运动

公元前 509 年，罗马人放逐了埃特鲁利亚王朝最后一位王"傲慢者塔克文"，并起誓：自此之后的罗马，无论是谁都不得登基为王，无论是谁都不得侵犯罗马人民的自由。废除王政后的罗马实施了新的制度，由森都里亚大会（百人团会议）每年选举两位执政官（practors，意谓领袖）为国家最高权力者，共同负责公共事务。王政虽已废除，但平民向公民化的转变不但未能恢复，反而倒退至塞尔维乌斯改革前的境地，平民在经济、政治、法律方面所受掣肘比比皆是。

经济方面，平民的生活来源难以为继。罗马不似科林斯等希腊式的商贸城，虽然商品经济同样日益繁荣，但农业始终是罗马人的根基，因此，土地于罗马人来说实是生存所依。平民由于一直被排斥于罗马人民范围之外，在公有地的分配上自然颇受歧视。国王塞尔维乌斯在位期间改革了土地分配制度，不仅下令贵族退回所占公有地，并将其分配给无地平民，还规定无论贵族抑或平民，均有权参与罗马公有地的分配。但废除王政后，平民不得不归还所获土地，公平参与公有地分配更是奢望。虽然照顾下层人民和平民的惯例依然被保留，但"分田之事日少，所分之田日小，而代之以有害的占田制。即将土地让给最先占用土地的人及其法定嗣续，不给他所有权，不按正式定期的租借办法，而只给他一种留待后命的特种使用权……然而，到了现在，不但这种占用权成为永久，而且除特权者或其受宠者而外，当然无一能分享此权"[1]。而此时罗马在对邻近部族的战争中接连获胜，领土持续大范围扩

---

〔1〕［德］特奥多尔·蒙森：《罗马史》第 2 卷，李稼译，商务印书馆 2004 年版，第 23 页。

张，"特别是在征服维爱人之后，使 484,000 尤杰里（iugera、即犹格）土地增加到罗马城邦"[1]。一方面是贵族大量侵占土地，另一方面却是平民连维持生计的土地需求都无法实现。面对这一极不公平的分配局面，要让平民继续忍气吞声实是不太可能。

有些平民试图转向从事工商业以求生存，但连年的战争迫使他们不得不长期承担从军义务，根本无法工作。而同样忙于战争的贵族却有大片田地、牧场等不动产以及其他资产作为后盾，不至于迅速落入捉襟见肘的窘迫境地。被切断收入来源的平民只得借债为生，但又无力还清债务，极易沦为债务奴隶。"共和国初期的法律许可债权人把长期拖欠的债务人逮捕，关在私设的地牢内，把他卖充奴隶，甚至杀掉他。有一条法律规定，联合债权人或可将拖欠不还的债务人尸体切开，予以瓜分——这一条规定显然从未实行过。"[2]"只要债主的权利得到承认，权利的力量便莫之能御，以致穷人无处得救，无人对他表示慈悲或为他伸张正义。这种法律比威尼斯的牢狱和刑讯室还要令人胆寒，那是一排排的活人坟墓，身临累累债务中的穷人眼见它们在张开大口。"[3]如此，平民不仅无法获取生存的必需资源，甚至连基本的人身权也未能得到保障。

政治方面，平民的权利形同虚设。塞尔维乌斯所进行的军事、政治改革为平民进入罗马公民大会打开了方便之门，其所创设的森都里亚大会以百人团为投票单位，超过 193 票总数（共有 193 个百人团）的一半即表示通过。但最富有的第一等级拥有的票数超过了总数的一半，而且森都里亚大会的投票程序是按照从第一等级开始的顺序进行的。"先是骑兵被召投票，而后是 80 个第一等级的步兵百人团；如果那里出现分歧——这很少发生——情形时，第二等级的被召投票，他们几乎从不降低到最低等级的人。"[4]因此，第一等级便可轻易操纵表决结果，而无须在意平民的意见如何。对于平民而言，能

---

〔1〕［意］德·马尔蒂诺：《罗马政制史》，薛军译，北京大学出版社 2009 年版，第 190 页。

〔2〕［美］威尔·杜兰特：《世界文明史：恺撒与基督》，台湾幼狮文化译，华夏出版社 2010 年版，第 24 页。

〔3〕［美］威尔·杜兰特：《世界文明史：恺撒与基督》，台湾幼狮文化译，华夏出版社 2010 年版，第 145 页。

〔4〕［古罗马］提图斯·李维：《建城以来史》前言·卷1，穆启乐等译，上海人民出版社 2005 年版，第 105 页。

够获得参与公民大会的资格确是一种进步，但其形式意义大于实质，投票权有名无实，更谈不上行使政治权利。需要指出的是，无论是早期的库里亚大会，还是新创制的森都里亚大会，都无立法权，即公民只能在会上就所提交的法案表示通过或反对，不能直接提出立法建议，因此，平民的权利诉求无法通过正式途径表达。此外，王政废除后新设立的高级公共职务也为贵族所垄断，平民被排斥于外，更遑论进入贵族势力范围的元老院。

法律方面，平民所需救济与保障匮乏。罗马法律的保护对象仅限于罗马公民，平民并不在法律体制保障之列。塞尔维乌斯为改善平民的这一处境，曾制定了旨在保护平民不受贵族伤害的法律，"曾使他们（指平民）彼此获得公正待遇，保障他们与贵族交往时不受伤害"，但"统统都被塔克文（指小塔克文）废除了"[1]。与此同时，平民也无法求助于法律解释，因为"法的解释是保留给一个祭司团体的，而这个祭司团体以神秘的方式进行解释"[2]。"它是神圣而神秘的神曲，只能为人们虔诚而恭敬地诵读，只能由祭司来书写，其内容也只能为那些宗教世家所知晓。"[3]法律对平民保障的缺失甚至影响到了其婚姻生活。罗马最古老最正式的结婚仪式是"麦饼联姻礼"[4]，这是经过宗教仪式确认的婚礼，是独属贵族的习俗。因此，"只有贵族，即统治阶级的成员之间才有合法婚姻（iustae nuptiae）。贵族与平民之间绝无合法婚姻可言。换句话说，罗马法庭不承认不同家族间的通婚具有约束力。"[5]

至此，我们可以大致描绘出罗马在废除王政后共和初期的基本政治轮廓。正因贵族性质的共和政体代替了君主制，氏族成员一方面侵占了大量财富尤其是公有地，另一方面垄断了公职与祭司，把持了政治与宗教生活，并且使法律制度偏向自身。他们以氏族为基础，极力避免与平民的血统混淆，严格封闭，逐渐发展成为一个拥有特权、凌驾于平民之上的阶层。

〔1〕　Dionysius of Halicarnasus, *Roman Antiquities*, *An English Translation by Earnest Cary*, Cambridge, Mass, Harvard University Press, 1948, Vol. 4, p. 295.

〔2〕　[意] 德·马尔蒂诺：《罗马政制史》，薛军译，北京大学出版社2009年版，第171页。

〔3〕　[法] 菲斯泰尔·德·古朗士：《古代城市》，吴晓群译，上海人民出版社2012年版，第326页。

〔4〕　古罗马人认为裂壳小麦是所有谷物中最古老最珍贵的，祭品应以其为首。所谓麦饼联姻礼即夫妻共享裂壳小麦，表示夫妻双方愿同生共死，寓意婚姻牢不可破。

〔5〕　[德] 基弗：《古罗马风化史》，姜瑞璋译，辽宁教育出版社2000年版，第4页。

平民对贵族的积怨已久，其愤恨只差一根导火索便能彻底燃烧，而这根导火索很快被点燃了。根据李维的记载，一个上了年纪的人带着自己所有不幸的印记来到广场。他穿着一身肮脏的衣服，他那苍白、消瘦得被毁坏了的身体的形象更是凄惨；此外还长着大胡子，头发使面部形象变得粗野。他曾经带领百人团作过战。然而，土地遭破坏而无收获，房屋被烧毁，一切都遭抢劫，牲畜被赶走，陷入如此不幸的处境还得纳税，从而不得不向他人借贷。负债由于利息而扩大，起初失去了祖辈和父辈的土地，然后又失去了其他所有的财富。他被债主带走，被投进监牢，遭受刑讯。此时其他负债者也从各地奔来向罗马广场上的公民求助，哭诉着自己遭受的苦难。聚集的人群很快发生了骚乱，所有的街道挤满了人。当时罗马的执政官急忙赶来试图制止骚动，并试图召集元老们开会，但到场的人数有限，大多数元老出于恐惧心理未有出席。

此时罗马正面临奥戎基人的威胁，但是愤怒的平民拒绝应征。为安抚平民的情绪以征募军队，当时的执政官之一发布政令："任何人不得捆绑罗马市民，从而使他不可能登记参加执政官招募的军队；任何人不得占有或出售正在军营服役的人的财产，不得拘留其儿孙。"[1]这时平民们相信了执政官的许诺，纷纷应征入伍，热情高昂。

平民们在几天内即取得了战争的胜利，满怀期望地等待着执政官和元老院实践他们的诺言和保证，但后者辜负了平民的信任。另一位执政官动用了否决权，并进行严厉的债务审判，负债者重新陷入了债主的人身控制中。失望的平民决定依靠自己的力量行动，他们拒绝为应对萨比尼战争而招募的军队进行登记，并于夜间集会共同商讨对策。在元老院因惧怕其造反而以与埃魁人开战为借口命令军团驻扎在罗马城外后，骚动彻底爆发。平民起初准备杀死执政官，以解除入伍时向后者所宣誓言的约束，但考虑到暴行无法被赦免宗教制裁，便在没有执政官命令的情况下，携带武器转移到罗马城北阿尼奥河（Anio）对岸的圣山。在平民看来，离开罗马是唯一能使自己摆脱困境的方法。"既然贵族想独自拥有城市，那就让他们随意享用吧。对于我们来

---

〔1〕〔意〕乔万尼·罗布兰诺选编：《自建城以来》第 2 卷，王焕生译，中国政法大学出版社 2015 年版，第 79 页。

说，罗马算不上什么。我们既无炉火、祭祀，也无土地，也没有世袭的宗教能使我们依附于这块地方，我们只有离开这个陌生的城市。任何地方对于我们来说都是好的，我们能在哪里找到自由，哪里就是我们的祖国。"[1]这便是历史上发生在公元前494年著名的罗马平民第一次撤离运动。

在平民坚决的抵抗态度面前，元老院意识到了问题的严重性。因为罗马军团的主要力量是平民。留在城内的平民不可能长久安静，而外敌随时可能来犯；除非公民和睦，否则罗马别无寄托。元老院迅速派遣了出身平民的演说家阿格里帕对平民进行劝说，之后随即开始与平民的谈判，允诺设立一个专门以保护平民阶级利益和权利为目的的职位——平民保民官，且任何贵族都不得担任此项职务。圣山一带响起了胜利的欢呼声。同年，民众大会还选举了2名平民营造官（aediles）以协助保民官工作。

此后，逐渐认识到自我力量的平民以一次次撤离运动为手段，耐心争取着盼望已久的公民权利。公元前471年，第二次撤离运动后，平民取得了召开平民会议的权利，李维在其著《建城以来史》就指出："当时第一次由平民会议选举出保民官。"公元前462年，保民官盖乌斯·特兰梯留·哈萨（Caius Terentillus Harsa）曾在民众大会上提出，应从平民和贵族中共同选择制定法律者。然贵族虽没有完全拒绝这一合理提议，但坚持只有贵族才能制定法律。经过斗争，元老院派遣三位代表前往先进的法治城邦雅典，学习梭伦法，并于一年后返回。[2]为了编写成文法，罗马成立了免受申诉的十人委员会代替包括执政官和保民官在内的所有其他公职官员。公元前449年，《十二铜表法》出台，该法表被一项一项地刻于铜板之上，并树立于古罗马广场的一角。[3]其后，完成使命的十人委员会却拒绝交还权力，平民的不满在不断累积。在这一节骨眼上，委员会的领导人物偏偏滥用权力，企图强占一位平民少女。这一罪行彻底引发了平民的愤怒，他们第三次聚集于圣山，抗议贵族的专横，

---

〔1〕　[法]古郎士：《希腊罗马古代社会研究》，李玄伯译，中国政法大学出版社2005年版，第312页。

〔2〕　对这一代表团的历史性存在争议。有现代学者认为这只是贵族的拖延策略，考察团也未真正到达雅典，可能只是前往与罗马有往来的意大利地区的希腊化城市。

〔3〕　公元前451年，罗马选举了十人委员会，制定了《十二铜表法》的前十表。一年后，为补充缺少的两表，又再次选举了十人委员会。

要求恢复保民官的权力和申诉权，不得伤害召唤军队以及通过撤离行为争取权利自由的平民。作为妥协，元老院逮捕了企图镇压平民的委员会领袖，并择日进行审判，十人委员会也自动瓦解；且今后若无平民的同意，贵族不得单方面设置任何机构。公元前287年，平民为反对贵族进行了最后一次大规模撤离运动，占领了台伯河对岸的雅尼库路姆山。之后平民霍滕西亚被任命为狄克推多，并公布了平民会议决议对所有罗马公民有效的法案。这标志着二百年来平民反对贵族斗争的撤离运动胜利结束。

撤离运动是平民抗争贵族的"非暴力不合作"方式，他们只是在圣山"静观等待，除了进行必要的粮食贮备，没有采取任何措施，在这些日子里既没有受到攻击，也没有攻击别人"[1]。然而，平民已成为罗马军团的中坚力量，在外敌蠢蠢欲动的压力下，其"撤离"对贵族具有实质性的威胁。因此这一略显温和的斗争手段效果却异常显著，平民关于经济、政治、法律乃至通婚的诉求逐一得到了不同程度的满足（以立法来保障），拥有了自己的官员、平民会议与立法权，也在客观上推进了罗马法制的发展，并使共和制度日臻完善。

（三）立法创制公民权保障

在罗马历史甚至世界法制史上具有里程碑意义的，无疑当属公元前449年罗马颁布的首部成文法——《十二铜表法》。不过，公元前390年，由于高卢人侵入罗马城，毁去了全部铜表，原文散失，只能从古代著作中略见梗概，如今所知其规定事项包括：第一、第二表分别是传唤和审判，即诉讼程序和法庭规则；第三表是债务；第四表是父权、家长权；第五表是家长和遗嘱，即继承和监护；第六表是契约法，主要关于所有权及占有；第七表是房屋及土地法；第八表是伤害法；第九表是公法，即与宪法有关的一些规定；第十表是神圣法，即宗教法；第十一表是婚姻法及对前五表的补充；第十二表是对后五表，主要是关于诉讼的一些补充规定。[2]

就内容而言，《十二铜表法》并非全是伟大创制，其仍多为罗马沿袭已久

---

[1] ［意］乔万尼·罗布兰诺选编：《自建城以来》第2卷，王焕生译，中国政法大学出版社2015年版，第85页。

[2] 何勤华，张海斌：《西方宪法史》，北京大学出版社2006年版，第87页。

的惯习，维持着氏族社会父系权威的古风，并且堪称严苛。例如，其规定，只要父亲在世，儿子就永不能算是成年，而且父亲可以拷打、捆缚、囚禁、出卖甚至杀死他的孩子。对于平民迫切要求改革的公有地分配问题，《十二铜表法》则丝毫未有触及；而平民所关心的另一个问题即债务奴隶制，《十二铜表法》虽作了小小改动，但也几乎就是以前的翻版。此外，平民与贵族间的通婚依然在禁止之列。

　　不过，这一罗马首部成文法还是与古代法有所区别：如限制高利贷，将年息限额为8.33%；"它宣布父亲不能将其子出卖三次以上，被卖三次后，儿子便是完全自由的了。这是对罗马法中有关父亲权威的首次打击"。[1]而且，《十二铜表法》以交易等形式变相承认了平民遗产继承与婚姻的合法性，使平民阶层亦能享受法律的保护。根据罗马的古老习俗，逝者的遗产理所应当由儿子继承；若无子，则由男系亲属继承；若无男系亲属，则遗产归氏族所有。而新的法则规定以一种变通方式，即立遗嘱者可将其财产卖给被选定的继承人，无需经过公民大会讨论。关于平民婚姻的法律认定也类似于此。最初罗马法律并不承认平民间的婚姻有任何约束力，但新的法则同样为平民设置了变通方式，即买卖式婚姻（coemptio），妻子为丈夫所买，如此，前者便成为后者的私产，具有了法律意义。另一种为法律承认的婚姻方式是习俗婚姻（usus），即同居一年后的婚姻与经宗教典礼或买卖的婚姻具有同等效力，妻子处于丈夫的支配之下，但夫妻可自由约定是否受此约束。若同居期间有连续三夜中断，夫权则自动解除，妻子"不落夫家，不脱离父权"[2]，可继承父系遗产。

　　英国哲学家、历史学家罗素曾就柏拉图理念论作出这样的评价，他指出："一切的开端总归是粗糙的，但是我们不应该因此便忽视它们的创造性。"[3]这句话也同样适用于罗马的首部成文法。《十二铜表法》的编制和实施是平民争取权利斗争的重大突破和进步，其主要意义正如梭伦的法典一样，代表着从不确定与不成文的习惯法转变为明确的与成文的法律，使罗马自神的法律中解放出来。"法律曾被保留在仪式及祭司书中，而今它已失去了其宗教的神

　　〔1〕　〔法〕古郎士：《希腊罗马古代社会研究》，李玄伯译，中国政法大学出版社2005年版，第327页。
　　〔2〕　〔德〕基弗：《古罗马风化史》，姜瑞璋译，辽宁教育出版社2000年版，第11页。
　　〔3〕　〔英〕罗素：《西方哲学史》（上卷），何兆武、李约瑟译，商务印书馆1963年版，第169页。

秘性，成为人人都可以读和说的一种语言了……立法者不再以神的名义说话。"[1]法律的通俗化意味着贵族不能再任性与专横地曲解规则，而平民则能够学习、掌握这一"神秘莫测"的祭司专有知识，甚至可以改变法律。"法律不再是一种不可变动、不可讨论的表述。它成了一项人类的工作，当然是可以改变的。《十二铜表法》中说，'人民对于最新情况的投票就是法律'，这部法典现存的文字中没有比这句话更重要的了，或者说没有比这句话更能体现出法律中所发生的革命了。法律不再是一种神圣的传统——即'习俗'，而只是一种文本——即'法'，是根据人的意志所建立的，也可随人的意志而改变。"[2]此外，法治的理念——法律面前人人平等，也在《十二铜表法》中得到初现，这就是共和城邦社会每个人的行为都受到明确的、公开的和一般性的法律的共同规范，没有人可以利用法律的秘密性和对法律的解释权去欺压他人。故西方人仍视《十二铜表法》为"平等法律"的源头。

由此，法律成为了平民手中的有力武器，平民也能够在法庭上为自己申辩了。以前，法律是宗教的一部分，是神圣家庭的祖产，是氏族贵族的私藏，如今它是全体公民的共同财产，是裁决平民与贵族争端的依据。英国法学史家梅因曾评价："法律铭刻在碑上，向人民公布，以代替一个单凭有特权的寡头统治阶级的记忆的惯例……罗马《十二铜表法》是最著名的范例。"[3]《十二铜表法》虽一再修正补充，然而历时900年之久，始终还是罗马的基本法，被誉为罗马"一切公法和私法的渊源"[4]，它所反映的有法必依的精神，也为日后罗马法律的发展指明了前进的方向。

公元前449年，执政官瓦列里乌斯和萨拉提乌斯宣布三项法律：一是公民被判处重刑或死刑，有权向公民大会上诉；二是确认公民大会决议决定全体公民必须遵守；三是保民官人身神圣不可侵犯。这年始，保民官正式受到法律保护。除《十二铜表法》外，罗马共和时期对于平民而言意义重大的法律还包括

---

〔1〕〔法〕古郎士：《希腊罗马古代社会研究》，李玄伯译，中国政法大学出版社2005年版，第326页。

〔2〕〔法〕古郎士：《希腊罗马古代社会研究》，李玄伯译，中国政法大学出版社2005年版，第326页。

〔3〕〔英〕梅因：《古代法》，沈景一译，商务印书馆1996年版，第8~9页。

〔4〕〔意〕朱塞佩·格罗索：《罗马法史》，黄风译，中国政法大学出版社1994年版，第78页。

《李锡尼法》（Licino Sextian Law，公元前 376 年）、《帕皮里法》（Ius Papiria-num）、《霍滕西亚法》（Lex Hortensia，公元前 287 年）等。公元前 376 年，保民官李锡尼与塞克斯提乌斯提出了立法建议：其一，已付的利息应在本金中扣除，其余差额分 3 年还清；其二，个人所有地产的最高限额为 500 犹格（约 125 公顷），在牧场里放牧的，不得超过 100 头牛或 500 头羊，且农场中必须雇佣一些自由民，其任务是监督和报告农场中所进行的事情；[1]其三，规定两位执政官中的一位，必须出身平民（次年又通过法案即平民执政官可任狄克推多）。经过平民约十年的抗争，元老院终于公元前 367 年接受了《李锡尼法》，为此，罗马特意在罗马广场修筑了一座寓意平民与贵族团结一致、相互协调、和睦共处、共同合作的"和合庙"（Temple of Concord）以示庆祝。次年，罗马选出了第一位平民出身的执政官。公元前 364 年，平民取得担任市政高级官吏的权利。自此，罗马的重要公职逐渐全部向平民开放。公元前 356 年，第一个平民出身的独裁官诞生；公元前 351 年，第一个平民出身的财务官被选出；公元前 332 年，第一个平民出身的裁判官出现；公元前 326 年，民众大会又通过法律，禁止罗马公民因债务而沦为奴隶；公元前 296 年制定的《奥古尼亚法案》（Lex Ogulnia）使平民获得了担任祭司和占卜官之职的资格。在《李锡尼法》实施后若干年，罗马又通过了一项法案，规定凡担任过重要公职者，包括保民官在内，无论贵族抑或平民，均有权进入元老院。而平民所关心的与贵族通婚问题早在公元前 445 年便以法律的形式（坎努利阿法案）予以解禁，债务奴隶制则通过《帕皮里法》中禁止债务人以人身作为抵押的规定予以废止。最后，公元前 287 年实施的《霍滕西亚法》规定，平民会议的决议对所有罗马公民均具法律效力，甚至当其与元老院决议相反时亦然。至此，通过两百年的一系列的立法运动，平民的政治、法律诉求基本得以实现，土地分配问题虽未彻底解决，但《李锡尼法》对于贵族侵占土地也有所限制，平民已稳步向与贵族在政治与法律上的平等迈进，逐步取得了罗马公民权。而《霍滕西亚法》甚至被喻为"罗马民主政治的基石和胜利"[2]。然而平

---

〔1〕　世界史资料丛刊编：《罗马共和国时期》，杨共乐选译，商务印书馆 1997 年版，第 42 页、第 44 页。

〔2〕　［美］威尔·杜兰特：《世界文明史：恺撒与基督》，台湾幼狮文化译，华夏出版社 2010 年版，第 27 页。

民与贵族的裂痕并未弥平，他们之间的矛盾和斗争依然存在。公元前 133～公元前 121 年，保民官提比略·赛普洛尼乌斯·格拉古（Tiberius Sempronius Gracchus）和其兄弟 G. 赛普洛尼乌斯·格拉古试图把公有土地分配给曾多年为共和国征战效力却无以为生的平民，却遭到贵族们的阴谋反对，兄弟俩先后被杀害。诚然阶层冲突仍在继续，但有一点可以肯定的，就是平民为获得公民权利以立法运动为自己构建了保护网。这些立法法案（法律）不仅重新构建了罗马社会秩序，而且也推动了民主共和与法治理念步步深入人心。

三、社团、教育与公共生活

罗马共和城邦公民社会生活是孕育与培养自由、平等、公正、法治等社会精神与价值观念的温床。共和时代，罗马行会社团组织已有所发展，可以清晰了解社会经济生活的多元化；私有财产权的确立不仅促使作为城邦利益主体的个人、社会集体获得经济上的独立，也促使社会力量日渐活跃，从而使公民对法律的统治有了更为现实的理解与认同。在社会教育领域，尤其是公民在法律教育中感知理性与公正，以修辞学校获得的雄辩口才在公民大会、法庭辩论中展现理性与激情的风采；而角斗士、赛车比赛等公共节庆活动亦是公民生活的重要组成部分，其是对公民坚韧意志的熏陶，不仅体现了罗马公民对勇敢、胆识和忠诚等军人美德的崇拜，更体现了罗马公民作为战神之后的群体自豪感。共和城邦的公共生活使公民处于公民文化形态的神圣洗礼中，在传统习俗、制度规范形式的引导下，将平等、公正、法治的价值观念内化为公民思想共识。

（一）社团组织

当前学界对中世纪意大利城市国家如威尼斯、佛罗伦萨等的市民社会组织——行会（Guild）[1] 及其对社会经济与政治的历史作用颇有研究。在意大利语中，"城市国家"其意含有"共同利益"，出于城市市民为集体利益联合起来在城市国家的治理中取得主导地位等。这其中行会就具有重要的组织作

---

〔1〕 目前国内学界对古罗马的行会研究未见相关专题论述。学术论文和著作仅在中国知网上查到厦门大学研究生学位论文《罗马行会研究》（2014 年），撰著者刘超。

用。如1293年佛罗伦萨《正义法规》规定："完美的政府是由各行会代表组成并得到行会批准的政府。"[1]由此可见，行会组织和"行会革命"在中世纪城市国家发展中具不可忽视的重要作用。

　　然历史上最早的行会是出现在古罗马时期。行会，拉丁语有多种表述方法，有collegium、corpus、sodalicia、societaes等，collegium又可译作团体或社团。据传，王政时代的第二任王努马（Numa Pompilius，公元前716年～公元前673年）为了防范萨宾和拉丁两个部落联合而引起社会秩序不稳定，他按照手艺和行业分别成立了金匠、铜匠、陶器匠、木匠、漆匠、鞋匠、皮革匠、乐师匠等行会，并指定合适的会所场地、组织和宗教礼仪。[2]

　　其实从社会发展考量，古罗马行会社团组织的出现，很重要的因素是与社会经济发展相联系。这一方面是社会经济发展使一些工匠技术趋向专业化、专门化（学习工匠技艺需行会同意）；另一方面，工匠们往往集聚在城市同一个街道或街区，有社会交往联系的意愿和集体行动的机会。故这可能成为最初的社团行会的产生背景。

　　共和时代，不同性质的行会或社团在商业贸易、宗教、社会甚至军队领域出现。如罗马军队很注重道路桥梁、工事与营地设施等的修建，行军过程中会带有泥瓦匠、造桥匠、木匠、修路匠等，这些工匠往往会组织行会或社团进行社交活动。现从庞培城考古铭文显示，在公元前后，罗马的社团五花八门，除上述几种行会社团外，还有水果商协会、面包师协会、餐馆老板协会、客栈主协会、玩球者协会、伊西丝信仰者协会、酒神信仰者协会，甚至还有卖鸡者俱乐部、酒鬼俱乐部等。[3]从共和时代罗马行会社团组织情形来看，公民社会经济生活多元化，私有财产权确立使作为利益主体的个人、社会集体一定程度上获得了经济上的独立性，而这又会导致社会生活中的自主性并促使社会力量、角色群日渐活跃。

　　共和时代罗马最普遍的社团是葬礼俱乐部。罗马人对人生中的葬礼很看重，认为如果一个人没有体面的葬礼，那人生就没有圆满的结局。罗马人相

〔1〕　[法]亨利·皮雷纳：《中世纪城市》，陈国梁译，商务印书馆1985年出版，第19页。
〔2〕　[古希腊]普鲁塔克：《希腊罗马名人传》，席代岳译，吉林出版集团有限责任公司2009年版，第133～134页。
〔3〕　参见郭长刚：《失落的文明：古罗马》，华东师范大学出版社2001年版，第122～124页。

信如果埋葬地不好，他将变成不幸的幽灵，将会在风中没有定所地游荡，孤独颤抖的灵魂将处在极度孤独的状态中。[1]为此，一般的行会社团都会为成员举办一个体面的葬礼仪式，而且一些贫穷平民还联合起来组织葬礼俱乐部，建立基金。凡自愿加入者，除交纳一定数目的入会费外，俱乐部还定期以聚餐形式组织集会活动，并收取会费。凡连续六个月未交纳会费者，即算自动退会。俱乐部设有主席，由成员选举出任，任期一年。主席赋予一定职责，如失责要交罚金并被免职。俱乐部有责任为每一个成员组织一个体面的葬礼仪式，并负责支付所需一切费用。

公元前 1 世纪以前，由于罗马的行会社团成立不受限制，故日趋发展，甚至一些贸易性质的行会和兄弟会，还吸收了被解放的奴隶。因此，共和时代的行会、社团组织不仅展现了公民对社会经济生活中的活力以及对私法秩序形成的推动，而且也反映了公民对社会政治文化空间的诉求。

然公元前 66 年的喀提林阴谋案引起了罗马执政者对行会社团的警惕。喀提林出身贵族，因欲谋求权利，在执政官选举失败后纠集社会力量，通过谋杀和政变妄图篡权，最后被西塞罗和元老院所挫败。此后两年，罗马官方开始控制行会社团组织的发展。但公元前 58 年，克劳丢斯（Clodius）任保民官时，曾立法解禁行会社团的成立与发展。然公元前 49 年 ~ 公元前 44 年恺撒任执政官时，颁布了《关于行会的尤流斯法》（Lex Julia de collegiis），取缔所有行会，因行会过多地干涉政治。如"他们偶尔联合力量为市政职务的候选人拉选票，或者号召罢工以抗地方长官通过的令人伤脑筋的法令"，或"主要因为某些联合会变成了叛逆分子的巢穴和下层人民的秘密集会站"。[2]公元前 7 年，奥古斯都重新确认了《关于行会的尤流斯法》的法律效力，自此后行会社团组织的建立都必须得到官方的批准。至马可·奥列留皇帝时期，他大力支持行会的发展，授予行会很多权利，如赋予行会解放奴隶的权利，有权

---

〔1〕 Bro. H. L. Haywood, *The Roman Collegia*, http://www.masonicdictionary.com/collegia.html, 2013 – 06 – 15.

〔2〕 ［英］M. J. 卡里、T. J. 哈阿霍夫：《希腊罗马世界的生活与思想》，郭子林、曹彩霞译，大象出版社 2012 年版，第 97 页。

对被解放者的财产实现法定继承，有权接受遗赠等。[1]在帝国时代，已经出现纵横地中海、与现代公司组织结构相似的航海运输行会（navicularii）等大型商贸性行会，它们的活动极大地丰富了有关商贸法律的案例。行会所拥有的民事法人权利、委托代理人权利、诉权和被诉权、缔约权、继承权等方面的权利，皆可谓开现代法人权利能力的先河。然而罗马统治者对行会社团仍存有警惕和戒心，对其掌握控制也丝毫不会放松。地方行政长官小普林尼（Gaius Plinius Caecilius Secundus，约公元61年～公元113年）曾向皇帝图拉真写信请求在其管理的尼科米迪亚（Nicomedia）建立消防行会而被拒绝。因为"任何人的团体，无论规模多么小，只要他们为共同的目的聚在一起，最后都会变成政治性团体"[2]。

从公民社会结构分析，社团组织是公民社会的核心要素。然综观古罗马时期的行会社团，共和时期行会社团组织只是初步具有了公民社会组织某些因素，如有着共同利益追求的公民自愿组成的非营利社团等。罗马行会社团组织发展至帝国时代盛行，这些社会组织内部结构、基本原则、制度运行以及法人团体权利和义务等方面逐渐完善，在罗马帝国最后几个世纪，贸易性行会、政治性行会和军事性行会成为帝国三大支柱，支撑了帝国的发展。[3]因此，罗马行会社团组织对中世纪城市国家的行会组织有着举足轻重的影响。

（二）公民教育

罗马公民与城邦之间的高度一致性与城邦的公民教育有重要关系。罗马公民教育将服从城邦作为第一要义，是文明发展到一定阶段的产物。罗马的教育从早期的家庭教育发展到学校教育，以及后来的教义学院，与社会变革、政治变迁有着必然联系。罗马还涌现出一大批教育家，他们所倡导的教育目的、教育方法以及教育理论，对罗马教育的发展，乃至后世的教育事业都有着深远的影响。其中西塞罗曾总结罗马公民教育之特征：既不是过分强调家

---

〔1〕 ［意］彼得罗·彭梵得：《罗马法教科书》，黄风译，中国政法大学出版社2005年版，第52页。

〔2〕 Jonathan Scott Perry, *The Roman Collegia—The Modern Evolution of an Ancient Concept*, Leiden：Brill Academic Publishers，2006，p. 107.

〔3〕 Bro. H. L. Haywood, *The Roman Collegia*, http://www.masonicdictionary.com/collegia.html，2013 – 06 – 15.

庭传统价值的伟大礼俗，也并不表示以文明之技艺系统教导的教育，而是人文（humanitas）。其意主要指"一个有教养的人在智性（intellectual）和德性（moral）上的陶冶。"[1]这给罗马文化理想赋予了人的尊严和人的同情，其体现的是公民个体自身的人格尊严感；同时，它也表达了对他人人格及自我人格培养的权利认同。这种认同有赖于妥协、自制、理解、同情与深思熟虑。

1. 家庭教育

古罗马的家庭教育主要有言行教育和课本教育两种。言行教育是指长辈通过言传身教的方法，教授孩子一些基本经验和知识。孩子 7 岁前由母亲亲自负责，主要是对其进行一些道德培养和传授一些技艺等。罗马人极其重视道德的培养，知识的学习并不占主要地位。家庭教育中的道德教育主要培养儿童勇敢、果断、严肃、诚实、谨慎和节俭等品德，孝道也成为对儿童早期教育的主要内容之一。7 岁以后，女孩仍由母亲教导，跟随母亲学习一些家庭主妇所应有的知识和技能。男孩则由父亲教养，通过在田间进行各种农业劳动，传授各种农业生产知识和技能。父亲还会经常带领儿子来到城市广场学习各种社会和政治方面的知识，着重训练儿子在公众场合演讲的能力，为以后投身政坛打好基础。父亲还教儿子一些军事体育技能，如骑马、投掷、角力、游泳等，以训练其忍耐酷暑严寒侵袭的能力。有的家庭也由父亲教给孩子一些读写算的知识。至孩子 16 岁时，家庭教育宣告完成。早期的课本教育主要是歌颂英雄的民谣以及宗教诗歌，公元前 449 年《十二铜表法》颁布后，遂成为儿童学习的重要内容。罗马人的教育只是为了实际的需要。加图就曾写过一本论述儿童教育的书，他认为做一个好公民只需学习讲演、医学、农业、军事等实用技术就足够了，其他的知识都是不重要的。由此可以看出罗马人讲求实际的价值观在教育思想中的反映。

2. 学校教育

罗马的学校教育出现较晚，在很长一段时期内，罗马实行的主要是家庭教育。人们崇尚的还是个人的勇猛和公共道德。但到了公元前 3 世纪，罗马开始大肆向外扩张，社会发生了巨大变化，奴隶制获得了很大发展，经济空

---

〔1〕〔英〕葛怀恩：《古罗马的教育：从西塞罗到昆体良》，黄汉林译，华夏出版社 2015 年版，第 42 页。

前繁荣，希腊文化像汹涌的潮水一般涌入罗马，罗马的文化、科学、教育等均受到了希腊文化的广泛影响。如公元前 272 年，李维尤斯·安德罗尼库斯（Livius Andronius）从塔林敦来到罗马，成为第一个用拉丁语教学和写作的希腊人。公元前 204 年，拉丁诗人昆图斯·埃纽斯（Quintus Ennius）从撒丁岛跟随老加图来到罗马教授希腊和拉丁文学。公元前 168 年，帕加马学派著名学者克拉德斯（Crates）到罗马讲授文学和语法。

希腊文化以思辨哲学为核心，推崇文雅教育；罗马文化则强调实效，注重培养具有实际才干的政治家和管理者。公元前 146 年，罗马人征服了希腊，希腊大批教师来到罗马办学，补充了罗马家庭教育的不足。如保民官格拉古兄弟年轻时就是由母亲聘请的希腊老师教授雄辩术和哲学；著名历史学家希腊人波利比阿也曾在罗马任家庭教师；公元前 138 年后，斯多葛哲学家巴内修以及其学生谢沃拉、波塞唐纽斯以及狄奥多图斯等均迁居罗马任教。从此，在罗马创办学校渐渐成为风尚。

罗马的教育制度是在罗马的社会政治条件下产生和发展起来的，它在继承和发展希腊教育的同时，形成了自己独特的拉丁文化教育，建立起拉丁文法学校，分为初、中、高三个等级。

初级学校，即小学。公元前 234 年，一名获得自由的奴隶开设了第一个收费的小学。小学教育迅速地发展起来。凡 7～12 岁的男女儿童均可入私立小学接受初等教育。学费一般由教师自己规定。贵族和其他上层阶级大多聘请家庭教师，而不送子女入小学，因此入学的大都是平民子女。小学主要教授拉丁文字，课程包括读书、写字和算术。一向被希腊人特别重视的音乐和体育在罗马小学的教育中地位却不高，这主要是由于罗马人是一个非常讲究实际的民族，学校所开设的课程必须具有共和城邦的广泛适用性，否则就难以得到社会承认。罗马人对音乐素来持一种冷淡和轻视的态度。在罗马人的心目中，读、写、算是治理共和国和家庭必备的技能，因此值得特别重视。罗马的小学一般都是私立学校，统治阶级并不关心小学教育，对其既不资助也不禁止，既不奖励也不监督，完全任由其发展。学校的设施极为简陋，有些学校甚至根本就没有正式的校舍，平时就在神庙的屋檐下或树荫下上课，雨天则找个能够遮风避雨的地方将就。教室内只有长凳，没有课桌，学生写字时只能将蜡板放在膝上书写。教学过程为先读后写，内容包括道德格言和

《十二铜表法》，看似内容简略，实则包涵深意，对于培养未来城邦忠诚且遵从法律的公民意义深远。教学方法主要是文字记诵。教识字的方法是先学字母，然后是音节、拼音，最后就是字、词、句和朗读。写字的工具是蜡板和象牙状的尖笔。在学生掌握了一定数量的文字后，教师才开始给他们讲授算术。小学当时是每 8 天休息一次，另外还有节日休假，以及从 7 月底到 10 月中旬的暑假。小学老师的社会地位低下，一般都由奴隶或被释奴隶担任，而且收入微薄，时常受到嘲讽。

中等学校又称文法学校，是 12～16 岁少年接受教育的地方。贵族及富人家的孩子接受完家庭教育后，便进入到这些文法学校。文法学校的教师被称为文法学家或文学家，教师的收入颇为丰厚，同时也有较高的社会地位。最初的罗马文法学校实际上是一种外国语学校。学校的教学用语是希腊文，教师也大多是希腊人，连教材也是希腊文，因此也被称为希腊文法学校，直到公元前 100 年罗马创立了第一所拉丁文法学校。从西塞罗起，拉丁文学开始蓬勃发展，拉丁文法学校也随之迅速建立起来。罗马的文法教育实际上就是语法和文学的教育。青年们一部分时间在希腊文法学校学习，另一部分时间到拉丁文法学校学习。在掌握了基本语法后，才开始文学方面的学习，以逐渐培养青年对文学的欣赏能力，开拓视野、启迪思维。在希腊文法学校主要学习《荷马史诗》和米南德等希腊作家的作品，而在拉丁文法学校则学习西塞罗（Cicero，公元前 106 年～公元前 43 年）、维吉尔（Vergilius，公元前 70 年～公元前 19 年）、贺拉斯（Horatius，公元前 65 年～公元前 8 年）、李维（Livius，公元前 59 年～公元 17 年）等人的拉丁文著作。此外，这两种学校的学习科目还包括地理、历史、数学和自然科学等，但这些学科的内容大多较为肤浅。文法学校的学习训练都是在为学生进入高等修辞学校做准备。

由于共和制度的建立，演说成为参加城邦公共活动的重要工具。从事公共活动的人不仅要有修辞、雄辩的修养，而且要精通文学，拥有广博的知识。因此，当青年修完文法学校后，准备担当公职的贵族子弟就要进入高等学校，即修辞学校，再接受 3～4 年的修辞教育，以补充文法教育的不足。修辞学校的建立要比文法学校晚得多，起初是按照雅典模式设立的，并且最初也只有希腊修辞学校，直到公元前 1 世纪，拉丁修辞学校才建立起来。如公元前 92 年执政官马略门客普罗求斯·嘎鲁斯（Plotius Gallus）创办了第一所拉丁修辞学校。修辞学校的主要任务就是培养专门的雄辩人才，因此在教学中，修辞教师往往注意培养学生运用希腊文或拉丁文进行互译和演说的能力。此时，罗马教育已经从培养农民和军人的教育转向多方面的，重点是政治家和演说家的教育了。能言善辩成为一个有教养的罗马人的主要标志，同时也是罗马青年在政治上向上爬的主要资本。在修辞术的实践方面，罗马人产生了一种所谓广场（法庭）学徒期（tirocinium fori）的习惯：在小孩行过成年礼，改穿成年袍（toga virilis）后，父亲会带孩子拜访一些知名人士，请求跟随他们学习政治演说术和治邦术。"修辞术是受过良好教育的政治人至高无上的精神活动。"[1] 在罗马，一个从事公共活动、并欲争取话语权的人不仅要有修辞、雄辩的技能，而且还要精通文学等各方面的知识。因此，为了将学生培养成为学识广博的雄辩人才，修辞学校的课程除了修辞、雄辩术之外，还增加了政治、军事、文学、历史、法律、哲学、数学、几何、天文、地理、音乐、伦理等。修辞学校也有其独特的教学方法。首先要精读一些著名雄辩家的演说词，然后由教师拟定题目让学生们进行论辩和撰写讲演稿。精读、论辩及撰写的讲演稿的题目都必须遵循罗马法的法理精神。

自从第一代希腊教师来到罗马公开授课，罗马的教育状况就开始发生巨大变化。第一位用拉丁文写作的希腊人安德罗尼库斯（Livius Andronicus）翻译了《奥德赛》，用更为文学的拉丁语文本取代十二铜表法；意大利出身的埃纽斯（Ennius）在罗马开设希腊和拉丁文学的课程，有意为罗马社会的希腊化而努力。泰伦斯（Terence）和卢齐利乌斯（Lucilius）等人热衷于填补罗马人在思想上的短板，竭力吸纳希腊文学。博学的希腊奴隶也向罗马人教授荷马和其他希腊诗人的作品。随之而来的便是罗马人对修辞术和哲学的兴趣。如著名政治家西塞罗和提图斯·阿尔巴求斯（titus Albacius）年轻时就留学雅典钻研伊庇鸠鲁和斯多葛学派哲学，公元前70年在任的财务官盖尤斯·西奇纽斯（Caius Sicinius）出自希腊埃尔马哥拉（Hermagora）学派。然罗马自身的父权教育传统与希腊的教育观念自然产生了不少冲突。公元前161年，元老院曾下令驱逐哲人和拉丁语修辞术教师。加图在公元前155年呼吁驱逐三位雅典的哲人使节，担心这些人会感染迷惑年轻人的心灵，并不知不觉改变共和国袭传的习俗伦理。

---

〔1〕 ［德］尼采：《古修辞学描述》，屠友祥译，上海人民出版社2001年版，第1页。

但自从罗马在公元前 146 年征服科林斯后，希腊修辞术和哲学便占据了罗马高等教育的位置。奠基于研习文学、修辞术和哲学之上的一种希腊文化理想在公元前 2 世纪中叶已经完全被罗马接受。罗马法学史家弗里茨·舒尔茨（fritz Schulz，1879 年~1957 年）在其著《罗马法学史》中曾指出，罗马法学具有真正科学的特性，与希腊辩证法传入使罗马法学转型成系统性的科学是有关的。因此，从世界民主与法治的发展历史研究出发，希腊文化输入罗马，更重要的是随同而来的希腊民主政治学说、公民思想和法治理念的传播。

3. 法律教育

从古罗马历史考量，共和国时期的教育在一定程度上应是民主与共和思想精神下培养公民成长的温床。然这一时期罗马教育中具有特色的则是法律教育，其对养成公民对法律统治的思想与观念具有不可磨灭的作用。

自公元前 5 世纪《十二铜表法》在罗马广场颁布后，罗马人就开始了对法律知识的传授教育活动。公元前 302 年，弗拉维乌斯写了一篇有关民法的论文，介绍了民事诉讼的程序及相关问题，公开了原被贵族祭司所秘密垄断的法律。公元前 254 年，平民出身的大祭司科伦卡纽士（Tiberius Coruncanius，又译克伦卡尼乌斯）公开讲授法律知识，法律教育开始兴起，私人创办的传授学业的私塾或法律学校也开始出现。与此同时，从希腊等地到罗马的教师、学者从事的教育活动，不仅传授希腊的语言文字、修辞学、哲学思想等，而且教授法律知识。如公元前 90 年，西塞罗就向希腊法学家、占卜师昆图斯·穆丘斯·谢沃拉（Quintus Mucius Scaevola）学习市民法。[1]这时优秀的法学家也开始层出不穷。而公元前 1 世纪初期，罗马有相当水平的法官多开馆"传授法律"。

共和时期罗马法律教育的兴起，不仅是社会经济生活中法律事务的需求，而且也是受到社会政治生活的推动。这主要表现在法律知识不仅是罗马政界高官从政必备的学识，而且这些政界文官往往是从具有雄辩讲演口才的律师法官中挑选出来的。故老加图曾称律师为"擅长演说的优秀人士"。罗马的法学教育，除私塾、学校多采取理论教学与案例分析相结合的教学方式外，有很大

---

[1] Anthony Corbeill, *Rhetoric Education in Cicero's Youth*, Edited by James M. May, Brill' Companion to Cicero, Oratory and Rhetoric, Leiden：Brill Academic Publishers, 2002, p. 26.

一部分是具有司法实践性的学徒式的法学教育方式。这一方式就是当法学家老师出庭时，往往带着学生旁听，从法庭的诉讼、抗辩入门；如有疑问，老师会在庭外予以解答或允许学生进行辩论等。当时以昆图斯·穆丘斯·谢沃拉为首的穆丘利学派和以塞尔维乌斯·苏尔毕丘斯·路福斯（Servius Sulpicius Rufus）为首的塞尔维乌斯学派就是以这种教学方式开展法律教育活动的。故授业于这种教育方式的学生被称为"旁听生"（Anditores）。而著名政治家、法学家西塞罗的名著《法律篇》，就是同他弟子马可和奎因一起，采取口授解惑的访谈方式而产生的杰作。

西方法学家公认，法学真正从宗教、伦理学、哲学和政治学中分离出来，并形成一门独立的学科，应始于古典罗马。罗马法律教育开西方法学教学传统之先河，其不仅对罗马社会经济、政治和文化方面带来积极影响，而其法学思想以及正义、平等、公正等价值理念也正是构筑公民社会与法律统治的基石。

（三）公共生活

从共和国时期罗马城的重大公共活动来看，宗教以外战争、农事和政治是一年中所有节日活动的主题，仅二月及六月除外。二月的节日活动主要是祭祖，六月的节日活动主要是妇女和生育。在罗马历法里，战争、农事的重要性被清楚体现出来：三月是一年的开始，一年中的第一个重大公共活动就是三月的战神节，罗马公民群集于城北的战神广场举行战舞仪式，仪式结束后，罗马军团即出发开始一年的征战，直至十月归来。十月举行的"战马节"也是重大节日，让凯旋的军团解甲归田，直至第二年三月再度出征。每年九月，罗马还举行所有节日、赛会中最隆重的城邦公共活动——罗马赛会，战争是这个赛会中一个重要的主题。以农事为主题的节日更多：四月的谷神节、母牛节、牛羊节、酒神节，七月的大清洗节（清理田间作物）、牧神节、水神节，八月的葡萄节、海神节、火神节，十一月的平民赛会、农神节，十二月中的谷仓神节、丰产节，都是关注着农事的节日。从历史记载来看，罗马的公共节庆日几乎与希腊一般多（共和时期有固定日期的节日就有120天），而罗马人对公共节庆日的乐此不疲则甚之。

除参加战事及农事为主题的公共活动外，共和国早期罗马公民在日常生活中也十分积极地参与城邦政事。在没有节日及赛会的普通日子里，罗马公民一般会成群结队去广场集会，因为在广场上，在船首（纪念公元前338年罗马击败意大利重要海港城市安提乌姆而设计）讲坛下，在民众大会会场，在元老院议事堂，在广场四周的大会堂、柱廊、神庙里，罗马公民可以就重大的城邦军事、政治以及宗教仪式等事务进行演讲、讨论，可以在民众大会会场进行选举活动，可以去卡比托尔山元老院旁听国事辩论，可以在罗马广场观看为即将出发的军队或即将赴行省就职的官员举行的神圣仪式活动，也可以去大会堂或神庙旁听审判活动或参加祭祀活动，等等。罗马广场及其周围一些设施构成了罗马城的公共活动中心，它成了执政官、元老院、公民大会共同治理下的城邦制度与共和精神的载体；大致从共和国初期直至苏拉时代的时段里，在没有节日赛会的日子里罗马公民的日常生活即这样度过。

从苏拉（Lucius Cornelius Sulla，公元前138年~公元前78年）时代开始，由于巨头斗争、宣扬声威、笼络人心等需要，不少巨头开始自己创立公共赛会，因此罗马城的公共赛会开始增多，赛会内容逐渐变化。例如，苏拉创办了新的赛会"苏拉凯旋赛会"，每年十月末举行，这是罗马社会里的赛会性质发生转折的开始。恺撒（Gaius Julius Caesar，公元前102年~公元前44年）独裁后为提高自己的声誉，创办了"恺撒凯旋赛会"，每年七月下旬举行。此后罗马人的公共节庆活动中，战争、农事、政治等主题已经被纯粹的娱乐——角斗表演、赛车以及洗浴等所取代。

1. 角斗士表演

如果说，"希腊人娱乐的方式是戏剧，而罗马人则更愿意看竞技表演"。[1] 古罗马的角斗比赛起源主要有两种传说。一是起源于埃特鲁利亚人的祭仪习俗，二是源于古希腊的葬礼习俗。公元前5世纪，角斗比赛进入罗马人的社会生活。罗马人最早提到的角斗比赛是公元前264年的munera gladiatoria。这是两个儿子为父亲（前执政官佩拉）葬礼上安排的表演，地点在台伯河岛附近的牛市博雷姆广场（Forum Boarium）上。此后角斗士表演一直经久不衰，广受罗马人的追捧。

---

〔1〕〔美〕罗伯特·E.勒纳、迪什·米查姆、爱德华·麦克纳尔·伯恩斯：《西方文明史》第1卷，王觉非等译，中国青年出版社2003年版，第187页。

奴隶和战俘是角斗比赛中主要的人员。公元前 264 年，在罗马的一场葬礼上进行了角斗士的搏斗。这场比赛中的六名角斗士就是真正的奴隶，他们成为了刚刚死去的贵族的祭品。囚犯也是角斗士的来源之一。囚犯，尤其是死囚，一旦成为角斗士，他们的命运就会有很大转机。罗马人认为，让死囚走进角斗场是对他们的一种恩赐。但是死囚要经过艰难而残酷的选拔才能成为一名角斗士。在这个过程中，大多死囚已经毙命。除了奴隶和囚犯，自由人也会为了丰厚的报酬以及令人称羡的尊重、崇拜而选择成为角斗士，亲身融入那狂热的角斗气氛。

角斗士可以像奴隶一样地买卖，他们最终的命运多是死在角斗场上。共和国晚期，角斗士交易比较盛行。公元前 50 年代，罗马城有一位叫米洛（Milo）的角斗士经纪人，经常进行角斗士之间的买卖，贵族克劳狄（Clodius）就从米洛那里购得大量的角斗士作为家丁。[1]

角斗士们需在角斗士学校进行特殊的训练。据史载，公元前 2 世纪专门的角斗士学校应运而生，最早的角斗士学校在卡普亚（capua），著名的角斗士学校有尼姆斯、阿雷斯和佩伽玛等。这些军营一般的学校面积庞大，管理森严，大多拥有自己的小型竞技场或运动场地，以供角斗士学员练习之用。罗马人的角斗士学校被称作"ludi"，主要由皇帝、贵族和富有的商人开设，他们也是角斗士的经纪人。经纪人往往不仅是学校的主人，还做交易，他买进、卖出、租赁角斗士。角斗士和经纪人之间存在有固定的提成比例。自由人出身的角斗士提成 25%，奴隶出身的角斗士提成 20%。因此，一些武艺高超的奴隶角斗士，往往可以赚下一大笔钱，由此赎得自由之身。

新手角斗士称提洛（tiro），由角斗士学校的教师训练，并传授他们搏斗的技巧。这些教师都是在角斗场中拼杀三年以上，经验丰富的角斗士。一般新手角斗士训练时，他们手持木剑或较钝的武器对木桩或者"稻草人"发动攻击。只有经过无数次训练之后，他们才可以与其他角斗士练习格斗。角斗士一旦生病或者受伤，他们的价值就难以体现，而为恢复这些伤者的战斗力，角斗士会在角斗士学校受到良好的照顾，会有医术高明的医生给他们治疗。

---

［1］ Roland Augue, *Cruelty and Civilization*: *The Roman Games*, London & New York: Routledge, 1994, pp. 83 ~ 85.

他们经常食用的食物主要是地中海沿岸的日常主食——煮熟的豆子和大麦，因此角斗士也有一个外号叫作 hordearii，意思就是大麦人。

共和时期，罗马多数角斗士竞赛在罗马广场举行，观众坐在沿街的廊道上，广场中央是用木头临时搭建的赛台。公元前 1 世纪时，罗马市政官决定将马克西默斯剧场（Circus Maximus，是王政时代第五位国王塔克文·普利斯库斯所建）改建为角斗士赛场，据说这是官方最早举办的角斗士竞赛。公元前 52 年，居里奥（Seribonius Curio）曾设计一个木结构的圆形剧场用作角斗士表演。公元前 46 年，恺撒在马丁广场（Campus Martius）建造了一座四面都有观众看台的圆形剧场，原为斗兽场，后用于角斗表演。公元前 34 年~公元前 29 年，陶鲁斯又建议在马丁广场建造一个石头圆形剧场用于角斗竞赛。除罗马城以外，一些城镇也建有角斗场所。如在公元前 2 世纪晚期，坎佩尼亚的一些城镇卡普亚、库玛伊和利特鲁姆开始用石料建造一些圆形剧场，其内场专为角斗竞赛设计。在庞培，由市行政长官昆丁斯（Gaius Quinctius）和波修斯（Marcus Porcius）出钱建造了一座大型剧场，长约 135 米、宽 104 米，其中角斗场长 66 米、宽 34 米；该大剧场于公元前 70 年后不久建成并举行了隆重揭幕式，可容纳 12000 名观众；座位由低到高，由垒起的土堆顺势建成，四周筑有护墙。公元前 25 年左右，在普托奥里（Puteoli）建成了一座石料结构的大剧场，长 130 米、宽 95 米。此后，石结构的剧场不仅在意大利本土建造，并在罗马帝国疆域上纷纷出现。然而作为罗马帝国象征，至今仍被视为石头建筑的奇迹——大竞技场（Colosseum），还是坐落在罗马城。该圆形剧场是希腊和罗马特殊的混合物，公元 70 年由罗马皇帝韦斯巴芗下诏建造，前后历经 10 年才竣工，官方命名为弗拉威姆剧场。剧场呈椭圆形，两条轴线分别长 188 米和 156 米，周长527 米，其中角斗场长 80 米、宽 45 米，占地面积约 3600 平方米，外墙高达 52米，共有四层配有石柱的拱门，可容纳 87000 名观众。据说庆祝大竞技场落成的表演持续了 100 天，共有 1 万多名角斗士和 5000 多只野兽参与了角斗厮杀；还引水淹没了竞技场，上演了有 3000 水军的大海战，盛况空前绝后。

角斗比赛开始前，街道旁便会贴出告示，有些商人还趁机出售纪念品；门票被抢购一空，因为人们都想目睹自己心目中的英雄。角斗比赛的前一天晚上，主办者准备了丰盛的晚宴来招待角斗士们，公众们也在旁边观看角斗士们用餐。其实这是在物色角斗士并判断谁将获胜。角斗士们也知道这可能是最后的晚餐，因此他们大多数人会尽量撑满自己的肚子。但是也有些角斗士们故意不让自己吃得过量，因为那样很可能妨碍他们施展格斗技巧。比赛当日，角斗士们身着节日盛装，列队前往角斗场。圆形大剧场的比赛一般遵循一个固定的过程。早上是猎杀动物或被动物撕咬，然后是处决奴隶或者犯人，这时观众们已经狂欢不已。下午，一天中的高潮即将到来，正式的角斗表演通常在这时开始。

角斗士的类型很多。早期是按被征服的战俘民族身份划分，如色雷斯、高卢人、撒马利亚人等。此后多按兵器用具划分，如捕网三叉戟角斗士、长剑盔甲角斗士、长盾角斗士、重兵器角斗士、双剑角斗士、双轮马车角斗士等。比赛过程中通常有几对角斗士进行格斗。比如具有轻型装备的捕网三叉戟角斗士和"色雷斯人"配对。捕网三叉戟角斗士手持三米长的渔网和三叉戟与手持弯刀和稍小盾牌的"色雷斯人"进行格斗。当一名角斗士倒下，这就意味着最后一击的到来。倒地的角斗士获得幸存的机会只有一个，就是观众们认为他格斗出色和勇敢，并举起大拇指高喊："让他走！"这时所有人的目光就会聚集在主办者身上。如果举办者同意，那么他将被赦免。而胜利者将得到奖赏——金钱和象征胜利的橄榄枝。

对于角斗士表演在罗马城邦中扮演的角色，西方学者曾以诗歌加以概括：

> "罗马竞技的传统非常古老。
> 战车赛可溯源至公元前 6 世纪。
> 而公元前 264 年，
> 就证明存在的角斗，本来与葬礼有关，
> 最后成为竞技的正规项目。
> 帝国时期，竞技成为
> 一种真正的狂热。
> 精英分子倾家荡产，
> 只为了提供市民这些消遣，
> 像是一种义务，一份感谢，
> 以回报他们的选举和敬意。"[1]

---

[1]　[法]罗杰·亚努、约翰·沙伊德：《罗马人》，黄雪霞译，汉语大辞典出版社 2001 年版，第 142 页。

在正式角斗士竞赛之前，一般都有一个前奏曲，即狩猎与斗兽。角斗士都戴头盔、护腿板和剑充作狩猎者和斗兽者。狩猎游戏往往是由狩猎者追杀鹿、牛、驴、羚羊、鸵鸟、长颈鹿等以及猛兽老虎、狮子、熊、大象等。一场狩猎屠杀后，血流成河、尸横满场，便清扫战场、重新铺上干沙，再驱赶动物进场进行游戏。斗兽往往是将动物配对厮杀（如虎与狮、豹与熊等）或角斗士与猛兽进行生死搏斗厮杀，以血淋淋的刺激场景去赢得罗马人变态的满足。罗马人提到的第一次正式角斗场猎杀狮、豹等动物是在公元前186年，是在贵族罗比里奥尔举办庆祝朱庇特主神的路迪节上。公元前169年，执政官纳西卡和冷图斯举办了盛大的狩猎表演，动用了40头熊，此外还有大象和63种非洲野生动物。公元前104年，为庆祝征服北非古国努米底王，执政官克拉苏和斯凯沃拉在马克西默斯剧场用100头狮子举行狩猎表演。公元前55年，庞培在马克西默斯剧场主办了一场盛大庆典，共动用了600头狮子、410头豹子等；角斗士狩猎者在场上追杀20头大象，结果大象绝地反抗，疯狂吼叫，冲向为保护罗马观众安全的护墙（高4米）。公元前46年，在终身独裁者恺撒举办的一次庆典上，用了400头狮子和数量庞大的大象、公牛作狩猎斗兽表演。

从罗马共和时代角斗士竞赛来看，角斗士表演承担了宗教祭祀、社交娱乐与政治活动等作用。

第一，角斗表演最初是作为宗教活动出现的。古罗马人把角斗称为后人献给已逝先辈的责任，表明后代永远铭记他们。它通常在葬礼之后举行，并在以后的周年和五年祭时再度举行。如公元前216年前执政官莱皮度斯的葬礼上，其三个儿子安排了44个角斗士表演；公元前200年在为贵族莱文鲁斯举行的葬礼上，有50个角斗士表演；公元前174年贵族弗拉米尼乌斯（Titus flaminius）为父亲举办的葬礼上共用了148个角斗士表演生死游戏。在葬礼上花巨资举办角斗比赛，不仅为死人增光添彩，逐渐成为罗马人的习俗，而且也是当时贵族们提高他们社会地位的主要方式。通过角斗比赛将失败者祭献先人，类似于原始部落中用战俘祭献英勇牺牲的战士。在罗马人看来，"在葬礼游戏上，加入角斗士勇敢的决斗，本身就意味着展示为罗马带来光荣的美德，即死者生前所代表的美德——力量、勇气和决心。彰显战争中的这些美德，有助于激励年轻人步先辈后尘，博取人生荣誉"。[1]后来，在罗马正式开展角斗比赛前以及与之一直同时进行下去的"献身"行为都属于罗马固有的社会现象，角斗士的献身与普通的献身（如罗马时期献身于国家、军队的战士，或献身于某个皇帝的人物等）都被罗马人视为一种真正的美德和良好的传统。它可以说是属于一种祭祀仪式——祭祀先祖灵魂的血的祭献。只是到了后来，这种宗教色彩逐渐变淡。"在共和国终结之前，他们失去了作为仪式的特征"，亦即所谓的"世俗化"。[2]

第二，角斗表演是罗马人社交娱乐生活中不可缺少的活动。角斗士的表演为罗马各个阶层的人们提供了娱乐和丰富了社会生活。在罗马城市的社交活动表里，充满暴力和血腥的角斗表演是最受欢迎和刺激的项目之一，罗马人只有此时才能欣赏到偶像们的表演。在他们眼中，目睹角斗士血洒竞技场就如同在戏院里观看喜剧表演一样充满了乐趣，也难怪一些不喜欢甚至厌恶角斗娱乐的统治者曾经考虑废止这一游戏，但是实践证明那是不切实际的想法。此外，角斗比赛是罗马人表达实现征服欲的手段，也是他们在相对和平时期实践流血场景的最好的手段，罗兰德·奥古埃特称角斗比赛为"罗马人征服的标本"[3]的再现。在古罗马，角斗活动被绝大多数人视为一种高尚的娱乐。在角斗娱乐比较繁荣的时期，观看这种比赛也是一种高尚的行为，是一种良好的教育，因为它能够培养罗马人那种沉着、勇敢、视死如归的精神。罗马各个阶层的人士，从元老院贵族到普通的罗马自由民，还有奴隶，都以观看角斗士临终的痛苦为乐。

第三，角斗表演场所是罗马人的政治舞台。许多豪门贵族一旦遇有婚丧大事，常常举办角斗活动来营造气氛，显示排场，光耀门第。官僚政客为了在选举中获得胜利，也借用角斗等竞技表演来拉平民（包括游民无产者）的选票，以收买人心。因此，罗马的豪门巨富通常在自己家里养着角斗士，以随时举行招待性的表演活动。在罗马城，大贵族马克家里供养着超过 50 对的

〔1〕〔荷〕菲克·梅杰：《角斗士：历史上最致命的游戏》，李小均译，广西师范大学出版社2009年版，第13页。

〔2〕 Wiedemann, *Emperors and Gladiators*, London：Routledge，1992, p. 23.

〔3〕 Roland Augue, *Cruelty and Civilization: The Roman Games*, London & New York：Routledge，1994, p. 195.

角斗奴，每逢他宴请宾客，几对角斗士们就在其花园中央草坪特制的竞技台上进行表演，以便给参加宴会的客人助兴。[1]为了培养自己的角斗士，富人们通常会兴办家庭学校以训练身强力壮和机智勇敢有修养的奴隶。这些角斗士平常当主人及其家庭的护卫，需要时带他们到私人宴会和竞技场上表演打斗，获胜者可以得到荣誉和其他奖励。在政治舞台上，角斗竞技比赛也是一种敏感的信号。如公元前122年保民官格拉古（Gaius Gracchus）为获得民心，下令角斗场所有看台皆免费让给穷人观摩，遭到同僚们心怀怨愤，以致他下次竞选失败。又如公元前65年，尤里乌斯·恺撒欲动用640个奴隶为其父葬礼上进行表演，但心怀鬼胎的元老们害怕恺撒此举赢得更多拥护者以及太多装备齐全的角斗士进入罗马不利他们安全，故通过法令限制了这次葬礼上的角斗士人数。然而公元前46年恺撒在高卢取得了胜利后，权势威望臻于顶峰，遂在罗马广场举行了盛大的角斗士竞技表演，这次他不仅使用了众多的奴隶角斗士，而且还命令贵族雷普提鲁斯（Furius leptinus，家族中出了几个军事执政官）和卡本鲁斯（quintus Capenus，父为元老兼大法官）作为对阵双方参与角斗。

罗马人对角斗竞技表演的狂热，远胜于希腊人观看戏剧的痴迷。公元前160年，著名戏剧家泰伦斯（Terence）的喜剧《赫西拉》（Hecyra）举行首演式，吸引了大批罗马人。然在演戏中间时，观众却纷纷出场冲向罗马广场上，因为那里鲍鲁斯在举办角斗士竞技表演。值得注意的是，罗马人之所以沉浸在这样的死亡盛宴中而没有丝毫所谓"人道"的情怀，还有一个关键的原因是在竞技庆典中被处死的人主要是战俘、罪犯和奴隶，他们被称为"有害之人"。对于罗马来说，这些人只是"剩余商品"、"休闲的资源"，完全不享有罗马公民的任何权利。因此，他们的死在罗马观众心中激不起任何同情。正因为这样的屠杀没有触动罗马人的道德底线，所以他们才毫不掩饰、甚至自豪地在雕刻和马赛克艺术中加以描绘。然而战俘、奴隶角斗士的鲜血不会白流，公元前73年在色雷斯人斯巴达克、高卢人克雷西斯和奥诺马乌斯领导下，罗马角斗士爆发了大起义，这是世界历史上最大的一次奴隶起义。这次起义人数最多时达到12万人、坚持了2年，起义虽然最终失败，但却狠狠教

---

[1] 高福进：《罗马角斗娱乐起因探究》，载《上海交通大学学报》2006年第4期，第70~75页。

训了罗马贵族阶层。

第四，罗马人从角斗竞技中感受到所崇尚的军人美德和主宰世界的辉煌。在罗马，一些公民和自由人为了比赛的刺激、一举成名的荣耀、奖金的诱惑和改善经济地位等原因，会主动放弃公民或自由人身份，与战俘、奴隶、囚徒为伍，去参加角斗竞赛，甚至贵族、元老和骑士子弟也自愿加入这一生死游戏中。在恺撒神庙落成仪式上，元老院成员维特琉斯（Quintus Vitellius）就曾参与角斗竞赛。屋大维加冕奥古斯都后，即允许贵族可参加角斗。帝国时期，罗马皇帝个个都是角斗迷，卡利古拉、提图斯、哈德良、威鲁斯、朱利安、康茂德等都常披挂上阵，过把角斗竞赛游戏瘾。然而罗马人之所以对角斗竞赛如此痴迷狂热，有种种原因。但更重要的是从某种意义上，崇尚暴力与征服的罗马人认为角斗场是战场的延续，"他们成功地将勇敢、胆识和忠诚等军人美德移植到角斗场上"；[1]他们从中看到或感受到了罗马人征服、主宰世界的辉煌和殖民扩张获取财富的欲望。

第五，观看角斗士表演显示了罗马人的团结。一场盛大的角斗竞赛往往使罗马人倾城而出。来自不同阶层、身份、地位以及社会生活圈的罗马人围坐一起，为一个共同欲望目标热血沸腾、震耳欲聋地高声呐喊欢呼，不仅正是显示罗马人高度一致、众志成城的团结进取，而且也彰显了在征服扩张中罗马国家的强盛之势。

2. 赛车

在罗马，角斗竞赛和用马拉战车的赛车是古罗马人最喜爱的两项公共娱乐活动。然而马拉战车的比赛出现在政府举办的公共节庆日（路迪节）中，远比角斗竞赛要早。它的起源可以追溯至罗马建城时期。据说在罗马城刚建成不久，王政时代的第一位王罗慕路斯就举行过长达一天的马车比赛，并以此为计巧夺萨宾人的妇女们。到王政时代的第五位王塔克文·普里斯库（公元前 616 年～公元前 578 年在位）下令建造马克西默斯剧院，最初就是马车竞赛的专门场所。它建在阿文丁山（Aventine）与帕拉丁山（Palatine）之间的狭长谷地，经多次修建后，长 650 米、宽 100 余米，能容纳 15 万观众。此

---

〔1〕［荷］菲克·梅杰：《角斗士：历史上最致命的游戏》，李小均译，广西师范大学出版社 2009 年版，第 33 页。

后，罗马人所建的大型竞赛场所多有赛车之地。

罗马的赛车活动十分频繁，凡官方举办的公共节庆日竞赛活动中，其必定是重头戏。尤其是每年的2月27日纪念战神马尔斯的埃奎拉节、7月6日~13日的阿波罗节、9月4日~19日的罗马节（也称罗马竞技会）、11月4日~17日的平民节，以及纪念罗马奠基者罗慕路斯的奎里那节和祭祀主神朱庇特的节日等，皆是必上演令罗马人情绪亢奋、如痴如狂的战车比赛的重要日子。在共和国晚期，罗马人重要的节庆赛会已有66天，帝国初年则达135天，而到帝国晚期则增加到175天！帝国时期，仅罗马城就拥有8座战车竞赛场。

罗马的赛车团队为私人老板拥有，不仅马匹、赛车、马厩等装备设施，就连车手也属于老板的私产。赛车手大多是奴隶，即使有一些自由人，他们的自由也是老板给的，在身份上属于被释奴。许多赛车手是世代从业，跟随赛车手的父辈，他们从小就知道如何与马打交道，一长大就会爬上马车，围着训练场驾车奔跑。自由民不愿当赛车手主要是出于对这一职业的偏见，觉得它与奴隶的身份有关。车队所有人并不组织比赛，他们置办这份产业是为了出租赚钱，那些准备举办赛车活动的富人或是政府官员，都得去和这些老板讨价还价，签订合同。

在赛车前，往往有一场隆重的进场仪式。首先入场的是执政官和裁判官的座驾，由排列有序的护卫和侍从组成的仪仗队前呼后拥，紧接着是祭司队伍和用马或战车所载的诸神像队伍，最后则是参加车赛的各支车队。这一仪式场面，就已使观众们群情激昂。

古罗马赛车，一般以6组四匹马拉的赛车为主，但也有两马或三马赛车，甚至是十匹马拉的车。比赛前，车队穿过大街到达赛车场。按照惯例，比赛的出资者在最前面的马车上带队，紧随其后的是一辆辆赛车。赛车手身穿皮条交叉的胸甲，头戴皮头盔，手中挥舞马鞭，个个精神抖擞。当赛车驶入场时，人们的情绪会兴奋起来，对着自己支持的车队狂呼大叫。当起跑的号角响起后，起点处马厩的门猛地打开，赛车手驾驭赛马如离弦之箭，冲上跑道。在比赛中，每辆赛车必须以逆时针方向跑7圈，总长约5公里，大约需要10分钟。为了计算方便，赛车每跑一圈，弯道柱上的机关就会掉下一颗石球计数，后来用玉石海豚依次发出的声响次数来计数。赛车手面临巨大风险，他不仅要控制住马，还要避免车冲入别人的车道。即便如此，赛车间碰撞的事还是时常发生。最危险的是在转弯的地方，整个赛程要有 13 个急转弯。转弯时一不小心车就会失去控制，撞得人仰马翻、血肉横飞。另外，当几辆车并排行驶时也很容易撞车，结果自然是车翻人伤。赛手们通常把缰绳拴在腰间，有危险时要立即用挂在胸前的匕首割断缰绳，以免车翻倒后被马拖伤。在赛道边有向赛车手和马洒水的男孩儿，目的是使人和马都能保持清醒。这些男孩儿如果不小心，也会在飞转的车轮下送命。然而赛车获胜者能得到极丰厚的奖金和荣誉，是奴隶身份者还能获得自由，而战马则被刻成雕像永久纪念。这种诱惑刺激是难以抵挡的，难怪尤其是罗马贫穷的下层青年对参加赛车争先恐后、趋之如鹜。对于罗马人而言，马拉战车竞赛与角斗竞赛作为公共娱乐是具有不可抗拒的欣赏魅力。他们沉溺痴迷于这种浸透暴力、血腥残忍的战争游戏中，自有他们所处时代环境和历史进程中的思想观念和价值取向，因为这是深深扎根于罗马社会的土壤中的。正如古罗马塔西佗在其《对话集》中的评价：罗马"这个城市有许多独特的罪恶，儿童早在母亲的膝上就多少已经濡染，那就是，对戏剧的热爱，对马车竞赛和角斗士表演的狂热"。[1]

为使赛车更精彩，公元前 2 世纪起，罗马人曾雇佣希腊专业运动员和骑师参加赛车。"罗马共和国晚期，马车比赛的驾驭者想到一个令人高兴的主意，即以各种不同的颜色将驾驭者分为不同的团队；罗马平民中的最低阶层'跟随'白队或红队、绿队或蓝队，代表支持者努力工作，逐渐达到了疯狂的程度。"[2]以"颜色"区分车队，实际上是赛车活动已进入专门化和职业化阶段，而与此同时产生的各赛车队的"车迷"、"粉丝"、"追星族"，其痴迷程度也远胜当今的"球迷"、"戏迷"等。据说罗马皇帝卡利古拉（公元 12 年～公元 41 年）就支持"绿色"车队，常常在绿色车队的马房里吃饭过夜。尤其是罗马人还在扣人心弦的车赛中加上巨额赌注，其在精神层面给观众的亢奋、刺激和疯狂与现今的马赛、球赛中的赌博以及赌场相比，实有过之而无不及。为此，罗马每次车赛都必须出动大批士兵维持赛场秩序，以防观众情绪冲动失控和乘机宣泄不满发生群体斗殴以至骚乱暴动。

---

〔1〕 参见〔荷〕菲克·梅杰：《角斗士：历史上最致命的游戏》，李小均译，广西师范大学出版社 2009 年版，第 181 页。

〔2〕 〔英〕M. J. 卡里、T. J. 哈阿霍夫：《希腊罗马世界的生活与思想》，郭子林、曹彩霞译，大象出版社 2012 年版，第 128 页。

罗马惊心动魄的马拉战车比赛，不仅使罗马人从中可以观赏到车手的精湛、高超的技术，战车风驰电掣般的速度，争抢追赶的勇猛激情和炽热火爆的赛场气氛，而且能从不可避免的车毁人亡突发事故的惨状血腥中，获得精神刺激。

3. 公共浴场

作为"征服了世界的民族"的罗马人，在共和中期后，平民"只对两件事感兴趣——面包和竞技场"[1]。这不仅是失地平民涌进罗马成为流民无产者，而贵族政客为了获得选票和安稳社会秩序，以面包和竞技场表演来拉拢平民所致，而且也是在当时历史背景下，罗马人民族文化演绎与追求的果实。然而在罗马人的生活方式中，最普遍的、不可或缺的、并乐此不疲的兴趣则是洗浴。毫不夸张地说，洗浴文化乃是罗马文化的一大特色。

在古罗马，洗浴既是人们日常生活中的一种净身方式，也是一种社会活动。罗马人的浴场，不仅是经常被用作举行会议与宴会、健身锻炼、休闲娱乐、商务交易、闲聊论辩和炫耀地位与财富的地方，而且还是娼妓云游之地、是各路消息、新闻自由传播的中心，甚至可能是政客阴谋的策源地等。故浴场实际就是罗马人的公共社交场所。起初，居住在罗马城的市民是不经常洗浴的，他们每天只是清洗由于劳作而弄脏的胳臂和大腿，至于清洗全身则是九天一次。他们也经常到台伯河去游泳。因为当时罗马城的供水是十分困难的，日常用水完全依靠泉水、井水及台伯河的河水。直到公元前312年，罗马共和时代政治家阿皮安·克劳狄（Appius Claudius，公元前340年~公元前273年）建筑了第一条引水道，才把活水引入罗马城，从此以后贵族们才开始了每周洗澡的生活。

公元3世纪后，洗浴已成为罗马人最普遍兴趣的生活方式，以及成为罗马社交文化的奇葩，这可能主要有三个方面的原因：

第一，瘟疫流行。在古罗马，医疗技术还不发达，[2]缺医少药使病疫成为影响罗马人健康的最重要因素。据李维记载，罗马最早一次瘟疫爆发于公

---

〔1〕 诺曼·戴维斯：《欧洲史》（上），郭方等译，世界知识出版社2007年版，第150页。

〔2〕 公元前3世纪随着希腊医疗技术和医药知识的传入，罗马人才开始从求助祭司和宗教神秘力量向利用药草和药盐等药物治病过渡。公元前91年，已知的第一位希腊名医到达罗马，主张以自然、健康的生活方式来治疗疾病。但直到公元前46年执政官恺撒才允许罗马公民从医。

元前 463 年，人们逃难拥挤在城里更加剧了传染蔓延。元老院束手无策，只得下令人们祈祷献祭神灵。结果瘟疫横行了一年，贵族平民以及动物多难幸免。据统计，仅公元前 436 年~公元前 174 年，罗马爆发的大规模瘟疫就有十次之多，瘟神所过之处死人无数，其状惨不忍睹。而瘟疫病害的经验教训，使罗马人产生了预防与控制疾病的公共卫生意识。同人们健康密切相关的（也是最基本的条件）洗浴洁净身体，减少病菌侵入感染，遂成为罗马人社会生活的头等大事。

第二，引水系统建设。从古典历史考量，在戏剧文化抑或科学理论等方面，罗马人尚不及希腊人有成就感，但在实用工程技术领域，罗马人却当仁不让、独步古代世界。在这一领域，罗马人城市的引水排水系统的建设令人瞩目，独树一帜。自公元前 312 年罗马人修建了第一条高架引水渠后，公元前 144 年又修建了著名的马西安引水渠，用来向罗马城输送新的水源。从共和到帝国时代，像这样的高架引渠不仅在罗马城建造了十多处，[1]而且在整个罗马帝国的疆域，许多地方都可以看到它那雄伟壮观的身影。为此，罗马人曾骄傲地说道："水源通过引水管大量输入城市，简直就像是许多条河流流入了城市和下水道。几乎每一座房屋都有贮水器、自来水管和大量的喷泉"；[2]"我们有这么多不可或缺的引水渠，供给我们的水量是如此巨大，相比之下您可以想象，那些呆笨的金字塔和那些无多大用处却非常著名的希腊神庙，会居于什么位置？"[3]完善的引水系统的建设还推动了罗马的"厕所革命"。在之前罗马城厕所清理是个大问题，由于缺少排水渠道，家庭厕所很少，多数使用尿壶便盆然后倒在运粪马车上或街上路边，四处臭不可闻、污秽不堪。引水系统有了以后，城里修建有大理石座位的公共厕所到处开花。为方便冲洗，公共厕所多建于公共浴场边，利用同一的排水系统让污水流入河中。当然，罗马的引水系统用处不仅在于生活供水、洗浴或厕所，其为防止城中火灾以及农业灌溉等，也提供了充足的水源。

第三，宗教因素。英国学者哈里斯在其著《古罗马生活》中指出："古罗

---

〔1〕　在公元 2 世纪初的图拉真时代，罗马人口超过 100 万，每日需水 30 多万吨，基本依赖十多条引水渠从城外输送来。至今罗马还有 3 条引水渠正在被使用着。

〔2〕　[古希腊] 斯特拉博：《地理学》（上卷），李铁匠译，上海三联书店 2014 年版，第 328 页。

〔3〕　[美] 戴尔·布朗：《罗马：帝国荣耀的回声》，陈莉丽译，华夏出版社 2002 年版，第 183 页。

马人认为在公共浴室沐浴会得到健康女神的保佑。所以，某种程度上讲，古罗马的洗浴已经大大超出了卫生学上的意义，逐渐演变成为了一种社会行为，进而慢慢地被提升为精致的消遣活动。"[1]

公共浴场建筑在罗马像竞技场、剧场一样是规模宏伟的重要公共建筑，附属建筑还包括会议厅、健身房、娱乐场所、商店饭馆、花园和图书馆等，是当时社会公共生活的休闲娱乐中心，起着大型公民俱乐部的作用。浴场建筑地面与墙壁多用大理石铺嵌镶拼而成，随处可见华丽的雕塑、精致的摆设以及装饰精美的绘画图案等。据统计，公元前33年，罗马城内大型公共浴场有170座，到公元4世纪，罗马帝国公共浴场已达850座（公元79年在火山爆发前庞培城居民2万多，却至少有3个公共浴场），[2]是各罗马化城市的标配与重要标志——地标性建筑（直到今天它们都是人们游览的景观胜地，如英国的巴斯），其中最大的公共浴场，如卡利古拉浴场（Thermae Caligula）占地11公顷，有一个可容纳1600多人洗浴的水池（piscina）；戴克里先浴场（Thermae Diocleziano）占地13公顷，一次则可容纳3000人洗浴休闲。

罗马人有着一套繁复的洗浴礼仪和过程。浴客进入浴场后，先在更衣室里脱去衣服，并在此穿上轻柔简便的运动服，然后到被称为规模宏大的"运动俱乐部"的体育馆进行一番体育锻炼，如玩球、打拳、摔跤、练臂力、跳高、做体操、投铁饼或长矛，让身体先出上一身汗。而一些年迈的老人则会去按摩室，让奴隶帮他们擦揉掉他们身上多余的脂肪。

通过锻炼和按摩，浴客就会去装饰华美的穹顶暖房或温水浴室（tepidarium），感受身心的全然放松。然后带着周身涂抹的香料芬芳气息去干蒸房，房中烧红的鹅卵石被水撩泼后产生的蒸汽与人体涂抹的香料味形成令人沉迷的感官享受。之后他们进入高温浴室享受极度蒸腾的热气带来的大汗淋漓；带着满足的神情再回到温水浴室。经历运动、流汗、放松、蒸腾、流汗后又一次进入放松程序——温水，这是最适宜于浑身冒汗后的身体修复。而后回到穹顶小屋，或冷水冲淋全身，或在游泳池中继续运动一番。最后在返回更

---

〔1〕〔英〕纳撒尼尔·哈里斯：《古罗马生活》，卢佩嫒、赵国柱、冯秀云译，希望出版社2007年版，第139页。

〔2〕〔英〕M.J.卡里、T.J.哈阿霍夫：《希腊罗马世界的生活与思想》，郭子林、曹彩霞译，大象出版社2012年版，第125页。

衣室之前，浴客们会在干燥室烘干身上的水分，由此结束令人难忘、痛快淋漓、身心享乐的洗浴过程。

不过，沐浴者很少就此离开浴场。实际上，过程繁复的洗浴只是公共生活的上半场，真正的公共生活还有下半场，即洗浴后的闲暇时光，这是罗马人最喜爱的街谈巷议时间。因为浴场有很多供客人们欢聚谈笑的休闲娱乐与社交聚会的场所。例如，有餐饮场所，有玩骰子和下棋的房间，有绘画及雕塑的艺廊，有朋友们可以聚坐谈心的谈论室。另外还有图书馆及阅览室，供音乐家演奏及诗人朗诵的大厅及供哲学家谈天论地的演讲厅。

作为社会进步和人类文明程度提高的一个重要标志，罗马洗浴事业的发展开辟了人类洗浴的新篇章。洗浴是罗马人文明生活的基本构成要素之一。在罗马，不仅城里人天天洗浴，乡下人也是如此。罗马人日益重视生活的质量，想方设法提高生活水平，而洗浴恰好迎合了他们的需要。在浴场里，普通公民可以尽情地消磨不用工作而节余下来的大量时间，同时也可以在这里高谈阔论、发表自己的政治见解或文学艺术作品，这些都标志着罗马人文明程度的提高。同时，经常洗浴也提高了罗马人的身体素质。

但是，罗马奢华洗浴事业的发展也有其消极的一面。罗马医学家盖伦（Galenus，公元129年~公元199年）认为，每日洗浴习惯的变化是罗马人向柔弱娇气发展的一个标志。一个罗马人的墓志铭即反映了这种状况，该铭文道："浴室、葡萄酒和性毁了我们的身体，可是要是没有了它们，活着又有什么意思呢？"[1]罗马历史学家李维在其著名的《建城以来史》中提到奢靡的洗浴之风对军队的严重影响："那些征服过艰难困苦的人被过分的舒适和享乐所毁灭……因为贪睡和嗜酒、宴会和妓女、洗浴和懒散，这些习惯使他们日益堕落。"[2]而罗马政治家塞涅卡（Seneca，公元前4年~公元65年）也认为，奢华的洗浴文化使罗马城邦公民道德沦丧、导致社会价值观蜕变。它引起人们对财富的追求，把物质财富看成高于一切。对此，瓦罗哀叹道："所有像我们这样的一家之长都放下了镰刀和锄头，躲进城市，我们在马戏场和剧院里挥舞双手，而

---

〔1〕　参见郭长刚：《失落的文明：古罗马》，华东师范大学出版社2001年版，第125页。

〔2〕　参见秦治国：《古罗马洗浴文化研究》，载《上海师范大学学报》2004年第5期，第109页。

不愿去照管谷物和葡萄园。"[1]

　　诚然，与世界其他古代民族文化一样，古罗马文化中也存在着被后人批评的一些糟粕，但这也是那历史时代背景下的产物与缩影，其隐藏在文化深层中的观念意识我们并未能完全理解。然有一点可以肯定，即罗马社会中公民的公共生活具象展现了罗马城邦的文化内涵，通过公共生活使公民无时无刻都处于这一文化形态的洗礼中，以传统习俗、宗教仪式、制度规范和竞赛娱乐等形式将其行为意识和价值观念固定下来，形成公民间的思想共识。如此，共和城邦的集体认同感与归属感便牢牢扎根于公民内心了。

---

〔1〕 ［古罗马］瓦罗：《论农业》，王家绶译，商务印书馆 2014 年版，第 133 页。

第七章　古罗马城邦社会法治理念

人民的利益即为最高法律（Salus Populi suprema Lex）。

——［古罗马］西塞罗《论法律》（De Legibus）

罗马人是一个崇尚法治的民族，是世界上最懂得使法律为自己意图服务的民族。

——［法］孟德斯鸠《论法的精神》

罗马人认为，法治是健全政府、公平交易和有序社会的保障。

——［英］诺曼·戴维斯《欧洲史》

罗马与希腊并称为古典世界的两大文化高峰，是与罗马法的辉煌成就联系在一起的。正如鲁道夫·冯·耶林——德国近代著名法学家（1818 年~1892 年）在其著《罗马法精神》中赞美伟大的罗马人以法律成就对世界的永久征服。罗马人法律思想的发展并非来自独立创制，而是与希腊文明的抚育分不开。希腊与罗马同出一源，皆为公元前 2000 年左右南下的印欧民族中的两支（一支进入希腊，一支则深入意大利），分开之前在制度、宗教、语言方面有着极大的共同性。此为后来的社会发展呈现出的相似性奠定了基础。光荣、辉煌的希腊为罗马人吸收其文化精粹提供了条件，罗马人则在希腊法律思想的践行中进一步提升，体现在法律思想上以自然法精神为内核，崇尚理性平等、追求正义公平、服从法律规则。正是罗马人对法律的认识与法律理念，以及作为一个"具有法律直觉的民族"，他们重视永恒的价值、重视个人的人格和彼此的关系、尊重法律、尊重权威，终使罗马人走向世界。同时，罗马法律思想中所拥有的理性、平等、正义、契约、权利等法律理念与价值追求，又使罗马法律对欧洲中世纪以至近代社会产生不可低估的重要历史作用。

一、古罗马法治思想理论

在西方文化中，法律思想和法治理念起源于古希腊城邦社会，而古罗马的法律精神正是在希腊文明的浸润中发展起来的；虽然法律是在罗马才第一次成为科学的主题，但在法治理念方面罗马依然是希腊虔诚的学生。法治（Rule of Law）主要是指"法律的统治"，其还包蕴着一些重要的价值内涵。这一点在曾任罗马执政官的著名政治家、法学家西塞罗（公元前 106～公元前 43 年）的著作《国家篇》，《法律篇》中体现得尤为明显。无论是写作采用的对话体例，抑或是所阐述的政治法律思想，都与柏拉图一脉相承，因此西塞罗本人也被称为希腊文化的传承者。美国著名政治学家萨拜因评论道："一种思想一旦能保存在西塞罗的著作里，那它就可以在全部未来的时光里为广大的读者保存下来。"[1]

西塞罗的法律思想得益于柏拉图良多，但也绝非对后者的简单移植。正如梭伦所说，他为雅典人制定的法律并非最优秀，而是最适合他们的法律。而以西塞罗为代表的罗马人所继承并进一步发展的法律思想也契合于古罗马共和时期的社会环境以及历史传统。围绕自然法精神这一内蕴核心，古罗马共和时代逐渐演绎出以理性、平等、正义、契约、服从法律等为特征的法治理念。

（一）自然法精神

自然法最早作为一种哲学思潮，可在赫拉克利特、苏格拉底、柏拉图以及亚里士多德等古希腊学者的著述中略见端倪，其后被斯多葛学派所继承。在希腊，人们认为按照自然而生活"是解脱粗俗人民的混乱习惯和粗野放纵而达到较高级的行为规律，这些规律只有有志者通过克己和自制才能加以遵守"[2]。随着罗马对希腊文化的接受和引入，这种自然式的生活哲学也立刻

---

〔1〕 [古罗马] 马库斯·图留斯·西塞罗：《论共和国》，李寅译，译林出版社 2013 年版，封底。
〔2〕 [英] 梅因：《古代法》，沈景一译，商务印书馆 1959 年版，第 32 页。

在新环境中获得了认同。不过与擅长抽象思维、喜欢理论漫谈的希腊人不同，务实的罗马人并未留恋于对自然法的哲学思辨，他们将自然法作为核心原则引入法律领域，以统御罗马法律以及法学研究。

以西塞罗的法律思想为例，他在借鉴希腊哲学思想的基础上对法律的本源和特质进行了新的阐释，按照自己的看法对理论知识加以验证、补充，进而对古罗马的传统进行有益的更新，使传统得以适应新的共和时代的现实社会环境。根据西塞罗的界定，"真正的法律乃是正确的规则，它与自然相吻合，适用于所有的人，是稳定的、恒久的，以命令的方式召唤履行责任，以禁止的方式阻止犯罪……不可能在罗马一种法律，在雅典另一种法律，现在一种法律，将来另一种法律，一种永恒的、不变的法律将适用于所有的民族，适用于各个时代；将会有一个对所有的人共同的，如同教师和统帅的神，它是这一法律的创造者、裁判者、倡导者。谁不服从它，谁便是自我逃避，蔑视人的本性，从而将会受到严厉的惩罚……"[1]法律与正义的本质是从哲学的最深层的秘密中推演而来的，其本源必须从自然中探寻。因此，现实中人们所制定的实在法，必须符合自然法的准则。依据西塞罗的表述，自然法精神可被归纳出三个特质：

第一，自然法是正义与非正义的分界线，永远体现着公平与正义。西塞罗认为，法律是一种自然力，是衡量正义与非正义的标准，人们必须从大自然中寻求正义的根源与基础，并据此对邪恶者予以惩罚，对善者施以保护。这里，自然法与实在法出现了明显区别，前者是正义与否的区别，而后者只是自然法并不完美的反映。因此，不是所有的实在法都是良法，若不符合自然法准则，即使决定出于人民的意愿，也依然不配被称为法律。据此西塞罗重新审视了当时希腊、埃及甚至罗马本身的法律，尖锐地批判了其中违背自然法的内容："人们根据有利原则为自己立法，因此由于习俗的不同而各不相同，在同一些人那里因时代变化而常常发生变化，自然法是不存在的，所有的人和其他动物在自然引导下都为自身追求利益，因此，要不根本不存在任何正义，要不如果可能存在什么正义，那也是最大的愚蠢，因为在关心他人

---

〔1〕〔古罗马〕马库斯·图留斯·西塞罗：《论共和国论法律》，王焕生译，中国政法大学出版社1997年版，第120页。

利益的同时必然要损害自己的利益"。[1]

第二，自然法具有最高理性。西塞罗认为，"法律乃是自然中固有的最高理性，它允许做应该做的事情，禁止做相反的行为。当这种理性确立于人的心智并得到实现，便是法律。"[2]在西塞罗看来，人被赋予了远见与智力，充满理性和谨慎，是众多不同种类的生物中唯一与神共有理性的，而且是共有正确的理性，这一正确的理性即是法。因此，人也与神共同拥有法，分享正义，服从同样的权威与制度，在此意义上，整个宇宙即可被视为一个共同体，人与神皆是这个共同体的成员。蕴含了智慧与理性的自然法可以自我矫正，其本身就是正确的，但实在法只有与自然相符时才是对的，而这种"相符"往往需经历理性的批判，通过不断的修正实现。罗马人接受了这一观点，在其后的岁月中，他们遵循理性选择的标准，不断根据经济社会的变化丰富发展出新的法律资源，赋予了罗马法持久的生命力。

第三，自然法是普遍的、永恒的。由于自然法本身即具备公平、正义以及智慧、理性，因此，它是与统治和守卫天地的神同在的，可以适用于所有国家、所有人类，也没有时代之分，不受空间、时间的束缚，并不随着成文法规开始或结束，仿若过滤器一般，消弭了人类社会的一切差别。因此，"真正的法律是与自然相一致的正确的理性之反映；它普遍地适用于所有人并且恒久不易"。[3]这无疑突破了希腊哲学中城邦思维的限制，甚至也远远超越了罗马国家的范围，为罗马万民法的创制提供了直接思想渊源。与普遍、永恒的自然法不同，实在法是某个国家或地区在一段时期内颁布施行的行为规范和准则，随着时间的推移和经济社会的变迁，其相对于现实总会存在一定的滞后性，即使在制定实行之初正确无比，其积极作用也可能逐渐减弱，因而需要依据自然法的原则进行补充与修订。

作为罗马法治理念的精神统率，自然法对法治理念的浸润无疑是显而易

---

〔1〕［古罗马］马库斯·图留斯·西塞罗：《论共和国论法律》，王焕生译，中国政法大学出版社 1997 年版，第 112 页。

〔2〕［古罗马］马库斯·图留斯·西塞罗：《论共和国论法律》，王焕生译，中国政法大学出版社 1997 年版，第 189～190 页。

〔3〕［古罗马］马库斯·图留斯·西塞罗：《论共和国论法律》，王焕生译，中国政法大学出版社 1997 年版，第 112 页。

见的：在盖尤斯（Gaius，约公元 130 年～公元 180 年）的《法学阶梯》中，其通过对《十二铜表法》、《市政裁判官告示》等整理、注释与评论，继承了共和时代自然法被作为法律种类的划分标准直接嵌入罗马法体系的传统，其含义被界定为"自然界教给一切动物的法律。因为这种法律不是人类所特有，而是一切动物都具有的，无论是天空、地上或海里的动物。由自然法产生了男女的结合，我们把它叫作婚姻，从而有子女的繁殖及其教养。的确我们看到，除人而外，其他一切动物都视为同样知道这种法则"。[1]不过，相比这种近乎浅显直白的示范作用，自然法更多的是退居幕后，作为最高精神原则与标准统御规制整个罗马法。"如果我们只计算那些肯定归属于斯多葛派教条的法律条文的数目来衡量斯多葛派对于罗马法发生的影响，这将是一个虽然很普通但严重的错误。"[2]自然法为罗马成文法所提供的远远不止于特殊论点的数量，更给予了后者一个基本假设，从这一意义上说，自然法无疑是罗马法治理念的精神内核及逻辑起点。

在自然法精神的浸润下，罗马社会不仅在公法方面提倡理性、自由、平等，也在私法方面强调平等、正义、公平。如果说雅典城邦巅峰时代伯里克利演说时的"法律面前人人平等"，表明的是在公私方面法的一体性原则，那么，在罗马则表现为私法从公法中分离，契约性加强，而这又反过来影响到整个罗马共和时代的法治理念建构。即使是罗马帝国时代也未妨碍流行这样的观念：皇帝是在人民的委托下才成为皇帝的，皇帝也要受到法律的制约。这无疑是一种契约法的意识，与东方皇帝口含天宪、出言为法形成了鲜明对照。同时，这也确实是文化历史的传承、影响的有力见证。与希腊时期相比，罗马法治理念在自然法精神的指引激荡下日益散发出理性、平等、正义的价值光辉。

（二）理性精神

理性成为高扬的法治理念，与自然法思想的传播有密切的关系。古罗马人从神（自然）的理性中，把握了理性思维，"人是由至高的神明（即自然或自然力量）创造的最完美的生物，人有预见能力、感觉敏锐、感情复杂、

---

〔1〕［古罗马］查士丁尼：《法学阶梯》，张企泰译，商务印书馆 1989 年版，第 6 页。
〔2〕［英］梅因：《古代法》，沈景一译，商务印书馆 1959 年版，第 32 页。

善于观察、能记忆、富有理性和智力，是所有生物中唯一具有理性能力的生物。在整个宇宙中，理性是最神圣的，当理性发展成熟、完善时，便被称为智慧。理性既存于人，也存于神（自然），所以理性是人与神（自然）共有的"[1]，并在城邦公共生活中坚持理性的法治理念。他们认为："法是上帝（神）贯穿始终的意志，上帝（神）的理性依靠强制或者依靠约束支配一切事物"。[2]由于神把法赋予了人类，因此，"法是明智的法典制定者应用于支配和禁止方面的理性和意志"。[3]而且，罗马人还认为："理性的存在，起源于宇宙的天性，它驱使人们从错误的行为转向正当的行为，因此，真正的和原始的应用于支配和禁止的法就是最高的朱庇特的正当的理性。"[4]后世研究者认为，罗马法是"写下来的理性"[5]。伯尔曼则在其著《法律与革命》中评价："罗马法的敕令和解答，无论是单个的或整体的，都构成了在罗马法学家自己心目中绝没有构成的一种书面自然法，一种书面理性，他们将罗马法连同《圣经》、教父著述以及教会的法律一起视为神圣的典籍。"[6]

理性精神在罗马公民社会的高扬首先体现在罗马法律以及法学研究领域。只要大致浏览过罗马法文本的人，即使其并不具备专业的法律知识，也能轻易感受到罗马法概念术语之规范、法律内容之详实、分类模式之科学以及体系构建之完备。通过与近现代法学经典文本的对比我们可以发现：罗马法内容丰富广博，可谓包罗万象，特别是私法部分对重要经济社会关系如人格权制度、物权制度、债法、契约制度等几乎均有所涉及，为后世提供了直接可利用的术语体系；罗马法将法律划分为公法和私法的分类方式，也获得了时人与后世学者的普遍认同；正是古罗马城邦大规模的公民社会实践促使城邦执法官、法学家们对法律制度和关系进行抽象。"法典自身就是高度理性的体

〔1〕［古罗马］马库斯·图留斯·西塞罗：《论共和国论法律》，王焕生译，中国人民大学出版社 1994 年版，第 192 页。

〔2〕西方法律思想史编写组：《西方法律思想史资料选编》，北京大学出版社 1983 年版，第 76 页。

〔3〕西方法律思想史编写组：《西方法律思想史资料选编》，北京大学出版社 1983 年版，第 77 页。

〔4〕［古罗马］马库斯·图留斯·西塞罗：《论共和国、论法律》，王焕生译，中国人民大学出版社 1994 年版，第 218 页。

〔5〕［美］阿伦·沃森：《民法法系的演变及形成》，李静冰、姚新华译，中国政法大学出版社 1992 年版，第 34 页。

〔6〕［美］哈罗德·J. 伯尔曼：《法律与革命——西方法律传统的形成》，贺卫方等译，中国大百科全书出版社 1993 年版，第 169 页。

现"，[1]充分彰显了罗马共和时代的理性精神。正如恩格斯所言，罗马人的"主要兴趣是发现和规定那些作为私有财产的抽象关系的关系"，是罗马法"最先制定了私有财产的权利、抽象权利、私人权利、抽象人格的权利"[2]。

除了法律与法学的发展，罗马人在社会矛盾的调和方式上也始终具有理性精神。一方面，正是出于对理性精神的推崇，平民在与贵族的斗争中，坚持以有理有节的策略去获得公民权利，并赢得第一回合胜利，于公元前451年~公元前450年制定了具有历史意义的第一部成文法——《十二铜表法》。以后通过一系列的法律，平民不仅在经济上获得了独立，而且拥有了完全的立法权，享有与贵族通婚的权利，成功提高了自身的政治与社会地位，成为国家真正的主人。另一方面，在如何处理罗马公民与非公民之间的法律权利上，也正是在理性的指引下，罗马人不同于希腊城邦实施封闭于公民团体的法律，而是以万民法建立起适用于共和时代统一的意大利半岛及进一步扩张的广阔疆域中的法律，即无论是罗马人还是异邦人，他们共同拥有法律和各项权利，分享着公民社会的利益。这使罗马人比希腊人走得更远，能有效管理疆域广袤的国家，并在理性法治原则下长期稳健发展，最终实现其引以为傲的"罗马统治下的和平"。

（三）平等观念

罗马法治理念中的平等有其特殊的含义。西塞罗曾指出："由于法律是联系公民团体的纽带，通过法律实施的正义对所有人相同，所以，如果公民中没有平等，那么什么样的正义能够使公民团结在一起？如果我们不同意平均人们的财富，而人们的内在能力又不可能平等，那么至少同一国家的公民拥有的法律权利要平等。"[3]正如西塞罗所说，在财产和能力方面，公民不应该也不可能完全平等。因此，所谓权利平等就是法律上的平等权利。在现实和理性思想的指导下，罗马法治理念中的平等观念是一种等级平等。因此，罗马人认为最大多数的人不应拥有最大的权力。唯有这样，公民的权利、义务

---

[1]　江平：《罗马法精神与当代中国立法》，载《中国法学》1995年第1期，第19页。

[2]　《马克思恩格斯全集》第1卷，人民出版社2008年版，第382页。

[3]　[古罗马]马库斯·图留斯·西塞罗：《论共和国论法律》，王焕生译，中国人民大学出版社1994年版，第46页。

和职权才能处于均衡状态，才能保证公民内部团结一致，促使国家稳定持久。

罗马人对平等观念的坚守在共和制中就能反映出来。罗马人视这一制度是优于普通政体的混合政体，因为它的构成是"包含卓越的王权所固有的因素，一些显要的公民也掌握一定的权力，某些重要的事务则留给人民来审议和监督"。[1] 这样的政体避免了"在王政下，臣民们的司法权和审议权微乎其微；在贵族制下，民众几乎不能享受自由……当所有权力落到人民手中时，即使他们主持公正，使用权力得当，但由此而产生的平等本身也是不平等的，因为它抹煞了等级的区别"。[2] 这样，共和国由于处于法治原则之下，方能实现各阶层的权利平等。同时，平等观念又是在罗马平民与贵族的斗争中孕育的。平民以争取平等为口号与贵族进行着长期的斗争，他们不仅要求经济上的平等，也要求政治、宗教以及社会各方面的平等。如公元前287年《霍滕西亚法》（Lex Horatius）实施，在法律上确认了平民会议决议对全体罗马公民具有平等效力。正是在一次次的法律颁布中，平民获得了平等的政治权、经济权，也使法治理念中包涵的平等精神得以强化。

平等观念在罗马的坚守得益于罗马共和城邦的社会经济结构。一方面，作为罗马共和早期的城邦经济基础，小农经济赋予了平等以真实性。在法治理念的指引下，平等在现实中也是可以为普通公民所触摸的。在罗马对外征服过程中，由于罗马城邦实行的是兵民合一的公民军制度，因此每个公民作为一名士兵，每件战利品都有其一份；而每一次胜利所获的土地，是在罗马公民中进行分配，且参战者与未参战的城邦公民享有的数量按照法律规定是平等的。这表明了他们是为城邦而战，并享有法律规定下的平等分配。正是由于法的平等所赋予的土地——公民——军役——土地的结合，城邦的生死存亡与每个公民都是休戚相关的。因此公民具有高度的责任感，并树立了以"罗马公民"的权利为最高准则的道德感，从而为罗马城邦的发展奠定了基础。另一方面，在对外扩张中日益繁盛的商品经济也促使了平等精神进一步根植于罗马人的法治理念中。商品交换必须根据商品的价值来进行，而价值

---

〔1〕 施治生、郭方：《古代民主与共和制度》，中国社会科学出版社1998年版，第339页。

〔2〕 ［古罗马］马库斯·图留斯·西塞罗：《论共和国论法律》，王焕生译，中国人民大学出版社1994年版，第43页。

体现了一切人类劳动的"平等和同等效用"。[1]同时，在处理法律纠纷时，面对公民法（市民法）难以解决广阔共和疆域内现实复杂的问题时，普遍适用于罗马共和制城邦治理范围内一切自由民的法律——万民法成为罗马人、非罗马人共用的法律，任何人都平等地适用于相应的法律规则。正是在多重因素的作用下，平等成为罗马法治理念的核心要素。

（四）正义原则

在当今罗马城的罗马法院广场上，静静肃穆地矗立着一座古罗马正义女神（朱斯提提亚，Justitia，由法律 jus 一词而来）。她一手执宝剑（代表正义），一手执天平（代表公平），双眼蒙布（表示审判要用心灵来观察，不受先入为主的偏见左右），雕像背后刻有一句简洁的古罗马法律格言："为了正义，哪怕它天崩地裂"。这座雕像的意义即蕴涵着正义女神就是法律的化身，法律就是公平和正义！

在罗马法治理念中，正义也是法学思想理论与现实实践的构成要素。尤其在斯多葛派思想的影响下，法治理念不可或缺的内容就是正义。罗马人对正义的执着一方面源于其对法律的认知，另一方面则是处在商品经济环境下的理性选择。

在罗马人看来，"正义是给予每个人他应得的部分的这种坚定而恒久的愿望。"[2]而法律之目的就是确定权利与保护权利。因此，法律代表公正，不公正不能成为法律，而且不公正的法律有损于公民的权利、幸福、安宁以及国家的繁荣。对此，西塞罗曾指出，法的作用就是确立正义和非正义的界限，法的公正就是对邪恶的惩罚，对善良的保护。"应该把源于公正的义务置于科学研究和源于知识的义务之上，因为源于公正的义务关系到人们的利益，对人来说没有什么比这种利益更重要了。"[3]因此，在罗马共和政制下，元老院虽可通过立法权赋予其决议法律效力，但在立法创制之时，他们必须遵循公正、正义的原则，以避免对国家利益的侵害；同样，如果公民违反正义原则，

---

〔1〕《马克思恩格斯全集》第3卷，人民出版社2008年版，第145页。

〔2〕［古罗马］查士丁尼：《法学总论：法学阶梯》，张企泰译，商务印书馆1989年版，第5页。

〔3〕［古罗马］马库斯·图留斯·西塞罗：《论义务》，王焕生译，中国政法大学出版社1999年版，第149页。

通过有损城邦的决议，此也不能被称为法律。

此外，罗马商品经济的环境也使正义理念得以强化。因为在罗马简单商品经济时代，人类的合作既可能又是必需的，只有通过社会合作，才能使个体过上一种比各自努力、单独生存更好的生活，这使他们有了利益的一致性。然又由于个体不会对合作产生的利益无动于衷，这必然又存在着利益的冲突。结果，就必须由正义原则来指导人们在决定利益划分的各种社会安排中进行选择，依靠法的正义原则签署恰当的分配份额的协议。因此，在罗马城邦公民社会生活的熏陶下，公民尤其是法学研究者们普遍认为法不仅是正义、公平、公道的表现，也是美德、善良、诚实的体现。如西塞罗认为正义的"法的准则是，诚实生活，不犯他人，各得其所"。[1]法学家乌尔比安（约公元170年~公元228年）在对罗马共和时代的法律解释与研究中提出法是"有关正义和非正义的学问"。[2]他认为"致力于法的研究的人首先应该知道'法'这个称呼从何而来。法其实来自正义。实际上，就像杰尔苏（法学家）非常优雅地定义那样，法乃善良和公正的艺术"。[3]法学家的主要任务之一，就在于运用他们的智慧，以实现正义而避免不公。这些认识皆含有法之正义的道德准则。

罗马法学家认为："所谓正义，主要地不是关于实际规则的对或错。人类的正义，是要求同样的事情，按同样的规则来处理，而且，这种规则应能适用于一切人，适用于一切人与生俱来的本性。"[4]这种认识不仅指出在法律面前人人平等，而且蕴涵着正义就是法律、公平、平等。故基于对正义的理解和诠释，法学家西塞罗等人坚定地认为："法制给人民带来最大程度的安全保障。"[5]

在共和国的公民生活、商品经济以及罗马法学家的共同实践与理性思考的促动下，罗马法治所汲汲追寻的正义原则，于古希腊城邦思想的基础上进一步升华为公民现实生活的基本准则，同时也被视为法治理念的最高道德原则。正如西塞罗所说，"一切违背公正的不幸更违背自然，唯有公正这种美德

---

〔1〕 ［意］彼得罗·彭梵得：《罗马法教科书》，黄风译，中国政法大学出版社1992年版，第5页。

〔2〕 桑德罗·斯奇巴尼选编：《民法大全选译·法与正义》，黄风等译，中国政法大学出版社1992年版，第3页。

〔3〕 查士丁尼：《法学阶梯》，张企泰译，商务印书馆1989年版，第6页。

〔4〕 参见余定宇：《寻找法律的印迹》，法律出版社2004年版，第55页。

〔5〕 诺曼·戴维斯：《欧洲史》（上），郭方等译，世界知识出版社2007年版，第143页。

是一切美德的主人、女王。"〔1〕不仅如此，罗马法治理念的正义原则也为后世所推崇。雨果·格劳秀斯曾对此作了高度评价："对有教养之人而言，没有什么比研习法律更为值得。首先研习的是将人与人、国与国维系起来的法律；其次才是学习我们祖国的法律，研习一点也不在于绝大多数民族所采用的罗马法，而在于罗马法最值得研习的首先是这么伟大与持久存在的罗马帝国的经验所形塑与完善的万民法。法律之衡平如此显现于罗马法的几种汇编之中，特别是体现在契约与不法伤害之中，因此，罗马法之所以胜利并得以在诸民族之中通行而非借助武力征服，仅仅在于罗马法的内在正义之品格。"〔2〕

（五）契约观念

在理性、平等和正义等法治理念的激荡下，罗马共和城邦不论是在宏观调整国家与公民关系上，还是微观协调公民相互关系上，都以法律为准绳。这深刻地表现为：古罗马人视契约规则为基本法治理念之一并予以严苛遵行。

任何法律，要被人们遵行并成为规范社会关系的准则，必须涵化为主体的精神需求，而这正是与罗马的对外发展以及商品经济的发达互为因果的。在拉丁文中，法律（Lex）意为"束缚"或"束缚之物"。而构成了罗马法律基础的另一个相同概念是"契约"（pactum）是指两个团体自愿达成的协议，无论它是出于商业的、婚姻的，还是政治目的。在罗马商品经济的条件下，契约关系不仅广泛存在于私人之间，而且当时由政府专营的粮食，也通过与政府签定契约的商贩进行购运。这皆促使法律对契约的主客体进行规范。随着契约法律制度的不断完善，法治理念中的契约规则逐渐演化为罗马人坚定的法律信仰。

作为统摄罗马法的基本精神之一，契约性贯穿于罗马共和制度与公民社会的政治、经济、个人与家族、个人与社会等方方面面。例如在政治上，无论国家与个人都受到法的约束，两者的关系是契约性的。罗马人认为是公民把最高权利授予了国家；国家虽拥有立法权，是法的制定者，但所制定的法律既制约着个人，也制约着国家。到了帝国时代，即使在皇帝独揽大权的情

---

〔1〕　[古罗马] 马库斯·图留斯·西塞罗：《论义务》，王焕生译，中国政法大学出版社1999年版，第269页。

〔2〕　苏彦新：《近代西欧大陆私法的历史基础》，华东政法大学2010年博士学位论文，第3页。

况下，皇帝的法权仍然被认为来自人民。如罗马法学家乌尔比安说："皇帝的意旨具有法律效力，因为人民通过国王法的一段话把自己的全部权利授予了他。"[1]这说明在契约思想的影响下，皇帝的意志虽代表法，但如果没有人民的授予，皇帝也是不能行使法的意志的。

又如，法的契约精神在军队中表现为宣誓制度。通过宣誓，每个士兵就等于将自己的一切交给了国家，任何处罚与奖赏乃至生与死皆是国家法律意志的表现。因此，可以说罗马士兵的英勇善战也是与法的契约精神密切相连的。

再如，在经济生活特别是商品经济的发展进程中，法的契约规则与精神扮演了至关重要的角色。罗马法将契约定义为"一项契约是两个或更多的人之间就契约规定的作为所导致的同一效果达成意思合致的协议"。[2]它意味着双方是自由与平等的，但在契约规则之下都受到约束，并必须为此承担相应的义务和责任，从而避免了个体基于利益驱动而实施的无序行为，并为公民的合法权益提供了救济渠道，使商品经济运行于规范性、秩序性的轨道。因此，无所不在的契约精神使罗马公民视法治为社会生活的保障，也使契约成为反映人与人关系的法治准则。

值得一提的是，罗马人的契约观念中暗含着"意思自治"原则，这也是罗马法的特质之一，并对后世民法的发展起到重要作用。所谓"意思自治"，是指法律主体以不侵犯他人合法利益以及社会利益为前提，能够不受外部他人胁迫、欺诈之干涉，依据自己的独立意志作为或不作为。而罗马法中的契约制度，特别是诺成契约，十分重视双方当事人的"合意"，只有当二者按照自己的意志同意之后，契约才具有法律效力，为法律所保护。因此，在口头契约、实物契约、简约和协议等契约制度中，基于意思自治原则的当事人自主设权行为是为罗马法律所承认的，并且该原则也为现代法律所完美承袭，被奉为现代市场经济的基本准则之一。

（六）"服从法律"的信仰

罗马是一个从思想和行动都十分崇尚"法治"的民族。据李维《自建城

---

〔1〕［意］桑德罗·斯奇巴尼选编：《民法大全选译·法与正义》，黄风等译，中国政法大学出版社 1992 年版，第 35 页。

〔2〕 江平、米健：《罗马法基础》，中国政法大学出版社 1987 年版，第 236 页。

以来》记载，罗马建城之初，罗慕路斯即颁布了法律，这是"因为除了法律，没有任何其他东西能使民众聚合为一个人民整体"。[1]西塞罗有一句名言："我们是法律的女仆，以便我们可以获得自由。"他认为受法律统治的城邦官员治理着共和城邦，他们是会说话的法律，而法律则是沉默的官员。对此，顾准先生曾戏称罗马人是"法律呆子"[2]。罗马法治继承希腊传统，仍然信仰"服从法律"，为欧洲的法律文化传统夯实了基础。

西塞罗曾指出："国家乃人民的事业，但人民不是人们某种随意聚合的集合体，而是许多人基于法的一致和利益的共同而结合起来的集合体。"[3]"生活幸福体面的公民的联合体，正是人们汇聚一体的原初的目的，在他们的共和国里，应当部分通过确定的风俗习惯并部分通过法律来实现这一目的。"[4]他不仅将一致的法律和共同的利益视为国家共同体形成的基础，而且还指出法律是人们行动的最基本的准则，国家建立法律的主要目的是为了保护个人的财产权。对政府官员而言，"他们应当尽自己最大的努力，通过公证的执法和公平的判决使每个人的财产所有权得到保护，使穷人不因其无助而受压迫，使妒忌不挡富人的路，阻碍他们保持或重新获得理应属于他们的那些财产的所有权"。[5]在西塞罗看来，在共和国的管理中，执政官具有十分重要的地位，其职责在于领导和发布正确的、有意义的与法律相一致的政令。因为执政官依法对人民进行统治，因此人民必须服从执政官的指令，他甚至形容："在法律范围内，反对执政官就是反对上帝。"[6]其实，他的这句话实际要说明的是法律乃真正的统治者——法治，在法治之下人民服从执政官，因为执政官同样服从法律。西塞罗曾告诫执政官："一个行政长官特别要记住的是，他代表国家，他的责任是维护国家的荣誉与尊严，执行法律，使所有的公民

---

〔1〕 〔古罗马〕提图斯·李维：《自建城以来》，王焕生译，中国政法大学出版社2015年版，第15页。

〔2〕 《顾准文集》，贵州人民出版社1994年版，第35页。

〔3〕 〔古罗马〕马库斯·图留斯·西塞罗：《论共和国论法律》，王焕生译，中国政法大学出版社1997年版，第39页。

〔4〕 〔古罗马〕马库斯·图留斯·西塞罗：《国家篇法律篇》，苏力、沈叔平译，商务印刷馆1999年版，第114页。

〔5〕 〔古罗马〕马库斯·图留斯·西塞罗：《西塞罗三论》，徐弈春译，商务印书馆1998年版，第208页。

〔6〕 参见王哲：《西方政治法律学说史》，北京大学出版社1986年版，第56页。

都享受到法律所赋予他们的权利，不忘记所有这一切都是国家托付给他的神圣职责。"[1]从这方面而论，全体公民包括执政官在内，在法律面前都是平等的，即他们都服从于法律，任何人不享有法律之外的特权。

这种观念并不是一句口号或者空谈，而是被罗马人通过实际行动予以贯彻的。一个典型的事例是，公元前340年，罗马执政官托克瓦突斯（Torquatus）下令处死自己的儿子，因为他无视父令，在罗马军团阵形之外与敌军指挥官进行单独决斗，虽然获得了胜利，但却违背了任何人不可在军团阵形之外与敌军作战的严格禁令。用一句罗马的法谚形容，即"遵守你自己制定的法"[2]。此原则后来在公元前67年考耐里亚法（Lex Cornelia de iurisdictione）中以法律的形式被确定下来，并且查士丁尼《学说汇纂》中也有一编"为别人制定的法律，自己也必须遵守"提及了该原则，强调法律创制权的拥有者与其他罗马人民一样必须履行遵守法律的义务。

随着屋大维建立元首制，共和阶段结束，罗马进入帝国时代，但此时服从法律的信仰在罗马仍深入人心。如罗马皇帝狄奥多西（公元346～公元395年）在写给地方长官沃鲁西亚努斯的信中说："如果君主自愿承受法律的约束，这是与一个统治者的尊严相称的说法，因为甚至我们的权威都以法律的权威为依据。事实上，权力服从法律的支配，乃是政治管理上最重要的事实。"[3]东罗马皇帝查士丁尼（公元482～公元565年）也曾说过："皇帝的威严光荣不但依靠兵器，而且须用法律来巩固。"[4]从他们的言语中，我们可以感知遵从法律、服从法律对于罗马人的意义，即使贵为帝王，也要表示出对法律的敬畏。

罗马人是一个"有法律直觉的民族"。故罗马人在法治理念的培育下，视服从为美德，"因为你服从于诸神，所以你能统治世界"[5]。正是对法的服从，使罗马人重视种种永恒的价值、重视个人的人格和彼此的关系、尊重权威，

---

〔1〕［古罗马］马库斯·图留斯·西塞罗：《西塞罗三论》，徐奕春译，商务印书馆1998年版，第147页。

〔2〕［意］罗尔夫·克努特尔、涂长风：《古代罗马法与现代法律文明》，载《比较法研究》2002年第4期，第114页。

〔3〕［意］《阿奎那政治著作选》，马清槐译，商务印书馆1993年版，第123页。

〔4〕杨振山主编：《罗马法·中国法与民法法典化》，中国政法大学出版社1995年版，第18页。

〔5〕［美］R. H. 巴洛：《罗马人》，黄韬译，上海人民出版社2000年版，第238页。

从而使罗马人走向了世界。

综上所言，罗马法律精神与法治理念的构筑承袭于希腊政治学、哲学思想，得益于罗马法学家的贡献，立足于罗马本土环境。这是一个内容丰富的价值体系，它以自然法精神为内核，发展出一系列诸如平等、公平、正义、契约、服从法律等理念。众所周知，罗马人尊重法律，信任法律，甚至信仰法律；但确切地说，他们信仰的并非法律本身，而是隐藏于其中的罗马法律精神与法治理念。因此，他们相信法律符合自然法准则，相信法律是对公民个人权利的保护和对自由的拯救，也相信可以依靠法律以调整社会关系，规范行为，调和矛盾，以及治理国家。可以说，正是法律精神与法治理念作为灵魂赋予了罗马法持久的生命力，无论对罗马国家还是后世均有着无与伦比的社会意义和历史价值，是西方文化中最深厚的软实力。

二、法治理念源于城邦的社会因素

古罗马的法律思想和法治理念内生于共和时期公民社会文化生活，它与城邦宗教、传统风俗、经济政治历史发展密切相关，通过长期的城邦社会公共生活内化于公民的行为准则中，即使身为公民贵族也会自觉服从法律的审判。

日本作家盐野七生曾记述了这样一则故事。公元前42年，罗马城战云密布，为了替遭遇刺杀的终身独裁官（dictator perpetuus）恺撒复仇，恺撒的养子屋大维与恺撒的得力干将安东尼，正筹划对暗杀恺撒的首谋者布鲁图斯与卡西乌斯作战。所谓兵马未动粮草先行，战争所需物资的筹措是交战双方将领首要面对的问题。对已逃亡至希腊地区的布鲁图斯派而言，可直接从富庶繁荣的东方地区征收特别税以供战争开支；但恺撒派所要解决的问题更为棘手，因为根据法律规定，在罗马本土不可随意向罗马公民征收税金。无奈之下，屋大维与安东尼将目光瞄准了罗马妇女，他们以妇女也应共同承担国难为由，宣布向经过挑选的1400位罗马已婚贵妇征收特别税。这一决定遭到罗马妇女坚决抗议，她们一致决议提起诉讼，要求撤回这项无法为依据的措施。在没有男性律师愿意挺身而出施以援手的不利情况下，妇女们决定依靠自己，推举荷尔登西亚担任辩护。荷尔登西亚出身名门，其父与西塞罗并称为"法界公子"，曾担任执政官一职。虽然罗马共和时代并未有女性出任辩护律师的先例，但在罗马人看来，荷尔登西亚身为一流律师的女儿，尽管没有实践经验，但其在家庭生活中所受的法律熏陶也足以放手一搏。事实也的确如此。荷尔登西亚辩称，没有权利就不该有义务，女性未有被赋予担任公职的权利，因此没有义务缴纳强制征收的税金。最终，这场全罗马为之瞩目的审判以妇女们的胜诉告终。[1]虽然史料中未有记载屋大维与安东尼是否出庭，但对于判决结果，这两位罗马的当权贵族应该是相当无奈但又不得不遵守。由此可见，法治理念推崇的服从法律、平等、公平等精神，是融化于城邦公民社会政治生活中的。

从罗马王政时代到共和时期所产生的法律思想和法治理念而论，其主要源于以下主要社会因素。

（一）神话宗教与法律的联姻

法学家伯尔曼在其著《法律与宗教》中曾论道："宗教是人们的一种内心确信，是人们关于社会生活的终极意义和目的的直觉知识以及对终极意义的个人信仰。"[2]在生产力水平极其低下的人类社会早期，由于认识能力有限，"人们对于持续不变的或定期循环发生的一些活动只能假用一个有人格的代理人加以说明"[3]，进而将这一代理人神圣化后成为所信仰的诸神，人类社会的一切秩序、规则甚至于人类本身都为神所创造的。可以说，人类所有的早期文明均带有浓厚的宗教神话色彩，整个人类文明进步史其实就是一部自然祛魅史。而作为人类社会产物之一的法律也无例外地摄取了宗教的精神力量，古希伯来法、古印度法、古巴比伦法、伊斯兰法等无一不受到宗教的影响，即使被视为人类理性体现的罗马法也始终浸染着宗教的神韵。罗马法与宗教的联姻赋予了罗马法神圣色彩，继而使人们在出于民族精神传统而对法律尊崇有加的同时又增添了敬畏。从这一意义上说，宗教无疑是解读人类法律尤其是西方法律传统的锁钥与宝典。

自罗马诞生至共和时期，罗马法是和多神宗教结合在一起的。多神宗教

---

〔1〕［日］盐野七生：《罗马人的故事》第1卷，计丽屏等译，中信出版社2011年出版，第220页。

〔2〕［美］哈罗德·J.伯尔曼：《法律与宗教》，梁治平译，中国政法大学出版社2003年版，第3页。

〔3〕［英］梅因：《古代法》，沈景一译，商务印书馆1959年版，第2页。

信仰是建立在万物有神论基础上集上古神话、原始哲学、初民社会习俗规范以及伦理道德于一体的原始宗教。在生产力水平低下的原始社会，人们面对难以捉摸、解释甚至控制的自然，会情不自禁地报以敬畏的态度。对于人类自身的生老病死，以及自然界的特殊现象，无法理解的人们只能想象皆是由某种神秘的力量所掌控，这一神圣的魔力经具象化后成为与人类似的，具有灵魂、意志与情感的神灵。由此，人们创造出了一个瑰丽奇异的世界，并通过神话传说的方式加以描述、流传；同时，这种神话传说亦是早期人类社会生活以及思想、情感的反映，是宗教的主要来源。

罗马人信奉的神明繁多。他们相信，世间的任何人、行为以及事物，乃至正义、美丽、和谐等美德都有其主管的神祇。"万物有灵"的信仰是罗马人一直保留的宗教思想。因此，在希腊宗教与神话的影响下，他们供奉着形形色色的神灵，如土地神拉尔（Lares）、森林和原野之神皮库斯（Picos）、家神佩纳特斯（Penates）、播种神撒图尔努斯（Saturnus）、酒神立柏尔（Libaier）、花神弗洛拉（Flora）、丰收女神克雷斯（Cress），等等。在众多神祇中，对于罗马人而言最为重要的莫过于朱庇特（Jupiter,）、朱诺（Juno）、弥涅瓦（miniewa）、维纳斯（Venus）、马尔斯（Mars）以及维斯塔（Vesta）和雅努斯（Janus）七位主神。朱庇特是罗马的天神，相当于希腊神话中的宙斯，亦是光明之神，罗马人为战胜归来的将领所举行的凯旋仪式就是借用了纪念朱庇特的宗教仪式；朱诺是罗马神话中的天后，亦是婚姻女神、妇女的保护神；弥涅瓦与维纳斯分别是罗马的技艺女神与植物女神，维纳斯还被视为罗马人的女始祖；马尔斯则司战神之职，其所持盾牌象征着对罗马国家安全的保护，因此，战时罗马军队集合的广场即被命名为马尔斯广场；维斯塔是罗马的灶神与火神，受到家家户户的供奉，不仅护佑家庭和睦，而且保证国家的幸福；而门神雅努斯则是一切通道、门户的守卫者，也是所有事物开始的神，罗马人无论从事何种活动，必先向其祷告。

在罗马人的意识观念中，神祇与城邦公民有着极其紧密的思想、精神和心理联系，罗马人本身即为神灵的直系后裔。古罗马诗人维吉尔（Publius Vergilius Maro，公元前70年~公元前19年）的著名诗作《埃涅阿斯纪》（Aeneads，又译为《伊尼特》，Aeneid）讲述了罗马起源的传说。爱神后裔、特洛伊王的女婿埃涅阿斯在特洛伊城沦陷后带着老父、幼儿、随从等少数人侥幸逃离；

一路沿海岸航行，漂泊七年后到达迦太基，与迦太基女王产生了恋情。不过为了执行神的意志，在诸神的指引下，埃涅阿斯一行人又继续沿意大利西岸北上，经过南意大利、西西里等地，最终到达拉丁姆海岸，并定居于此，其后人所建立的新城即为罗马的前身。而罗马城的建立者，首位国王罗慕路斯则是埃涅阿斯的后裔，亦是战神马尔斯之子，恺撒与屋大维所属的尤里乌斯一族亦与埃涅阿斯有着血缘传承关系。

庞大的神灵世界与宗教孕育了罗马公民独特的精神思想、思维方式以及公共生活，也是城邦公民的法治理念及其价值认同萌芽的温床。对罗马人来说，神祇并非高居于九重天的神殿，而是他们的邻居。因此，如何处理与神灵的关系成了罗马人必须慎重对待的问题，因为这关系着罗马城邦的兴衰。而法律则恰为双方的和谐相处提供了必需的秩序与规则。为了遵守这种秩序与规则，罗马宗教强调对仪节程式和规戒的严格执行，如祭祀朱庇特与朱诺须分别由佛拉门祭司团的祭司以及祭司之妻主持，献祭所用的祭品须区分公母等；如此便强化了罗马城邦公民在集体生活秩序中对行为规范的认同与遵循。具体而论，罗马神话宗教与法律的紧密联结体现在：

首先，从起源上看，最初法律、宗教与道德是三体合一的。历史上罗马曾将法律区分为"神法"（Fas，神的法律）和"人法"（Jus，人的法律）。在拉丁语中"jus"还有权利、正义、义务、审判等含义。"神法"是从人与神的关系的领域以及一些被置于神的保护下的关系的领域中提炼出来的，[1]调整的是人与神的关系或涉及神的事务。"人法"则相反，它调整的是罗马共同体成员间的世俗关系。虽然涵义截然不同，但二者作为法律概念却是同一时期出现的，而且罗马人自己也无法弄清其应严格归属于法律、宗教抑或是道德。因为此时人们还难以将法律、宗教和道德进行明确的区分。不过获得公认的是，"神法"与"人法"具有相同的起源，即 Mores，这是"最古老的调整共同体成员间的关系以及他们与上述共同体的关系、共同体的行为以及共同体的一些单个成员的行为与神的关系的指导性的习惯"[2]；也就是说，

---

〔1〕 F. Serrao, *Law in Classical Period*, *Political Parties and Laws in the Republic of Rome*, Pisa: Centrale Pisa University Press, 1974, p. 18.

〔2〕 ［意］阿尔多·特鲁奇：《宗教和宗教规范对罗马法的影响》，徐国栋译，载《法商研究》1996 年第 3 期，第 1 页。

私法、公法、宗教和宗教法的行为规则均可导源于此。由此可见，罗马王政时期的法律、宗教和道德三体合一，共存于实体法中。

其次，从法律权力的掌握者看，他们通常也是神权的支配者。王政时期，罗马国王不仅享有管理城邦的治权，还可以通过制定法律及颁布君王谕令参与立法。同时，罗马王也担任城邦的大祭司，主持宗教事务。此外，负责城邦祭祀活动的祭司团成员也是立法事务的参与者，他们不仅是历史遗存下来的传统法律资料的保存者，更垄断了法律事务的解释权。其是当时罗马社会为数不多的拥有丰富法律知识的特殊阶层，掌管着多数法律事务。例如，大祭司的僧侣团体保管历书并确定举行审判的日期、有权召集人民大会，而诉讼、婚姻和交易等法律活动多通过他们来负责。这表明，此时期罗马以法律为代表的世俗权力还受制于神权，世俗的活动还受到与神的关系的规范调整，而祭司与僧侣凭借对法律解释的垄断权使宗教凌驾于法律之上。

再次，从法律渊源上看，宗教规范是罗马法律的重要来源之一。对于罗马人来说，法律不仅是调整人们"人与神共处"的地方，"神明居住在我们自己居住的城里，一切事物均由神明统治和管理，一切均按神明的决定和意志而变化。"[1]为了求得神明庇佑以保罗马城邦长盛不衰，每一个罗马公民都有义务维持与神的和平，反之则将受到严厉的制裁。因此，在王政时期，宗教规范作为重要渊源被引入法律。一方面，人们"在涉及城邦事务的场合，总具有博得神好感的目的"，[2]通过祭祀、礼拜等方式取悦神灵，维护人与神之间和谐平稳的关系。另一方面，宗教规范为人们设置了行为禁忌，即"约束和调控人们行为的宗教规范，是调整人与神的关系的最原始的法，也是宗教仪式和习惯的重要组成部分，人们一旦违反了禁忌必遭到神灵的惩罚"。[3]而为了求得神灵宽宥进行的惩罚，或者说是法律责任的承担方式，就是具有赎罪意义的献祭。对此，法国人类学家马塞尔·莫斯（Marcel Mauss，1872年~1950年）与法国社会学家昂利·于贝尔（Henry Hubele，1872年~1927年）

---

〔1〕 ［古罗马］马库斯·图留斯·西塞罗：《论共和国论法律》，王焕生译，中国政法大学出版社1997年版，第22页。

〔2〕 F. Serrao, *Law in Classical Period*, *Political Parties and Laws in the Republic of Rome*, Pisa: Centrale Pisa University Press, 1974, p. 18.

〔3〕 金泽：《宗教禁忌》，社会科学文献出版社1998年版，第191~195页。

在二人合著的《献祭的性质与功能》一书中论述道："人们在献祭中找到了回归被打乱的平衡的手段。他们用赎罪从社会谴责和错误后果中拯救了自己；他们分摊利用了社会保留给自己的那些东西；他们取得了使用他们的权利。社会准则因此得到了维护，他们和群体也得到了救赎。"[1]

从公元前 5 世纪～公元前 3 世纪，随着罗马共和体制与公民社会的变化，罗马法律体系也相应进行了改变，出现了公法与私法的划分；宗教与法律之间的界限日益明晰，但二者依然紧密结合。即使在公认的与宗教井水不犯河水的私法领域，我们仍旧能轻易找到宗教的影子。例如，在债法领域，原为奴隶的解放自由人必须在神的面前宣誓，将为了解放他的前主人的利益提供一定数量的劳务，并接受市民法的调整，只有经过对神的宣誓，这种承诺才为法律所承认；在物权法领域，法律规定个人所有权的客体不包括神法物，即使以法定的所有权取得方式，个人也不能获得神法物的所有权。同时，神法物还不能成为限制物权如用益权、地役权、永佃权、质权和抵押权等的客体；在家庭法领域，作为婚姻形式之一的共食婚就是一种隆重的宗教仪式，夫妻二人在罗马最高神朱庇特的面前，由大祭司、朱庇特神官以及象征十个宗族的公民作证，共食祭神的麦饼（一说将其投入神火）；在民事诉讼方面，则有宣誓，这是对神保证宣誓人针对一定情况讲真话的誓言。[2]

最后，罗马人的祖先崇拜强化了其服从法律权威的信仰。祖先崇拜是指罗马人对自己出身的氏族、部落的开创者的崇拜，其后逐渐演化为对家庭先祖亡灵的祭拜。每逢宗教节日，罗马人都要向家中供奉的先人面具牌位进香祭奠，以祈求祖先亡灵护佑家庭安宁兴旺。作为重要的宗教信仰，祖先崇拜源自于罗马人的父权观念。家庭生活中对父权权威和传统的尊重与服从深刻影响了罗马人对法律的态度，造就了城邦公民对规则秩序的虔敬和绝对服从，使罗马人表现出古代其他民族少有的纪律性。例如，即使在平民与贵族斗争最为激烈的时期，平民也始终不敢真正冒犯元老院议员那种父老身份的人物，这是严格的家长法权所养成的对权威的尊重和服从的秉性。

---

[1] [法]昂利·于贝尔、马塞尔·莫斯：《献祭的性质与功能》，梁永佳、赵丙祥译，广西师范大学出版社 2007 年版，第 244 页。

[2] [意]阿尔多·特鲁奇：《宗教和宗教规范对罗马法的影响》，徐国栋译，载《法商研究》1996 年第 3 期，第 3 页。

对于罗马法律而言，与神话宗教的紧密联结贯穿了其形成发展的始终。虽然相对于早期与宗教的混为一谈，法律逐渐显现了自己的独立性，但这并不意味着与宗教的背离，也不是一些学者所认为的在嬗变中经历了"世俗化"的洗礼。确切地说，这种"世俗化"其实是法律的普及化过程，与后世的文艺复兴、思想启蒙运动相比，它既无对自然的祛魅，也没有人文主义的觉醒，更不是解放人类思想的变革。这一历史过程的意义在于，原先为贵族垄断的法律逐渐走下神坛，通过《十二铜表法》（公元前449年）颁布等标志性事件使法律内容为普通人所熟知，平民逐渐在法律上获得了与贵族平等的地位与权利。因此，它并非是对神灵的抵抗和对宗教的驱逐。相反，罗马法与宗教结合的紧密性有增无减，法律无论从内容、形式抑或是精神层面均渗入了宗教因子，迎合了神谕与教义，更从神话与宗教中汲取了发展的动力。

（二）工商经济发展的推动

孟德斯鸠曾有句名言：有商业的地方就有美德，有商业的地方就有法治。故无论是罗马法律精神与法治理念，还是作为其文本体现的罗马法律，都不是凭空而来，它们深深扎根于罗马社会之中，"存在于法与不同事物可能有的各种关系之中"[1]。如意大利罗马法史家格罗索指出："航海家和商人们活动的蓬勃发展早在罗马统治扩张之前就已经出现了，它一直伴随着并且最终超越了罗马的扩张，商业繁荣自然而然地导致形成了一系列体现着商品经济现实的法律关系。"[2]因此可以说，罗马社会的经济发展，尤其是商品经济的繁荣与兴旺正是滋养法律精神与法治理念的现实土壤，是权利意识、公平正义、契约自由、意思自治、平等交易、诚信互利等原则确立的基础。

首先，商品经济催生了权利意识。商品交换的前提是所有权的确认，只有通过法律形式的规则才能确定财物的归属。正如摩尔根在《古代社会》中提到的考察印第安人时所作的结论："财产形式数目的增加，必然伴随某种关于占有和继承法规的发展。"[3]从历史考察，罗马城邦不仅有关物权，即所有

---

〔1〕　Baron De Montesquieu, *Sprit of the Laws*, New York：Hafer Publishing Company, 1966, p. 7.

〔2〕　［意］朱塞佩·格罗索：《罗马法史》，黄风译，中国政法大学出版社1994年版，第235页。

〔3〕　［德］马克思：《摩尔根〈古代社会〉一书摘要》，中国科学院历史研究所翻译组译，人民出版社1965年版，第49页。

权与他物权所构成的完备法律制度体系中，所有权是居于核心地位的；而且，"在罗马法中，有关所有权的规范一方面关注所有权主体可以充分地、排他地对自己的物进行利用与支配，另一方面也强调该利用与支配应当在合法限度内"〔1〕，体现了"法律要对不同利益给予衡平性保护的理念"〔2〕。可以说，"罗马法所有权理论的发达……究其根本原因，不外乎罗马社会乃是一个私有制高度发达而且又存在着普遍的商品经济的社会"。〔3〕商品经济的客观要求使罗马法完善了"权利"（拉丁文为 jus，又含有法律、正义、义务、审判等意义）这一法律概念，明确系统地规定了所有权、债权、继承权等私人权利。正如梅因所说："权利这个用语不是古典的，但法律学有这个观念，应归功于罗马法。"〔4〕

其次，商品交换须以公正平等为原则。在所有权得到法律确认与保护的基础上，买卖双方以公正平等为原则进行商品交换，对此，马克思曾形容商品经济是"天生的平等派"。这种市场交易行为本能地排斥侵占不公，内在地要求平等互利，参与经济活动的双方当事人出于自愿进行等价交换。二者不仅法律地位、权利与义务平等，而且在权益受到侵犯时均受到法律保护。平等交易的原则是价值规律的体现，正如马克思所说："平等和自由不仅在以交换价值为基础的交换中得到尊重，而且交换价值的交换是一切平等和自由产生的现实基础。"〔5〕

再次，商品经济确立了契约与诚信的精神。在商品交易中，当事人往往会出于实际的需要，以自己的意志为根据而订立契约。随着经济活动的与日俱增，繁琐僵化的形式主义契约方式虽能保证交易的安全，但显然无法满足迅速便捷的交易需求。为了保证契约及时、准确的履行，罗马人逐渐放弃了低效率的交易安全，选择了更为高效灵活的交易快捷，将诚信、善意视为履行契约的可靠保障，并通过法律加以确认。遵循"意思自治"原则，不受他人胁迫，不侵害他人权益，不损害社会利益的商业契约，这一"典型地体现

〔1〕 费安玲：《罗马私法学》，中国政法大学出版社 2009 年版，第 165 页。

〔2〕 费安玲：《从罗马法走来》，中国政法大学出版社 2010 年版，第 101 页。

〔3〕 江平、米健：《罗马法基础》，中国政法大学出版社 1987 年版，第 153～154 页。

〔4〕 ［英］梅因：《古代法》，沈景一译，商务印书馆 1959 年版，第 102 页。

〔5〕 《马克思恩格斯全集》第 46 卷，人民出版社 2008 年版，第 197 页。

着诚信的效力的合意契约（尤其是合意的买卖契约）恰恰是罗马人的创造，在其他地中海民族的法中均不包含这样的规则"[1]。

最后，繁荣发达的商品经济要求有简便迅速的司法，因此程式诉讼盛行起来。这种程式诉讼要求诉讼双方都能比较自由地充分陈述意见。辩论成为决定诉讼结果的重要因素。然深奥的罗马法难以让每个当事人运用自如，他们求助于从事法学教育与研究的专业法学家，因此罗马法学家常常以律师的身份参与司法实践。如西塞罗不仅以政治家、法学家闻名于世，他还曾作为律师为罗斯克乌斯（Roscius）辩护，其因保护家产被指控谋杀、触犯独裁官苏拉宠信的克里索古努斯（Chrysogonus）。当时许多律师为免触怒苏拉而不敢接手案子，但西塞罗以法律即是正义、公道的体现，坚持城邦公民社会的法律信念，不惧原告显赫后台，以雄辩口才极力辩护而赢下此案，西塞罗演说天分自此名满罗马。这不仅使罗马产生了世界上最早的律师制度，同时由于他们在法庭辩论中对罗马法原理的透彻分析，更进一步地完善了罗马法，也使法治理念——平等地享有法律，在大众传播中成为一种法律信仰与价值追求。

需要说明的是，虽然商品经济是罗马法律精神与法治理念的主要物质基础，但彼时与之并行的小农经济也并非与法律绝缘。事实上，关于罗马经济结构的性质，即是以工商业经济为主导，还是以农业经济为根本，学界一直颇有争议，这里并无意作进一步探讨。不可否认的是，小农经济始终是罗马社会经济结构的重要组成。既然法律"只是表明和记载经济关系的要求而已"[2]，那么我们有理由相信，罗马的法律精神与法治理念也应该或多或少地蕴含小农经济关系或者说是农业思想的特征。罗马著名农学家加图（Marcus Porcius Cato，公元前 234 年～公元前 149 年）在《农业志》中这样写道："我们的先人们在称赞好人时这样称赞'好农民'、'好庄稼人'。受到这样称赞的，就被认为受到了最大的称赞。最坚强和最骁勇的战士，都出生于农民之中。（农民的）利益来得最清廉、最稳妥、最不为人所嫉妒，从事这种职业的人，绝不心怀恶念。"[3]西塞罗、李维等古代作家均曾在著作中提到了公元前 5 世纪罗马贵

---

[1]　[意] 朱塞佩·格罗索：《罗马法史》，黄风译，中国政法大学出版社 1994 年版，第 237 页。
[2]　《马克思恩格斯全集》第 4 卷，人民出版社 1972 年版，第 78 页。
[3]　[古罗马] 加图：《农业志》，马香雪、王阁森译，商务印书馆 1997 年版，第 16 页。

族辛辛那图的故事。当罗马因形势所迫，元老院代表宣布辛辛那图被推举为独裁官时，他却正在土地上辛勤耕作；当他顺利完成了元老院所托付的任务之后，辛辛那图却交出了军政大权，重新返回他祖传的小小 4 犹格土地上去认真耕作。有研究罗马社会经济的学者曾总结道："显而易见，在王政时代尤其是共和早期，罗马人过着一种简朴、勤勉和自给自足的田园生活。"[1]可见，辛勤朴素的农耕生活使罗马人怀有淳朴的善意，远离贪念与物欲的泥沼，也培养了他们最初的民主意识，进而为公平正义、契约诚信等法治理念的形成预留了栖生之地。

法律是"一定物质生产方式所产生的利益和需要的表现"[2]，罗马城邦社会的经济状况尤其是商品经济的繁荣为罗马法律精神与法治理念的建构与发展提供了物质基础。不仅罗马法律与商品经济的发展阶段相互契合，推动后者成为公平正义、平等自由、契约诚信等法治理念生长的沃土，同时，与商品经济并行的小农经济也在精神层面孕育了法治理念的萌芽。

（三）城邦立法改革的保障

由于平民与贵族的矛盾与斗争，城邦的立法改革逐步改变了罗马平民的政治身份，保障了其作为城邦公民的合法权利，使法治理念得到初步提炼。法律是政治的集中体现，天生即被烙上政治的印记，自其产生之日起即为政治所制约。对此，日本法学家川岛武宜曾评价："在社会的结构之中，法律命题是为政治权力所支配着的。在法律命题之中，必须或多或少地体现着一定的政治思想。在斗争中获得了胜利的社会力量，会通过创造法律命题的方式来强制保护自己利益的规范实现。法律命题通常总是带有政治色彩的。"[3]罗马城邦的立法改革与贵族、平民间的经济政治斗争联系密切，法律成为平民与贵族间权力平衡与权利确认的不二选择，其在城邦生活中的至高权威是这一斗争的直接结果，并促使法治理念得以熔炼。

罗马平民与贵族间的斗争是围绕公民权而展开的。罗马公民权是指公民依据法律上所规定并保障的公民权利，是公民根据宪法、法律的规定所享有

---

〔1〕 杨共乐：《罗马社会经济研究》，北京师范大学出版社 1998 年版，第 10 页。

〔2〕 《马克思恩格斯全集》第 6 卷，人民出版社 1965 年版，第 292 页。

〔3〕 ［日］川岛武宜：《现代化与法》，王志安等译，中国政法大学出版社 1994 年版，第 232 页。

的参与公共社会生活的权利。正如美国学者列奥·施特劳斯所指出："谁是或谁不是公民，取决于而且只取决于法律……实际上所有的公民都是'造成的'而非'天生的'。"[1]纵观世界各国历史，只有随着社会经济的发展和公民权利观念的普及，真正享有公民权利的群体范围才逐渐扩大到社会的各个阶层。在古罗马，也正是随着统治区域的扩大以及平民与贵族之间政治斗争的不断升级，罗马公民权才逐步实现了扩展。

公元前8世纪~公元前6世纪的罗马王政时代早中期，贵族才是全权公民。"罗马平民"大多是由外来移民或因某种原因脱离古罗马血缘群体的社会成员等构成。至王政时代后期，罗马平民仍享有的是不完全的公社成员权利，有些甚至仍被排斥在罗马公社之外。直至到了埃特鲁利亚王朝时期罗马第六位国王塞尔维乌斯对罗马实行了一系列改革，打破氏族制藩篱，建立地域部落取代原来按血缘关系组织的部落，按地域、财产原则划分公民，吸收大批外来移民为公民，给予被释奴的奴隶以公民权，设立保护平民以抵御贵族欺压的法律等意义重大措施。至此，"平民"与"公民"界限日益模糊，不仅使城邦内部矛盾逐步缓和，也使平民初步受到法治理念熏陶，知晓以法律为武器争取和维护自己权利。

进入共和时期后，平民利用"撤离运动"（公元前494年起）迫使贵族答应平民有关土地与政治方面的要求。同时建立保民官制度，允许平民选出自己的官吏——保民官以"保卫平民不受贵族高级官吏们的横暴势力的侵犯"。[2]而从公元前474年开始设立的平民会议则使贵族不能继续操纵保民官的选举。如此，平民通过与贵族斗争，利用法律确立了自己的代言人和政治机构，在与贵族的斗争中磨炼了法律武器，扼制了贵族专权。

在平民争取公民权的漫长斗争中，始终坚持要求宗教、政治、法律、经济以及社会生活各方面的平等，并首先在编定成文法典的斗争中获胜，这就是《十二铜表法》（公元前449年）的制定并公布于罗马广场上。[3]此举对罗

---

〔1〕　［美］列奥·施特劳斯：《自然权利与历史》，彭刚译，北京三联书店2003年版，第105页。

〔2〕　［苏］科瓦略夫：《古代罗马史》，王以铸译，三联书店出版社1957年版，第95页。

〔3〕　罗马共和国时期，公共文字记录一般保存在罗马广场上的农业神神庙或阿文丁山上的塞丽斯（ceres，谷物女神）神庙。公元前78年后，这些档案材料被保存在卡比托尔山东南的国家档案馆中。同外邦签订的协约副本镌刻在青铜板上，保存在朱庇特神庙中。

马法治理念的建构意义重大。原来由少数贵族和僧侣掌握非成文法的解释权，判案仅依据个人见解，常使习惯法成为贵族欺压平民的工具。《十二铜表法》的编纂和公布，在一定程度上限制了贵族的专横与滥用权力。此法使法治理念——法律面前人人平等得到初现与认同，即在罗马共和城邦公民社会生活中，每个公民必须遵循明确、公开和一致的法律规范，没有人可凭借身份、财产等条件超越这一规范之上。

平民与贵族两个多世纪的斗争直接促使了《十二铜表法》的颁布，标志着罗马进入成文法时代，同时确立了法律高于个人同时又服务于人、公民是立法的源泉的观念，成为罗马法律精神与法治理念的发展动力。此后通过立法改革运动，罗马公民确信，城邦应按法律统治，法律必须体现公民的意志，社会关系必须以法律来规范和调整。罗马共和城邦公民借助于法律，为自己乃至为城邦公共利益达到一定的平衡和妥协，由此，法律权威得以树立，法治精神也得到彰显。

（四）职业法学家阶层的贡献

在古罗马曾流传着一条谚语："法学家创造了罗马法。"实际上，罗马法中的"法学"涵有"法之领域的实践智慧"之义，其意谓追求正义之事，避免非正义之事的技艺。故罗马法治理念的确立以及法律体系的完善、法律机器的高效运行，都离不开彼时出现的职业法学家阶层以及他们的重要贡献。

如同古埃及、古巴比伦等文明古国，在罗马建国之初，并没有专门的司法机关，也没有审理各种案件的司法制度。在第一部成文法《十二铜表法》制定和颁布之前，法律资料通常由罗马的祭司团掌管；即使是在颁布之后，由于《十二铜表法》自身的不完备导致在实践中经常需要对已拟定的法律条文进行解释和补充，而法律的解释和诉讼权依然由祭司团掌握。祭司们常常把法律的"奥秘"处记载成册藏于神龛，以达到垄断法律解释权的目的。同时，贵族也将法律视为为自己谋利的工具。

然而在古罗马，"随着立法发展为复杂和广泛的整体，出现了新的社会分工的必要：一个职业法学者阶层形成起来了"。[1]公元前304年，罗马官员弗

---

[1]《马克思恩格斯选集》第2卷，人民出版社1972年版，第539页。

拉维乌斯把民事诉讼程序和法律术语编成了一本书《诉讼编》首次公之于众。这一举措逐渐提升了罗马公民的法律意识，也激发了他们对法律事务的参与热情。伴随着罗马经济的发展，各种社会矛盾日益突出，纠纷诉讼与日俱增，法律应用开始向专业化的方向发展。一般认为，律师制度的最早萌芽源于古罗马的"Advocatus"。在古罗马被称为"Advocatus"的人具备较强的演讲和辩论技巧以及良好的逻辑思维能力，并且精通历史和法律条文。初期在开庭审理案件时，他们通常是以被告人的亲戚或朋友的身份出现在法庭上的，主要负责给予被告人意见，并不面对法庭发言。后来他们逐渐演化成为专业的辩护人员，代替被告人向法庭表达意见，反驳对方当事人的种种指控。同时，他们不仅为城邦公民提供专业的诉讼和辩护业务，还为政府官员提供法律方面的建议。

公元前 242 年随着罗马疆域的扩大，罗马设立"外事裁判官"（Praetor peregrines）以处理罗马公民与外邦人员及外邦人之间的法律事务与案件。而审理这些涉外案件与事务的原则，既不能套用罗马公民法，也不能全部使用外邦人的民族法例，而是互相参照通融权衡，由此在司法实践中逐渐形成了万民法的概念。这其中法学家对不同法例的解答、诠释和提供咨询与建议等是功不可没的。

公元前 1 世纪是罗马共和历史上较为混乱、动荡的时期。城邦执政集团为了维护城邦公民社会秩序，制定颁布了大量法律法规；也正是在这一时期，社会上涌现出并形成专注法律研习且颇具社会影响力的法学家阶层。早期的"罗马法学家并不具体起草法律，也未在法院审判案件，或通过党派谋求法官职位。他们仅是对法律问题提出自己的见解，并且他们的解答是自由的。他们著书写作不是作为谋生手段，更不是当作高贵者的消遣娱乐。但正是这样的氛围，给了法律职业一种独特的社会地位"。[1]当时罗马法官发表的告示（Edicts）具有法律实效，而法学家进行诠释，两者共同并行的结果使罗马法律中出现了有别于具体法案的法律补充，形成新律例，并逐渐成为罗马法律的主流。罗马法学者德·祖鲁塔在其著《罗马的法律科学》中认为："共和时

---

〔1〕　Hans Julius Wolff, *Roman Law*, *An Historical Introduction*, Norman: University of Oklahoma Press, p. 96.

期的罗马法律主要是法学（jurisprudence）的产物而非立法（legislation）的结果。"[1] 故这些被共和国时代的罗马人称为"法学家"的专业人士，一方面向平民提供法律问题咨询、解答、代理诉讼等各类法律服务；另一方面也和统治者保持着一定的联系，比如向政府官员提供法律建议。基于他们的行为有利于维护共和城邦社会政治秩序的稳定，一些法学家的研究成果和著述被罗马城邦执政者认可具有法律效力。如法学家昆图斯·穆丘斯·谢沃拉（Quintus Mucius Scaevola，公元前 140 年～公元前 82 年），其完成的首部有关罗马民法的系统论著，即被拥有司法裁判权的罗马城邦裁判官视为重要的法律裁判依据。

正如美国学者约翰·麦克西·赞恩指出："无论在凯尔特人、巴比伦人，还是希伯来人中，法律都是由祭司掌握的。希腊人摆脱了祭司的束缚，但他们的政治结构却难以产生确保法治的称职法庭，也难以形成能够对法律原则及其具体规则进行一般分类的法学家阶层"，"没有职业的律师阶层，法律的统治便是不可能的"。[2] 而"程序完备的罗马法庭以及由法学家和辩护士组成的律师职业，是法律机器的两架引擎……在职业阶层的协助与监督下，程序完备的法庭对法律争议的判决促进了法律的发展"[3]。

共和时期主要的法学家，如活跃于公元前 304 年左右的 C. 弗拉维乌斯（Cnaeus Flavius），他曾是罗马共和时代一位执政官的秘书，是罗马最早的世俗法学家之一。其热爱法学事务、熟知诉讼相关知识和材料，将诉讼程序规则、诉讼日期表（司法年历）以及重要法律资料整理汇编公布于众。这些法律资料因其非凡价值而被称为《弗拉维努姆法》。弗拉维乌斯法学贡献的意义在于，打破了长期以来罗马祭司团对法律知识的垄断，使平民和世俗法学家得以理解法律，尤其为平民阶层普及法律意识、了解诉讼程序，为世俗法学家们深入探寻和阐释法律文本意义创造了条件，故在当时受到共和城邦公民社会成员的普遍欢迎。又如活跃于公元前 254 年左右的提贝留斯·克伦卡尼

---

〔1〕 参见朱龙华：《罗马文化与古典传统》，浙江人民出版社 1993 年版，第 238 页。

〔2〕 [美] 约翰·麦克西·赞恩：《法律的故事》，于庆生译，中国法制出版社 2014 年版，第 149 页。

〔3〕 [美] 约翰·麦克西·赞恩：《法律的故事》，于庆生译，中国法制出版社 2014 年版，第 158 页。

乌斯（Tiberius Coruncanius），出生于平民，曾任大祭司，后成为祭司团首领。大祭司一职一贯为贵族垄断，克氏当选打破了贵族对该宗教职位的垄断，成为共和城邦首位当选大祭司的平民。同时，克伦卡尼乌斯也被视为公开讲授法律、披露法律资料、解答法律问题的罗马法教授第一人。由此推动法律从秘密、封闭的祭司集团囊中物走向了面向城邦，成为公民维护权利的有力法律武器，并推动世俗法学家阶层的形成、发展与壮大。再如公元前 2 世纪末的布布里·穆齐（Publius Mucius，曾任执政官）、布鲁图（Marcus Giunius Brutus，曾任裁判官）、马尼留（Marcus Manilius，曾任祭祀长）被称为"公元前 2 世纪末叶的这三位伟大法学家的著作奠定了市民法的基础"。其中穆齐留下法学著作 10 编、布鲁图留下 7 编、马尼留有 3 编，他们的著作如同《十二铜表法》对于罗马城邦公民社会的意义那样，对市民法的发展起了重要作用。而"在他们之后，布布里的儿子，祭司长库伊特·穆齐第一个组创了市民法，将其一般地编辑为 18 编"。[1]

当然，罗马法学家的典范是马库斯·图留斯·西塞罗（Marcus Tullius Cicero 公元前 106 年~公元前 43 年）。西塞罗出身富裕家庭，受过当时最好的教育。他于罗马完成最高学业，又去希腊进修了两年演说与修辞。他用词精确、华丽的公共演说，在罗马共和城邦社会生活中具有很大影响，"为公则用于各种公民会议和元老院中的演说，它是政治斗争的主要手段；为私则用于法庭诉讼中的辩护，更与个人收益密切相关"。[2]作为古罗马共和后期著名的政治家、哲学家和法学家，西塞罗的雄文华章和犀利演讲是他在公民大会、法庭上发挥作用的重要利器。他的著作《国家篇》、《法律篇》，不仅充分反映了其重要的政治法律思想，而且凸显出罗马扩张、共和末期社会转型过程中激荡的公共政治生活。作为古罗马重要的法学家，他系统论证了自然法和实在法间的内在关系，并以雄辩口才成为古罗马公共政治舞台上的显赫人物。公元前 69 年他当选为高级市政官，公元前 66 年当选行政长官，公元前 63 年出任共和国最高官阶——执政官。"西塞罗在学问上的融通综合，与他在政治

---

〔1〕 ［意］桑德罗·史奇巴尼：《法学研究方法以及对古罗马法学著作和近现代法典结构体系中若干问题的思考》，丁玫译，载《比较法研究》1994 年第 3 期，第 205~216 页。
〔2〕 朱龙华：《罗马文化与古典传统》，浙江人民出版社 1993 年版，第 135 页。

上信奉罗马共和体制是理想的混合（体制）如出一辙"[1]，体现的是古罗马共和时代于开疆扩土中形成的辽阔视野与时代精神。

在罗马共和时期，赛斯特·阿埃利乌斯·伯图斯（Sextus Aeluis Paetus，活跃于公元前 198 年）、P. 鲁提里·鲁弗斯（Publio Rutilius Rufus，公元前 118 年~公元前 105 年）、昆图斯·穆丘斯·谢沃拉（Quintus Mucius Scaevola，公元前 140 年~公元前 82 年）等人也通过系统解释、论述法律及著书立说等方式，丰富了罗马法律思想、概念、规则与程序，推动了法律的公开化和对公民的普及教育，为法学发展做出了重要贡献。实际上，公元前 3 世纪上半叶，随着城邦社会频繁的公民大会、陪审法庭等法律活动的展开，以及在法学家公开传授罗马法律的社会背景下，城邦所有学童被要求默记《十二铜表法》，此与罗马公民懂法守法、坚强不拔的品性形塑密切相关。而这些最早的世俗职业法学以专业能力、道德力量、智慧与创造力推动法学逐渐摆脱了神学祭祀集团的控制，使法学最终成为一门独立的世俗学问。

美国学者赞恩认为，"罗马法学家若干世纪致力于罗马法精致体系一般原则的开创和具体规则的研究"，"正像罗马的古代寺庙和公共建筑为后来的建筑提供了建筑素材的宝库一样，对于现代世界而言，罗马法成为了法律推理和法律原则永不枯竭的宝库。现代欧洲法，甚至英国法的内容和推理方法都是用罗马法的材质构建起来的"[2]。职业法学家阶层是法治国家的必备构件，法律权威的树立、程序正义的维护都离不开职业法学家们的共同努力。没有职业法学家阶层的出现，法律的统治和法治理念与价值的传播便是不可能的；同样，没有职业法学家阶层的贡献，罗马法成为"一部世界性法律"也是不可能的。

（五）兵农合一的生活方式

自罗马建城至公元前 104 年马略（Gaius Marius，公元前 157~公元前 86 年）改革军制实行募兵制的这段时间内，罗马一直践行的是兵农合一的公民兵制。起初，罗马既无职业兵也无常备军，需要打仗时便从平日务农的公民

---

〔1〕朱龙华：《罗马文化与古典传统》，浙江人民出版社 1993 年版，第 135 页。

〔2〕［美］约翰·麦克西·赞恩：《法律的故事》，于庆生译，中国法制出版社 2014 年版，第 146 页。

中召集兵源，公民自备武器参战。同样的，罗马将领、元老贵族们也亲自从事农业劳动，只是在需要讨论重要国事时，再临时把他们从农村召唤到元老院来。简而言之，所谓公民兵制，即城邦公民平时劳作，有战事时便丢掉他们手中的锄犁，拿起刀剑去保卫城邦。这种兵农合一的生活方式不仅是罗马公民维持生存所必须的手段，还经历时间的雕琢印刻于罗马人的性格之中，塑造出兼具"农夫—战士"特征的罗马精神：罗马公民不仅具备农夫吃苦耐劳的质朴品质，还是忠勇卫国的刚毅之士。这将公民同城邦的命运紧密地联系在了一起，对土地的珍惜上升成为对每一寸邦土的热爱，对乡村生活的依恋上升成为对城邦共同体的忠诚。参与公共生活，将自己奉献给城邦被视为是公民的第一要务。对于罗马人"农夫—战士"的形象，古罗马著名诗人维吉尔在其史诗《埃涅阿斯纪》中有所吟咏：

> "我们这个从一开头便能吃苦耐劳的民族，
>
> 孩子生下来就给抱到河边，
>
> 泡进冰冷的水里锻炼他们；
>
> 男孩子夜里也在打猎，
>
> 把森林搅得筋疲力尽，
>
> 他们以弓马为游戏；
>
> 到了青年时，他们勤劳工作：
>
> 或者锄地，或者在战争中攻陷城市。"[1]

罗马史专家蒙森曾言："没有一个民族能像罗马人那样使其以血汗所得之地据为己有，以锄犁保全干戈所夺来的土地。凡用战争赢得的，可以由战争再次夺走，可是用锄犁赢得的却不然。人和国家的力量在于对土地的统治；罗马的伟大奠基于公民对土地拥有最广泛而直接的统治权和这些深深扎根的农民的牢固团结。"[2]这一独特的罗马性格与精神使公民得以进行思想上的陶冶与升华，促进了法治理念的建构与巩固。

一方面，罗马人重视、尊重农事活动，而长期的农耕生活则培养了罗马公民勤恳务实、善良质朴的道德品质，对社会生活产生了广泛又深入细致的

---

〔1〕　参见郭长刚：《失落的文明：古罗马》，华东师范大学出版社 2001 年版，第 40 页。

〔2〕　［德］特奥多尔·蒙森：《罗马史》第 1 卷，李稼年译，商务印书馆 1994 年版，第 168 页。

影响。在罗马，农业被视为生存之本。有句谚语说道："罗马的城界是用犁划出的"，"意大利是罗马人用剑获得，用犁巩固的"。[1]意大利启蒙时代剧作家阿尔菲耶里（Count Vittorio Alfieri，1749 年～1803 年）认为，人与庄稼的关系，在意大利比任何地方都好。[2]而许多罗马人名字的来源也与农作物有关，例如法比乌斯（Fabius）是菜豆的意思，兰图鲁斯（Lentulus）指的是扁豆，大名鼎鼎的西塞罗（Cicero）其名字则意为豌豆。罗马还是许多著名农学家的诞生地，如提奥弗拉斯图斯（Theophrastus，公元前 369 年～公元前 285 年）、埃纽斯（Quintus Ennius，又译恩尼乌斯，公元前 239 年～公元前 169 年）、加图（Cato，公元前 234 年～公元前 149 年）、瓦罗（Varro，公元前 116 年～公元前 27 年）、科路美拉（Columella，公元 1 世纪）等，他们所撰写的农书，如提奥弗拉斯图斯《植物的历史》和《植物的研究》、加图《农业志》、瓦罗《论农业》、科路美拉《农业论》等涉及农事的作品详细记载了罗马农业以及园艺经济的状况，为后世留下了宝贵而又详实的历史资料。除专业性的农事著作外，描绘乡村风景的田园诗也颇受罗马人的喜爱，其中最为人们所称道的莫过于著名诗人维吉尔（Publius Vergilius Maro，公元前 70 年～公元前 19 年）的《牧歌》（Eclogues）以及《田园诗集》（Georgics），后者更是被英国文学评论家约翰·德莱顿（John Dryden，1631 年～1700 年）誉为"最优秀诗人的最好作品"[3]。

如果说富有旋律美的六行诗《牧歌》是一幅田园风光与理想乡村生活的速写画，那么作为教喻诗的《田园诗集》则意在将农事活动赋予崇高的艺术价值。诗歌既具艺术性，也体现写实性，描述了农业的不同分科，诸如土壤种类与处理、播种收割季节、橄榄葡萄种植、牛马羊饲养等。在维吉尔看来，这是一个伟大的艺术家所从事的最高贵的艺术，"活计虽然卑贱，却并非不光彩"[4]。因

---

〔1〕 王阁森：《加图及其农业志》，载［古罗马］加图：《农业志》，马香雪、王阁森译，商务印书馆 1997 年版，序第 8 页。

〔2〕 ［美］威尔·杜兰特：《世界文明史：恺撒与基督》，台湾幼狮文化译，华夏出版社 2010 年版，第 4 页。

〔3〕 ［英］理查德·詹金斯（Richard Jenkyns）主编：《罗马的遗产》，晏绍祥等译，上海人民出版社 2002 年版，第 195 页。

〔4〕 ［英］理查德·詹金斯（Richard Jenkyns）主编：《罗马的遗产》，晏绍祥等译，上海人民出版社 2002 年版，第 211 页。

为《田园诗集》备受时人推崇，维吉尔甚至因此被推荐晋见屋大维。那时（公元前29年），屋大维刚刚战胜安东尼与埃及女王克娄巴特拉（公元前70年～公元前30年）的联军凯旋。在一个名为阿特拉的小镇上，这位已是实际意义上的罗马最高掌权者一面休憩，一面聆听长达2000行的《田园诗集》，一直听了4天。诗歌本身的文学魅力让屋大维着迷，但更令其满意的是诗歌与自己即将施行的政策相符，即解散彼时罗马庞大军团的大部分，将解甲归田的战士安置在农田上，以使这些易热血沸腾的勇士安静下来。

与土地、农业深厚而持久的联系赋予了罗马人朴实的性格，荣枯的变迁与令人疲惫的劳苦锤炼了他们的意志品格。农事的勤劳成为孕育尊严与美德生长的沃土，没有一个罗马公民会以耕地为耻。"一切使得罗马伟大的古老美德，都在田间播种与施肥；在播种、维护、垦殖、除草与收获等过程中，几乎没有一样不与心灵的发展有着相似的一面。在田野里，生长的神迹和天空的奇幻，显示了万千神秘的力量。离开田野时，较在城市中更为欣然的心灵，不但察觉到创造性生活的显现，且因宗教的直觉、谦逊与恭敬而益加深刻。""能知万物起源的人，能将一切恐惧与无情命运以及贪婪之狱的诱惑踏在脚下的人，是快乐的。但认知乡村之神的人，认知牧神、森林之神以及水泽女神的人，也是快乐的。"[1]

另一方面，长年累月的对外扩张与义务兵役制使包括罗马贵族在内的城邦公民历经了严苛军旅生活的洗礼，塑造了其理性坚毅的品格以及对纪律、秩序以及权威的绝对服从，而一视同仁的严明军纪则有利于培养公民对平等、公正精神的认同。罗马青年自幼便接受战争教育，一生中有10年以上的悠长岁月在战场及营房中度过。军队训练与战场厮杀艰苦又残酷，可战士们的食物却很简单，主食为面包或麦片粥，再加上一点青菜和酸酒，很少能够吃上肉，但这支"素食"的军队依然征服了整个地中海世界。这是与罗马军队理性、科学、高效的军事建制分不开的，其中最为突出的是军营建造和纪律执行的制度。

营地（castra）建造是罗马军事制度中最重要的一部分。虽纯然是一些具

---

〔1〕 ［美］威尔·杜兰特：《世界文明史：恺撒与基督》，台湾幼狮文化译，华夏出版社2010年版，第239～240页。

体技术措施，但包含了原始的系统工程的构思与科学组织的原则，机动灵活的同时又颇有章法，充分体现了罗马人的理性与智慧。罗马军队在每日行军之后，或到达出征目的地时便要设置营帐，其建筑是为一整套明晰规则所精确规定的，一经确定，无论是军队第一次结集还是以后的行军途中，建筑的式样均不会改变。下图即示意了营地具体的设置安排。[1]

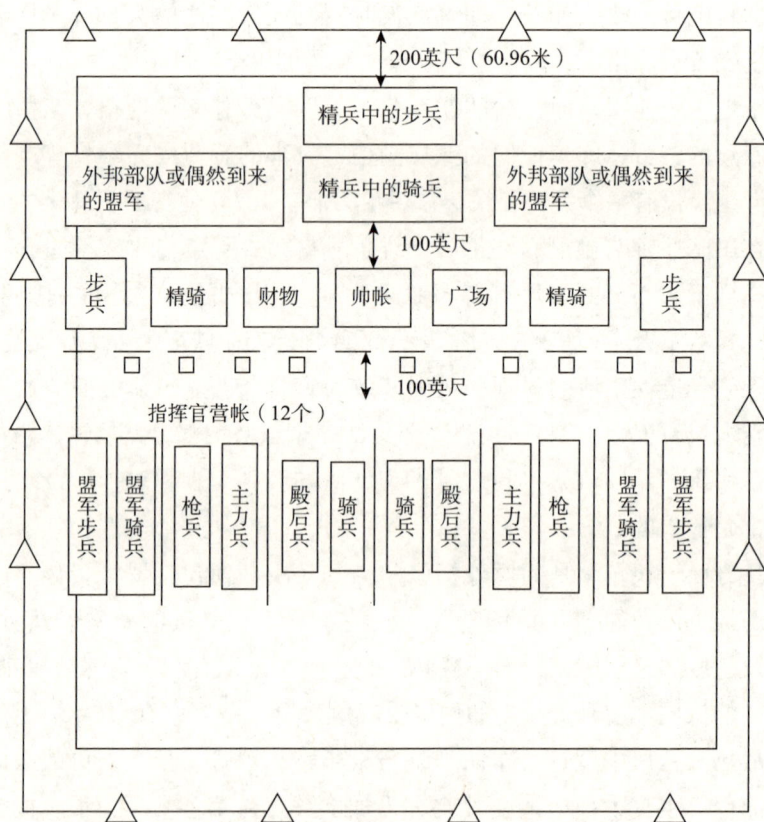

200英尺（60.96米）

精兵中的步兵

外邦部队或偶然到来的盟军　精兵中的骑兵　外邦部队或偶然到来的盟军

100英尺

步兵　精骑　财物　帅帐　广场　精骑　步兵

100英尺

指挥官营帐（12个）

盟军步兵　盟军骑兵　枪兵　主力兵　殿后兵　骑兵　骑兵　殿后兵　主力兵　枪兵　盟军骑兵　盟军步兵

建造营地的第一步是确定帅帐位置。通常会在选定的地点插下一面旗，旗的四周各量出一条长100英尺（30.48米）的线，构成一块正方形的地方，以作为帅营。第二步，选取帅帐的一条边，通常是取水和供应粮食最方便的

---

　　[1]　图中殿后兵（triarii）是指排在军团3列排阵最后一列的老兵，拥有最丰富的战斗经验；主力兵（principes）是指排在军团3列排阵第二列的壮年兵，与殿后兵相比年龄稍幼，为军队的核心；枪兵（hastati）是指排在军团3列排阵第一列的青年兵。

那一面，布置军团。第三步，设置军事指挥官的营帐。罗马军队出征时一般由两个执政官共同率领，每人统帅 2 个军团，每个军团 6 名指挥官，因此共12 名军事指挥官。这 12 名指挥官的营帐与第二步中所选取的那条边平行，一字等距排开，背对帅帐，并且展开的长度正好和军团营地全长相等。第四步，安置士兵。士兵的营帐需距离指挥官所住之处 100 英尺，并沿划出的 5 条道路两侧面对面分布。第五步，将财务官办公和贮存给养的地方以及广场设置在帅帐左右。第六步，将第四步中所安置士兵剩余中的骑兵以及步兵安扎在距离帅帐 100 英尺的另一面。左右两边还空着的地方，则分配给外邦部队或偶然到来的盟军。最后，在营地四周修筑沟壕和土墙，或是栅栏，并于营地的每一面安设四个出口。全营营帐四面和壁垒之间需保留出 200 英尺空地，以备夜间突遭袭击时可聚集于此守卫抵抗。

除营地建造外，罗马军制的另一鲜明特征是奖惩分明、严格执行的纪律。罗马军队的宿营生活秩序井然，无论将领抑或普通士兵，行事均须严格遵循规则纪律。每日黎明，百人团长必须到军团指挥官处，后者则到执政官处听令；日落时分须传达夜间口令；夜间值岗和夜间巡逻则有极为明确细致的手续交代，必须一丝不苟加以执行。军中若有违反失误的情况出现，当事人必须接受军事法庭的审判与处罚。

军团之中的军事法庭由全体军事指挥官组成。在对违反纪律者作出判决后，先由军事指挥官用军棍象征性地触打一下犯罪者，而后交由士兵们处罚。罗马军纪所规定的惩罚方式多样而又严厉，按照被审判者所犯罪行的轻重分别施以罚款、停发薪饷、鞭笞和投石击死等处罚。在罗马军中，有两种行为是绝不可能得到饶恕的。

第一，是临阵脱逃。战场上若有未冲锋陷阵甚至试图逃跑自保者，一经发现，必处死刑。如果是整个部队在作战中胆怯逃脱，则采取所谓"十一抽杀律"，即让士兵排成横列，逢 10 人抽杀 1 人。战场上的胆怯极易动摇军心，罗马将领对此可谓十分忌讳，甚至当士兵无意中为敌军所俘时，为了稳定军队信心，重塑军纪，必要时也会壮士断腕，忍痛放弃这些战俘的生命。波利比阿在著作《历史》中曾记载，公元前 216 年第二次布匿战争中主要战役——坎尼会战（The Battle of Cannae）后，迦太基名将汉尼拔（Hannibal，公元前 247 年~公元前 183 年）房获了罗马一方被留下看守营地的八千名普通士兵。由于孤军深入罗马腹地已久，汉尼拔急需筹措军需物资，同时他也希望能够借机打击罗马的作战信心。因此，汉尼拔允许被俘士兵派出代表回到罗马，与元老院商讨赎身事宜。只要罗马替每个战俘缴纳 3 个米纳（约 1.92 公斤）的银钱，他们即可被释放。虽然这些士兵并未在战争中犯下怯懦的罪行，也没有做出任何有辱罗马的事情，只是在所有军队牺牲后，迫于压力，才投降于敌方。但这种无奈的行为仍然违背了罗马公民须遵循的规范：作为战士，或是征服，或是死在战场；如果被打败，他们便没有任何安全的希望。因此，元老院狠心拒绝了这些无辜战俘的请求，将他们送回敌营，以彰显军法规则的崇高地位。

第二，是不服从命令。此种情况下，无论犯罪者官职大小、程度轻重，一律施以死刑。例如，本章一、（六）"服从法律"的信仰中提及的事例，公元前 340 年~公元前 338 年罗马与拉丁部落之间所爆发的战争中，执政官曼利乌斯·托克瓦突斯（Manlius Imperiosus Torquatus，？~公元前 384 年）出于战术安排禁止麾下官兵与敌军有任何形式的单独接触，尤禁私斗冲突。然其勇敢且颇有声望的军事指挥官的儿子，在侦察敌营时受对方一骑士挑衅未沉住气，发生决斗杀死之。此举无疑触犯了军纪底线。面对得胜的儿子，托克瓦突斯厉声训斥："你违背执政官的命令，不尊重你父亲的职权，与敌人战斗，从而违反了军纪，罗马正是由于有这种严格的纪律才一直如此强大"；"我们不得不为年轻人提供一个令人悲伤的，然而对于将来是拯救性的实例……我认为，若是你身体里还流着哪怕我的一滴血，那你就不要拒绝以自己的死来恢复被你的行为破坏了的军纪。[1]"之后，这位无法容忍军纪被破坏的罗马执政官不顾全军的惊恐与哀求，大义灭亲，毫不犹豫地下令处死了亲生儿子。

罗马军纪不仅仅强调令行禁止，还包括广泛的奖励制度。不过军中所授予的奖励着重于荣誉而非物质。对于获得战绩、荣立战功的士兵，一般予以表扬，并发给纪念性的奖品：杀伤一个敌人，奖励长矛一支；杀死一个敌人，并缴获其全部装备，奖励步兵一个杯子，骑兵则是一个马饰；作战中首位攻上城头的士兵获赠一个金冠；救护一个罗马公民或同盟军队中的任何人，施救者也可获赠礼品，且被救者一生都要以尊亲之道待之。在军中获奖励的士

---

[1] 王焕生：《古罗马神话传说》，社会科学文献出版社 2010 年版，第 392~393 页。

兵可因此而享受极高的荣誉，不仅其将领和战友会表达尊敬之情，回到家乡后邻里亲朋亦奔走相告，莫不与其为荣焉。

兵农合一的生活方式即使城邦公民养成了勤劳、忍耐、务实的质朴品格，又使其充分历经艰苦军旅生涯的锤炼，塑造了理性坚强的性格，并将对纪律秩序的遵循内化于心，接受了规则面前人人平等的精神洗礼。罗马政治家加图在谈到罗马人的性格时曾比喻说："罗马人像绵羊一样，成群行动时，会跟在带头羊的后面走。"[1]具有忠诚、团结、守纪、绝对服从等优秀品质的罗马公民在城邦—国家兴亡之时能被迅速召集并组织成一支精干的军队；在作战时他们秉持着只要一息尚存便要对国家克尽职责的爱国主义精神，严守纪律、英勇顽强、不屈不挠，将罗马军队塑造成战无不胜、攻无不克的巍然屹立的形象，而这对于法律精神的传播有着实际的重大意义，是法治理念生长的温床。

三、罗马法治理念价值与意义

从世界文化史考察，罗马人对世界文化贡献最大的就是法学。

罗马社会在商品经济的繁荣、贵族与平民的斗争、自然法思想的熏陶等因素的综合作用下，逐步构筑完善其法律精神与法治理念。而这一"罗马式"法律精神的构建也对整个罗马社会产生了深刻影响，为罗马逐步走向辉煌，建立庞大帝国，缔造人类文明的巅峰立下汗马功劳。不仅如此，"罗马式"法治理念的历史价值举世公认，其影响随着历史的洪流历经中世纪并惠及今日。后世学者曾评价："就罗马而言，其法律的历史甚至比其民族的历史更为悠久，因为即使在罗马帝国衰亡后，罗马法也从未完全消亡，并且从 11 世纪起，通过对查士丁尼的法律汇编的重新研究，它作为一种积极的力量得以复兴，并且对整个欧洲法律的发展产生了深刻的影响。"[2]

（一）罗马法治理念的时代意义

罗马法律精神与法治理念深受罗马社会经济、政治、宗教、哲学思想精

---

〔1〕　Lucius Mestrius Plutarch，"Cato Biography"，*The Live of the Noble Grecians and Romans*，Modern Series，New York：Routledge Press，1985，p. 416.

〔2〕　H. F. 乔洛维茨、巴里·尼古拉斯：《罗马法研究历史导论》，薛军译，商务印书馆 2013 年版，第 5～6 页。

华的融契、浸润；相对地，法治理念也在罗马社会和城邦国家发展壮大中扮演了不容忽视的角色，缔造了独属于罗马的辉煌，其时代意义不仅具体在于对法律制度的成熟与完善产生直接作用，更体现在对商品经济的保障与社会整合、凝聚的功能方面。

1. 法治的思辨与成熟

罗马虽在法治理念方面惠泽于希腊良多，但并未陷于拿来主义，而是进行了自我的思辨与创制，在希腊法律思想的基础上演化出罗马法治理念中的权利意识，进而开创了完备的私法体系，并在商品经济的浪潮中不断健全与强化，实现了法治理念与法律精神的升华。具体而言，罗马法治理念的进益与成熟体现在：

第一，个人的权利从城邦公民集团中分离，促使法治之目的是保障个人的平等权利。

罗马法治思想深受斯多葛派自然法思想的影响，个人的概念已不同于希腊城邦。在希腊人看来，城邦先于家庭，先于个人，个人仅是公民团体中的一员，"个人只是城邦的组成部分，每个隔离的个人都不足以自给其生活，必须共同集合于城邦这个整体才能使大家满足其需要"〔1〕，在这种理念下必然缺乏孕育个体权利的文化土壤。而在罗马城邦，个人不仅是公民社会的一分子，也是人类社会的一个单位。就个体而言，每个个体拥有独特的"内心生活"，并以此表达个人固有权利。因此，权利不是城邦公民共同分享的，而是个人拥有的。这意味着自我人格应受他人的尊重，并且从自我出发，个人必然作为一个独立的成员拥有平等的权利，这又进一步发展为不再根据城邦公民资格分享城邦权力，而是提出个人权利的要求。罗马人正是在对希腊人观念的思辨基础上进一步发展，产生了个人权利应同样获得法律保障的思想。因此，罗马公民权利的内涵也出现了从政治层面向社会和经济领域延伸的倾向。即罗马公民既享有公民法上规定的包括选举权、被选举权、上诉权等各类公权，也享有包括诉讼权、婚姻权、遗产继承权等在内的受城邦全面保护的各类私权。

罗马时代的公民认同权利生于法律，唯有法律才能确认并保护公民权利。

---

〔1〕 [古希腊] 亚里士多德：《政治学》，吴寿彭译，商务印书馆 1998 年版，第 2~9 页。

这是以西塞罗为首的罗马法思想家、法学家们倡导的基本观点，即"权利为法律所确定、所保护的利益"。[1]正是基于这一理念，罗马人首先制定了私有财产的权利、抽象权利、私人权利、抽象人格权利，从制度上去实践法治对权利的要求。法治在罗马人的实践中，创造出了一种形式化的法律制度。这一制度注重对权利的保护，尤其对个人权利的保护，个人作为独立的、自由的法律实体，有其自己的权利和义务。罗马人视私人权利是公权的要素和基础，这必然使国家尊重个人的特性和权利、承认个人有其自由的领域，从而确立法治的目的就是保护公民个人的权利不受侵害。正如西塞罗在其《论义务》中指出："国家和城市之所以能组织起来的基本原因，首先是在于维护私有制"，"国家绝不能以任何方式侵犯公民权利"。这一法律对个人权利的保护观念不仅对罗马社会具有重要意义，而且对中世纪封建法的形成以及近代资产阶级革命等皆产生深刻影响。为此，恩格斯曾对罗马法与个人权利的关系评论道："罗马法是纯粹私有制统治的社会的生活条件和冲突的十分经典性的法律表现。"[2]"罗马人也完全是根据私人权利的准则来看待君主权利的，换句话说，他们把私人权利看成国家权利的最高准则。"[3]

第二，对法律的尊崇推动了法治理念的形成与发展，法治成为治理共和城邦的权威手段。

古罗马共和城邦是较早尝试法律统治的国家。在自由与法律的关系问题上，罗马人认为遵守法律与保有个体的自由并不矛盾，遵守法律是公民应尽的义务和责任，自由则必须受到法律的约束和规范。公民有依法维护自己正当权利的自由，但同时自由的行使应以他人的权利为界限，不能损害他人和社会的利益，更不能侵犯公序良俗。据此，西塞罗曾指出，每一个人都是法律的奴隶，正因为如此，每一个人才都是自由的。如果没有法律规范限制，每一个人随心所欲，其结果就会导致公民城邦的毁灭。

对城邦官员而言，更应该严格按照法定的权限和程序行使权力，履行职责。"官员的职责在于领导和发布正确的、有益的、与法律相一致的政令。犹

---

〔1〕 王人博、程燎原：《法治论》，山东人民出版社1998年版，第17页。
〔2〕 《马克思恩格斯全集》第21卷，人民出版社1965年版，第454页。
〔3〕 《马克思恩格斯全集》第1卷，人民出版社1998年版，第379页。

如法律指导官员，官员也这样指导人民，因此完全可以说，官员是说话的法律，法律是不说话的官员。"[1]

在与个人利益有严重冲突时，罗马人也会选择将尊重法律、维护法律传统置于首位。曾五次当选为独裁官（dictator）、因重建罗马而被授予罗马第二创建者称号的卡米卢斯（Furius Camillus，？~公元前365年）在公元前396年领导了对维爱人的战争，深入到埃特鲁利亚腹地，取得了全面胜利。虽然由此树立了在拉丁同盟中的领袖地位，但在有关是否将维爱辟为罗马的第二个首都的争论中，因其坚决反对平民派的建议，在取得胜利的几天之后便被宣布结束独裁官任期。恢复公民身份后，卡米卢斯不再享有独裁官时期的法律保护，还被放逐外邦。公元前390年7月，北边的高卢人挥师侵犯罗马。当罗马军队于城外台伯河畔迎战敌军的危急时刻，罗马人再一次想到了卡米卢斯。流放在外的卡米卢斯表示，如果率军作战是元老院的决议，他就服从；反之则绝不插手此事。被高卢人围困在卡比托尔的元老院知道了这个情况，反复考虑并经过各种严格程序后，结束了卡米卢斯的流放生涯，再次任命其为独裁官。卡米卢斯迅速召集了一支队伍，率兵赶走了高卢人。此例可以看到，对元老院和国家绝对服从、法律具有至高无上的地位是罗马人根深蒂固的信仰。

对法律的尊崇同样也延续到了与政府的关系问题上。"在罗马人的观念中，是否依法统治是合法的政府和成功的暴政之间的根本区别。即使前者是糟糕的而后者是成功的，但在道德判断上，后者也不能被接受。服从法律并不辱一个自由人的尊严，而服从一个即使是最仁慈的主人，在道德上也属堕落的表现。"[2]元老院、人民大会和执政官分工合作这种突出权利、制衡权力的混合政体是罗马人心目中依法统治的理想政体。这一政体最大的特点就是权力受到了法律的制约，呈现出"法治化"的特征，法律维系着社会最基本的稳定和正常运转，成为支配国家政权机构运行的基本准则。

第三，在法治对个人权利保护的理念引导下，创造了"以私有制为基础

---

[1] [古罗马] 马库斯·图留斯·西塞罗：《论共和国论法律》，王焕生译，中国政法大学出版社1997年版，第255页。

[2] 丛日云：《西方政治文化传统》，大连出版社1996年版，第346页。

的法律的最完备形式"[1]——罗马私法体系。

罗马法的发展与完善，离不开商品经济繁荣的土壤。这使法律产生了第一次分化，罗马私法（jus privatum）逐渐发达而独立于公法（jus publicum）。这是古典时代对公民社会的财产、经济关系与生活交往、秩序等第一次有了严格完备的规范。因此罗马法在古典文明中脱颖而出，脱离了世界各国古代法律的重刑轻民、将民事问题纳入刑事法规中的弊病，从而形成了完善的罗马私法体系。

罗马私法的发达与罗马法学家阶层的贡献分不开，罗马法在某种意义上可谓是职业法学家的产物。法学家投身立法实践，为罗马法的法典编纂与发展做出了特殊贡献。古罗马流行的一句谚语是："法学家创造了罗马法。"[2]由于他们大多是职业法官而不是城邦思想家，因此在创造罗马法时，主要针对的是罗马共和城邦发展的实际，并深受希腊自然法学说的熏陶并在其基础上创新发展。这样，罗马人创造的相对于公民法（市民法）的万民法就成为罗马共和国在统一意大利并进一步扩张过程中疆域内各民族共有的法律。万民法，这一法律制度具有形式化特征，其解决与调节的是具有"私人性"的个人之间的利益关系，从而使它具有"私人性"的特点。在罗马法中，法律是明确的、合乎逻辑的。因此，法律对个人关系和行为的规范成为可计算和控制的。在这一形式化的"私法"体系中，罗马人扬弃了正义的抽象思辨，代之以在日常生活的法治领域寻求正义的存在。这使他们探讨了有关个人领域的几乎全部法律问题，以至于恩格斯对罗马法给予了极高的评价。他认为：罗马法是"绝对不承认封建关系和充分预料到现代私有制的法律……（是）我们所知道的以所有制为基础的法律的最完备形态"，[3]"以致一切后来的法律都不能对它做任何实质性的修改"。[4]

这一私法体系以后在中世纪得到复兴，使欧洲大陆向法律统治方向发展迈出了一大步。中世纪的人们正是首先在私人领域恢复罗马人的法律观念、法治权威，才逐渐把整个社会引向以法治国的轨道上。从一定意义上说，正

〔1〕《马克思恩格斯全集》第 3 卷，人民出版社 1966 年版，第 143 页。

〔2〕郑敬高：《欧洲文化的奥秘》，上海人民出版社 1999 年版，第 62 页。

〔3〕《马克思恩格斯全集》第 3 卷，人民出版社 1966 年版，第 143 页。

〔4〕《马克思恩格斯全集》第 21 卷，人民出版社 1965 年版，第 454 页。

是私法体系使罗马法表现了它的普遍意义与内在价值。

2. 经济的规则与秩序

无论是早期简单的商品经济，还是如今社会化大生产基础上的资本主义工商业，要使商品交换得以顺利实现，就必须确定并保护产品的归属即所有权或产权的认定，保证契约的严格准确履行，以及制定执行市场交易规则与秩序。为此，两千多年前的罗马与现代国家一样，选择了法律作为保障商品交易的有力工具。以共和国法律为基础的罗马法对于商品交换中的一切重要关系几乎都做了规范，并有详细和明确的规定以供实际操作；确认了所有权、债权等个人财产权利的合法性；至于交易规则和秩序，则由于法律的权威性而获得社会的普遍认同与自觉遵循。

罗马法关于所有权的规定对于商品经济的积极意义还在于，通过所有权转移方式的变革，减少了经济活动的束缚。罗马共和早期罗马法规定的所有权转移方式具有典型的"形式主义"特征，严格而繁琐。例如证人必须是已婚的男性市民，当事人所讲的语言以及做出的手势必须符合规定，违背其中一条规定则所有权的转移无效。随着商品交易活动的增多与范围的扩大，这一限制显然带来了极大困扰。虽然之后万民法承认了更为灵活的"交付"作为所有权转移方式的合法性，但公民法（市民法）一直未能认可其效力。为满足现实的需求，务实的罗马人在实践中找出了折中的办法，创造了大法官（公元前367年设立，即裁判官）法所有权，使市民法与万民法关于所有权转移方式的认定并行不悖。也就是说，如果以"交付"实现所有权转移的，可以依市民法将其视为让与人的财产。但自大法官法方面看，"它已构成受让人财产的组成部分。按大法官法，受让人在诉讼中既有防御（抗辩权）的方法，又有攻击（诉权）的方法，受到充分的法律保护"。[1]因此，受让人实际上享有了市民法所有权的种种实益，从这一意义上说，受让人无疑是真正的所有人。由此，在经济活动中所有权的转移更为灵活、简便，交易成本也大幅降低。

类似的例子还有罗马法债法中的契约制度。万民法中所涉及的契约种类十分繁多，"几乎全部契约，如买卖、租赁、合伙、寄存、可以实物偿还的借

---

[1] 周枏：《罗马法原论》，商务印书馆1994年版，第307页。

贷以及其他等，都起源于万民法"。[1]可见，罗马法的契约制度在经济活动中的作用范围十分广泛。而从历史沿革上看，与所有权转移方式类似，契约制度也逐渐摆脱了形式主义的阴影，代之以重视契约双方的心理状态即合意，由此"在契约法史上开创了一个新的阶段，所有现代契约概念都是从这个阶段发轫的"，可谓诞生了现代意义上的"真正的契约"。[2]

作为社会上层建筑，堪称"良法"楷模的罗马法无疑对罗马商品经济的繁荣兴旺有着积极意义，它不仅使经济生活在最大程度上得到有序规范，而且将其从早期僵化的形式主义桎梏中解放出来，使商品交换得以在自由、便利的环境中灵活进行。

3. 社会秩序的整合

罗马，一个地域广袤的城邦—国家，可以依靠军队与战争在不断的征服中建立，但紧随其后的城邦公民社会的维系与整合显然需要新的思路。对此，不尚空谈的罗马人选择了以法律统治作为社会治理的模式与稳定共和的利器。更确切地说，在罗马自原始村落成长为涵纳地中海为内湖的大国风云岁月中，以公平、正义、理性、契约等为价值判断的法治理念始终扮演着社会矛盾调解者的角色，在充满多样性与差异性的城邦—国家中塑造出了统一性与稳定性。

（1）罗马公民内部的协调。出于自身生存和发展的需要，自建国起，罗马对外战争的脚步从未停歇。在漫长而又艰苦的扩张中，稳固的后方是罗马人勇往直前的坚实后盾。得益于法律制度，罗马公民间的经济、政治矛盾在一定程度上得以逐步协调，内部基础因此日益巩固。

第一，以权利方式保障人格尊严，缓和贫富差距矛盾。

随着城邦—国家商品经济的崛起和繁荣，城市中私营工商业投资者获得了丰厚的物质回报，农村大庄园主在愈演愈烈的土地兼并中也积聚了可观财富，而那些罗马军团中的普通公民因连年战争无暇从事农业或手工业生产，失去了直接收入来源，逐渐沦为无产者，社会贫富差距迅速拉大。私人财富的不平等无疑为社会埋下了冲突的隐患。不过幸运的是，罗马人长久以来秉持的平等、正义的价值理念，促使他们及时通过法律确认权利的方式作出了补救。

---

〔1〕 ［罗马］查士丁尼:《法学总论》，张企泰译，商务印书馆1989年版，第159页。
〔2〕 ［英］梅因:《古代法》，沈景一译，商务印书馆1959年版，第190页。

罗马的法学家们认为："要是公民们不愿意均等财富，要是人们的才能不可能完全一致，那么作为同一个国家的公民起码应该在权利方面是相互平等的。"[1]罗马通过法律赋予并保护公民的平等私人权利。罗马法中完全的权利义务主体享有自由权、市民权和家长权，其中市民权包括公权即选举和被选举权，以及私权即婚姻、财产、遗嘱能力和诉讼权。权利一经法律确认即不可侵犯，因此，当商品交易中双方产生摩擦、冲突，一方不能凭借经济实力对另一方产生支配权，在财富上处于弱势一方的基本权利仍可得到保障，即在权利受侵犯时可理直气壮地寻求《阿奎利亚法》（Lex Aquilia，公元前287年颁布）等法律的保护。该法调整的是契约外过错，即对当责任方和受害方之间无任何关系时的非法侵害这一私犯作了责任承担规定。其第一章针对"杀死奴隶和家畜的行为，规定按照该奴隶或家畜在被杀的前一年中最高的价值处以罚金"。第三章规定："某人以'焚烧、折断或者破坏'他人财物的方式对他人造成损害，应当对自己造成的损失负责……以有关财物在最后30天的最高价值为准。"[2]

由此，不但公民社会经济活动中的摩擦得以解决，物质弱势群体对尊严的心理需求也得到了照顾。罗马通过法律为公民的权利竖起了保障防线，使他们在心理上感觉被社会所容纳，即使物质贫穷但也是国家的一员，同样能够得到法律的尊重，而非成为边缘人。这样，由财富不平等可能带来的矛盾在一定程度上得以缓解。

第二，以法律形式确认平民政治权利，缓和社会矛盾与冲突。

共和初期罗马平民反对贵族的斗争实质就是为争取公民权而进行的斗争。平民与贵族间漫长的斗争强化了法律精神，而后者又以其文本形式——法律规范巩固了平民政治斗争的成果，使其体会到享有平等权利的获得感。不仅如此，经政治斗争而普及的法律精神还缓和了罗马社会的阶层矛盾，有利于在一定程度上减弱罗马社会的内讧冲突，在严峻的生存环境中，为城邦的崛起提供了内生力量。

---

〔1〕［古罗马］马库斯·图留斯·西塞罗：《论共和国论法律》，王焕生译，中国政法大学出版社1997年版，第146页。

〔2〕［英］巴里·尼古拉斯：《罗马法概论》，黄风译，法律出版社2004年版，第233页。

虽然出于缓和社会矛盾的需要，法律具有善良的出发点，但实际施行过程中也会发生与目的背道而驰的节外生枝情况。以土地分配为例。罗马在对周围部族的战争胜利后，通常会将战败方的部分土地作为"公有地"出租给罗马公民。平民认为这种"公有地"的出租分配明显偏向贵族，不仅是在数量上，而且肥沃的土地也大多落入贵族囊中。为此，平民阶级提出了强烈抗议，但贵族恰恰利用了法律确认并保护私有财产这一点作为冠冕堂皇的借口，拒绝平等分配土地。而招致平民阶级另一不满的即剥夺欠债者人身自由也正是法律的规定，因为根据此时的法律，无法偿还债务者，即成为债权人的私有物。

平民对贵族强烈的不满迫使他们以"撤离运动"的斗争方式来争取权利。如在罗马攻下宿敌埃特鲁利亚的维爱城（公元前396年）后，长期与贵族的对立终使平民不顾阻挠搬离罗马、"出走维爱"，同时也带走了罗马军团一半的兵源。这种后果是致命的，因为其后在面对高卢人入侵时，罗马毫无抵抗之力，节节败退，城市沦陷，甚至只能让青年人和壮年男丁作为有生力量退避于山顶，其他人则听天由命。罗马遭受了前所未有的惨败和屈辱，一时元气大伤。在接受了不菲的赎金后，高卢人离开了他们并不习惯生活的罗马城。高卢人的冲击促使罗马进行根本性改革，试图以法律修补平民与贵族长期对立造成的社会裂痕。

自公元前367年始，包括《李锡尼法》（Licino-Sextian Law）在内的一批具有划时代意义的法律相继颁布实施，平民政治权利逐渐得到法律确认，平民与贵族的矛盾焦点问题得以消除。人们还为纪念《李锡尼法》的实施，在罗马广场建造了协和神殿，宣誓消除阶层对立，相互合作，共同为国家贡献心力。显而易见，法律扮演了社会矛盾调解者的角色，发挥了整合社会秩序的功能，使罗马得以从冲突厄运中重振。

（2）民族融合的推进。伴随着对外扩张的脚步，所向披靡的罗马军团逐渐将整个地中海地区纳入自己的势力范围，越来越多的民族或因武力被迫臣服于罗马人脚下，或因罗马日益繁荣稳定而主动移民。随之而来的则是这些民族的不同风俗、语言、信仰、制度以及其调整行为的规范。在这样一个充满了差异性甚至是冲突性的状态中，社会安定的前提之一自然是民族的融合与凝聚。为此，罗马通过有益于外邦人的万民法的创制与实施以缓和民族矛盾，增进彼此的心理认同。

公元前 3 世纪中叶万民法（jus gentium）的诞生根植于罗马繁荣活跃的商品经济，这一点在本章前文已有阐释。除基于现实需求，万民法的产生还得益于以理性、平等、公平、正义等为特质的罗马法律精神的浸润以及生活于幅员广大的共和国家中的外邦人争取权益的斗争。一方面，公元前 242 年在创制法律的过程中设立外事裁判官（Praetor peregrines）以审理涉外案件。他们秉持平等、公平、正义的法律精神与原则，认为与罗马公民一样，外邦人的正当权益理应得到法律维护。然传统的罗马市民法（即公民法）具有狭隘的城邦性，其属人主义原则并未给外邦人行为的调整提供法律依据。故在五方杂处、国籍驳杂的现实面前，市民法无疑显得单薄与无力。因此，外事裁判官凭借善意的审判，在长期的司法实践中克服了狭隘民族性的缺点，以万民通用之法满足社会普遍要求。

另一方面，万民法体现了罗马法治理念中自然法（jus naturale）的人类普遍性特质。盖尤斯（Gaius，约 130 年~180 年）《法学阶梯》在对共和时代罗马法律整理中评论道："自然理性为全人类确立的并为所有的民族同等地遵守的法律被称为万民法……罗马人民部分地由其自己的法律（市民法）调整；部分地由全人类共有的法律（万民法）调整。"[1] 这里很明显体现了斯多葛学派自然法思想的要义，即人类必须服从一种自然理性，其赋予人们同样的权利和义务。基于此，既然万民法是由自然理性确立，那么其必须公正平等地保护每个人的权利，而不应根据国籍、民族有所区别。因此，对于被市民法排斥的非罗马公民，其正当权益必须由万民法加以确认和保障。

从具体内容看，万民法规范了涉及非罗马公民的经济活动行为，制定了土地、建筑物、无主物等所有权问题的冲突协调规则，肯定了非罗马公民的私有财产权等正当权益。不仅如此，万民法还确立了针对外邦人的"分享"原则。如罗马共和时代外事裁判官具有法律效力的告示表明："海滨不属于任何人，但从万民法上讲，它们向所有的人开放"；[2] 由此可知，在罗马除了私

---

〔1〕 ［古罗马］盖尤斯：《法学阶梯》，黄风译，中国政法大学出版社 1996 年版，第 2 页。
〔2〕 ［意］桑德罗·斯奇巴尼选编：《民法大全选译·物与物权》，范怀俊、费安玲译，中国政法大学出版社 1993 年版，第 15 页。

有物外，还存在着诸如海滨、河岸、河流等公共物品以及公共场所，在法律的保障下即使非罗马公民也可以人人享用，不必担心私人产权的侵害。

万民法的创制与实施在相当大的程度上为调整规范罗马共和国家的秩序提供了合法依据，通过保障权益给予外邦人以心理安抚，使其在可预期的安全、自由的环境中从事各项活动尤其是商品交易。更重要的是，"有益于外邦人"的万民法并不只简单地促进罗马的民族和睦。"无论是为了罗马的利益或是为了罗马的安全，都不允许完全剥夺对外国人的法律保护……况且，在罗马史中从来未有一个时期忽略过对外贸易。"[1]在西塞罗所说的"自然要求人们关心他人"中，罗马收获了经济的繁荣与社会的有序。

综上所论，传统法律精神与法治理念对罗马来说不啻为珍贵的社会财富，其贡献超出了法学理论本身，它是商品经济繁荣兴旺的保障，也是社会矛盾的调解者，更是国家秩序的规范者。不仅如此，在广袤疆域内统一施行的罗马法事实上是罗马国家整体性、普世性的象征，意味着罗马共和精神的持续和发展。

（二）罗马法治理念的历史延续

欧洲文明继承了希腊人、罗马人以及犹太人的文化遗产。但是在法律与法学的领域，西方国家惠泽于希腊人、罗马人的地方要比犹太人的多。研究者认为，"欧洲从希腊继承了关于人和社会的某种概念的动力线。从罗马帝国继承了什么？继承了一种政治和法律的思想，一种范畴。"[2]作为西方文明三大支柱之一，罗马法律及法治理念穿越中世纪的黑暗，为欧洲揭开近现代的新篇章带来希望的曙光。正如蒙森所言："罗马人民肯定并忍受一项法制，因为在这一法制中，自由和管辖的、所有制和法律程序的永恒原则曾经不折不扣地、毫不容情地起着统治作用，而且直到今日仍然如此，罗马的伟大正是存在于此并奠基于此。"[3]

1. 中世纪及近现代西方法律的罗马溯源

林国荣先生曾在《罗马史随想》中说道："西方政治的一个基本格局是永

---

〔1〕 ［英］梅因：《古代法》，沈景一译，商务印书馆1959年版，第28页。
〔2〕 ［法］克洛德·德尔马：《欧洲文明》，郑鹿年译，上海人民出版社1988年版，第3页。
〔3〕 ［德］特奥多尔·蒙森：《罗马史》第1卷，李稼年译，商务印书馆1994年版，第145页。

恒不变的：任何一个民族，如果想在单纯的文化上有所贡献，他们一定会以雅典为最高典范；如果想在信仰上有所贡献，他们一定会以耶路撒冷为最高典范；如果想在政治上有所作为，他们一定会以罗马为最高典范。"[1]罗马法律作为"政治上的典范"不仅为中世纪前期蛮族所继承，而且也使罗马法在中世纪得以复兴。

（1）中世纪前期蛮族国家对罗马法的继承。公元 476 年，西罗马帝国被蛮族覆灭。随着"永恒的罗马"被拉下神坛，古典文明的光辉逐渐退却，代之以黑暗与落后。因此，整个中世纪前期（公元 5 世纪～11 世纪下半叶）被称为"（罗马）法学受挫时期"。然而罗马法在这一时期并未真正销声匿迹，正如歌德所言，罗马法好似"潜水的鸭子，虽时不时地把自己隐藏起来，但从未完全消失，总会再度浮上水面"[2]。从这一时期东哥特、西哥特、勃艮第及之后的伦巴第、法兰克等主要蛮族国家颁布施行的法律规定中，均可轻易找出罗马法的影响痕迹。有学者就曾指出："这一时期的法律渊源中，罗马法占主导地位。甚至可以说，除去同一时期的日耳曼人在意大利制定的第一批立法法令外，罗马法是唯一存在的法律渊源。不过，即使在那些日耳曼人的法令中，罗马法也几乎是最为重要的或者唯一的构成要素。"[3]此足以说明罗马法对蛮族习惯法的影响。如东哥特的《狄奥多里克告谕》（公元 500 年）由国王狄奥多里克（约公元 455 年～公元 526 年）颁布。无论从法律渊源、制定者还是目的来说，《告谕》与罗马法存在着事实上的紧密联系，甚至可以被视为后者在中世纪前期的某种延续。这可从三方面体现：一是《狄奥多里克告谕》的渊源是古代罗马法。《告谕》中的有些特定条款就是罗马法渊源中相应条款的直接引用。立法者甚至在《告谕》的结束语中声称《告谕》是对古代罗马敕令和法学家意见的汇编结果。[4]二是《告谕》具体内容的制定者卡西奥多鲁斯（约公元 485 年～约公元 580 年）具备丰富的罗马法律知识。

---

〔1〕 林国荣：《罗马史随想》，华东师范大学出版社 2005 年版，第 144 页。

〔2〕 ［英］詹金斯：《罗马的遗产》，晏绍祥、吴舒屏译，上海人民出版社 2002 年版，第 475 页。

〔3〕 ［英］梅特兰等：《欧陆法律史概览——事件、渊源、人物及运动》，屈文生等译，上海人民出版社 2008 年版，第 9 页。

〔4〕 ［美］孟罗·斯密：《欧陆法律发达史》，姚梅镇译，中国政法大学出版社 2003 年版，第 137～139 页。

他是法律学者，还曾任东哥特王国要职和教士。这一背景为《告谕》对罗马法的参考提供了极大便利，也使罗马法思想通过制定者融入新颁布的法律中，从而实现对罗马法的传承。三是《告谕》的颁布意图在于对罗马法的继承。狄奥多里克国王对罗马法律十分崇敬，颁布《告谕》的目的就在于"继续遵循罗马法和其他应得到遵守的法律"〔1〕。狄奥多里克还注意到罗马法作为民族矛盾的调解者在整合社会方面的功用。因此，他试图通过《告谕》避免东哥特人与罗马人之间的冲突与对抗。由此，罗马法事实上是以习惯法的名义再次发挥了调和民族矛盾的功能，其整合社会、稳定国家的特征在习惯法中得以保留。此外，罗马法对日耳曼人的影响也是不可低估的，如梅特兰等学者指出："罗马法的影响（指公法），犹如一股穿透力十足的社会力量，远远地超过了日耳曼征服者所希望或者期望的程度。"〔2〕。

（2）罗马法复兴下的中世纪多元法律体系。公元 11 世纪后期，随着商品经济的复苏和城市的兴起，"在意大利城市的商业和政治社会里，需要实用的知识，需要管理社会生活的科学——需要按最严格意义的文明。而这一需要是以恢复研究久被忽略而尚未完全忘了的古罗马法律来适应的"。〔3〕因此，当 11 世纪末人们在意大利发现了《国法大全》（Corpus Juris Civilis）的真本，尤其是保存得相当完整的《学说汇纂》（Corpus Iuris Civilis Digesta）后，一场声势浩大、持续百年的罗马法复兴运动即刻在西欧拉开了帷幕，罗马法也随之逐渐渗透于包括教会法、城市法以及商法在内的中世纪多元法律体系中。正如恩格斯所说："……法便在一切国家里（法国是在 16 世纪）开始真正地发展起来了。除英国之外，这种发展到处是以罗马法典为基础。"〔4〕罗马法在更广的范围、更深的程度上实现了继承与发展。

第一，是中世纪罗马法的复兴。

罗马法复兴运动是罗马法及其思想观念在中世纪欧洲的继承和发扬光大。

---

〔1〕　[意] 朱塞佩·格罗索：《罗马法史》，黄风译，中国政法大学出版社 1994 年版，第 409 页。

〔2〕　[英] 梅特兰等：《欧陆法律史概览——事件、渊源、人物及运动》，屈文生等译，上海人民出版社 2008 年版，第 75 页。

〔3〕　[美] 汤普逊：《中世纪经济社会史》（上），耿淡如译，商务印书馆 1997 年版，第 12 页。

〔4〕　里赞：《一个划时代的运动——评中世纪西欧的罗马法复兴》，载《法学评论》1986 年第 2 期，第 25 页。

12 世纪，随着城市的兴起和商品经济的发展，新兴的市民阶级要求建立与商品生产和交换相适应的法律制度，而罗马法作为商品经济的第一个世界性法律，则是他们的唯一选择，"因为在罗马法中，凡是中世纪后期的市民阶级还在不自觉地追求的东西，都已经有了现成的了"，[1]即罗马法不仅提出自由民在私法范围内的平等、契约以当事人合意为生效等原则，而且法律思想中还有尊重个人意志自由、法律至上与共和民主观念。

在这场复兴运动中，城市大学扮演了引人注目的罗马法传播媒介角色。实际上，中世纪学校教育可追溯到 9 世纪。随着城市社会发展，市民要求有自己的文化教育，因此在教会学校之外另创立了世俗学校，包括手工业者创办的行会学校，以及商人公会创办的基尔特学校。11 世纪后，欧洲第一批大学在城市应运而生，如意大利的波伦那（即博洛尼亚）大学、那不勒斯大学、锡耶那大学、皮亚琴察大学、萨莱诺大学、法国巴黎大学、葡萄牙里斯本大学和英国牛津大学等。至 1500 年，全欧已有百所大学，其中巴黎大学最盛时，学生达 5 万人。

在市民争取自治的同时，中世纪大学也在与教会、王权斗争中获得了自治权。如被誉为中世纪自治大学典范的波伦那大学不仅有学生自治团体，而且拥有在大学设特别法庭的权利，"凡外人与大学发生诉讼时，均由大学审理"。[2]中世纪大学的重要意义不仅是自治独立王国，更重要的是"自由思想发展的温床"，是研究与传播法律的圣地，其主要课程就是法律。波伦那大学始终是欧洲罗马法与法学的研究中心。"人们在大学里学习法律，而且只学习法律。"[3]伯尔曼教授曾深刻指出："近代西方法律制度在 11 世纪晚期和 12 世纪的出现是与欧洲最早的一批大学的出现密切相关的。"[4]当时欧洲各国到波伦那大学研习罗马法的学生都在 1000 人至 1 万人之间，其盛况可见一斑，史称"波伦那的文化复兴"。由于罗马法的私法体系与性质能直接满足市民社

---

[1] 《马克思恩格斯全集》第 21 卷，人民出版社 1965 年版，第 454 页。

[2] 曹孚：《外国古代教育史》，人民教育出版社 1981 年版，第 109 页。

[3] Pollock and Maitland, *The History of English Law*, Cambridge：Cambridge University Press, 1968, 2nd Edition, p. 111.

[4] ［美］哈罗德．J. 伯尔曼：《法律与革命——西方法律传统的形成》，贺卫方等译，中国大百科全书出版社 1993 年版，第 143 页。

会的要求，因而其法学意义能在城市发展中得到极为充分的体现，并且通过学者和法学家们的努力，罗马法中的市民法也逐渐转化和演绎为中世纪城市的市民法。

此外，由于罗马法在强调个人的意志，反对等级制度和特权等方面正和教会法相悖，因此，在中世纪欧洲的特定条件下，罗马法在促使国王、市民和法学家结成联盟，共同反对封建制度和教皇势力方面起了重要作用。[1]

第二，是城市法中的罗马法因子。

中世纪西欧城市兴起时的法律制度即城市法，又称市民法。这一建立于发达市场经济基础上的法律规范中，蕴涵着罗马法因子。

一方面，城市法的内容直接来源于罗马法。以城市法的最早产生地意大利为例，这一地区的城市法在占有、抵押、债、婚姻、继承等方面完全采用罗马法概念，并在市民商业实践中，罗马法获得了广泛的承认与应用。如威尼斯商人可毫无障碍地在经济活动中自如地适用罗马法，各种交易规则，而拥有独立司法管辖区域的城市法院在审判过程中也大多以市民中通行的各种罗马法惯例为审判依据。"在当时意大利的法院审判，法官只要精通普通法即足，至于当事人提出固有习惯法或城市法时，应由当事人负拘束力的举证责任，尤其在揭示地方法或习惯法时，不但应尽量配合罗马法的含义，而且不得扩大或类推解释。"[2]由于受罗马法的影响颇深，意大利城市法亦被称为"残存的罗马法"。

另一方面，城市法突显了罗马法平等、自由、保护私有财产权的法治思想。城市法通过市民权赋予了市民自由的权利和平等的地位，这一点与罗马法对公民权的保护如出一辙。作为市民自由的保护神，特许状使市民身份得以在法律上被确认，拥有市民权者不分身份、等级，享有相同权利与同等的法律地位。故新兴的城市法再度唤起了古罗马法中平等、正义、自由的法治信仰。

第三，是中世纪商人法对罗马法的继承。

中世纪商法，又称商人法，是中世纪时期商人们为调整商业事务中的各

---

〔1〕　周枏：《罗马法原论》，商务印书馆1994年版，第74页。

〔2〕　戴东雄：《中世纪意大利法学与德国的继受罗马法》，中国政法大学出版社2003年版，第15页。

类关系而采用的一系列习惯、原则和法规的总称，具体包括规范内陆一般商业活动的商法以及规范海上运输、航海贸易活动的海商法两部分。与同时期的城市法类似，中世纪商法同样也滥觞于罗马法这一历史渊源。

一方面，中世纪的商法将罗马法作为具体制度规则设计的蓝本。罗马法尤其是万民法中的商法制度规则因其公平理性、灵活简便的优势而一直受到推崇，被公认为商事关系中的国际准则。如中世纪商法对罗马法文献中民事契约包括的金钱借贷、财物借贷、抵押、买卖、租赁、合伙和委任的一整套高度复杂的规则进行了借鉴；而欧洲中世纪商人法中关于商业联合体法的一项基本法律原则，即联合体成员共同人格原则，则是对罗马法中存在的财产性实体的继承。[1]

另一方面，欧洲中世纪商法传承了罗马法的法学理念。罗马法以意思自治为基础，注重契约自由，维护个人利益，对外邦人的保护更体现了其追求平等的理念信仰。受其影响，中世纪商人法在保护商人阶层权益方面也不遗余力，各项权利义务在法律施行中逐渐得到统一，歧视、偏见与差别对待逐步减少。由于当时的商业贸易通常具有国际性，因此，商人法仿照罗马万民法的先例，特别对外国人的权益予以确认与保护，其跨国平等对待的特征弥补了地方法的不足，为世界性的商业贸易提供了法律保障。

即此可见，"罗马法作为古代文明的一个部分，它的影响贯穿整个中世纪"。[2]

2. 罗马法治理念对近现代西方社会运动的促动

罗马法律精神（包括希腊）中拥有的理性、平等、正义、公平、契约、个人与权利等法治理念和价值追求，不仅使罗马法成为西方各国师法的蓝本，更为欧洲近现代文明奠定了历史根基。当我们审视剖析文艺复兴、思想启蒙等被誉为欧洲社会转型动力的变革运动时，无一例外地总能寻觅到罗马法的身影。在中世纪，罗马法经历了一场轰轰烈烈的复兴运动，但其最具价值的意义不是再现了罗马法作为法律体系的辉煌，而是在人们的脑海中恢复、重

---

〔1〕 马聪：《欧洲中世纪商人法对罗马法的继受》，载《广西社会科学》2006 年第 7 期，第 136 页。

〔2〕 参见自苏彦新：《罗马法在中世纪西欧大陆的影响》，载《外国法译评》1997 年第 4 期，第 49 页。

建了法律至上、权利、正义等观念，从而为市民阶层及其后兴起的资产阶级提供了斗争的思想武器。作为社会变革的利刃，罗马法治理念在西方近现代史上书写下了浓墨重彩的一笔。

（1）罗马法学思想（包括希腊）促动文艺复兴运动。13 世纪后兴起的文艺复兴运动"在本质上是城市的从而是市民阶级的产物"。它是提倡人性、人权、个性自由和反对神权统治的一场"人的觉醒"运动。而这正是建立在中世纪城市法和罗马法复兴运动基础上的，因为它们预示着一种新的"人"的社会关系的建立。这关键就是从法律上评价和看待"人"的存在，而不是通过封建等级抑或血缘、种族、宗教等关系，这逐渐形成近代社会的一个象征。换句话说，也就是法律意识与观念促动了"人的觉醒"，使人有了尊严；同时在城市法典保障下，人在法律上的存在意义甚于其在自然的地缘关系中的存在，是对"人"认识的上升和抽象。这表明人通过新的生产关系变革，是可以创造自己的社会关系（如劳动、契约）的，因而也是人、人性的某种解放和人的价值和尊严得到的高度肯定。罗马法复兴运动发展到文艺复兴时期形成的人文主义学派，其法学研究中贯注了人文主义思想。此派代表人物阿尔恰托和居亚斯尤其重视法律中的公平、正义和理性，强调个人的平等、自由和权利以及法律中的人性，这极大地唤起了人们充分认识自身的个性和价值的意识。同时，这也激起了人文主义者们对法律及其哲学的极高评价，如1451 年著名人文主义学者安德烈亚（Andrea Del Castagno，1421 年~1457 年）在佛罗伦萨发表演讲道："如果没有法律，那么城市、团体、家族、家庭还会存在吗？而且人性都将趋于泯没。"布鲁尼则赞曰："我认为对法学的颂扬是永远不会过头的……它保护弱者不受强者凌辱，而在平等的人之间保持和谐。"[1] 故这种将注重法学与对人的价值、需求研究的结合，不仅将古希腊、罗马法律中的人文精神和文艺复兴时代所需的法律、人文精神进行了联系沟通，而且还为后来的自然法学派开创了通途，为欧洲近代法治思想和精神贯注了人文主义的文化伦理基因。

（2）罗马法学思想（包括希腊）是欧洲近代法治思想的直接思想资源。继文艺复兴运动后，近代欧洲启蒙思想运动又兴起，成为资产阶级政治法律

―――――――――

〔1〕 ［意］加林：《意大利人文主义》，李玉成译，三联书店 1998 年版，第 32~35 页。

思想产生和发展时期。而这一运动的直接思想资源就是建立在古希腊、罗马的政治法律思想基础之上的。从启蒙思想家们习惯于引经据典"言必称希腊、罗马",以及他们的文化思想语境中频繁出现的法学词汇,即可见古希腊、罗马的政治文化的智慧光辉,仍在熠熠闪烁。启蒙思想家们均采用自然法、契约论和天赋人权的观点分析国家和法律的起源与目的,用理性主义为资本主义经济关系作辩护,系统地提出民主、自由、人权和法治等理论。显然,这些思想理论都是对古希腊、罗马哲学思想和法治理念的继承、总结与发展。如近代理性主义自然法学说的创始人——荷兰的格老秀斯(1583 年 ~ 1645年),自然法是凌驾于人定法之上的,是以人的理性为基础的,从而于思想理论上突破了中世纪神学对自然法的束缚。而另一位荷兰近代理性主义自然法的创始人斯宾诺莎(1632 年 ~ 1677 年),则是历史上第一位把思想自由和言论自由作为天赋人权进行论证的启蒙思想家,并提出"政治的真正目的是自由"。[1]而被推为资产阶级自由主义"始祖"的英国人洛克(1632 年 ~ 1704年)则是古典自然法学派的杰出代表。洛克在《政府论》、《人类悟性论》等著作中认为国家起源于契约,是自然而然产生的,并进一步提出人人享有自然权利,即生命、健康、财产、自由。他还在法治理念的基础上提出分权论,倡导法治思想,坚决反对君主专制。而法国著名启蒙思想家、欧美各国政治体制的奠基者孟德斯鸠(1689 年 ~ 1755 年)也是近代古典自然法学的主要代表。其著《罗马盛衰原因论》则是通过对罗马史料的研究阐发其法律思想。而其另一部著作《论法的精神》则是继亚里斯多德《政治学》以后,对人类法律文化产生久远历史影响的又一部惊世之作。孟德斯鸠在该书中提出运用法学的历史方法的原则是:"当我回顾古代,我便追寻它的精神之所在,以免把实际不同的情况当作相同,或是看不出外貌相似的情况间的差别。"此外,该书还提出民主政体的政治品德应是爱平等、爱法律;民主政治的基本法律,就是只有人民可以制定法律;等等。在 18 世纪启蒙运动中最卓越的代表人物之一法国人卢梭(1712 年 ~ 1778 年),也是古典自然法学派的主要代表,他的《论人类不平等的起源和基础》和《社会契约论》是反映其成熟法治思想的代表作。卢梭在著作中通过社会契约来论证自然法思想中的自由与平等问

---

〔1〕 〔荷〕斯宾诺莎:《神学政治论》,温锡增译,商务印书馆 1982 年出版,第 272 页。

题，显然这也是得益于希腊、罗马的法治理念和契约精神。

近代启蒙思想运动的著名代表们无不是在政治法律思想中阐论和构建资产阶级的国家、社会以及民主和法治的思想观念；同时，他们在运用自然、理性、契约、自由、平等、正义、公正等概念时，又无不是渊源于希腊、罗马的哲学思想和法治理念的价值观。这些市民社会的启蒙思想家们，不仅将法治理念与精神渗透、浸润到资产阶级革命理论中，而且用法治理论的利剑划破了封建制度的黑暗，杀出了一片资产阶级革命的新天地。

综上所述，罗马法律精神与法治理念为新兴的市民阶层和资产阶级提供了政治斗争的思想武器，为西方文化注入了法治文明的基因。可以说，没有罗马法治理念，就没有完整的近现代西方文化，更遑论开创了人类文明新时期的资本主义文明。

第八章　古罗马共和制衰落之原因

帝国的伟大毁掉了共和国。

——［法］孟德斯鸠《罗马盛衰原因论》

它（共和制）曾经让罗马崛起为世界强国，但已经堕落为腐败、公民间的冲突，最终变成全面的内战。塔西佗指责混合政制是某种"赞赏容易，实现却难，纵然实现，也难长久"的东西。

——［英］安德鲁·林托特《罗马共和国政制》

在具有划时代意义的公元前133年，罗马突然爆发的政治体制危机是当时复杂的国内矛盾长期蕴积所致，给文化、经济和社会各领域带来了一场巨大的变革。罗马的政治体制无力应对突然之间出现的社会变革，最终因改革失败而崩塌。

——［德］克劳斯·布林格曼《罗马共和国史》

自公元前2世纪中叶开始，以狭小领土范围、直接民主、兵农合一和政治平衡等为结构特征的罗马共和体制和公民社会逐渐面临日益扩张疆域、多元民族社会和专制集权的挑战，社会矛盾与冲突日趋尖锐。而迅速发展的奴隶制经济不断冲击着共和体制的基础小农经济，加之激烈的派系斗争、腐败滋生的政治生态，以及在长期征服扩张中蜕变的军队，致使已不适应时代发展的城邦共和体制最终衰亡，而一个傲视群雄，庞大、广袤的帝国登上了世界历史的舞台。

历史学家们曾对罗马共和国制度以及共和精神的颓废衰败有不少真知灼见，本书主要从四个方面对罗马共和体制危机和衰亡进行探讨与述论。

一、直接原因：派系斗争与内战

美国历史学家爱德华·麦克诺尔·伯恩斯（Edward Mcnall Burns）曾总结过共和晚期罗马社会的特征："从公元前146年布匿战争结束到公元前30年前后的时期，是罗马历史上极其动荡的时期。在这些年间，国家收割了在征服战争中播下的暴力种籽所成长的全部庄稼。严酷的阶级冲突、大屠杀、敌对独裁者之间的疯狂斗争以及战争起义，此时司空见惯。"[1]彼时的罗马社会表面繁荣而内部暗潮汹涌，正处于巨大变革前夕，各种政治力量错综交杂，相互排斥斗争却同时又互相依存甚至转化，例如，"贵族出身的恺撒成了民主派，骑士等级出身的西塞罗却持正统的保守立场"。[2]其中，"平民和贵族的矛盾，贵族之间的矛盾，以及他们相互公然争夺权力、荣誉和财富，构成了罗马共和末期庞大冗杂的政治斗争的基础"。[3]

揭开罗马政治暴力冲突序幕的是公元前2世纪的格拉古兄弟改革。公元前133年，提比略·格拉古（Tiberius Gracchus，公元前168年～公元前133年）出任保民官，开始着手改革土地问题。在成立了三人委员会调查当时的公有地情况后，提比略·格拉古提出重新分配意大利的公有土地给无地农民，以解决当时大量小农破产进而影响罗马兵源的问题。但这一改革主张遭到了作为大土地所有者的元老贵族的激烈反对和抵制。无奈之下，提比略将改革方案直接提交给公民大会表决，在被另一位保民官行使否决权后，提比略又宣布公民大会具有最高决策权，并要求其罢免行使否决权的保民官，同时呼吁公民投票通过土地改革方案。虽然土地法案最终得到了公民大会的批准，但由于元老院从中作梗，拒绝提供实施改革所需的资金，因此法案难以实行。恰在此时，帕加玛（Pergamum）国王阿特鲁斯三世（Attalus Ⅲ）去世，其遗嘱提出将王国献给罗马人民。提比略利用保民官的职权促使公民大会通过法律，绕开元老院的同意，直接宣布罗马接受这一奉献，并许诺将接收的帕加

〔1〕 ［美］爱德华·伯恩斯：《世界文明史》第1卷，商务印书馆1987年版，第299页。

〔2〕 ［古罗马］撒路提斯乌斯：《喀提林阴谋·朱古达战争》，王以铸、崔妙因译，商务印书馆1997年版，第18页。

〔3〕 Ronald Syme, *Roman Revolution*, New York：Oxford University Press, 1960, p. 11.

玛王室财富分送给农民。此举无疑侵犯了元老院对外交事务的掌管权力，被视为对贵族的挑衅。提比略的反对者们以提比略试图建立独裁权力为借口，在其竞选连任保民官的选举仪式上发难，趁乱刺杀了提比略及其支持者。公元前 123 年，提比略·格拉古的弟弟盖约·格拉古（Gaius Gracchus，公元前 154 年~公元前 121 年）当选为保民官。盖约·格拉古继承了兄长的遗志，其改革举措意在打击元老贵族势力，维护平民权益，例如，其提出选择骑士阶层作为审理行省案件的陪审团成员，以及扩大罗马公民权的授予范围。作为回击，公元前 121 年，元老院通过了"最高决议"（senatus consultum ultimum），宣布废除盖约·格拉古提出并实施的改革法案，同时授权执政官镇压平民对此的抗议。在冲突中，盖约·格拉古及其支持者被杀害。经此变故，罗马社会的政治力量角逐结束了和平方式的斗争，元老院所通过的"最高决议"取消了执政官所受的权限约束，为此后爆发的内战埋下了隐患。

公元前 2 世纪末，罗马进入盖乌斯·马略（Gaius Marius，约公元前 157 年~公元前 86 年）改革和卢基乌斯·科尔内利乌斯·苏拉（Lucius Cornelius Sulla Felix，公元前 138 年~公元前 78 年）独裁时期。平民出身的马略于公元前 107 年被推举为罗马执政官，为尽快结束"朱古达战争"[1]并解决罗马兵源日益枯竭的问题，马略着手实施了军事改革，而苏拉则担任马略军中的副将。二人在"朱古达战争"中因军功归属问题产生矛盾，为日后罗马内战的爆发埋下了种子。公元前 88 年，本都（Pontus，古国名，位于小亚细亚半岛、黑海东南沿岸）国王米特拉达梯六世（Mithridates，约公元前 132 年~公元前 63 年）率军攻占已臣服于罗马的希腊地区，罗马遂决定予以还击。然在军队统帅人选方面，罗马城邦社会内部产生严重分歧。元老院贵族支持苏拉，而新贵骑士阶层则拥护马略。最终苏拉成功当选为军队统帅。公元前 86 年，马略趁苏拉在东方战场忙于米特拉达梯战争而无暇顾及后方时，与当年的执政官勾结，大肆清除苏拉派党羽。此举彻底触怒了苏拉，其于公元前 83 年战争结束后回师返回罗马，并正式向祖国宣战，罗马内战全面爆发。一年后，苏

---

〔1〕 公元前 113 年，已是罗马附庸的努米底亚王国（今属阿尔及利亚）发生王位之争，拥有继承资格的朱古达在角逐中击败并杀死了罗马人支持的政敌，登上王位。公元前 111 年，罗马元老院向努米底亚宣战，朱古达战争爆发。

拉击溃马略势力，成为罗马最高统治者，并实施了著名的"公敌宣告"政策，即宣布凡列入黑名单者为公敌，号召罗马公民人人得而诛之，举报者亦有奖赏。经此恐怖政策，党同伐异，苏拉建立起了独裁政府。

结束与马略的斗争后，苏拉开始推行政治改革。其目标主要是恢复元老院自格拉古兄弟改革起即日渐被破坏和无视的权力。因此，苏拉既积极扩充元老院人数，在立法和司法方面加强元老院的特权；同时也限制保民官的职权，将其控制在元老院手中。此外，为了犒赏在政治斗争中全力支持自己的老兵，苏拉还没收了政敌的土地以分配给兵士。苏拉是罗马自废除王政以来的第一位军事独裁者，虽然其改革措施有利于重建元老院的威望，但其依靠军事强力夺取政治权力的举动无疑直接影响了后辈如庞培、克拉苏、恺撒等人，也为共和国的灭亡埋下了伏笔。

公元前79年，苏拉宣布隐退，其后罗马的政治派系斗争围绕着马库斯·李锡尼·克拉苏（Marcus Licinius Crassus，约公元前115年~公元前53年）、格涅乌斯·庞培（Gnaeus Pompey，公元前106年~公元前48年）和盖乌斯·尤利乌斯·恺撒（Gaius Julius Caesar，公元前102年~公元前44年）进行。克拉苏与庞培均为苏拉部下，二人在内战中逐渐积累起了自己的军事力量，同时也因为权力争斗而日生罅隙。公元前78年苏拉去世后，罗马政局动荡不安，平民纷纷要求废除苏拉对保民官权力的限制，并重新分配被苏拉老兵占据的土地。平民的强烈抗议迫使当年的执政官接受了这一诉求，但同时也直接威胁了贵族利益，元老院遂派庞培镇压了力求改革的平民阶层。此后，庞培又荡平了困扰罗马多年的海盗，彻底征服本都王国，将罗马疆界扩展至幼发拉底河畔，一时军功卓著，风头无量。而克拉苏也在公元前72年因镇压角斗士斯巴达克起义而声名大振。二人于公元前70年同时担任执政官一职。

为了培植党羽对抗势力迅速扩张的庞培，克拉苏暗中资助一直谋求出任执政官的喀提林，间接促使了"喀提林事件"的发生。路奇乌斯·塞尔吉乌斯·喀提林（Lucius Sergius Catilina，公元前108年~公元前62年）出身于破落贵族家庭，与克拉苏同为苏拉一系。喀提林因屡次竞选执政官失败而债台高筑，虽有克拉苏的支持，但仍未能赢得选举。因此其决心铤而走险，密谋以武力取得政权。公元前63年，喀提林计划刺杀当时的执政官西塞罗及其他属于敌对方的元老贵族，但此阴谋提前被西塞罗探知，喀提林不得不仓皇逃往意大利西北部地区与自己早已组织的军队汇合。次年，喀提林及其党羽被罗马军队捕杀，此即所谓的"喀提林事件"。

"喀提林事件"的发生并非偶然，也不能完全归咎于喀提林个人的私欲，究其根源，这是罗马进入公元前 2 世纪后社会矛盾不断累积并最终激化的结果。格拉古兄弟土地改革的失败预示着罗马社会的经济基础——小农经济的衰败趋势已无法挽回，其后罗马社会又面临接踵而至的马略军事改革、苏拉独裁、同盟者战争、党派纷争等一系列政治危机。在此纷乱复杂的背景下，"喀提林事件"拉开了共和国内部社会矛盾总爆发的序幕，充分暴露出当时共和政制在协调纠纷、平息冲突方面的无力，建立在小农经济基础上的城邦共和政体已无法适应疆域广阔的罗马社会发展要求。

喀提林阴谋失败后，庞培与克拉苏逐渐因反对元老院的共同目标日趋联合。征服本都王国后从东方返回罗马的庞培为表示对共和国的忠心，不仅交出了军队指挥权，还直接遣散了嫡系部队，以此展示其绝无独掌权力的野心。元老院因此暂时打消了对庞培的怀疑与戒备，但却迟迟未有解决庞培部下退役后应得份地的分配问题，并且对庞培在东方行省所临时颁布的措施也未给予合法承认，由此导致了庞培的不满，二者间关系逐渐破裂。而克拉苏不仅因涉嫌参与"喀提林事件"遭到元老院的排挤与打压，还由于支持包税商调整东方行省包税合同的要求而站在了元老院的对立面。此时罗马政坛上除已得势的庞培、克拉苏外，恺撒作为后起之秀逐渐声名鹊起。出身于著名贵族朱利乌斯家族的恺撒相继出任过罗马市政官、大祭司长、西班牙行省总督。此三人都野心勃勃，欲挑战元老院的权威，但各自并不具备绝对优势。因此，公元前 60 年，庞培、克拉苏与恺撒在反对元老贵族统治的共同目标下秘密结盟，即为"前三头同盟"（The First Triumvirate）。

公元前 59 年，恺撒在庞培和克拉苏的支持下如愿担任执政官职务，且强硬地将同期另一位执政官排挤出政局，"开始单独掌管全部国家政务，爱怎么干就怎么干"，因此公元前 59 年又被称为"朱利乌斯恺撒执政之年"。[1] 卸任执政官职务后，恺撒抓住了其政治生涯中最重要的机遇，出任高卢总督，并

---

〔1〕〔古罗马〕苏维托尼乌斯：《罗马十二帝王传》第 1 卷，张竹明等译，商务印书馆 2009 年版，第 9 页。

发动高卢战争，成功培植了自己的军事势力，捞取了雄厚的政治资本。随着恺撒实力的日益增长、克拉苏的死亡以及庞培的不满，"前三头同盟"日趋瓦解。公元前50年，恺撒与庞培彻底决裂，在庞培的唆使下，元老院于次年宣布恺撒为国家公敌，剥夺其对高卢行省的统治权，并授权庞培招募士兵，积极备战，内战一触即发。尚在高卢的恺撒先发制人，于公元前49年率军渡过卢比孔河（Rubicon），打破了罗马将领不得带兵越过这一作为意大利本土与山内高卢分界线的禁忌，逼近罗马城。公元前46年，恺撒彻底铲除庞培一系势力，被元老院任命为长期独裁官，次年又成为终身独裁官、执政官、保民官、大元帅、风俗长官、大祭司长，独揽大权。两年后，恺撒遭布鲁图斯（Brutuss）为首的共和派刺杀，布鲁图斯正是王政时代末年驱逐高傲者塔克文、召集罗马人民起誓，使任何人不得登基为王、侵犯人民自由的布鲁图斯的后代。自此，罗马进入后三头政治斗争时代。

"前三头同盟"是罗马由共和制向专制制度过渡的重要标志，其不仅是政治核心人物的联盟，更是彼时罗马社会反对元老院贵族势力的联合。当恺撒成为罗马政坛主宰后，共和制度名义尚存，公民大会与元老院会议依旧召开，公共官职选举也照常举行，但共和政制的本质特征——即权力的制衡——早已被抛弃，专制制度在此时已初露端倪。

恺撒遇刺身亡使罗马社会又一次陷入政乱。昔日跟随恺撒出生入死的亲随与老兵成为为恺撒复仇的急先锋，而痛恨内乱、渴望和平的平民阶层也被恺撒的惨死唤起了内心的同情。此外，骑士阶层甚至被释奴隶亦卷入了混乱纷争中，恺撒之死不仅没有挽救已穷途末路的共和制度，反而激化了当时的社会矛盾。由于政治局势十分有利于恺撒的支持者，因此，与其有亲密关系的马克·安东尼（Mark Antony，约公元前83年～公元前30年）、盖乌斯·屋大维·图里努斯（Gaius Octavian Thurinus，公元前63年～公元14年）与马尔库斯·埃米利乌斯·雷必达（Marcus Aemilius Ray letmathe，约公元前89年～约公元前12年）三人登上了罗马的政治舞台。

安东尼是恺撒生前十分信任的得力部将。在恺撒光环的照耀下，他顺利出任公元前44年的罗马执政官，并以遗嘱执行人的身份向罗马人民宣读了恺撒遗嘱。安东尼试图借由恺撒的影响力掌控政局，触犯了元老院利益，后者遂扶植恺撒养子屋大维与安东尼抗衡。雷必达曾在恺撒军中作为骑兵长官服役，并接替恺撒担任大祭司长一职。由于与恺撒关系匪浅，安东尼、屋大维与雷必达所召集的军队中多为恺撒昔日部下。在这些老兵的劝说下，再加上此时元老院正秘密集结反对力量，三人遂于公元前 43 年公开结盟，史称"后三头同盟"（The Second Triumvirate）。安东尼、屋大维与雷必达率联军进入罗马，不仅大肆进行公敌宣判，清除异己，还强迫公民大会以法律形式承认同盟的地位，并设立与执政官权力相当的新官职——行政长官，由三人共同担任，协同治理意大利全境，其他所有公职官吏均由三人任命。与"前三头同盟"发展趋势类似，随着安东尼、屋大维与雷必达实力消长的不均衡，三人间的联合逐渐破裂，罗马人民又一次被推向内战的水深火热之中。

公元前 36 年，屋大维鼓动雷必达军队倒戈，趁机剥夺其兵权以壮大自身势力。而此时安东尼在帕提亚（又称安息，是亚洲西部伊朗地区古典时期的奴隶制国家，建于公元前 247 年）战争中接连受挫，声望受损。公元前 32 年，屋大维在军队支持下赶走了元老院中的 300 名安东尼派贵族，并将安东尼的遗嘱内容公布于众，由于其中含有将罗马所属的利比亚以及尚未征服的帕提亚等领土留给安东尼欲与之联姻的埃及女王及其子女的内容，罗马人民大为不满。同年，元老院与公民大会通过决议，剥夺安东尼一切权力，并宣布其为国家公敌。次年，屋大维率军与安东尼和埃及女王的联军在希腊西海岸的亚克兴海角（Actium）决战，大获全胜。公元前 30 年，屋大维乘胜进军埃及，安东尼及埃及女王自杀，罗马内战以屋大维的胜利告终，而"这一年是罗马彻底埋葬共和旧制的标志"。[1] 扫清政治道路上的障碍后，屋大维被确认为罗马执政官、终身保民官、大元帅、大祭司长，并于公元前 27 年 1 月 16日被元老院授予"奥古斯都"（Augustus）称号，意为"神圣、崇高的"，拥有超越任何人的权威。虽然屋大维表面上号称将共和国归还于元老院及罗马人民，并谦虚地称自己为"元首"——即"第一公民"（Princeps Civitatis），但实质已建立起元首政治，总揽政治、军事、宗教大权，仅仅保留了共和制的外壳。公元前 2 年，屋大维又获得"祖国之父"称号，各地多建有供奉他的祭坛、神殿。

---

〔1〕 Meyer Reinhold, *From Republic to Principate*: *An Historical Commentary on Cassius Dio's Roman History*, Atlanta: Scholars Press, 1988, p. 105.

美国学者罗斯托夫采夫曾论道："内战本质上已变成了一场争权夺势的斗争，这是元老院议员阶级中能力最强和野心最大的一些贵族彼此之间为了在政府中夺取压倒性优势而进行的一场斗争……这是为了个人势力和个人野心而在京城和战场中同时进行的一场战争……内战实际上变成了由野心政治家所率领的组织严密、训练精良的军队之间的战争……参与战争的都是罗马的职业军人。他们之所以打仗，是因为他们希望在敌对行动停止时能得到一笔丰厚的报酬，那就是土地和金钱。"[1]公元前2世纪~公元前1世纪罗马社会激烈复杂的政治派系斗争不仅仅是个别野心家争权夺利的争斗，其实质是城邦共和制度危机的体现，反映了以小农经济为基础的共和政制已无力适应新的社会形势变化。在这种情况下，元老贵族内部产生分化，一部分极力维护原有的共和制度，另一部分开明之士则试图通过改革扭转危局；新兴的骑士阶层在积累了丰厚财力的同时对政治权力提出了诉求；而广大破产小农则始终关心土地分配问题。这些不同势力或集团代表了罗马社会不同阶层的利益主张，他们各自挑选并拥护政治代言人，派系斗争遂愈演愈烈，最终加速了共和制度与精神的衰败与颓废。

二、关键内因：政治腐败与倾轧

尖锐复杂的派系斗争腐蚀了以民主、法治、公正、平等为核心的共和制度和民主政治，使其堕落为金钱的奴隶。

一方面，选举的公平荡然无存，公民大会沦为敛财之徒聚集的场所。进入公元前2世纪后，贿选成为罗马公职选举中的普遍现象，且愈演愈烈。所谓贿选，是指公职竞选者争相以赠送财物、施以物质回报为诱惑，收买选民投票，进而获得官职的行为。如公元前116年马略出任执政官时即被控告通过代理人在广场进行贿选；苏拉也受到同样的指控；而恺撒亦是在贿选过程中走向城邦权力中心的。"他为了追求荣誉，不惜钱财，耗尽他的家产。当他还是营造官和大法官的时候，他已经负了很多债务，群众非常喜欢他，因为

---

[1] [美] 罗斯托夫采夫：《罗马帝国社会经济史》，马雍、厉以宁译，商务印书馆1986年版，第48页。

群众总是歌颂那些浪费无度的人的。"[1]除了经济利益的交换，为选民提供面包和竞技娱乐活动，如角斗士表演等，也是公职候选人拉拢人心的有力手段。"节目的辉煌与精彩，逐渐成为选举者衡量候选人是否有资格担任执政官之职的标准，贵族们需为他的荣誉进行投资。一个可观的角斗表演需 72 万塞斯退斯……但他们为荣誉乐意掏腰包。"[2]共和晚期，罗马公民社会颓废，"政治成了赚钱的行当；表决可以买卖，判决也是如此。谁都知道走什么门路可以飞黄腾达，或逍遥法外，但没人关心这样是否道德"。[3]由于贿选泛滥，这一现象甚至发展出制度化的趋势，出现了专门为候选人提供贿选服务的代理人——divisores 和 sequestres。Divisores 是指在公职候选人和选民间牵线搭桥的中间人，而 sequestres 则是为候选人提供贿赂所需资金的服务商。

　　贿选的出现及普遍化除野心家的推波助澜之外，有其客观社会原因。随着罗马疆域的扩大，按时参加公民大会对于许多人，尤其是居住于距离罗马城较远的殖民地的公民来说，极为不便，甚至根本无法出席会议。而公民人数的迅速增加也使公民大会的代表性下降。据丹麦学者莫瑞特森（Henrik Mouritsen）对罗马公民政治参与程度的定量研究统计，罗马最大的人民大会的会场可容纳 7 万人，最小的会场初期可容纳 3600 人左右，后来的会场也仅能容纳 5000 人左右。而罗马公民，在同盟者战争前已远超 30 万，战争后接近 90 万人。[4]可见，公元前 2 世纪后，罗马公民大会的出席率极低，根本不足以代表罗马民意。同时，公民大会的组成性质亦产生了变化。由于连年的战争及严重的土地兼并现象，大量小农破产，为谋求生计，他们蜂拥进入城市，依靠富人的施舍和国家免费发放的粮食过活，终日无所事事，唯利是图，不放过任何可谋利的机会。他们原本是共和城邦最为可靠的公民，如今却蜕变为出卖选票的流氓无产者（共和晚期罗马城中有 30 多万这样的人），且成为公民大会的主要实际参加者；公民大会也随之堕落为政治派系斗争的演武场和表决工具，不再能代表人民通过并维护城邦的决议，而任由野心家操纵。

---

〔1〕　［古罗马］阿庇安：《罗马史》（下），谢德风译，商务印书馆 1997 年版，第 104 页。

〔2〕　Mommsen，*History of Rome*，Vol. 2，New York：Wildside Press，1920，p. 325.

〔3〕　［美］伊迪丝·汉密尔顿：《罗马精神》，王昆译，华夏出版社 2008 年版，第 61 页。

〔4〕　Henrik Mouritsen，*Plebs and Politics in the Late Roman Republic*，Cambridge：Cambridge University Press，2001，pp. 18～37.

"他们就成了煽动分子求之不得的最好对象。"[1]

另一方面，为借得贿选资金，不少公职候选人在竞选期间债台高筑，因此一旦当选，以权谋利便是自然的后果。在贿选大行其道的情况下，竞选成本往往大大超出候选人个人所能承受的范围，不得不求助于放贷人。为偿还债务，候选人一旦竞选成功，势必利用职权大肆敛财。例如，苏拉曾强迫小亚细亚各城邦一次性缴纳 5 年的赋税，而收缴获得的钱财大部分成为苏拉个人的财产。恺撒在担任西班牙总督期间，不仅攻陷了卢西塔尼亚人（Lusitani，在今葡萄牙境内的伊比利亚人）的城市，还将其洗劫一空。高卢战争期间，恺撒同样也抢掠了高卢人的城市以及藏满财富的神殿。这些掠夺而得的财产成为恺撒偿还债务、举办凯旋式和各类讨好公众的娱乐活动，以及犒赏军队、维持内战的费用来源。可见，原本应作为城邦护卫者的公职人员不再以为国家服务为人生目标，他们竞选官职的唯一目的已变为劫掠钱物，罗马政坛成为贪污贿赂、拉帮结派、以权谋私的藏污纳垢之所。

自公元前 2 世纪起罗马政坛腐败滋生，贿选以及公职人员的以权谋私首先破坏的是共和政治制度本身。金钱、权力、军队已紧紧捆绑在一起，金钱和军队可以迅速积累政治资本，而权力则是获取金钱、维持军事实力的最有效手段。强权政治的建立使共和制形同虚设、徒有其名，不仅正常的选举程序被阻断，公民大会的民主、公正、平等性质也产生了异化。这一时期的执政官等公职选举无不在内讧争执甚至刀光剑影中进行。"每个人都在为了自己向上爬而卖力。这样的人在他们的斗争中既不能克制自己又没有节制，任何一方在胜利时，都是残酷无情对待对方的。"[2]公元前 63 年，西塞罗作为主持，出席了下一年度的执政官选举仪式，为防止在可能出现的骚乱中受伤，其不得不在长袍下身穿全副铠甲，并由全副武装的侍卫贴身保护。而到了公元前 53 年，政局的混乱竟使共和国 8 个月内未能成功选出执政官。虽然公民大会仍照常举行，但当大批被贿买的选民在公民大会出现时，"会议已变得毫无秩序可言，像一个不严肃的无聊的公共集会"，"当蛊惑民心的政客雇佣选

---

〔1〕　［英］特威兹莫尔：《奥古斯都》，中国社会科学出版社 1988 年版，第 22 页。

〔2〕　［古罗马］撒路提斯乌斯：《喀提林阴谋·朱古达战争》，王以铸、崔妙因译，商务印书馆 1996 年版，第 144 页。

民在大会上大声喊叫时，公民大会距其召开的本意已相距太远"。[1]

政治腐败不仅阻碍共和制度的正常运转，亦促使民主退化为寡头政治，颠覆了共和制度中权力制衡的根本原则。野心家们通过贿赂和收买靠出卖选票为生而常居罗马的流氓无产者而加强对人民的控制，操控公民大会决议，消灭反对声音，逐步走向独裁。在掌权的贵族集团中，"起主导作用的只是几个家族。这一寡头性质的狭小集团排斥异己，只允许圈内人当权，因缺乏杰出的反对派领袖，罗马共和宪制的权力制约机制也形同虚设。在没有真正权力制约和监督的情况下，罗马的统治机构变得异常腐朽，自元老至百人队队长，无一人不贪污受贿"。[2]美国学者摩尔根也认为此时的罗马社会，"财产因素此时一跃而成为支配一切的势力，从而决定了这种政府的性质，它使贵族政治和特权大为突出，它们乘机大幅度地剥夺了人民支配政府的权力，将这种权力交给了富人。"[3]

除了破坏共和政制本身，罗马政坛的腐败还侵蚀着罗马人的心灵，使其价值观与道德观堕落退化。对于日益普遍的贿选现象，西塞罗曾评价："每当人们给予一个同胞任何东西以提高其地位或威信时，他们可能不外乎出于以下几种动机中的任何一种。可能出于善意……可能出于尊敬……他们可能信任他……或者，他们可能害怕他的权势；相反，他们可能希望得到某种赏赐——例如，君主或民众领袖赠与的礼金；他们可能为答应给以回报或酬金的许诺所动。我承认，最后一种是所有动机中最卑鄙、最利欲熏心的动机；无论是那些为这种许诺所动的人，还是那些冒险使用这种许诺的人，都是可耻的。因为，本应靠优点来获得的东西却企图靠金钱来获得，那就很糟糕。"[4]贿选使人们竞相成为富人而非才德之士的拥趸，整个社会弥漫着崇尚财富、鄙视道德的风气，朴素被视为不光彩的现象，公正反遭人嘲笑，昔日坚贞不屈、爱国奉献的公民精神被贪图享乐的欲望替代。人们出席公民大会不再是为了行使政

---

[1] Lily Ross Taylor, *Roman Voting Assemblies*, Michigan: University of Michigan Press, 1993, p. 28.

[2] [苏] 科瓦略夫：《古代罗马史》，王以铸译，北京三联书店1957年版，第495~496页。

[3] [美] 摩尔根：《古代社会》（下），杨东莼译，商务印书馆1987年版，第332页。

[4] [古罗马] 马库斯·图留斯·西塞罗：《论老年、论友谊、论责任》，徐奕春译，商务印书馆2004年版，序第174~175页。

治权利，履行对城邦的职责和义务，而是出卖选票换取钱财。士兵们参军入伍也并非出于保卫城邦安全的目的，只要能获得战利品，他们并不介意劫掠国库甚至屠杀同胞。用罗马历史学家阿庇安（Appianus，约公元 95 年～公元165 年）的话说："自由、民主、法律、名誉、官职对任何人都没有什么用处了。"[1]而罗马历史学家撒路提乌斯则揭露道："金钱和对权力的渴望是一切罪恶的根源……到了最后，当这种病像瘟疫那样流行的时候，这个国家就发生了变化，一个过去曾是极为公正诚实的政府竟变得残暴而又令人无法忍受了。"[2]

政局的动荡不安和腐败滋生使罗马人意志消沉，公民阶层分裂、社会认同与共识高度弱化，他们不再对参与政治抱有热情。"对于百年内战的厌倦，对于新的震荡的恐惧产生了那样的一种社会情绪，在这种情绪之下，人们欢迎用任何代价取得的内部和平。"[3]换言之，罗马人民将改革现状的希望寄托于某个英雄人物，他们宁可这些政治强人如曾被放逐的国王那样独揽大权，也不愿再忍受战乱之苦。由此，共和制的衰落已呈无法挽回之势。

三、促动因素：军队性质蜕变

孟德斯鸠曾总结罗马共和制衰败的原因在于其军队性质的变化："当罗马的统治局限在意大利的时候，共和国是容易维持下去的……但是当军团越过了阿尔卑斯山和大海的时候，战士们在许多战役中就不得不留驻在他们征服的地方，这样他们就逐渐地丧失了公民们应有的精神，而在手中掌握着军队和王国的将领们感到自己的力量很大时，就不想再听命于人了。于是士兵们这时候就开始只承认自己的首领了，他们把自己的一切希望都寄托在将领的身上，而且和罗马的关系也越发疏远了。他们已经不是共和国的士兵，而是苏拉、马利乌斯、庞培、恺撒的士兵了。罗马再也无法知道，在行省中率领着军队的人物到底是它的将领还是它的敌人了。"[4]

---

〔1〕 ［古罗马］阿庇安：《罗马史》（下），谢德风译，商务印书馆1997年版，第30页。

〔2〕 ［古罗马］撒路提斯乌斯：《喀提林阴谋·朱古达战争》，王以铸、崔妙因译，商务印书馆1996年版，第101页。

〔3〕 ［苏］科瓦略夫：《古代罗马史》，王以铸译，北京三联书店1957年版，第645页。

〔4〕 ［法］孟德斯鸠：《罗马盛衰原因论》，婉玲译，商务印书馆1962版，第47～48页。

罗马兵制的性质演变以公元前 107 年盖乌斯·马略（Gaius Marius，约公元前 157 年~公元前 86 年）的军事改革为标志。此年马略当选执政官，主要负责北非事务。为了解决因小农大量破产而造成的兵源匮乏问题，马略开始着手对罗马的军事制度进行一系列的改革，其内容包括：

第一，改革兵农合一的公民兵制度，实行募兵制，保证兵源数量。马略不再严格遵守自罗马王政时期第六王塞尔维乌斯（Servius，公元前 578 年~公元前 534 年）改革以来按照财产征兵的标准，而是允许任何人自愿入伍，尤其是聚集于城市中的为数众多的无产者，确立了募兵制的征兵方式。所谓"无产者"是指由于当时日益严重的土地兼并以及战争等问题而失去土地，不得不进入城市依靠国家发放的免费粮食维持生存的罗马公民。因此，马略的征兵方式改革并未取消罗马士兵的公民身份限制，奴隶、妇女等依旧无法参军。历史学家撒路提乌斯曾记载，马略在为征兵而举行的动员大会上发表演说时，所提及的称呼是"公民同胞们"。[1] 可见，经过改革的征兵对象依然必须为罗马公民。

第二，推行军队职业化，延长士兵服役期限，并确立固定薪酬制度。为了吸引更多的无产者投身军队，马略规定，罗马士兵的服役期限为 16 年（屋大维时从全罗马疆域征募士兵，服役期达 20 年，退役后可获公民权和退役金），服役阶段由罗马城邦发放固定薪酬作为军旅生活补贴。普通士兵、百人队长与骑兵每年的薪酬分三等级，分别是 1200 阿司、2400 阿司和 3600 阿司。而当军士退役后，则可领取一块份地以作为养老保障，避免重新陷入经济困境。通过这些措施，无产者的参军积极性迅速提高，他们加入军队后不仅可以解决温饱问题，亦可获得可观的经济报酬，还能挣得养老保障。因此，大批无产者开始将加入军队作为一份特殊的职业看待，并自愿追随给予其物质利益的将领。

第三，增强将领对军队的掌控权。马略改革前，罗马军团的总指挥由两名执政官共同担任，分别统领一半的军队，随军的其他公职官员如财政官等也同执政官一样由公民大会选举产生。马略则通过改革将随军军官改由将领

---

〔1〕［古罗马］撒路提斯乌斯：《喀提林阴谋·朱古达战争》，王以铸、崔妙因译，商务印书馆1996 年版，第 343~345 页。

任命，建立了二者间的直接隶属关系，如此不仅增强了将领对整个军队的控制，从而提升了指挥效率，还提高了军官对将领的依附程度。

马略的改革措施扩大了征兵来源，同时也降低了社会动乱的可能性。由于公元前 2 世纪后罗马社会的土地兼并日益严重，小农的生存空间不断被挤压，大量无产者拥挤于城市中，依靠国家发放的免费食物过活，遂形成了城市流氓无产阶级。他们终日好逸恶劳，极易滋生暴乱。而马略将其吸收入军队的举措无疑大大缓解了罗马社会动乱的风险，减轻了阶层冲突，同时也为罗马军队补充了力量，使其得以继续对外扩张。

但是，马略的军制改革还标志着罗马军队由公民兵制向职业军队的转变，士兵不再是对城邦拥有极强认同感的公民，而是为了物质回报而一心追随能够给自己带来丰厚战利品的将领。性质演变后的罗马军团依旧保持着强大的战斗力，但也在共和国的颠覆中扮演了推波助澜的角色。

一方面，军队的私人性质不断增强，逐渐成为将领争权夺利的利器与工具，间接造成了长期动乱的局面。普通士兵因期待战利品等经济回报而对将领保持忠诚，军官因升迁前途而依附于指挥官。如此，军队与将领间的联系日渐紧密，前者逐渐由城邦社会的守卫者演变为将领私人谋取利益、达成政治诉求的工具。例如，马略利用军事威望顺利五次连任执政官，其与苏拉更是凭借各自指挥的军队直接将罗马作为战场，而同室操戈的克拉苏（Crassus，约公元前 115 年～公元前 53 年）亦通过军功支持自己的政治事业。此外，庞培也是依靠忠于他的士兵的投票而成功出任执政官；屋大维的崛起与政治地位的提升也离不开军事力量的支持。对此，历史学家阿庇安指出："他们的士兵不是依照祖先的习惯而征募的，也不是为了他们祖国的利益，他们不是为公众服务，而是为那些把他们组织起来的个人服务；他们为这些个人服务，不是根据法律的力量，而是因为私人的许愿；不是为了反对公共的敌人，而是为了反对私仇；不是为了反对外国人，而是为了反对在品位上和他们相等的同胞。"[1]士兵们所做的一切败坏了罗马军事纪律，究其原因是他们认为募兵制就是让士兵援助为私人利益而需要自己的军队领袖，从而把共和城邦、公共利益抛在脑后。由此背叛不再是一种罪恶，反而获得了奖赏。由于所有党

---

〔1〕 ［古罗马］阿庇安：《罗马史》（下），谢德风译，商务印书馆 2011 年版，第 435 页。

派都宣称自己是和罗马的共同敌人作战，军队将军们更是谎称一切为了祖国利益，谎言之下背叛更加容易。"因为每个人在思想上认为无论在哪个党派中都是为祖国服务。这些将军们了解这些事实，宽容这种行为，因为他们知道他们领导军队的权力是依靠他们的赐予，而不是依靠法律。"[1]

另一方面，公民参军入伍的唯一目的变为获取经济报酬，功利的目标腐蚀罗马军团的同时，亦使城邦公民精神堕落。士兵们服役不再是为了捍卫共同体的安全和公民美好的生活，原先对城邦的责任与义务演变为一种谋生手段，对国家抱有的忠诚逐渐指向能够给士兵们带来金钱和荣誉的将领。只为金钱而卖命的士兵只能用更多的财富来拉拢。由此，军事开支愈加庞大，而军纪则日益被无视。德国罗马史专家蒙森曾评价过作为职业雇佣军的凯尔特人："以之当兵则为良兵，以之作为公民则为恶公民……曾震撼一切国家，但却没有创造一切国家。我们处处看见他们准备漫游，准备进军；喜动产而不喜田产，爱黄金甚于其他一切；他们当兵，以之为有组织的劫掠方法，甚或以之为获取佣金的职业，而且成绩卓著……他们没有在任何地方缔造出一个大国，或发展出一种自己特有的文化"。[2]与之类似，职业化后的罗马军队道德纪律日渐滑坡，早已不可与昔日的公民战士相提并论。对此，孟德斯鸠曾说："这样的人却是完全不适于作战的。他们都是胆小鬼，他们都已被城市的奢侈生活，甚至往往被自己的技艺所腐蚀。此外，既然他们根本没有自己的祖国，而且他们到处可以凭自己的本领吃饭，因此，他们就没有什么会丢失或是要保存的东西了。"[3]

"（公民兵制下的）罗马士兵的勇气来自对罗马的骄傲，来自跟它荣辱与共的情感，这种情感为每一位公民所享有，而对外人则是致命的。"[4]脱离了城邦的职业军人只受经济利益的驱使，遂抛弃了公民对城邦的热爱、忠诚与责任，而这一公民身份与士兵角色分离的趋势亦腐蚀着共和国的政治肌体，从士兵到将领，从普通公民到执政官和贵族元老，无一不沾染上颓败的道德

---

〔1〕［古罗马］阿庇安：《罗马史》（下），谢德风译，商务印书馆2011年版，第435页。

〔2〕［德］特奥多尔·蒙森：《罗马史》第2卷，商务印书馆1994年版，第76页。

〔3〕［法］孟德斯鸠：《罗马盛衰原因论》，婉玲译，商务印书馆1962年版，第13页。

〔4〕［英］汤姆·霍兰：《卢比孔河——罗马共和国的胜利与悲剧》，杨军译，上海远东出版社2006年版，第4页。

毒素，整个国家陷入贪婪腐化，最终陷于衰败而无法挽救。

四、深层因素：公民社会道德危机

古罗马史学家李维在《建城以来史》中曾认为："确实从未有过哪个国家更伟大，更虔诚，更富有良好的范例，以至于贪婪和奢靡才如此晚地一直未能渗入那个社会，清贫和节俭在那里能如此长久地才不再受到那么巨大的推崇。"[1]然而正如前面几节所述，共和晚期小农经济的破产、兵农合一方式的废止、出卖选票与贿选泛滥、民主政治的衰败等，已使共和体制赖以存在的基础——公民社会产生危机，以致罗马公民道德沉沦、公民精神颓废，而生活上贪图享乐、声色犬马的奢靡之风却盛行。这使共和晚期政治家、农学家瓦罗对罗马人不再愿意拿起镰刀与犁从事农田劳作发出深切的叹息："（他们）躲在城里，宁愿活动于剧场和跑马场之中，也不愿去照管谷物和葡萄园。"[2]李维则认为："会议（公民大会）已变得毫无秩序可言，像一个不严肃的无聊的公共集会。"[3]

公元前2世纪后，罗马经过长期征战逐渐控制了西班牙、希腊、埃及等地区，然而"世界的局面改变了，浑厚淳朴的罗马古风业已荡然无存"。[4]一方面，东方追求享乐的价值观和奢侈腐化的社会生活方式不可避免地诱惑与影响着曾经简单朴实的罗马人。而物质生活的靡费则需要强大的经济来源支撑，于是武力征服、扩张掠夺成为罗马人的"社会生产方式"。虽然在公元前173年和公元前161年，元老院曾两次下令驱逐希腊的哲学家等，因为他们提倡享乐主义，但这已无济于事了。英国历史学家凯瑟琳·爱德华兹认为："东方用它的娱乐放荡软化了苏拉的战士，削弱了他们的战斗力。"[5]而德国学者基弗则指出："财富把贪婪给了罗马，寻欢作乐的机会多了，使人沉湎于声

---

〔1〕　[古罗马]提图斯·李维：《自建城以来》，王焕生译，中国政法大学出版社2015年版，第5页。

〔2〕　[古罗马]M. T. 瓦罗：《论农业》，王家绶译，商务印书馆2014年版，第133页。

〔3〕　Lily Ross Taylor, *Roman Voting Assemblies*, Michigan：The University of Michigan Press, 1993, p. 28.

〔4〕　[古罗马]塔西佗：《编年史》，王以铸、崔妙因译，商务印书馆1983年版，第5页。

〔5〕　Catherine EdWards, *The Politics of Immorality in Ancient Rome*, New York：Cambridge University Press, 1993, p. 92.

色，毁了自己也毁了国家。"[1]

另一方面，长期征服扩张和掠夺财富腐蚀了罗马人的爱国心。公元前147年，小西庇阿帅军征服迦太基，结果发现士兵为争夺战利品自相残杀，他责骂道："你们更像强盗而不像士兵。你们是一群逃亡者而不是军营的保卫者，贪婪使你们更像是一伙假期中的游客，而不像是一支围城的军队。"[2]而此时罗马将帅们为了获得士兵拥戴和把他们变成自己争权夺利的工具，不顾战利品是国家财产的法律规定，"不但把战利品的价款，而且把罗马的财产都毫不吝啬地散给各队伍"。[3]又如苏拉为了巩固其独裁，任意将有财富者列入其"公敌宣告"名单，来满足士兵掠夺财富的欲望；其时"一切事物在好的开端后面出现了不祥的结果之后，所有的人便开始动手劫掠起来。有人想弄到一所房屋，有人则想弄到土地；胜利者放肆之极又不知节制，他们凶残可耻地残害自己的同胞"。[4]当士兵成为一种职业、士兵的战争目的只为了获得战利品和财富，那么在野心政客的煽动和利诱下，膨胀的贪婪和私心导致进攻他们曾经忠诚和捍卫的祖国罗马、掠夺同胞罗马人，也是在所不惜的。

共和晚期罗马公民社会价值判断扭曲、道德沦丧、公民精神颓废，这必然导致社会物欲横流、利欲熏心、黑恶权势当道、法制被破坏，任何凝聚国家、民族的情感努力，都会被疏离与消解。这不仅成为国家陷于不断骚乱与内战中的深层因素，而且是共和体制和精神走向衰亡的主要原因。

---

〔1〕〔德〕基弗：《古罗马风化史》，姜瑞璋译，辽宁教育出版社2000年版，第5页。

〔2〕〔古罗马〕阿庇安：《罗马史》（上），谢德风译，商务印书馆1979年版，第285页。

〔3〕〔德〕特奥多尔·蒙森：《罗马史》第3卷，李稼年译，商务印书馆2005年版，第302页。

〔4〕〔古罗马〕撒路提斯乌斯：《喀提林阴谋·朱古达战争》，王以铸、崔妙因译，商务印书馆1995年版，第101页。

后 记

德国哲学家康德曾在《在世界公民意图中一般历史概念》中认为："人类最大的问题是要实现一个普遍法治的公民社会，大自然迫使人们要解决这个问题。"而英国政治学家霍布豪斯在《自由主义》著作中则指出："要了解民主政体的真正价值，我们必须更深入地研究个人与社会的关系。"在近现代社会发展背景下，个人与社会的关系主要内涵是公民与社会的关系。公民社会与文化作为法治社会模式的内在性核心要素，发挥着深层动力机制的重要作用。然而"公民"一词的概念起源于古希腊。正如社会学家马克斯·韦伯在《新教伦理与资本主义精神》中所认为的："尽管各个地方都一直有着市民的市场特权、公司、行会以及各种各样的城乡法律差异，但是，公民这一概念在西方之外却从未存在过，资产阶级这一概念在现代西方之外也从未存在过。"正是这一系列的理论背景，成为本书研究的逻辑起点和思想渊源。

从历史而论，法律的文明、进步，取决于诸多的社会因素。因此，推动法律文明进步的动力，是社会的宗教、政治、经济和文化的发展和变迁。而法律文明往往也集中地突出反映了人类在认识自身、调节社会、谋求发展的各个重要进程中的思想和行动。正如伯尔曼在其著作《法律与革命》中指出的："应该把法律制度看作是交叉于社会——经济因素和政治——意识形态因素的分界线两边的因素。必须把法律既当作西方社会的物质结构（"生产方式和生产关系"）的一个本质部分，又当作它的精神生活（"政治社会意识"）的一个本质部分——它既是'基础'，又是'上层建筑'。"故审视一个国家、一个民族、一个时代的法律制度，我们不仅可以清楚地观察到当时社会中人与人的关系、社会组织以及有关宗教、哲学和经济文化等诸多方面的思想观念，而且可以洞察国家与社会的政治文化的发展方向。古希腊、古罗马的城邦社会的发展和哲学思想文化对法治理念的构建，以及其对社会时代的影响和作用，正从一个历史发展角度给我们提供了一个研究实例。所以从本书主题而论，与其说是一种法治思想的历史探索，还不如说是对一种古典文化传统的研究更为恰当。

笔者对于古希腊罗马公民社会与法治理念的研究，始于本人研究生时期。笔者的学位论文题目是《希腊罗马城邦社会与法治理念构建》（2002 年）。此后几年又陆续发表了一些相关论文：《希腊城邦政治文化的精粹》《神话与宗教：希腊城邦公民文化的深层结构》《略论希波萨拉米海战中宗教、政治因素》《解读：亚里士多德的"中产阶级"政体》《城市大学：中世纪罗马法复兴运动的策源地》等，笔者学术视野始终关注着这一课题研究。2015 年 ~ 2016 年本人数次赴希腊、意大利，对向往、憧憬已久的西方古典文化发祥地进行了考察，访问了雅典、德尔斐、提洛岛、罗马、佛罗伦萨、威尼斯、米兰等地。当笔者在这些名胜古迹和艺术思想殿堂中流连徜徉时，其不朽的文化艺术及精神令人深深感叹。这不仅使笔者对曾经辉煌璀璨并在历史中深沉积淀的古希腊、古罗马的宗教、文化与社会有了进一步的深刻感受与思想认识，而且更产生了在以往研究的基础上，继续进行学术深入和完成拙作的想法。

在此要特别说明，本书研究的古希腊历史时间范围，主要是马其顿亚历山大入侵前的希腊城邦社会，而在城邦社会中主要以雅典城邦作为典型；古罗马研究也主要是指王政时代到罗马共和国这一段历史时期。故以这样的历史时间轴展开的研究，也可称为对古典公民社会与法治理念的探讨与研究，其对近现代公民社会与法治理念的研究仍具有学术思想价值与现实社会意义。

在本书的撰作过程中，博士生杨彦璟参与了古罗马部分（第五、六、七、八章）的撰写。同时，撰写过程中参阅了一些专家的论著及相关学术文献，在此对他们深表感谢与敬意。当然，对于书中可能出现的疏漏与不足，还敬请同行研究者批评斧正。

沈瑞英

2017 年 8 月